MD 공무원 VOCA

3쇄 2017년 04월 28일

지은이 : 문덕, 김형탁
디자인 : 현지숙
인쇄 : (주)금강인쇄 031-943-0082
발행처 : 도서출판 지수
주소 : 서울시 용산구 효창동 5-411,5-352 건물 2층
전화 : 02-717-6010
팩스 : 02-717-6012
ⓒ 문덕, 김형탁 2015
ISBN 978-89-93432-45-9

MD는 일본, 중국, 대만에도 수출되는
대한민국 **국가 대표 어휘** Brand입니다.

MD공무원
VOCA

이 한권으로 기본어휘에서 필수어휘와 예상어휘까지!!

Preface

공무원 시험이나 경찰직을 준비하는 많은 젊은이에게 있어서 영어는 가장 극복하기 어려운 과목으로 인식되고 있다. 영어 과목은 여타 암기과목처럼 단순히 시간을 투자해서 외우면 해결되는 그런 과목이 아니다. 대단히 치밀하고 짜임새 있는 전략을 가지고 준비를 해야만 할 것이다. 그리고 그 전략 세우기의 첫 단추는 과연 어휘력을 어떻게 끌어올릴 것인가의 문제라고 할 수 있다.

먼저 우리는 어떤 어휘들을 익히는 것이 공무원 시험에서 고득점을 맞는 데 도움을 주는지 냉철하고 객관적으로 바라보아야 한다. 공무원 영어 시험에 등장하는 어휘는 요점만 말한다면 고등학교 수준의 기본어휘 실력이 필수적으로 요구되며 그것을 바탕으로 대학 교양 영어나 TOEFL 수준의 필수어휘들을 익혀나가는 것이 가장 중요한 핵심이라고 말할 수 있다. 물론 TOEFL 수준을 뛰어넘는 고급어휘들이 동의어 문제 형태로 출제되는 경향이 간혹 눈에 띄지만 그렇다고 고급어휘 학습에 치중한다면 엄청난 시간적 손실과 함께 실제 시험에서도 결코 고득점을 기대할 수는 없을 것이다. 그래서 〈MD 공무원 VOCA〉에서는 다른 공무원 어휘 교재에서 찾아보기 힘든 고교 어휘에 대한 치밀한 학습 유도 장치가 있다. 표제어의 오른쪽란에 꼭 알아야 할 핵심 기본어휘를 충실히 제시한 것이다.

두 번째로 우리는 이제 이러한 어휘를 어떻게 익힐 것인가의 질문에 답을 해야만 한다.
그런데 많은 학생은 아이러니하게도 영어가 단순한 암기로 실력이 늘지 않는다는 것을 여러 실패의 경험을 통하여 알고 있으면서도 영어 단어는 아무런 문제의식 없이 '암기'의 문제라고 단정 짓는다. '암기'란 단어가 갖는 함축 의미(connotation)는 생각보다 심각하다. 바로 이러한 어휘에 대한 인식이 뛰어난 어휘 실력을 갖게 하는데 첫 번째 걸림돌이 된다고 할 수 있다. 어휘를 잘하려면 그 어휘를 '외우려'하지 말아야 한다. 그렇다면 어떻게 해야 하는가? 바로 어휘는 '암기'가 아닌 '이해'의 범주에서 최대한 학습하려 한다면 자연스럽게 '암기'되는 효과를 얻게 될 것이다. 그래서 〈MD 공무원 VOCA〉에서는 두 가지 '암기 코드'를 마련하였는데, 그것은 바로 '어원(origin)'과 '주제(theme)'별 접근이다. 이 두 암기 코드는 공무원 영어 시험을 준비하는 데 필수적으로 익혀야 할 단어들을 '이해'의 세계로 초대하는 도우미 역할을 해 줄 것이다.

MD는 수십 년간 어휘를 연구하고 강의해온 명실상부한 국내 최고의 어휘 Brand이다. 이 책의 모태가 되었다고 할 수도 있는 〈MD vocabulary 33,000〉은 중국, 일본, 대만에까지 수출이 되고 있는 점은 MD의 과학적 분석과 접근 방식이 해외에서까지 인정받고 있다는 증거이다. 하지만 9급 공무원 시험 준비생이나 경찰직을 준비하는 수험생에게는 그 방대한 학습량이 부담스런 면이 없지 않았다. 그런 면에서 이번 〈MD 공무원 VOCA〉는 그야말로 공무원 시험에 최적화된 구성과 내용으로 많은 수험생들에게 희망과 용기를 줄 수 있으리라 확신한다.

디자인과 편집을 도맡아 열정적으로 작업해온 현지숙 씨께 깊은 감사를 드린다. 자료 정리와 교정에 도움을 준 고마운 제자들인 하지희, 배민지, 그리고 문수연 학생들께도 깊은 감사를 드린다.
As you sow, so shall you reap.
뿌린 대로 거두리라.

2015년 9월
문덕, 김형탁 올림

이 책의 구성

MD 공무원 VOCA 문제풀이 비법

세상 어느 공무원 책에도 없는 MD만의 공무원 문제 풀이 비법!
이제 동의어, 빈칸 추론 문제의 모든 두려움이 사라집니다.
문제 풀이 비법 터득과 함께 MD 공무원 VOCA의 놀라운 적중률도 함께 경험하세요.

어원편

영어 어휘 형성의 가장 큰 축을 이루는 어근을 중심으로 방대하고 복잡한 공무원 어휘들을
이해하기 쉽게 풀어놓아 혼자서도 충분히 공부할 수 있습니다. 또한 접두어, 동의어, 관련 어휘
및 어휘 활용 등을 통해 수능 수준의 기본어휘도 함께 다질 수 있게 하였으며 기출 여부까지 확
인할 수 있도록 배려하였습니다.

주제별편

공무원 시험에 가장 많이 출제되는 어휘들을 엄선하여 32가지 주제로 일목요연하게 정리하였
습니다. 연관된 어휘들을 함께 암기함으로써 암기 효율을 극대화시킬 수 있습니다. 이 주제별
어휘를 통해 공무원 어휘의 마침표를 찍음과 동시에 독해를 위해 필요한 각 분야별 필수어휘까
지 모두 한 번에 잡을 수 있습니다.

숙어

숙어의 출제비중이 높은 공무원 시험에 대비하여 꼭 알아야 할 중요숙어들을 스펠링 순으로
정리하여 언제든 공부하기 쉽고 찾아보기 쉽도록 정리했습니다. 또한 각 숙어마다 불필요한
의미는 제외하고 시험에 출제되는 의미만을 실어놓아 최대한 간결하게 숙어를 공부할 수
있도록 배려하였습니다.

혼동어휘

스펠링 및 의미가 혼동되는 어휘들을 한 데 모아놓았습니다. 앞의 모든 내용을 숙지한 후
시험 직전에 점검함으로써 혹시나 모를 실수까지 방지할 수 있습니다.

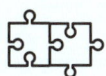

기출문제 및 예상문제

방대한 기출문제를 모두 수집해 각 날짜별 책의 진도에 맞춰 수록하여 스스로 문제의 출제
경향을 파악할 수 있게 하였으며 동형 예상문제까지 함께 실어 앞으로 출제될 중요어휘까지
모두 대비할 수 있게 하였습니다.

MD 공무원 VOCA
한눈에 보기

MD 공무원 VOCA 어원편　PART 01

① ☆표시를 통한 중요도 구분

② 정확한 기출 여부 수록

③ 깔끔해서 이해가 빠른 어원 분석

④ 사전보다 더 정확한 의미 제시

⑤ 표제어의 뜻과 관련된 주제별 어휘로 어휘력 확장

⑥ 놓치기 쉬운 기본어휘도 완벽 정리

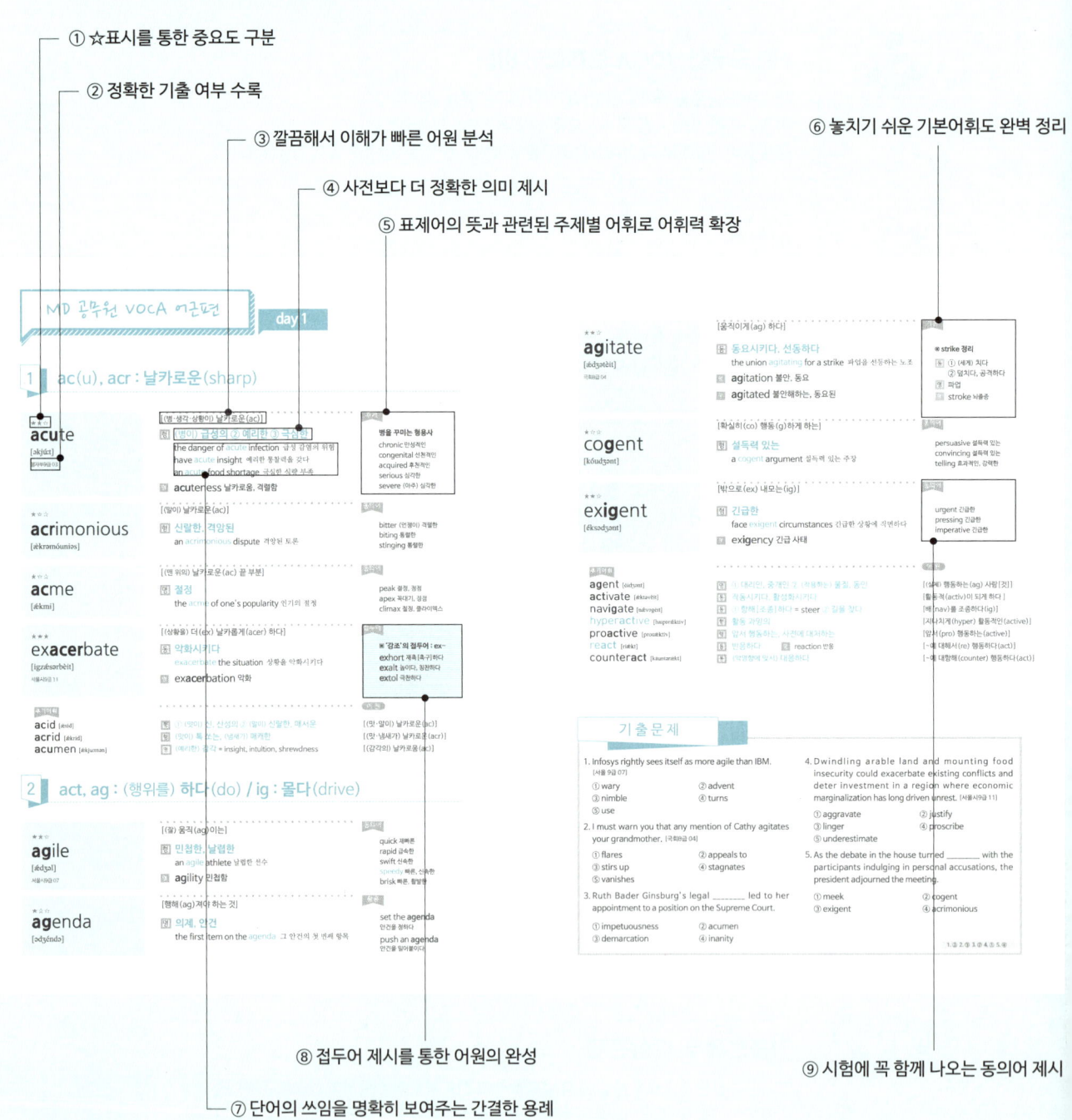

⑧ 접두어 제시를 통한 어원의 완성

⑦ 단어의 쓰임을 명확히 보여주는 간결한 용례

⑨ 시험에 꼭 함께 나오는 동의어 제시

⑩ 색깔을 통한 기출 여부 표시

⑪ 표제어와 관련된 어휘에 대한 일목요연한 정리

⑫ 최적의 주제별 분류를 통한 암기 효율의 극대화

⑬ 시험에 적중될 중요어휘에 대한 심화 학습

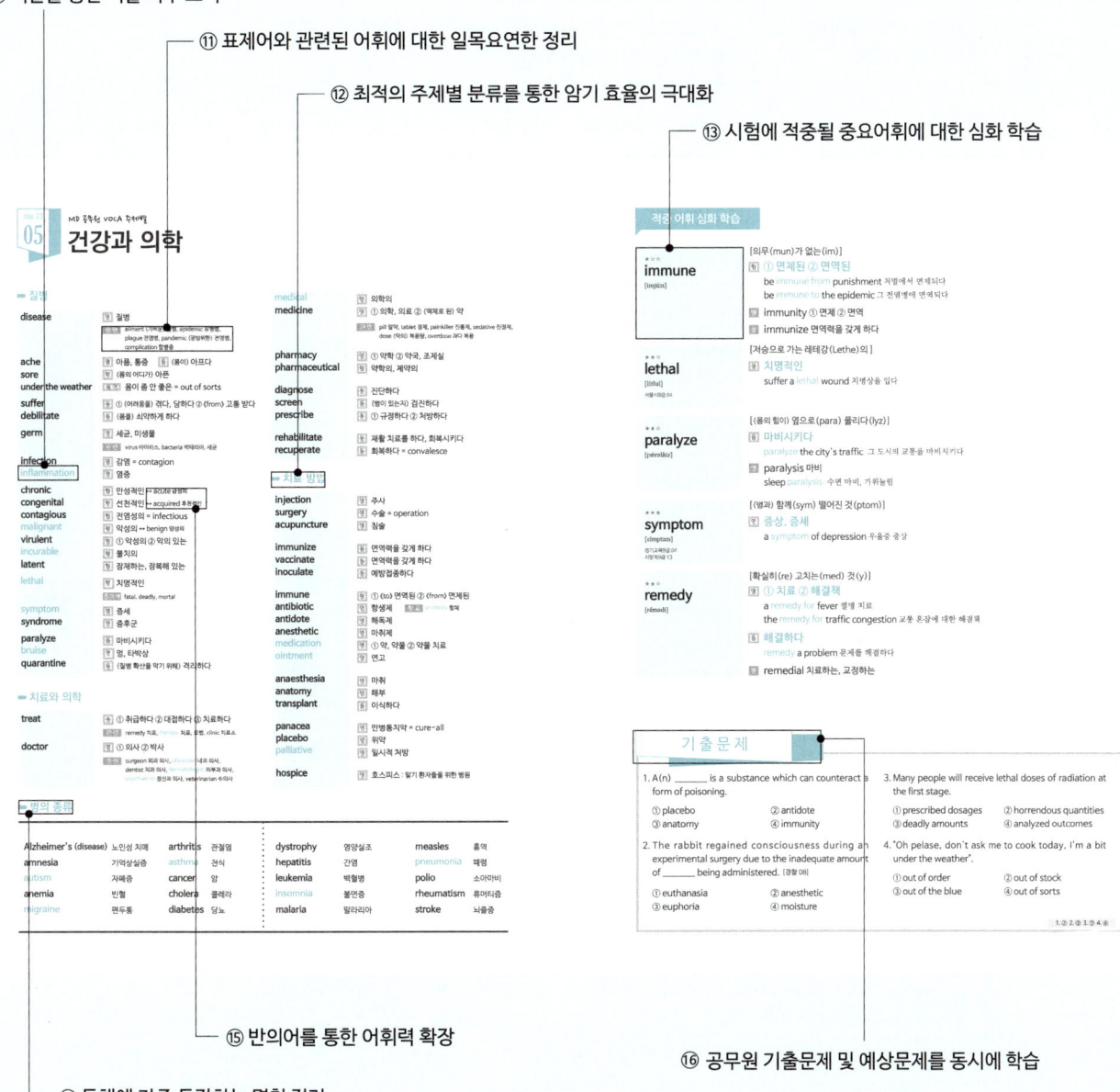

⑮ 반의어를 통한 어휘력 확장

⑯ 공무원 기출문제 및 예상문제를 동시에 학습

⑭ 독해에 자주 등장하는 명칭 정리

동의어 & 빈칸추론 문제풀이 비법

세상 어느 공무원 책에도 없는 MD만의 공무원 문제 풀이 비법 특별 전수!

Ⅰ. 공무원 동의어 문제

1) 단순 동의어 문제	* 문장을 읽지 않음 → 시간 절약! ① 밑줄 친 동의어 뜻 파악 ② 4개의 예시어 중 같은 뜻 선택
2) 다의어인 단어/숙어의 동의어 찾기 문제	① 문장을 읽어 문맥(context) 내에서 어떤 뜻으로 쓰였는지 파악 ② 4개의 예시어 중 같은 뜻 선택
3) 뜻을 모르는 까다로운 단어의 동의어 찾기 문제	① 밑줄 친 단어가 없다고 생각하고 　문장을 해석한 후 빈칸에 들어갈 단어를 유추 　(빈칸추론 문제와 동일) ② 4개의 예시어 중 답으로 가능한 단어를 선택

① 기출 예제 : 단순 동의어 문제

● 다음 밑줄 친 부분의 의미와 가장 가까운 것은?   [경찰 13]

> Police officers are responsible for maintaining law and order, collecting evidence and information, and conducting investigations and surveillance.

① supervision   ② superiority
③ superstition   ④ superficiality

① 문제 해법 : 수준 – 고교 어휘 / MD 공무원 보카(어원편) p.244

★★☆
surveillance
[sərvéiləns]

[위에서(sur) 지켜보는(vei) 것]

명 **감시**
keep him under surveillance 그를 감시하다

활용

a **surveillance** camera
감시 카메라

정답 : ①

해법 : surveillance는 고교 수준의 어휘로 공무원 수험생이라면 당연히 숙지하고 있어야 할 기본 어휘다.
이런 경우에는 문제를 다 읽고 풀면 시간적으로 상당히 손해이기 때문에 밑줄 쳐진 어휘 surveillance의 뜻 '감시'만 확인하고 바로 답을 선택한다.

해석 : 경찰관들은 법과 질서의 유지, 증거 및 정보의 수집, 수사와 감시를 수행하는 책임이 있다.

어휘 : ① supervision 감독, 감시   ② superiority 우월성
③ superstition 미신   ④ superficiality 피상적임

● 다음 밑줄 친 부분과 가장 가까운 뜻을 지닌 것은?   [선관위 06]

> My biology teacher's handwriting is impossible to read. I can never make out what he writes on the board.

① succeed   ② pretend
③ compose   ④ understand

2 문제 해법 : 수준 – 고교 숙어 / MD 공무원 보카(숙어편) p.323

make out	① 이해하다 ② 작성하다

정답 : ④

해법 : make out은 고교 수준의 숙어로 공무원 수험생이라면 누구나 알아야 할 기본 숙어다.
　　　그런데 make out은 '① 이해하다 ② 작성하다'의 두 개의 뜻이 있다. 이 경우 문제를 읽지 않고 단순히 뜻만 보고 풀 경우
　　　오답을 선택할 수 있다. 그러므로 반드시 문장을 읽어 어떤 뜻으로 쓰였는지 파악한 후 예시어 중 알맞은 정답을 선택하여야 한다.

해석 : 우리 생물 선생님 글씨는 읽을 수가 없다. 난 도저히 선생님이 칠판에 쓴 글씨를 이해할 수 없다.

어휘 : ① succeed 성공하다; 계승하다   ② pretend 가장하다, ~인 체 하다
　　　③ compose 구성하다; (글을) 짓다, 작곡하다   ④ understand 이해하다

③ 기출 예제 : 문제 어휘의 뜻을 모를 때 (1)

● 다음 밑줄 친 부분과 가장 가까운 뜻을 지닌 것은?   [서울시7급 14]

> Searchers scouring the Indian Ocean for the missing aircraft's debris rule out four orange items as old fishing gear, and officials revise the last words of the cockpit crew to air traffic control.

① discard   ② ransack
③ enjoin   ④ stray
⑤ provoke

3 문제 해법 : 수준 – 대학 어휘 / MD 공무원 보카(주제별) p.314

scour	동	샅샅이 뒤지다
ransack	동	(마구) 뒤지다

정답 : ②

해법 : scour는 기존 공무원 시험에 한 번도 출제되지 않은 고급 어휘로 어휘 공부를 아무리 열심히 했다고 해도 밑줄 친 어휘의 뜻을 바로 알고 푸는 것은 불가능하다.
　　　더군다나 이 문제는 문장의 해석도 잘되지 않는 난해한 문제다. 그러나 반드시 기억하리! **이휘는 어려운 것을 출제할 수 있어도 문맥 속엔 반드시 그 답이 있다.**
　　　다시 문제 속으로 들어가 보면 밑줄 친 scouring은 현재분사로 앞의 명사 Searchers(수색하는 사람들)를 꾸며주고 있으므로 결국 Searchers들이 하는 일이
　　　무엇일까를 유추해보면 정답에 상당히 근접할 수 있다. 따라서 5개의 예시어 중 Searchers와 가장 어울릴 수 있는 어휘는 'ransack (마구) 뒤지다'가 된다.
　　　다만 ransack도 고급 수준의 어휘이기 때문에 기존에 상당한 어휘 실력을 갖춰야 정답 선택이 가능하다.

해석 : 실종된 비행기의 잔해를 찾기 위해 인도양을 수색하고 있는 수색대원들은 낡은 낚시 장비와 같은 4개의 오렌지색 물품을 배제하고 있으며
　　　관계자들은 관제 타워로 전달된 운항 승무원들의 마지막 말을 다시 고치고 있다.

어휘 : ① discard 버리다   ② ransack 샅샅이 뒤지다   ③ enjoin 명령하다   ④ stray (제 위치에서) 벗어나다   ⑤ provoke 유발하다; 화나게 하다

● 다음 밑줄 친 부분과 가장 가까운 뜻을 지닌 것은?

[선관위 06]

> Moscow's annexation of Crimea last year and its meddling in the conflict in eastern Ukraine have galvanized NATO and focused particular attention on its vulnerable Baltic members.

① spurred   ② disparaged
③ appeased   ④ justified

④ 문제 해법 : 수준 – 대학 어휘 / MD 공무원 보카(주제별) p.288

galvanize	동 (갑자기) 활기 띄게 하다, 자극을 주다 = spur

정답 : ①

해법 : galvanize 역시 기존 시험에 한 번도 출제되지 않은 상당한 고급어휘기 때문에 어휘의 뜻을 바로 알고 풀기는 대단히 어렵다. 그러나 역시 **문맥은 그 답을 알고 있다!** galvanize는 어렵지만 and 오른쪽에 「focused particular attention on ~에 특별한 관심을 집중시켰다」라는 쉬운 표현이 나와 있다.
and의 좌우 내용은 비슷한 내용이 나와야 한다. 결국 NATO를 어떻게 만들었고 관심을 집중시키게 되었을까?
관심을 집중시키기 전의 상황을 유추해보면 spur(자극하다)라는 어휘를 어렵지 않게 선택할 수 있다.

해석 : 지난 해 크림반도가 모스크바로 합병되고 동우크라이나 분쟁에 있어 (러시아의) 개입이 NATO(북대서양조약기구)를 자극했고,
취약한 발틱 회원국(3국)에 대한 특별한 관심을 갖게 했다.

어휘 : ① spur 자극하다   ② disparage 폄하하다
③ appease 달래다   ④ justify 정당화하다

〈공무원 VOCA〉는 어원 편을 통한 필수어휘의 체계적인 학습 뿐만 아니라 주제별 어휘편을 통하여
추가적 동의어와 고급어휘 보강을 통해 동의어 문제에 대한 완벽한 대비가 가능합니다.

5 기출 예제 5 : 다의어

• 밑줄 친 부분에 가장 적절한 것을 고르시오   [경찰 14]

1) Lage, who recently _____ his first CD, Sounding Point, started playing guitar at five.

① dropped   ② contained
③ obsessed   ④ released

• 다음 밑줄 친 부분의 의미와 가장 가까운 것은?   [인천시9급 07]

2)
> ⊙ He is expected to be _____d from hospital today.
> ⊙ I personally don't want to _____ my anger on anyone else.

① release   ② review
③ reject   ④ retort
⑤ repulse

5 급소 공략 – 수준 : 고교 어휘 / MD 공무원 보카(주제별) p.290

release [rilíːs]	동 ① 석방하다 ② 배출하다 ③ 개봉[발표]하다 release a prisoner 죄수를 석방하다 release dangerous chemicals 위험한 화학 물질들을 배출하다 release a movie/a new product 영화를 개봉하다/신제품을 발표하다

정답 : 1) ④ 2) ①

해법 : 위의 두 기출문제는 모두 release를 답으로 요구하는 문제다. 위에서 보는 바와 같이 release는 3개 이상의 뜻을 가진 다의어다. 명심하라! **제 아무리 뜻이 많아도 본래 그 의미는 하나다!** 그렇기 때문에 반드시 그 중심의미를 파악하지 않고 사전에 나와 있는 뜻만 달달 외우면 실제 시험에 적용시킬 수 없다. release의 중심의미는 '내보내다'이다. 음반을 내보내니 '발매하다', 병원에서 환자를 내보내니 '퇴원시키다', 화를 내보내니 '화내다'가 된다.

해석 : 1) 최근 Sounding Point에서 자신의 첫 번째 음반을 발매한 Lage는 5살 때 기타를 연주하기 시작했다.

2) ⊙ 그는 오늘 퇴원할 것으로 예상된다.
   ⊙ 나는 개인적으로 다른 사람에게 화내고 싶지 않다.

어휘 : 1) ① drop 떨어뜨리다   ② contain 함유하다; 억누르다   ③ obsess (생각이) 사로잡다
      ④ release 석방하다; 배출하다; 개봉[발표]하다

2) ① release 석방하다; 배출하다; 개봉[발표]하다   ② review 재검토하다; 복습하다   ③ reject 거절하다
      ④ retort 반박하다   ⑤ repulse 구역질나게 하다

● 밑줄 친 부분에 가장 적절한 것을 고르시오   [국가직9급 14]

1)
● Many experts criticized the TV and radio networks as being too biased to _____ the race fairly.
● I got these tires from your guys two months ago. Will the warranty _____ the cost of the repair?

① cover   ② cast
③ charge   ④ claim

● 다음 밑줄 친 부분의 의미와 가장 가까운 것은?   [인천시9급 08]

2) Although the stars are so far away that they only look like points, astronomers have found out that stars cover a huge range of sizes. They often call the large ones "giants" and the small ones "dwarfs".

① travel   ② are enough for
③ include   ④ hide
⑤ report on

⑥ 급소 공략 – 수준 : 고교 어휘

cover
[kʌvər]

동 ① 덮다, 가리다 ② 다루다 ③ 보도하다 ④ (돈을) 대다, 내다

cover the subject 그 주제를 다루다
cover political news 정치 뉴스를 보도하다
cover tuition 수업료를 내다
/ cover loss by fire 화재로 인한 손실을 보상하다

정답 : 1) ① 2) ③

해법 : 위의 두 기출문제는 모두 cover를 답으로 요구하는 문제다. cover 역시 3개 이상의 뜻을 가진 다의어다.
　　　cover는 '덮다 → (일·주제를 뒤덮어) 다루다'라는 원뜻을 갖고 있다. 첫 번째 문장은 방송국에서 '경기(race)'를 다루니 '보도하다'의 뜻이고,
　　　두 번째 문장에서는 '비용(cost)'을 다루니 '지불하다'의 뜻으로 쓰였으며, 세 번째 문장에서는 '엄청나게 큰 범위'를 뒤덮고 있으니
　　　'걸치고 있다 → 포함하다'의 뜻으로 쓰인 것이다.

해석 : 1) ● 많은 전문가들은 TV와 라디오 방송이 너무 편향적이어서 그 경기를 공정하게 중계할 수 없다고 비판했다.
　　　　　 ● 나는 두 달 전 당신들에게 이 타이어들을 샀습니다. 보증서에 수리비가 포함되나요?

　　　　 2) 비록 별들이 아주 멀리 떨어져있어 점들처럼 보이지만 천문학자들은 별들의 크기가 엄청나게 큰 범위에 **걸치고 있다**는 것을 발견해냈다.
　　　　　 그들은 종종 큰 별들을 '거인들', 작은 별들은 '난쟁이들'이라고 부른다.

어휘 : 1) ① cover 덮다; 다루다; 보도하다 ② cast 던지다; 주조하다 ③ charge (요금을) 부과하다; 고발하다 ④ claim 요구하다
　　　 2) ① travel 여행하다 ② are enough for ~에 충분하다 ③ include 포함하다 ④ hide 감추다, 숨기다 ⑤ report on ~에 대해 보고하다

공무원 영어 시험에는 다의어를 묻는 문제가 반드시 출제 됩니다. 〈MD 공무원 VOCA〉는 필수어휘는 물론
연관어휘와 주제별 어휘를 통해 기본다의어에 대한 충실한 학습이 가능한 짜임새 있는 구성을 하고 있습니다.

1 순접 : 양쪽 내용이 동의어 관계

✔해법	① 순접을 나타내는 표현들을 사전에 숙지할 것
	② 문제에 순접 표현이 등장하면 양쪽이 동의어 관계
	③ 빈칸에 대칭되는 keyword를 찾은 후 예시어들 중 동의어 선택

⑦ 기출 예제 : 다의어

● 밑줄 친 부분에 가장 적절한 것을 고르시오   [국회8급 11]

The White House and congressional leaders worked Monday to align lawmakers from both parties behind their formula for _____ a financial meltdown and halting the government's prolific spending habits.

① averting   ② replicating
③ precipitating   ④ contriving
⑤ fortifying

⑦ 급소 공략 : 수준 – 대학 어휘 / MD 공무원 보카(어원편) p.238

★★☆

avert
[əvə́:rt]

[~에서(a(b)) 다른 데로 돌리다(vert)]

동 ① (눈을) 돌리다 ② 피하다, 방지하다
avert one's eyes from the terrible scene
그 끔찍한 장면에서 눈을 돌리다
avert the accident 사고를 피하다

명 aversion 혐오   형 averse 싫어하는

동의어
avoid 피하다
deflect 피하다, 막다
circumvent 피하다
preclude 막다

정답 : ①

해법 : 빈칸추론의 핵심은 패턴이다. 패턴이 해석으로 푸는 것보다 정확하다! 이 문제의 핵심은 and라는 순접 표현 좌우에는
비슷한 내용이 나와야 한다는 것이다. 이 때 중요한 점은 빈칸과 대칭되는 같은 품사의 어휘가 keyword가 된다.
이 문제에서는 halting이 바로 keyword다. 따라서 빈칸에 들어갈 어휘는 and 오른쪽의 halt(중단시키다)이 비슷한 의미가
되어야 하므로 avert(피하다)가 정답이다.

해석 : 월요일 백악관과 의회 지도자들은 금융 붕괴를 피하고 정부의 과다한 지출 관행을 중단시키기 위한 방안의 배후에 있는 양당
의원들을 조율하기 위해 노력했다.

어휘 : ① avert 피하다   ② replicate 복제하다   ③ participate 참여하다   ④ contrive 고안하다
⑤ fortify 강화하다

1 역접 : 양쪽 내용이 반의어 관계

해법
① 역접을 나타내는 표현들을 사전에 숙지할 것
② 문제에 역접 표현이 등장하면 양쪽이 반의어 관계
③ 빈칸에 대칭되는 keyword를 찾은 후 예시어들 중 반의어 선택

🔲⑧ 기출 예제 : 역접 → 양쪽 내용이 반의어 관계

- 밑줄 친 부분에 가장 적절한 것을 고르시오   [국가직9급 07]

> Reviews on caffeine and conception _____. One study of 2,817 women found no effect of caffeine on their chances of conceiving, while another of 1,909 women linked more than 300 milligrams of caffeine daily to a delay in conception.

① conflict   ② coincide
③ make sense   ④ manifest themselves

⑧ 급소 공략 : 수준 – 고교 어휘 / MD 공무원 보카(어원편) p.80

★★☆
conflict
[kάnflíkt]

[서로(con) (부딪)치다(flict)]

활용

통 상충되다
His statement conflicts with the facts.
그의 진술은 사실과 상충된다.

명 갈등, 충돌
a conflict of interest 이해관계의 충돌

an armed **conflict**
무력 충돌
Their goals **conflict**.
그들의 목표가 상충된다.

정답 : ①

해법 : 이 문제는 의외로 간단하게 답을 낼 수 있다. 빈칸이 나와 있는 첫 번째 문장 이하를 보자! 문장이 길고 복잡해 보이지만 결국 역접을 나타내는 접속사인 while(~인 반면에)를 중심으로 앞의 내용과 뒤의 내용은 서로 반대의 의미가 된다는 것을 알 수 있다. 여기서 주의할 점은 2,817명, 1,909명과 같은 숫자는 문제를 푸는 데 전혀 상관이 없다. 결국 while을 중심으로 앞뒤 내용이 반대가 된다는 것을 알면 결국 두 보고서의 내용이 '상충된다(conflict)'는 것을 쉽게 알 수 있다.

해석 : 카페인과 임신에 관한 보고서들은 상충된다. 2,817명의 여성을 대상으로 한 연구에서는 카페인이 임신의 가능성에 전혀 영향을 미치지 못하는 것으로 밝혀진 반면 1,909명을 대상으로 한 다른 연구에서는 일일 300 밀리그램 이상의 카페인 섭취는 임신을 지연시키는 것으로 판명되었다.

어휘 : ① conflict 상충되다   ② coincide 동시에 발생하다   ③ make sense 이해되다   ④ manifest themselves (자명하게) 나타내다

공무원 영어 시험에는 blank를 완성하는 양식의 빈칸추론 문제가 반드시 출제 됩니다. 〈MD 공무원 VOCA〉는 해답으로 출제 되는 핵심어휘는 물론 풍부한 기출문제와 실전문제를 통해 빈칸추론 문제에 대한 충실한 대비가 가능합니다. 또한 부록 편에는 논리 관계 파악에 필수적인 '순접'과 '역접'을 나타내는 표현들을 일목요연하게 제시하였으니 반드시 참조하시기 바랍니다.

MD 공무원 VOCA
CONTENTS

PART 01
어근편(1-220)

1 ac(u), acr : 날카로운(sharp)

★★☆ **acu**te
[əkjúːt]
행자부9급 03

[(병·생각·상황이) 날카로운(ac)]

형 ① (병이) 급성의 ② 예리한 ③ 극심한
the danger of acute infection 급성 감염의 위험
have acute insight 예리한 통찰력을 갖다
an acute food shortage 극심한 식량 부족

명 **acu**teness 날카로움, 격렬함

주제
병을 꾸미는 형용사
chronic 만성적인
congenital 선천적인
acquired 후천적인
serious 심각한
severe (아주) 심각한

★☆☆ **acr**imonious
[ǽkrəmóuniəs]

[(말이) 날카로운(ac)]

형 신랄한, 격앙된
an acrimonious dispute 격앙된 토론

동의어
bitter (언쟁이) 격렬한
biting 통렬한
stinging 통렬한

★☆☆ **ac**me
[ǽkmi]

[(맨 위의) 날카로운(ac) 끝 부분]

명 절정
the acme of one's popularity 인기의 절정

동의어
peak 절정, 정점
apex 꼭대기, 정점
climax 절정, 클라이맥스

★★★ ex**acer**bate
[igzǽsərbèit]
서울시9급 11

[(상황을) 더(ex) 날카롭게(acer) 하다]

동 악화시키다
exacerbate the situation 상황을 악화시키다

명 ex**acer**bation 악화

접두어
■ '강조'의 접두어 : ex-
exhort 재촉 [촉구] 하다
exalt 높이다, 칭찬하다
extol 극찬하다

추가어휘
acid [ǽsid]
acrid [ǽkrid]
acumen [ǽkjuːmən]

형 ① (맛이) 신, 산성의 ② (말이) 신랄한, 매서운
형 (맛이) 톡 쏘는, (냄새가) 매캐한
명 (예리한) 감각 = insight, intuition, shrewdness

어원
[(맛·말이) 날카로운(ac)]
[(맛·냄새가) 날카로운(acr)]
[(감각의) 날카로움(ac)]

2 act, ag : (행위를) 하다(do) / ig : 몰다(drive)

★★☆ **ag**ile
[ǽdʒəl]
서울시9급 07

[(잘) 움직(ag)이는]

형 민첩한, 날렵한
an agile athlete 날렵한 선수

명 **ag**ility 민첩함

동의어
quick 재빠른
rapid 급속한
swift 신속한
speedy 빠른, 신속한
brisk 빠른, 활발한

★☆☆ **ag**enda
[ədʒéndə]

[행해(ag)져야 하는 것]

명 의제, 안건
the first item on the agenda 그 안건의 첫 번째 항목

활용
set the **ag**enda
안건을 정하다

push an **ag**enda
안건을 밀어붙이다

★★☆

agitate
[ǽdʒətèit]
국회8급 04

[움직이게(ag) 하다]

[기본]

동 **동요시키다, 선동하다**
the union agitating for a strike 파업을 선동하는 노조

명 **ag**itation 불안, 동요

형 **ag**itated 불안해하는, 동요된

◉ strike 정리

동 ① (세게) 치다
② 덮치다, 공격하다

명 파업

명 stroke 뇌졸중

★☆☆

co**g**ent
[kóudʒənt]

[확실히(co) 행동(g)하게 하는]

[동의어]

형 **설득력 있는**
a cogent argument 설득력 있는 주장

persuasive 설득력 있는
convincing 설득력 있는
telling 효과적인, 강력한

★★☆

ex**ig**ent
[éksədʒənt]

[밖으로(ex) 내모는(ig)]

[동의어]

형 **긴급한**
face exigent circumstances 긴급한 상황에 직면하다

명 exi**g**ency 긴급 사태

urgent 긴급한
pressing 긴급한
imperative 긴급한

[추가어휘]

agent [éidʒənt]
activate [ǽktəvèit]
navi**g**ate [nǽvəgèit]
hyper**act**ive [haipərǽktiv]
pro**act**ive [prouǽktiv]
re**act** [riǽkt]
counter**act** [kàuntərǽkt]

[어원]

명 ① 대리인, 중개인 ② (작용하는) 물질, 동인
동 작동시키다, 활성화시키다
동 ① 항해 [조종]하다 = steer ② 길을 찾다
형 활동 과잉의
형 앞서 행동하는, 사전에 대처하는
동 반응하다 명 reaction 반응
동 (악영향에 맞서) 대응하다

[(실제) 행동하는(ag) 사람 [것]]
[활동적(activ)이 되게 하다]
[배(nav)를 조종하다(ig)]
[지나치게(hyper) 활동적인(active)]
[앞서(pro) 행동하는(active)]
[~에 대해서(re) 행동하다(act)]
[~에 대항해(counter) 행동하다(act)]

기 출 문 제

1. Infosys rightly sees itself as more <u>agile</u> than IBM.
[서울 9급 07]

   ① wary   ② caustic
   ③ nimble   ④ lavish
   ⑤ zealous

2. I must warn you that any mention of Cathy <u>agitates</u> your grandmother. [국회8급 04]

   ① flares   ② appeals to
   ③ stirs up   ④ stagnates
   ⑤ vanishes

3. Ruth Bader Ginsburg's legal _____ led to her appointment to a position on the Supreme Court.

   ① impetuousness   ② acumen
   ③ demarcation   ④ inanity

4. Dwindling arable land and mounting food insecurity could <u>exacerbate</u> existing conflicts and deter investment in a region where economic marginalization has long driven unrest. [서울시9급 11]

   ① aggravate   ② justify
   ③ linger   ④ proscribe
   ⑤ underestimate

5. As the debate in the house turned _____ with the participants indulging in personal accusations, the president adjourned the meeting.

   ① meek   ② cogent
   ③ exigent   ④ acrimonious

1. ③ 2. ③ 3. ② 4. ① 5. ④

3 ali, alter : 다른(other)

★★☆

alienate
[éiljənèit]
행안부9급 09

[(좋았던 사이를) 달라지게(alien) 하다]

[동] (사람을) 멀어지게 하다, 소외감을 느끼게 하다

his attitude that alienates him from many
많은 유권자들을 멀어지게 하는 그의 태도

[명] alienation 소외, 멀어짐
[형] alienated 소외된

기본

◉ alien
[형] ① 이상한
② 이질적인
③ 외국 [외계]의
[명] 외국인 체류자

★☆☆

alias
[éiliəs]
경찰 14

[다른(ali) 이름]

[명] (범죄자의) 가명

a spy operating under the alias Tucker
터커라는 가명으로 활동하는 스파이

동의어

nickname 별명
moniker 별명
pseudonym (작가의) 필명

★★☆

alternative
[ɔ:ltə́:rnətiv]

[(기존 것과) 다른(alter)]

[형] ① 다른, 대안이 되는 ② 대체의

alternative plans 다른 계획들
alternative energy 대체 에너지

[명] 대안

a viable alternative 실행 가능한 대안

[숙어] have no alternative but to V
~하는 것 밖에 다른 대안이 없다

활용

alternative fuel
대체 연료

alternative medicine
대체 의학

alternative therapy
대체 치료법

★★☆

altruistic
[æltru:ístik]

[다른(altr) 사람을 위하는]

[형] 이타적인 ↔ selfish 이기적인

an altruistic philanthropist 이타적인 박애주의자

[명] altruism 박애주의

동의어

charitable 자선의
magnanimous 관대한
humanitarian 인도주의적인

추가어휘

alien [éiljən]
alter [ɔ́:ltər]
alternate [ɔ́:ltərnət]
altercation [ɔ̀:ltərkéiʃən]

[형] ① 이상한 ② 이질적인 ③ 외국, 외계의
[동] 바꾸다, 바뀌다 = change
[형] 번갈아 나오는 **[동]** [ɔ́:ltərnèit] 번갈아 나오다
[명] 언쟁, 다툼 = quarrel, argument

어원

[(나와는) 다른(ali)]
[달라지게(alter) 하다]
[(하나 다음에) 다른(alter) 것이 나오는]
[(의견이) 달라(alter) 벌이는 것]

---

4 am, em : 사랑하다(love)

★★☆

amiable
[éimiəbl]

[(성격이) 사랑(ami)받을 수 있는]

[형] 상냥한, 유쾌한

an amiable conversation 유쾌한 대화

동의어

kind 친절한
pleasant 즐거운, 상냥한
affable 상냥한

★★☆

amicable
[ǽmikəbl]
경찰간부

[(관계가) 사랑(ami)받을 수 있는]

활용

형 **우호적인 = friendly**
an amicable relationship 우호적인 관계

an **amicable** agreement
우호적인 합의
an **amicable** settlement
우호적인 해결

★☆☆

en**m**ity
[énməti]

[사랑(m)하지 않음(en)]

동의어

명 **적대감** ↔ amity 우호, 친선
the enmity between the two countries
두 나라간의 적대감

hatred 증오, 혐오
hostility 적대감
antipathy 반감

★★☆

in**imi**cal
[inímikəl]

[사랑(imi)하지 않는(in)]

동의어

형 ① **적대적인** ② **해로운**
an inimical attitude 적대적인 태도
a habit inimical to health 건강에 해로운 습관

injurious 해로운
detrimental 해로운
deleterious 해로운

추가어휘

amateur [ǽmətʃùər]
amity [ǽməti]
enemy [énəmi]
en**amor**ed [inǽmərd]

어원

명 아마추어
명 우호, 친선
명 적 = foe
형 매혹된, 반한

[(~하는 것을) 사랑하는(ama) 사람((t)eur)]
[사랑하는(ami) 상태]
[사랑(em)하지 않는(en) 자]
[사랑(amor)에 빠진(en)]

기출문제

1. Inspector Javert discovered that Monsieur Madeleine was not the mayor's real name but an _____ for Jean Valijean, the ex-convict. [경찰 14]

   ① alias
   ② apprentice
   ③ apprentice
   ④ avarice

2. Affluence does make people <u>altruistic</u>, because people tend to be generous and can afford to be charitable when they are prosperous.

   ① frugal
   ② unselfish
   ③ alienated
   ④ inimical

3. She was surprised to find how <u>amiable</u> he was, when she met her husband the first time at a party.

   ① agreeable
   ② praise-worthy
   ③ arrogant
   ④ reasonable
   ⑤ impecunious

4. When countries can not settle a dispute in an <u>amicable</u> way, they should settle it by arbitration. [경찰간부]

   ① constructive
   ② satisfactory
   ③ friendly
   ④ profitable

5. The angry _____ started with a seemingly innocent remark by the taxi driver.

   ① nihilism
   ② blasphemy
   ③ benediction
   ④ altercation

1. ① 2. ② 3. ① 4. ③ 5. ④

5 ang, anx : 꽉 조이는 (tight)

★☆☆
anger
[ǽŋgər]

[(감정이) 꽉 조여(ang)짐]

명 **화, 분노**
vent one's anger about ~에 대해서 화를 내다

형 **ang**ry 화난

동의어
rage 격노
fury 분노
resentment 화, 분노

★★☆
anguish
[ǽŋgwiʃ]
지방직9급 13

[꽉 조여(ang)들어오는 것]

명 **(극심한) 고통, 괴로움**
experience the anguish of divorce 이혼의 고통을 겪다

형 **ang**uished 번민의, 고뇌에 찬

동의어
pain 고통, 통증
suffering 고통
distress 고통

★★☆
anxious
[ǽŋkʃəs]

[(마음이) 꽉 조이(anx)는]

형 ① **걱정하는** ② **열망하는** = eager
be anxious about the exam result
시험 결과를 걱정하다
be anxious to succeed 성공하기를 열망하다

명 **anx**iety ① 걱정 ② 열망

동의어
nervous 불안한
uneasy 불안한
tense 긴장한
apprehensive 걱정하는

6 anim : ① 마음 (mind) ② 생명 (life)

★☆☆
animosity
[ænəmásəti]

[(나쁜) 마음(anim)의 상태]

명 **반감, 적대감**
feel animosity toward him 그에 대해 반감을 느끼다

동의어
enmity 적대감
grudge 원한
rancor 원한

★★☆
in**anim**ate
[inǽnəmət]
중앙인사9급 04

[살아있지(anim) 않은(in)]

형 **무생물의, 살아있지 않은**
an inanimate object 무생물

관련
animate 살아 있는
animation ① 생기 ② 만화 영화

★☆☆
equ**anim**ity
[ìːkwəníməti]

[(슬픔도 기쁨도) 똑같은(equa) 마음(anim)의 상태]

명 **평정, 침착**
accept the result with equanimity
결과를 침착하게 받아들이다

동의어
calmness 침착
composure 평정
equilibrium 평정

★★☆
magn**anim**ous
[mægnǽnəməs]
서울시9급 06

[넓은(magn) 마음(anim)을 가진]

형 **너그러운, 관대한**
show a magnanimous gesture 너그러운 태도를 보이다

동의어
tolerant 관대한
generous 후한, 너그러운
lenient (처벌이) 관대한

★★★
unanimous
[juːnǽnəməs]

[하나의(un(i)) 마음(anim)인]

형 **만장일치의**
make a unanimous decision 만장일치로 결정하다

부 un**anim**ously 만장일치로

명 un**anim**ity 만장일치

a **unanimous** vote
만장일치의 표결
a **unanimous** ruling
만장일치의 판결

---

7 | ann, enn : 해, 년(year)

★☆☆
bi**ann**ual
[baiǽnjuəl]

[1년(year)에 2번 하는]

형 **연 2회의**
hold biannual festivals 연 2회 축제를 열다

비교 bi**enn**ial 2년에 1회의

접두어

■ bi- : 둘, 2
bilingual 2개 국어를 하는
bilateral 쌍방의
bimonthly 두 달에 한 번씩
biracial 두 인종의, 혼혈의

★★☆
per**enn**ial
[pəréniəl]

[1년(enn) 내내(per) 하는]

형 **(오래) 지속되는, 계속 반복되는**
the perennial problem of starvation
계속 반복되는 기아 문제

동의어

continual 거듭[반복]되는
recurrent 재발되는
chronic 만성적인

추가어휘
annual [ǽnjuəl]
anniversary [æ̀nəvə́ːrsəri]
annals [ǽnlz]

형 매년의, 연례의 = yearly
명 기념일
명 연대기 = chronicle

어원
[해(ann)마다 하는]
[해(ann)가 바뀌며 돌아오는 것]
[년도(ann)순으로 적은 것]

기출문제

1. Few people are capable of expressing <u>with equanimity</u> opinions which differ from the prejudices of their social environment.

   ① fervently ② calmly
   ③ excitedly ④ equally

2. He is most generous about forgiving a slight, an insult, and an injury. Never does he harbor resentment, store up petty grudges, or waste energy or thought on means of revenge or retaliation. He's much too _____ a person. [서울시 06]

   ① urbane ② intrepid
   ③ versatile ④ adventurous
   ⑤ magnanimous

3. The Senate Armed Services Committee _____ endorsed the nomination of Representative Dick Cheney to be Secretary of Defense today, praising his ''high standards of personal conduct and integrity.''

   ① generously ② voluntarily
   ③ reluctantly ④ unanimously

4. Illegal logging and mining activities have been blamed for the _____ problems of flooding and landslides in certain parts of the country.

   ① incisive ② perennial
   ③ tangible ④ versatile

5. He felt a certain amount of <u>animosity</u> towards his boss.

   ① affinity ② anguish
   ③ enmity ④ compassion

1. ② 2. ⑤ 3. ④ 4. ② 5. ③

8 | apt : 적당한(fit)

apt ★★☆
[æpt]

형 ① 적절한 ② ~하기 쉬운
make an apt remark 적절한 말을 하다
be apt to be influenced 영향 받기 쉽다

유사
be likely to V
~할 것 같다
be prone to V
~하기 쉽다

---

adapt ★★★
[ədǽpt]

[~을(ad) 적합하게(apt) 하다]

동 ① 맞추다, 적응하다 ② 각색하다
adapt to college life 대학 생활에 적응하다
adapt the novel for the screen
그 소설을 영화로 각색하다

명 adaptation ① 적응 ② 각색
형 adaptable 적응할 수 있는

접두어

■ ad- : ~에, ~쪽으로
access 접근
adopt 채택하다
approach 접근(하다)

---

inept ★☆☆
[inépt]

[(~하기에) 적합하지(apt) 않은]

형 서투른, 솜씨 없는
his inept handling of the problem
그 문제에 대한 그의 서툰 대처

동의어
clumsy 서투른
awkward 어색한
be all thumbs 손재주가 없다

추가어휘
aptitude [ǽptətjùːd]
inapt [inǽpt]

명 소질, 적성
형 부적절한 = inappropriate

어원
[(~하기에) 적합한(apt) 상태]
[적절하지(apt) 않은(in)]

---

9 | arch : 통치 [지배] 하다(rule)

anarchy ★☆☆
[ǽnərki]

[통치(arch)가 없는(an) 상태]

명 무정부 상태
a state of anarchy 무정부 상태
명 anarchist 무정부주의자

동의어
confusion 혼란
chaos 혼돈
disorder 무질서

---

hierarchy ★☆☆
[háiərɑ̀ːrki]

[높은 지위(hier)에서의 통치(arch)]

명 계급 제도, 계층
a rigid hierarchy of social classes
사회 계층들의 엄격한 계급 제도

동의어
rank 계급
the pecking order
(집단 내) 서열

추가어휘
monarchy [mánərki]
patriarchy [péitriɑ̀ːrki]

명 군주제, 군주국
명 가부장제 ↔ matriarchy 모계 사회

어원
[혼자(mon(o))서 통치(arch)하는 것]
[(집안을) 아버지(patri)가 통치(arch)함]

10 arm : 무기(weapon)

★☆☆
dis**arm**
[disá:rm]

[무기(arm)를 떨어뜨려(dis) 놓다]

동 ① 무장 해제시키다 ② 경계심을 풀게 하다
disarm the terrorists 테러리스트들의 무장을 해제시키다
be disarmed by his sense of humor
그의 유머감각에 경계심이 풀리다

명 dis**arm**ament 군비 축소

참고 un**armed** 비무장의

기본

◉ **arm** 관련 정리

arm ① 팔 ② (-s) 무기
armed 무장한
armament 군비 (확충)
dis**arm**ament 군비 축소

★★☆
armistice
[á:rməstis]

[무기(arm)를 세워(sti) 둠]

명 휴전
declare an armistice 휴전을 선포하다

cease-fire 정전, 휴전
truce 휴전

추가어휘
armory [á:rməri]
armament [á:rməmənt]

명 무기고 = arsenal
명 (무기를 갖추는) 군비

어원

[무기(arm)를 두는 곳(ory)]
[무기(arm)를 갖추는 것]

기출문제

1. Don't wake her early; she's _____ to become angry.

① appropriate   ② apt
③ harsh   ④ susceptible

2.
> A : Are you finished with your coffee? Let's go do the window display.
> B : I did it earlier. Let's go see it.
> A : Are you trying to bring customers in and scare them away?
> B : That bad? You know, _____ when it comes to matching colors.
> A : Don't you know navy blue never goes with black?
> B : Really? I didn't know that.

[지방직9급 13]

① I'm all thumbs   ② every minute counts   ③ versatile
④ failure is not an option   ⑤ I jump on the bandwagon

3. Our colleague David Linden has compared the evolutionary history of the brain to the task of building a modern car by adding parts to a 1925 Model T that never stops running. As a result, brains differ from computers in many ways, from their highly efficient use of energy to their tremendous _____.

① rigidity   ② sensitivity   ③ adaptability
④ compactness   ⑤ memory capacity

1. ② 2. ① 3. ③

11 art : 기술, 기교(skill)

★★☆

artificial
[à:rtəfíʃəl]

[기술(art)을 써서 만든(fic)]

형 ① 인공적인 ② 인위적인, 꾸며낸
artificial satellites 인공 위성들
an artificial smile 꾸며낸 미소

활용
artificial intelligence
인공 지능
artificial flowers 조화

★☆☆

artifice
[á:rtəfis]

[기술(art)을 쓴(fic) 것]

명 술책, 계략
use a political artifice 정치적 계략을 쓰다

동의어
trick 속임수
guile 교활함
scheme ① 계획 ② 계략

추가어휘
artifact [á:rtəfækt]
artisan [á:rtizən]
artful [á:rtfəl]
artless [á:rtlis]

명 인공물, 공예품
명 장인, 기능 보유자 = expert, craftsman
형 ① 기교 있는 ② 교묘한 = sly, crafty
형 꾸밈없는, 소박한 = natural

어원
[기술(art)을 써 만든(fac) 것]
[기술(art)을 갖춘 사람]
[기교(art)가 가득한(ful)]
[기교(art)를 부리지 않은(less)]

---

12 astra, aster : 별(star)

★★★

dis**aster**
[dizǽstər]
국가직9급 07

[(점성술에서) 별(aster)이 나쁜(dis) 위치에 있음]

명 재난, 재앙 = calamity
suffer natural disasters 자연재해들을 겪다
명 dis**astro**us 처참한

주제
earthquake 지진
landslide 산사태
avalanche 눈[산]사태
hurricane 태풍

추가어휘
astronaut [ǽstrənɔ̀:t]
astronomy [əstránəmi]
astrology [əstrálədʒi]

명 우주비행사
명 천문학
명 점성술

어원
[별(astro)로 가는 선원(sailor)]
[별(astro)의 배열(nom)을 연구함]
[(미래를) 별(astro)을 보고 말(log)함]

---

13 bell : 전쟁, 싸움(war)

★☆☆

belligerent
[bəlídʒərənt]

[전쟁(bell)을 치르기(ger) 좋아하는]

형 호전적인, 적대적인
a belligerent attitude 호전적인 태도

동의어
hostile 적대적인
aggressive 공격적인
inimical 적대적인

★★☆

re**bell**ion
[ribéljən]

[(왕에) 반대하여(re) 싸우는(bell) 것]
명 반란
rise in rebellion against the dictator
그 독재자에 반대하여 반란을 일으키다

명 동 re**bel** 반역자; 반란을 일으키다
형 re**bell**ious 반항적인

동의어
revolt 반란
uprising 반란
insurrection 반란
mutiny 반란, 폭동
riot 폭동
coup 쿠데타

추가어휘
bellicose [bélikòus]

형 호전적인 = hostile

어원
[전쟁(bell)하려는]

---

14 bio : 생명, 삶(life)

★☆☆

anti**bio**tic
[æntibaiátik]

[(미)생물(bio) 번식을 억제(anti)하는 것]

명 **항생제**
inject antibiotic 항생제를 주사하다

접두어

■ anti- : 반대
anti**body** 항체
anti**pollution** 공해방지
ant**arctic** 남극의

추가어휘
biology [baiálədʒi]
biography [baiágrəfi]
amphi**bian** [æmfíbiən]
sym**bio**sis [sìmbióusis]

명 생물학　명 **bio**logist 생물학자
명 전기, 일대기　참고 auto**bio**graphy 자서전
명 양서류　참고 reptile 파충류, mammal 포유류
명 공생

어원
[생명(bio)을 연구하는 학문(logy)]
[삶(bio)에 대해 쓴 것(graphy)]
[(물과 땅)양쪽에(ambi) 사는(bi(o)) 것]
[함께(sym) 살아(bio)가는 것]

기출문제

1. The ship's captain was worried after he heard rumors of a possible <u>mutiny</u> among his crew. [경찰 14]

   ① transaction　② intrigue
   ③ rebellion　④ intimidation

2. Though a very small and nascent country, Israel has stood its ground against the combined might of all the <u>belligerent</u> Arab countries around it, and is prosperous.

   ① irritable　② inimical
   ③ bulky　④ amicable

3. When a person plays a trick on others to deceive them, he uses _____.

   ① artifice　② revolt
   ③ lust　④ intuition

4. The devastating hurricane would be a _____ for this low-lying coastal region.

   ① landslide　② avalanche
   ③ insurrection　④ calamity

5. _____ are powerful medicines that fight bacterial infections. They either kill bacteria or keep them from reproducing. Your body's natural defenses can usually take it from there.

   ① Antidotes　② Antibiotics
   ③ Placebos　④ Panaceas

1. ③ 2. ② 3. ① 4. ④ 5. ②

day 2

15 brev, brie : 짧은(short)

★★☆
ab**brev**iate
[əbríːvièit]
세무사 05

[(~을(ab) 짧게(brev) 하다]

동 (단어를) 축약하다, 줄여 쓰다
abbreviate Doctor to Dr. 의사를 Dr.로 축약하다

명 ab**brev**iation 축약

 예시
◉ **단어 축약의 예**
km, kg, kl, bldg,
USA, univ, www..

★☆☆
a**bri**dge
[əbrídʒ]

[~을(a(d)) 짧게(bridg) 하다]

동 (내용을) 요약하다
abridge a dictionary 사전을 요약하다

형 una**bri**dged 요약되지 않은

동의어
summarize 요약하다
condense 요약하다
compress 요약하다

추가어휘
brief [briːf]

형 ① (시간이) 짧은, 잠시의 ② (말·글이) 간단한
명 짧은 소식

16 cad, cid, cas : 떨어지다(fall)

★★☆
ac**cid**ent
[ǽksidənt]

[(일이) ~에(ac) 떨어진(cid) 것]

명 ① 우연 ② 사고
Their meeting was an accident.
그들의 만남은 우연이었다.
a traffic accident 교통사고

형 ac**cid**ental 우연한   부 ac**cid**entally 우연히
숙어 by accident 우연히

주제
◉ **사고 분석 순서**
fact gathering 사실 수집
fact analysis 사실 분석
conclusion drawing
결론 도출
counter-measures
대응 방안

★★☆
coin**cid**e
[kòuinsáid]
서울시9급 07
행자부9급 07

[(두 사건이) 함께(co) ~안에(in) 떨어지다(cid)]

동 ① (두 사건이) 동시에 일어나다 ② 일치하다
The earthquakes coincided. 지진이 동시에 일어났다.
My views coincides with yours.
제 견해가 당신의 견해와 일치합니다.

형 coin**cid**ent 동시에 일어나는

접미어
■ **-e : 동사형**
breathe 숨 쉬다, 호흡 하다
clothe 옷을 입히다

★☆☆
cadaverous
[kədǽvərəs]
입법고시

[(땅속으로) 떨어지는(cad) 시체와 같은]

형 시체 같은
the patient who looks cadaverous
시체 같아 보이는 환자

형 **cad**aver 시체

동의어
body ① 몸 ② 시체
corpse 시체
carcass (동물의) 시체

★★☆
casual
[kǽʒuəl]

[(불현 듯 툭) 떨어지(cas(u))는(al)]

형 ① 우연한 ② 무심결의 ③ 격식을 차리지 않은
a casual meeting 우연한 만남
make a casual remark 무심코 말하다
wear casual clothes 캐주얼한 옷을 입고 있다

명 **cas**ualty 사상자, 피해자

 활용
suffer heave **casual**ties
많은 사상자가 나다[생기다]
reduce road **casual**ties
교통사고 사상자수를 줄이다

추가어휘

decay [dikéi]	동	썩다, 부패하다 = rot	명 부패	[(질이) 완전히(de) 떨어지다(cay)]

어원

decay [dikéi] 동 썩다, 부패하다 = rot 명 부패 [(질이) 완전히(de) 떨어지다(cay)]

decadence [dékədəns] 명 타락, 퇴폐 [(도덕이) 아래로(de) 떨어진(cad) 상태]

deciduous [disídʒuəs] 형 낙엽성의 [(잎을) 아래로(de) 떨어뜨리는(cid)]

incident [ínsədənt] 명 (나쁜) 사건 = event [(일이) ~안에(in) 떨어진(cid) 것]

occasion [əkéiʒən] 명 ① 경우, -번 ② (특별한) 행사, 일 [~에(oc) 떨어진(cas) 것]

---

17 cand, cend : 빛나다(shine), 흰(white)

★★☆

candid
[kǽndid]

국가직9급 06·10
행안부9급 09

[(마음을) 환하게 밝(cand)힌(id)]

형 **솔직한**
　a candid confession 솔직한 고백

명 **cand**or 솔직함

동의어

frank 솔직한
forthright 직설적인
outspoken 거리낌 없는

★☆☆

in**cend**iary
[inséndièri]

[~안에(in) 불을(cend) 지르는]

형 **① 방화의 ② 선동적인**
　an incendiary device 방화 장치
　use incendiary language 선동적인 말을 하다

주제

◉ '불' 관련 정리
flame 불길, 불꽃
flare (확 타오르는) 불길
blaze (활활 타는) 불, 화재
arson 방화

추가어휘

candle [kǽndl] 명 촛불　동 kindle 불을 붙이다, 불붙다

candidate [kǽndidèit] 명 후보자, 지원자 = applicant

incense [ínsens] 동 격노하게 하다 = enrage, infuriate

어원

[빛을 내는(cand) 것]
[(로마 시대 때) 흰(cand) 옷을 입은 사람]
[(~의 마음) 안에(in) 불을(cens) 지르다]

기출문제

1. It is usually unacceptable to <u>abbreviate</u> words in an official document . [세무사 05]
   - ① expand
   - ② curtail
   - ③ invent
   - ④ underline
   - ⑤ ramble

2. After the ordeal he had a <u>cadaverous</u> look, but he was still alive. [입법고시]
   - ① frightened
   - ② discouraged
   - ③ dissatisfied
   - ④ ghastly

3. Sarah frequently hurts others when she criticizes their work because she is so <u>outspoken</u>. [국가직 9급 10]
   - ① reserved
   - ② wordy
   - ③ retrospective
   - ④ candid

4. The artful politician use <u>incendiary</u> remark to get public attention.
   - ① drowsy
   - ② numb
   - ③ inflammatory
   - ④ tactile

5. John was <u>incensed</u> when she told him that even though he was stupid and lazy, he would always be her best friend. [국회사무 8급 07]
   - ① infuriated
   - ② stimulated
   - ③ enraptured
   - ④ intoxicated
   - ⑤ intoxicated

1. ② 2. ④ 3. ④ 4. ③ 5. ①

18 cap, ceiv, cept, cip, cup : 잡다, 취하다(take)

★★☆

capture
[kǽptʃər]

[(사람/지역/화면을) 붙잡는(cap) 것]

명 ① 포획 ② 점령 ③ (이미지) 캡쳐
avoid capture 붙잡히지 않다
the capture of the city 그 도시의 점령
image capture 이미지 캡쳐

동 ① 포획하다 ② 점령하다 ③ 포착하다
capture the robber 그 절도범을 붙잡다
capture the city 그 도시를 점령하다
be captured by the security cameras
보안 카메라(CCTV)에 포착되다

형 명 **cap**tive 사로잡힌; 포로

명 **cap**tivity 감금, 억류

접미어

■ –ure : 명사형

failure ① 실패 ② 고장
culture 문화
agriculture 농업
creature 생물, 동물
gesture 몸짓, 제스처
miniature 축소 모형, 미니어처
adventure 모험
procedure 절차

★★☆

capacious
[kəpéiʃəs]

[(많이) 잡고(cap) 있는]

형 널찍한
the mansion's capacious rooms
그 대저택의 널찍한 방들

명 **cap**acity ① 용량, 수용력 ② 능력

동의어

spacious 널찍한
commodious 널찍한
roomy 널찍한

★★☆

captivate
[kǽptəvèit]

[(마음을) 사로잡다(cap)]

동 사로잡다, 매혹하다
captivate the audience 관객을 사로잡다

명 **cap**tivation 매혹, 매력

동의어

attract (매력을) 끌다
charm 매력; 매혹하다
beguile (마음을) 끌다
enthrall 매혹시키다
enchant 황홀하게 하다

★☆☆

captious
[kǽpʃəs]

[(잘못을) 잡아(cap)내는]

형 흠 잡는, 트집 잡는
a captious remark 흠 잡는 말

관련

find fault with
~의 흠을 찾다
take issue with
~에게 문제를 제기하다

★★☆

anti**cip**ate
[æntísəpèit]

중앙인사9급 00

[앞서(anti) 생각을 취하(cip)다]

동 예상하다, 예측하다
anticipate any problems 어떤 문제들을 예상하다

형 unanti**cip**ated 예상치 못한

동의어

expect 예상하다
predict 예측하다
foresee 예견하다

★★★

de**ceiv**e
[disíːv]

행자부9급 00
국가직9급 07

[(정신을) 잡아서(ceive) 떨어뜨리다(de)]

동 속이다, 기만하다
deceive a customer 고객을 속이다

명 de**cept**ion = deceit 속임수, 기만

동의어

cheat 속이다
beguile 속이다
swindle 사기 치다
be taken in by ~에 속다

★★☆

ex**cep**tional
[iksépʃənl]
경찰 15

[(기존 것에서) 잡아서(cep) 빼낸(ex)]

동 ① 예외적인 ② 뛰어난, 아주 훌륭한
an exceptional situation 예외적인 상황
an exceptional student in math
수학에 있어 아주 뛰어난 학생

형 ex**cep**tion 예외, 이례

형 ex**cep**t ~을 제외하고

동의어
remarkable 놀랄 만한
fabulous 굉장한
marvelous 놀라운
awesome 엄청나게 좋은

★★★

re**ceiv**e
[risíːv]
행자부9급 01
서울시9급 10
행안부9급 11·13

[뒤로(re) 취하여 받다(ceive)]

동 ① 받다, 받아들이다 ② (사람을) 환영 [접대] 하다
receive a letter 편지를 받다
receive the guests 손님들을 접대하다

명 re**cep**tion ① (호텔의) 접수처 ② 환영회, 리셉션

명 re**cip**ient 수령인, 수취인

활용
receive a degree
학위를 받다
receive a discount
할인을 받다
receive a sentence
형을 선고받다

★★☆

dis**cip**line
[dísəplin]
국회8급 07
지방직9급 09·11

[제자(discipl(e))에게 행하는 일]

명 ① 훈육, 규율 ② 절제, 수양
strict discipline in the school 그 학교 내 엄격한 규율
require a lot of discipline 많은 수양이 필요하다

동 징계하다
be disciplined for wrongdoing 비행으로 징계 받다

형 dis**cip**linary 징계의

형 dis**cip**lined 훈련받은, 잘 통솔된

활용
the **disciplined** army
훈련받은 군대
take **disciplinary** action
징계 조치를 취하다

기 출 문 제

1. The audience was <u>enthralled</u> by the sheer beauty of the music played by the orchestra.

① shocked   ② stimulated
③ captivated   ④ terrified

2. John used to be laid back and easygoing, but since his parents' divorce he is <u>captious</u> about everything.

① quibbling   ② complacent
③ arduous   ④ supercilious

3. In retrospect, I was <u>taken in</u> by the real estate agent who had a fancy manner of talking. [국가직9급 08]

① inspected   ② deceived
③ revered   ④ amused

4. If you want to avoid mentioning the person giving an order or giving advice, you use a passive reporting verb with the person who _____ the order or advice as the subject of the clause. [서울시9급 10]

① gives   ② makes
③ delivers   ④ initiate
⑤ receives

5. The committee is considering <u>disciplinary</u> measures against the offender.

① educational   ② drastic
③ punitive   ④ tardy

1. ③ 2. ① 3. ② 4. ⑤ 5. ③

★★★
oc**cup**y
[ákjupài]

[~의 위에(oc) 자리 잡다(cup)]

동 ① **차지하다** ② **점령하다, 점거하다**
occupy much space 많은 공간을 차지하다
occupy the castle 그 성을 점령하다

명 occupation ① **직업** ② 점령, 거주
명 occupancy (토지·건물의) 사용

관련

◉ **직업을 물을 때**

What do you do?
무슨 일 하세요?

What's your occupation?
직업이 무엇입니까?

★★★
sus**cep**tible
[səséptəbl]

국가직9급 09
행안부9급 09

[(~의) 아래에(sus) 붙잡혀(cep) 있는]

형 (~에) **약한, 영향 받기 쉬운**
be susceptible to infections 감염에 취약하다

명 sus**cep**tibility 취약함, 민감성

동의어

vulnerable 취약한
sensitive 민감한
prone ~당하기 쉬운

추가어휘
cap**able** [kéipəbl]
con**ceive** [kənsíːv]
con**ceit** [kənsíːt]
dis**ciple** [disáipl]
in**cipient** [insípiənt]
per**ceive** [pərsíːv]
re**ceipt** [risíːt]

형 ~을 할 수 있는, 유능한 – be capable of ~을 할 수 있다
동 ① (생각을) 품다 ② 임신하다 참고 contraception 피임
명 자만심
명 제자
형 막 시작된 **명** inception 시작
동 감지[인지]하다 **형** perceptive 통찰력 있는
명 ① 수령 ② 영수증

어원

[잡을(cap) 수 있는]
[(생각을/아이를) 확실히(con) 취하다(ceive)]
[(자신을) 지나치게(con) 취하는(ceit) 것]
[(스승의 가르침을) 떨어뜨려(dis) 취하는(cip) 자]
[~을(in) 취하(cip)는 → 시작하는]
[완전히(per) 감을 잡다(ceive)]
[뒤로(re) 취하여 받는 것(ceipt)]

---

19 | cap(it), chiev, chief : 머리(head)

★★★
capital
[kǽpətl]

국회8급 04
국가직9급 06

[머리(capit)가 되는 것]

명 ① **대문자** ② **자본** ③ **수도**
write in capitals 대문자로 쓰다
attract foreign capital 외국 자본을 유치하다
the capital of the country 그 나라의 수도

형 **사형의**
capital punishment 사형

명 **cap**italism 자본주의 ↔ communism 공산주의

관련

◉ **'돈' 관련 정리**

fund 기금
finance ① 자금 ② 금융
budget 예산
cost 비용
loan 대출(금)
currency 통화
allowance 용돈

★★☆
capricious
[kəprí∫əs]

경찰 03

[머리(cap)가 곱슬곱슬(rici)한 염소 같은]

형 **변덕스러운**
a capricious boss 변덕스러운 상사

명 **cap**rice 변덕

동의어

fickle 변덕스러운
volatile 변덕스러운
mercurial 변덕스러운

capsize
[kǽpsaiz]
★☆☆

[(뱃)머리(cap)가 가라앉다(siz)]

동 (배를) **뒤집다**
capsize a boat 배를 뒤집다

비교
subvert (체제를) 전복시키다
subvert the dictatorship
그 독재정권을 전복시키다

capitulate
[kəpítʃulèit]
★☆☆

[(포기 조건을 문서의) 머리 부분(capit)에 쓰다]

동 **항복하다**
refuse to capitulate 항복하기를 거부하다

명 **capit**ulation 항복

동의어
surrender 항복하다
succumb 굴복하다
give in to ~에 굴복하다

추가어휘
achieve [ətʃíːv]
mis**chief** [místʃif]
de**capit**ate [dikǽpitèit]
re**capit**ulate [rìːkəpítʃulèit]

동 달성하다, 성취하다 = accomplish
명 ① 해, 피해 ② (짓궂은) 장난
동 목을 베다, 참수하다 = behead
동 개요를 말하다, (핵심을) 요약하다

어원
[~의(a(d)) 머리 [정상] (capit)에 도달하다]
[머리 [꼭대기] (capit)까지 나빠(mis)짐]
[머리(capit)를 떨어뜨리(de)다]
[다시(re) 머리 [핵심] (capit) 부분만을 모으다]

기출문제

1. One bacterium that survives keeps replicating because it is not _____ to the drug treatment. [국가직9급 09]

   ① curable   ② susceptible
   ③ prosperous   ④ reproductive

2. A religion should offer a way to make understandable something that is beyond time and space and therefore outside the _____ of our intellect. [중앙인사7급 04]

   ① illumination   ② science
   ③ singularity   ④ capability

3. Because he is _____, we cannot predict what course he will follow at any moment. [경찰 03]

   ① sedate   ② capricious
   ③ deleterious   ④ inebriated

4. Photographer Jaime Razuri was freed in the Gaza Strip seven days after being abducted by masked gunmen in the latest foreigner kidnapping in the <u>volatile</u> territory.

   ① scary   ② prolific
   ③ unstable   ④ dull

5. This procedure has improved, but it is still _____ to criticism.

   ① programmed   ② vulnerable
   ③ moved   ④ acceptable
   ⑤ credible

1. ② 2. ④ 3. ② 4. ③ 5. ②

20 carn : 살, 육체(flesh)

★★☆

carnivorous
[ka:rnívərəs]

국회8급 04
지방직9급 10

[살(carn)을 먹(vor)는]

형 **육식성의**
a carnivorous animal 육식성 동물

비교
herbivorous 초식성의
omnivorous 잡식성의

★☆☆

in**carn**ate
[inká:rnət]

[(정신·영혼이) ~의(in) 육신(carn)을 갖춘]

형 **인간의 모습을 한**
an incarnate devil 인간의 모습을 한 악마

동 **구현하다** [inká:rneit]
incarnate political ideals 정치적 이상들을 구현하다

명 in**carn**ation 화신

동의어
realize 실현하다
embody 구현하다
typify ~의 전형이 되다

추가어휘
carnage [ká:rnidʒ]
carnal [ká:rnl]

명 대학살 = butchery, slaughter, genocide, massacre
형 육체의, 육욕의

어원
[(동물을 죽여) 살(carn)을 취함]
[살, 육체(carn)의]

---

21 ced, ceed, ceas, cess : 가다(go)

★☆☆

ac**ced**e
[æksí:d]

[(제안·직위)에(ac) 가다(ced)]

동 ① (제안에) **응하다** ② (직위에) **오르다**
accede to his offer 그의 제안에 응하다
accede to the throne 왕위에 오르다

명 ac**cess**ion 즉위, 취임

비교
access 접근, 접속
gain access through
an window
창문을 통해 들어가다
have access to Internet
인터넷에 접속하다

★★☆

cease
[si:s]

법원서기보 03

[(하던 일에서) 떠나가다(ceas)]

동 **멈추다, 중단하다**
be ordered to cease fire 발포를 중지하라는 명령을 받다

명 **cess**ation 중단, 중지

형 **ceas**eless = incessant 끊임없는

동의어
stop 멈추다, 중단하다
quit 그만두다
pause 잠시 멈추다
halt 중단하다
discontinue 중단하다

★★☆

ex**ceed**
[iksí:d]

경찰 07

[(넘쳐서) 밖으로(ex) 나가다(ceed)]

동 **넘다, 초과하다**
The demand exceeded the supply.
수요가 공급을 초과했다.

명 ex**cess** 초과, 과잉

형 ex**cess**ive 지나친, 과도한

활용
excessive drinking 과음
an **excessive** demand
지나친 요구

intercede
★☆☆
[ìntərsíːd]

[(두 사람의) 중간에(inter) 가다(ced)]

동 (~에게) 선처를 호소하다
intercede with the king on his behalf
왕에게 그의 선처를 호소하다

비교 intervene in ~에 개입하다

접두어

■ inter- : 중간의
international 국제적인
intermediate 중급의
interval (시간의) 간격
intercourse 교제
interaction 상호 작용, 소통

precedent
★★☆
[présədənt]
법원서기보 00
지방직9급 12·14

[앞서(pre) 갔던(ced) 일]

명 전례, 선례 = antecedent
set a legal precedent 법적 선례를 남기다

동 precede ~에 앞서다, 선행하다

형 unprecedented 전례 없는

접미어

■ -ent : 명사형
agent ① 대리인 ② (작용) 물질
component (구성) 요소
adolescent 청소년

proceed
★★☆
[prəsíːd]
안행부9급 13

[앞으로(pro) 가다(ceed)]

동 ① (특정 방향으로) 가다, 이동하다 ② 진행하다
proceed toward the exit 출구로 가다
proceed according to plan 계획에 따라 진행하다

명 procedure 절차   명 process 과정

활용

follow legal procedures
법적 절차를 따르다
a manufacturing process
제조과정

recession
★★☆
[riséʃən]
대구시9급 05

[뒤로(re) 가는(cess) 것]

명 불황
an economic recession 경제 불황

동 recede 뒤로 가다

비교 recess ① 휴회, 쉬는 시간 ② 구석진 [후미진] 곳

주제

◉ 호황과 불황
boom 호황
buoyant 활황인
depression 경기 침체
stagnation 불경기

기출문제

1. The tropical rain forest occupies areas near the equator where the annual rainfall exceeds 80 inches. [경찰 07]

① surpasses   ② reaches
③ averages   ④ equals

2. I was ready to take a relaxing nap, but the incessant noise from outside began to bother me. [국가직7급 10]

① unbearable   ② constant
③ loud   ④ bizarre

3. If justice is necessary at all, he thought, it was as a counterweight to our inordinate pursuit of gain and self-interest.

① excessive   ② ordinary
③ unnecessary   ④ blind

4. All of the proceeds from the book will be donated to a children's charity.

① accounts   ② yields
③ losses   ④ taxes

5. She and colleague Peter Makovicky came to that conclusion after collecting dietary data for theropods, a group of two-footed dinos colloquially known as "predatory" Tyrannosaurs rex, which turn out to be a very primitive, old-school dinosaur. " ① _____ is always rare relative to ② _____ in animal communities because food availability becomes more scarce as you move up the food chain," said Zanno.

① Omnivory — carnivory   ② Omnivory — herbivory
③ Herbivory — carnivory   ④ Carnivory — herbivory

1. ① 2. ② 3. ① 4. ② 5. ④

★★★

succeed
[səksíːd]
지방직9급 08

[아래에서(sub) (올라)가다(ceed)]

图 ① 뒤를 잇다, 계승하다 ② 성공하다
succeed to the throne 왕위를 계승하다
succeed in one's business 사업에서 성공하다

파생어
success 성공
successful 성공적인
succession 연속, 계승
successive 연속적인
successor 후계자

추가어휘
cede [siːd]
deceased [disíːst]
predecessor [prédəsèsər]
secede [sisíːd]

图 양도하다, 이양하다
图 사망한 = dead
图 전임자 ↔ successor 후임자
图 《from》 분리 독립하다

어원
[(어느 장소에서) 떠나가다(ced)]
[(세상을) 떠나(de) 간(ceas)]
[앞서(pre) 떠나(de) 간(cess) 사람(or)]
[떨어져(se) 나가다(ceed)]

22 centr : 중심, 중앙 (center)

★★☆

concentrate
[kánsəntrèit]

[함께(con) 중심에(centr) 모으다]

图 집중하다, 집중시키다
concentrate on one's study 공부에 집중하다

图 concentration 집중

유의어
focus 초점; 집중하다
engross 몰두하게 하다
intensify 심해지다

★★☆

eccentric
[ikséntrik]
중앙인사9급 07

[중심(centr) 밖으로(ec) 벗어난]

图 별난, 이상한
an eccentric inventor 별난 발명가

图 eccentricity 별남, 기이한 행동

동의어
strange 이상한
unusual 흔치 않은
odd 이상한
weird 기이한

추가어휘
center [séntər]

图 ① 중심 ② 중심지, 센터   图 central 중심의

어원
[중심이(centr) 되는 것]

23 cis : 자르다 (cut) / cide : 죽이다 (kill)

★☆☆

concise
[kənsáis]

[완전히(con) 잘라낸(cis)]

图 간결한
a concise summary 간결한 요약

图 conciseness 간결함

동의어
brief 간결한
succinct 간결한
terse 간결한

★☆☆

excise
[éksaiz]

[밖으로(ex) 잘라(cis)내다]

图 절제하다
excise a tumor 종양을 절제하다

图 소비세, 물품세
impose an excise on goods 상품에 물품세를 부과하다

주제
◉ 세금의 종류
tax (일반적) 세금
duty (수입품에 대한) 세금
customs 관세

day 2

★☆☆

in**cis**ive
[insáisiv]

[~을(in) 자르는(cis)]

형 **예리한, 날카로운**
an incisive analysis 예리한 분석

동의어
sharp 날카로운, 예리한
keen 예리한

★★★

sui**cide**
[sjúːəsàid]
중앙인사9급 06

[자신을(sui) 죽임(cide)]

명 **자살**
commit suicide 자살하다

명 sui**cid**al 자살 충동을 느끼는

동의어
take one's life 자살하다

★☆☆

geno**cide**
[dʒénəsàid]

[인종(geno)을 죽임(cide)]

명 **대량 학살**
numerous victims of genocide
대량 학살의 많은 희생자들

동의어
carnage 대학살
massacre 대학살
holocaust 대참사

추가어휘

de**cide** [disáid]
pre**cis**e [prisáis]
homi**cide** [húməsàid]
infanti**cide** [inféntəsàid]
matri**cide** [mætrisàid]
patri**cide** [pætrəsàid]

동 결정하다 형 decisive 결정적인
형 정확한 = exact, accurate
명 살인 = murder
명 유아 살해
명 모친 살해
명 부친 살해

어원
[확실히(de) 자르다(cid)]
[(딱 맞게) 미리(pre) 잘라둔(cis)]
[사람(homi) 죽임(cide)]
[유아(infanti)를 죽임(cide)]
[어머니(matri)를 죽임(cide)]
[아버지(patri)를 죽임(cide)]

기출문제

1. The research lab was run by an <u>eccentric</u> but brilliant scientist named John Baek.

   ① unfair   ② conventional
   ③ peculiar   ④ sociable

2. The interviewers were greatly pleased by Danny's _____ answers and preferred him to the other candidates, who used lengthy sentences and roundabout expression.

   ① concise   ② intense
   ③ verbose   ④ taciturn

3. With that one _____ comment, he brought an end to all the aimless talk.

   ① illegible   ② incisive
   ③ indelible   ④ ingrained

4. After the Holocaust, which had been perpetrated by the Nazi Germany and its allies prior to and during World War II, Lemkin successfully campaigned for the universal acceptance of international laws defining and forbidding _____.

   ① homicide   ② suicide
   ③ pesticide   ④ genocide

5. In Vietnam, the guerrillas often <u>ceded</u> control of the territory during the day and returned at night to prevent political stabilization.

   ① ceased   ② yielded
   ③ terminated   ④ procrastinated

1. ③ 2. ① 3. ② 4. ④ 5. ②

24 | cit, cil, sel, sul : call 부르다

★☆☆
cite
[sait]

[부르다(cit)]

동 ① 인용하다 = quote ② (증거·예를) 들다 ③ 소환하다
cite a passage 한 구절을 인용하다
cite several instances 몇 가지 사례를 들다
be cited for drunk driving 음주 운전으로 소환되다

명 citation ① 인용(문) ② 소환장 ③ 표창장

활용

issue a **citation**
소환장을 발부하다

receive a **citation**
for good deed
선행으로 표창장을 받다

★★☆
consult
[kənsʌlt]

[(조언자를) 함께(con) 부르다(sul)]

동 ① 상담 받다 ② 상의하다 ③ (책·사전 등을) 찾아보다
consult a lawyer 변호사에게 상담 받다
consult with my husband 남편과 상의하다
consult a dictionary 사전을 찾아보다

명 consultant 상담가, 컨설턴트
명 consultation ① 상담 ② 상의 ③ 조회

접두어

■ com- : 함께

combine 결합하다
companion 친구, 동반자
compile 편찬하다
collide 충돌하다, 부딪치다

★★☆
conciliate
[kənsílièit]

[(사이가 멀어진 두 사람을) 함께(con) 불러(cil) 모으다]

동 달래다, 회유하다
conciliate the strikers 파업 노동자들을 달래다

형 conciliatory 달래는, 회유하는

활용

a **conciliatory** policy
회유 정책
a **conciliatory** gesture
회유적인 제스처

★★★
reconcile
[rékənsàil]

국가직9급 09
서울시9급 04·07

[(사이가 멀어진 두 사람을) 다시(re) 함께(con) 부르다(cil)]

동 ① 화해시키다[하다] ② 조화시키다
reconcile with him 그와 화해하다
reconcile one's ideals with reality
이상을 현실과 조화시키다

파생어

reconciliation
① 화해 ② 조화
reconcilable
화해[조화]시킬 수 있는
irreconcilable
화해[양립]할 수 없는

★★☆
solicit
[səlísit]

서울시9급 04
지방직9급 12

[(도움을) 완전히(sol) 불러내다(cit)]

동 간청하다, 구하려고 하다
solicit donations to help victims
피해자들을 돕기 위해 기부를 간청하다

명 solicitation 간청   명 solicitude 배려
형 solicitous 세심히 배려하는

유의어

seek 찾다, 구하다
request 요청하다
ask for 요구하다

추가어휘

exciting [iksáitiŋ]
recite [risáit]
council [káunsəl]
counsel [káunsəl]

형 신나는, 흥분시키는
동 ① 암송[낭독]하다 ② (열거하여) 말하다
명 ① 자문 위원회 ② (지방) 의회
명 ① 충고, 조언 ② 변호인(단) 동 충고하다, 상담해주다

어원

[(감정을) 밖으로(ex) 불러(cit) 일으키는]
[(기억을) 다시(re) 불러(cit)내다]
[(사람들을) 함께(coun) 불러(cit) 모음]
[(사람들을) 함께(coun) 불러(sel) 모음]

 **cred : 믿다(believe)**

credit
[krédit]
★★☆

[믿고(cred) 내어주는 것]

명 ① 신용 [외상] 거래 ② 칭찬, 인정 ③ 학점
go over one's credit limit 신용 한도를 초과하다
give him credit for ~에 대해 그를 칭찬하다

동 ① 입금하다 ② (~라고) 믿다, 여기다
be credited to your account 당신의 계좌로 입금되다
credit her success to her family's support
그녀의 성공을 가족의 지원 때문이라고 여기다

파생어

creditor 채권자
↔ debtor 채무자
credible 믿을 수 있는
↔ incredible 믿기지 않는
creditable 칭찬할 만한

creed
[kri:d]
대구시9급 05
★★☆

[믿음(cred)에 관한 것]

명 ① (종교의) 교리 ② 신념, 신조
a religious creed 종교적 교리
a political creed 정치적 신념

동의어

belief 신념, 확신
faith ① 믿음 ② 신앙
conviction 신념

credulous
[krédʒuləs]
★★☆

[믿음(cred)이 가득(ul)한]

형 속기 쉬운, 잘 속는
a credulous traveller 속기 쉬운 관광객

명 credulity 잘 속음

동의어

gullible 남을 잘 믿는
naive 순진한

기출문제

1. He did not behave like a <u>credulous</u> tourist but tried to understand what could be behind the strange phenomenon he was facing.

   ① ingenious   ② ironic
   ③ gullible   ④ creditable

2. Thereafter, the government appeared more concerned to consolidate a victory than _____ the strikers.

   ① reprove   ② conciliate
   ③ compliment   ④ distort

3. You'd better _____ an accountant about a business matter.

   ① consult   ② discuss
   ③ counsel   ④ dispute

4. A survey reveals that most adults consider themselves "well informed about the affairs of the nation and the world." Yet a regularly taken Roper poll that asks, "From where do you obtain most of your information about the world?" has found the percentage of people who reply, "Television" has been increasing steadily over the past decade. The latest questionnaire found that well over 60 percent of the respondents chose television over other media as their major source of information. These two facts are difficult to _____ since even a casual study of television news reveals it is only a headline service and not a source of information enabling one to shape a world vie w.

   [국가직9급 09]

   ① reconcile   ② confirm
   ③ demonstrate   ④ discern

1. ③ 2. ② 3. ① 4. ①

discredit
[diskrédit]
경찰 15

[신뢰(cred)를 떨어뜨리다(dis)]

동 ~의 신뢰를 떨어뜨리다
an attempt to discredit the President
대통령의 신뢰를 떨어뜨리기 위한 시도

명 불신, 불명예 = disgrace
bring discredit to his family
그의 가족에게 불명예를 초래하다

접두어

■ **dis-** : 반대
dislike 싫어하다
disloyal 불충한
displease 불쾌하게 하다
disadvantage 불리한 점

추가어휘
in**credible** [inkrédəbl]
credential [kridénʃəl]

형 (좋은 의미로) 믿을 수 없는 = unbelievable
명 ① 자격 ② 자격증 = certificate, qualification

어원
[믿을 수(credible) 없는(in)]
[믿음(cred)을 부여하는 것]

26 crit, cris, crim, cern, cert : 나누다, 가리다 (separate)

criticize
[krítəsàiz]

[(좋고 나쁨을) 가려(crit)내다]

동 ① 비평하다 ② 비난하다, 비판하다
criticize a poem 시를 비평하다
criticize him for incompetence
무능함에 대해 그를 비난하다

명 **crit**icism 비판, 비난   명 **crit**ic 비평가, 평론가

동의어

condemn (강하게) 비난하다
slander 비방하다
libel (글로) 비방하다
speak ill of ~을 나쁘게 말하다

critical
[krítikəl]

행자부9급 00·03
지방직9급 13

[(좋고 나쁨을) 가려(crit)내는 / (좋고 나쁨이) 갈리(crit)는]

형 ① 비판적인 ② 위기의, 중대한
critical thinking 비판적 사고
a critical phase of the negotiation 협상의 중대한 단계

부 **crit**ically ① 비판적으로 ② 대단히

동의어

important 중요한
significant 중요한
crucial 중대한
material 중요한
momentous 중대한
foremost 가장 중요한

con**cern**
[kənsə́:rn]

행자부9급 00·03
인천시급 07
안행부9급 13

[가려내려(cern)고 함께(con) 섞다 → 섞여서 관계되다]

동 ① ~에 관련 있다 ② 걱정하게 만들다
Environmental issues concern us all.
환경 문제는 우리 모두에게 관련이 있다.
My mother's illness concerns me.
어머니 병 때문에 걱정스럽다.

명 ① 관심(사) ② 우려, 걱정
show concern for ~에 대해 관심을 보이다
express concern about ~에 대해 우려를 표하다

전 **con**cerning ~에 관한, 관련된

어법

be **concerned** with
~와 관계있다
be **concerned** about
~에 대해 걱정하다

dis**cern**
[disə́:rn]

[(걸러서) 떨어뜨려(dis) 나누다(cern)]

동 알아보다, 구별하다
discern right from wrong 옳고 그름을 구별하다

형 **dis**cernible 구별할 수 있는
명 **dis**cernment 안목

동의어

distinguish 구별하다
discriminate ① 구별하다
② 차별하다

★★★

dis**crim**inate

[diskrímənèit]

행자부9급 01
사회복지9급 14·15

[떨어뜨려(dis) 나누다(crim)]

동 ① **구별하다** ② **(사람을) 차별하다**
discriminate the original from the copy
원본과 사본을 구별하다
discriminate on grounds of race
인종을 이유로 차별하다

명 dis**crim**ination ① 안목 ② 차별

활용

racial **discrimination**
인종 차별
sexual **discrimination**
성 차별
religious **discrimination**
종교 차별

day 3

★★☆

dis**cree**t

[diskríːt]

경찰15

[나누어(dis) 구별(cree)하는]

형 분별력 있는, 신중한 ↔ indiscreet 무분별한
a discreet way to handle the problem
문제를 처리하는 신중한 방법

동의어

careful 조심하는
cautious 조심스러운
prudent 신중한
attentive 주의하는
heedful 주의 깊은

★★☆

hypo**cris**y

[hipάkrəsi]

[(체로)걸러져(cris) 내려온(hypo) 것 → (대본이) 배우를 통해 걸러진 연기]

명 위선
the hypocrisy of the politician 그 정치인의 위선

형 hypo**crit**ical 위선적인

명 hypo**crit**e 위선자

동의어

dishonesty 부정직
insincerity 불성실
duplicity 표리부동

추가어휘

crisis [kráisis]
criterion [kraitíəriən]
as**cert**ain [æsərtéin]
certificate [sərtífikeit]
de**cree** [dikríː]
ex**cret**e [ikskríːt]

명 위기 **복수** crises 위기들
명 (판단·결정의) 기준 **복수** criteria 기준들
동 확인하다, 알아내다 = confirm
명 ① 증명서 ② 자격증
명 ① 법령, 칙령 ② (법원의) 결정, 판결
동 배설하다, 분비하다 = secrete

어원

[(성공과 실패가) 갈리는(cris) 시점]
[(좋고 나쁨을) 가려내(crit)주는 것]
[~을(as) (가려내어) 확실한(certain)지 보다]
[확실하게(cert) 만들어주는(fic) 것]
[(공식적으로) 나누어(de) 구별(cree) 것]
[밖으로(ex) 걸러(cret)내다]

기 출 문 제

1. His boss criticized him _____ his sloppy work habits.
   ① about ② for
   ③ on ④ in

2. The twelve weeks of summer are <u>critical</u> to most of restaurants and pubs.
   ① free ② busy
   ③ extremely important ④ in a dangerous situation

3. I want to hear your opinion <u>concerning</u> this problem.
   [인천시9급 07]
   ① assuming ② supposing
   ③ providing ④ regarding
   ⑤ notwithstanding

4. The teacher <u>discreetly</u> told her parents about her problems.
   ① cautiously ② immediately
   ③ secretly ④ consistently

5. An alcoholic's pleas for temperance, for example, would not be considered an act of _____ as long as the alcoholic made no pretense of sobriety.
   ① symptom ② slander
   ③ veracity ④ hypocrisy

1. ② 2. ③ 3. ④ 4. ① 5. ④

27 chron : 시간(time)

★★☆

chronic
[kránik]

[(오랜) 시간(chron)의]

형 **만성적인** ↔ acute 급성의
　a chronic disease 만성적인 병

부 **chronically** 만성적으로

활용
chronic fatigue syndrome
만성 피로 증후군

★☆☆

anachronism
[ənǽkrənìzm]

[(현재의) 시간(chron)을 거슬러(ana) 맞지 않음]

명 **시대착오**
　The sword is an anachronism in modern warfare.
　칼은 현대의 전쟁에서 시대착오다.

형 **anachronistic** 시대착오적인

접미어
■ -ism : 명사형
humanism 인도주의
racism 인종차별
sexism 성차별
ageism 노인 차별

★★☆

synchronous
[síŋkrənəs]

[같은(syn) 시간(chron)에 일어나는]

형 **동시 발생하는** = coincident
　the dancers' synchronous movements
　그 댄서들의 동시의 움직임들

동 **synchronize** 동시에 발생하다

접두어
■ syn- : 함께
symptom 증세
syndrome 증후군
synthetic 합성의
symphony 교향곡

추가어휘
chronicle [kránikl]
chronologist [krənálədʒist]

명 연대기
명 연대학자

어원
[시간[연도] (chron)을 적은 것]
[시간[연대] (chron)를 연구(log)하는 사람 (ist)]

---

28 claim : 외치다(cry)

★★☆

claim
[kleim]

[(~이 맞다고, ~을 해달라고) 외치다(claim)]

동 ① **(사실이라고) 주장하다** ② **요구[청구]하다**
　claim (that) the drug prevents hair loss
　그 약이 탈모를 막아준다고 주장하다
　claim compensation for damage
　피해에 대한 보상금을 요구하다

명 ① **주장** ② **청구**(권), **권리**
　deny the claim 그 주장을 부인하다
　file an insurance claim 보험금을 청구하다

동의어
contend 주장하다
maintain 주장하다
insist 주장하다
assert (강하게) 주장하다
allege (근거 없이) 주장하다

★★☆

acclaim
[əkléim]

[~를 향해(toward) 외치다(claim)]

동 **환호하다, 찬사를 보내다**
　acclaim the masterpiece 그 걸작에 찬사를 보내다

명 **환호, 찬사**
　win great acclaim 대단한 찬사를 받다

동의어
praise 칭찬하다
laud 칭찬하다
commend 칭찬하다
compliment 칭찬하다

★☆☆
dis**claim**
[diskléim]

[(사실이라고) 주장하다(claim)의 반대(dis)]

동 **부인하다**
disclaim responsibility for the accident
그 사고에 대한 책임을 부인하다

명 dis**claim**er 부인

동의어
deny 부인하다
disavow 부인하다

★★☆
re**claim**
[rikléim]
행안부9급 11

[(매를 불러들이기 위해) 다시(re) 외치다(claim)]

동 ① **되찾다** ② **개간하다**
reclaim a suitcase 서류가방을 되찾다
reclaim the swampland 그 습지대를 개간하다

명 re**clam**ation 개간

접미어

- re- : 다시
recycle 재활용하다
repay 다시 갚다
reproduce 번식하다
resort 의지(하다)

추가어휘
ex**claim** [ikskléim]
pro**claim** [proukléim]
clamorous [klǽmərəs]

동 소리치다, 외치다 = shout, yell, scream
동 선언 [선포] 하다 = declare, pronounce
형 떠들썩한, 시끄러운 = noisy

어원
[밖으로(ex) 외치다(claim)]
[앞으로(pro) 외치다(claim)]
[외침(clamor)이 있는]

기출문제

1. The schizophrenia is a term used to describe a complex, extremely puzzling condition — the most <u>chronic</u> and disabling of the major mental illnesses.

   ① infrequent   ② persistent
   ③ temporary   ④ serious

2. Jewish American author of such novels as Goodbye Columbus and Portnoy's Complaint, Philip Roth was <u>acclaimed</u> as a major new author in 1960.

   ① challenged   ② eulogized
   ③ guided   ④ introduced

3. He _____ any involvement in the girl's murder, but none is prepared to believe him. The evidence available clearly links him with the murder.

   ① claims   ② disclaims
   ③ proclaims   ④ reclaims

4. Several environmental groups have been _____ contaminated sites.

   ① neutralizing   ② identifying
   ③ reclaiming   ④ prescribing

5. Employers who retire people who are willing and able to continue working should realize that _____ age is not an effective _____ in determining whether an individual is capable of working.

   ① physical — complexion   ② intellectual — criterion
   ③ titular — voice   ④ complete — complexion
   ⑤ chronological — criterion

1. ② 2. ② 3. ② 4. ③ 5. ⑤

29 clud, clus, clos : 닫다(shut)

★★★
ex**clude**
[iksklú:d]

[밖으로(ex) 빼내고 닫다(clude)]

동 **제외하다, 배제하다**
exclude fatty food from one's diet
식단에서 기름진 음식을 제외하다

명 ex**clus**ion 제외, 배제
형 ex**clus**ive 독점적인

동의어

omit 빠뜨리다
rule out 배제하다
leave out 제외시키다

★★☆
dis**close**
[disklóuz]
선관위9급 04

[닫다(close)의 반대(dis)]

동 **밝히다, 폭로하다**
disclose the identity of the criminal
그 범죄자의 신원을 밝히다

명 dis**clos**ure 폭로

동의어

reveal 드러내다
divulge 누설하다
leak out 누설되다

★☆☆
en**close**
[inklóuz]

[안에(en) 넣고 닫다(close)]

동 ① (담·울타리가) **둘러싸다** ② **동봉하다**
be enclosed by high walls 높은 벽으로 둘러싸여있다
enclose a photo with the letter 사진을 편지에 동봉하다

명 en**clos**ure ① 울타리를 친 장소 ② 동봉된 것

접두어
■ en- : 안에
em**brace** ① 포옹하다
② 수용하다
en**counter** (우연히) 만나다

★★☆
pre**clude**
[priklú:d]

[미리(pre) 닫아버리다(clude)]

동 **막다, 못하게 하다**
preclude the possibility of ~의 가능성을 막다

동의어

prevent 막다, 예방하다
hinder 방해하다

★☆☆
se**clude**
[siklú:d]

[(안 보이도록) 떨어져(se) 문을 닫다(clude)]

동 **은둔하다, 고립시키다**
seclude oneself in a room 방에 콕 틀어박혀 있다

형 se**clud**ed 한적한
명 se**clus**ion (호젓한) 은둔

접두어
■ se- : 떨어져
se**parate** 분리된; 분리되다
se**ver** 자르다, 절단하다

★☆☆
claustrophobia
[klɔ̀:strəfóubiə]

[닫혀있는(claust) 것에 대한 공포증(phobia)]

명 **폐쇄 공포증**
suffer from claustrophobia 폐쇄 공포증을 앓다

관련

acrophobia 고소 공포증
agoraphobia 광장 공포증
hydrophobia 공수병
xenophobia 외국인 혐오증

추가어휘
con**clude** [kənklú:d]
in**clude** [inklú:d]
re**clus**e [réklu:s]
closet [klázit]

동 ① 결론을 내리다 ② 끝내다, 마치다
동 포함하다 = count in, incorporate
명 은둔자 = hermit
명 벽장 = wardrobe 숙어 be closeted with ~와 밀담을 나누다

어원
[(토론을) 완전히(con) 닫다[끝내다] (clude)]
[안에(in) 넣고 닫다(clude)]
[(세상의 문을) 완전히(re) 닫은(clus) 자]
[(문이) 닫혀있는(clos) 것]

30 clin, cliv : 굽다, 휘다 (bend)

★★☆ de**clin**e
[dikláin]

[아래로(de) 기울다(clin)]

동 ① 줄어들다, 감소하다 ② (정중히) 거절하다
Oil prices continue to decline.
유가가 계속 떨어지고 있다.
decline an invitation 초대를 정중히 거절하다

명 감소, 하락
a decline in population 인구의 감소

동의어

decrease 감소하다
reduce 줄이다
lessen 줄다
diminish 줄다, 줄이다
cut back 줄이다, 축소하다

★☆☆ in**clin**e
[inkláin]

[(마음이) ~로(in) 기울다(clin)]

동 (마음이) ~로 기울다, ~하게 하다
incline young people toward crime
젊은이들을 범죄 쪽으로 기울게 하다

형 inclined ① ~하고 싶은 ② ~하는 경향이 있는
be inclined to help her 그녀를 돕고 싶다

명 inclination ① 성향 ② 경사

활용

be inclined to V
~하고 싶다
be disinclined to V
~하기를 꺼리다

★☆☆ pro**cliv**ity
[prouklívəti]

[(넘어지게 되도록) 앞으로(pro) 기울어(cliv)짐]

명 (나쁜) 경향
the government's proclivity for spending money
정부의 자금 낭비 성향

동의어

tendency 경향
trend 추세
inclination 성향

추가어휘
re**clin**e [rikláin]

동 ① (몸을) 뒤로하다 ② (등받이가) 뒤로 젖혀지다

어원
[(몸이) 뒤로(re) 기울다(clin)]

기출문제

1. The company has _____ rights to use the logo.
[국가직 응용]

① inclusive
② replaceable
③ exclusive
④ restorative

2. The temporary cease-fire agreement does not preclude possible retaliatory attacks later.

① presume
② prescribe
③ precede
④ prevent

3. North American fur trade waned in the early 1800's, mainly due to the diminishing number of fur-bearing animals.

① ceased
② staggered
③ declined
④ collapsed

4. The identity of the culprit has not yet been disclosed.

① isolated
② revealed
③ shielded
④ clogged

5. The Opposition leader criticized severely the government's proclivity for wasting money.

① tendency
② facet
③ disparity
④ wreck

1. ③ 2. ④ 3. ③ 4. ② 5. ①

31 cord, cour : 심장(heart)

★★☆
ac**cord**
[əkɔ́ːrd]

경찰 14
경찰 15

[~쪽으로(ac) 마음(cord) 가는 것]

명 **일치, 합의** = agreement
be completely in accord 완전히 일치하다

동 ① **일치하다** ② (지위·가치 등을) **부여하다**
accord with the fact 사실과 일치하다
accord importance to education
교육에 중요성을 부여하다

전 **accord**ing to ~에 따라, 따르면
부 **accord**ingly 그에 따라, 그러므로

관련

◉ **accord** 관련 숙어

in accordance with
~에 따라

of one's own accord
자발적으로

★☆☆
dis**cord**
[dískɔːrd]

[마음(cord)이 멀어져(dis) 생긴 것]

명 **불화, 다툼**
experience family discord 가정불화를 겪다

동의어

conflict 갈등
friction 마찰
clash 충돌

★★☆
en**courage**
[inkə́ːridʒ]

[용기(courage)를 만들어주다(en)]

동 ① **용기를 북돋우다, 격려하다** ② **권장[장려]하다**
be encouraged by his positive response
그의 긍정적인 반응에 용기를 얻다
the policy to encourage investment
투자를 권장하는 정책

명 en**courage**ment 격려, 고무

어법

◉ 타 + 목 + to V

allow 허락하다
advise 충고하다
persuade 설득하다
expect 예상하다
cause ~하게 하다
compel 강요하다

★★★
dis**courage**
[diskə́ːridʒ]

법원서기보 03
대구시9급 05

[용기(courage)를 떨어뜨리다(dis)]

동 ① **단념[좌절]시키다** ② (~하지 못하도록) **막다**
be discouraged by the bad result
나쁜 결과에 좌절하다
discourage him from playing computer games
그를 컴퓨터 게임을 하지 못하게 하다

명 dis**courage**ment 낙심, 좌절

어법

◉ 타 + 목 + from -ing

keep ~못하게 하다
prevent ~못하게 막다
inhibit ~못하게 하다
dissuade ~못하게 하다
deter ~못하게 막다

추가어휘
cordial [kɔ́ːrdʒəl]
con**cord** [kánkɔːrd]

형 진심에서 우러난, 화기애애한
명 조화, 화합 = harmony

어원

[마음(cord)에서 우러나는]
[함께(con) 어우러지는 마음(cord)]

---

32 corp(or) : 신체, 육체(body)

★★☆
corporation
[kɔ̀ːrpəréiʃən]

국가직9급 06

[한 몸(corpor)처럼 돌아가는 조직체]

명 (큰) **기업, 회사**
work for a large corporation 대기업에서 일하다

형 **corpor**ate 기업[법인]의 - **corpor**ate tax 법인세

비교 cooperation 협력

주제

◉ '회사, 기업' 정리
firm 회사
company ① 동행 ② 회사
conglomerate 대기업
entrepreneur 기업가
headquarters 본사, 본부

incorporate
[inkɔ́:rpərèit]
행안부9급 11
★★☆

[(부분을 전체의) 몸(corpor) 안에(in) 넣다]

동 ① (일부로) **포함하다** ② (법인을) **설립하다**
incorporate revisions into a text
수정 사항들을 본문에 포함하다
incorporate a company 회사를 설립하다

명 **incorpor**ation ① 포함 ② 설립

접두어

▣ **in-** : 안에
indoor 실내의
input 입력(하다), 투입
invest 투자하다

corpulent
[kɔ́:rpjulənt]
★☆☆

[(살이) 몸(corpor)에 가득(ul)한]

형 **뚱뚱한**
a corpulent gentleman 뚱뚱한 신사

동의어

fat 뚱뚱한
obese 비만의

corpse
[kɔ:rps]
★☆☆

[(죽은) 육체(corp)]

명 **시체, 송장**
a battlefield covered with corpses
시체들로 뒤덮인 전쟁터

관련

death 죽음, 사망
demise 죽음, 종말
decease 사망

추가어휘
corporal [kɔ́:rpərəl]
corps [kɔ:r]

형 신체 [육체]의 = physical
명 ① 군단, 부대 ② 단체, 집단

어원

[신체(corpor)의]
[한 몸(corpor)처럼 돌아가는 사람들]

기출문제

1. Initial decision-making and actions vary _____ the nature and type of the incident. [경찰 14]

① in honor of   ② on behalf of
③ for the sake of   ④ according to

2. Upon arriving at the airport, we were given a <u>cordial</u> welcome by five company representatives who took us to our hotel and then to dinner. [경기 06]

① businesslike   ② friendly
③ immediate   ④ surprising

3. The author _____ revisions into the text of the book.

① integrated   ② modified
③ incorporated   ④ converted

4. The frequency of severity of <u>corporal</u> punishment varies widely, Parents who sometimes smack their children also use other positive and punitive methods. [서울시9급 15]

① typical   ② physical
③ physiological   ④ psychological

5. As a large number of people had been killed in the earthquake that struck the area,the mortuaries in the hospital were filled with their <u>corpses</u>.

① victims   ② perpetrators
③ recluses   ④ cadavers

1. ④ 2. ② 3. ③ 4. ② 5. ④

33 | cracy, crat : 통치하다 (govern)

★★☆ democracy
[dimάkrəsi]

[사람들(국민) (demo)이 하는 통치(cracy)]

명 **민주주의**
the principles of democracy 민주주의 원칙들

명 demo**crat** 민주주의자
형 demo**crat**ic 민주적인

주제

◉ **정치 체제**

communism 공산주의
socialism 사회주의
monarchy 군주제
autonomy 자치

★★☆ bureaucracy
[bjuərάkrəsi]
국회8급 05

[(집무실) 책상(bureau)에 앉아 통치(cracy)하려는 것]

명 **(복잡한 절차의) 관료 체제**
be fed up with the bureaucracy
관료 체제에 진저리가 나다

파생어

bureaucrat 관료
bureaucratic 관료적인
참고 red tape
(관공서의) 불필요한 절차

★★☆ autocracy
[ɔ:tάkrəsi]

[혼자(auto) 통치(cracy)하는 것]

명 **독재 정치**
struggle against autocracy 독재에 맞서 싸우다

명 auto**crat** 독재자
형 auto**crat**ic 독재적인

접두어

■ **auto-** : 스스로, 직접
automatic 자동의
autograph (유명인의) 사인

추가어휘

aristo**cracy** [ærəstάkrəsi]
pluto**cracy** [plu:tάkrəsi]

명 귀족 (계층)　명 aristocrat 귀족
명 금권 정치　명 plutocrat (권력을 지닌) 부자

어원

[귀족(aristo)에 의한 통치(cracy)]
[부(pluto)에 의한 통치(cracy)]

34 | culp, crim : 죄가 있는 (guilty), 잘못 (blame)

★★☆ culprit
[kΛlprit]

[죄가 있는(culp) 자]

명 **① 범인 ② (문제의) 장본인**
apprehend the culprit 범인을 체포하다
the main culprit of the disease 그 병의 주범

동의어

criminal 범인
offender 범죄자
wrongdoer 범법자

★☆☆ culpable
[kΛlpəbl]

[잘못(culp)이 있는]

형 **과실이 있는, 비난받을 만한**
hold him culpable for the accident
그가 그 사고에 대한 과실이 있다고 여기다

명 **culp**ability 과실, 과오

활용

culpable negligence
직무 태만
culpable homicide
과실 치사

★★☆ exculpate
[ékskΛlpèit]

[죄(culp)에서 벗어나게(ex) 하다]

동 **무죄를 입증하다**
exculpate him from any blame of the accident
그가 그 사고에 있어 어떠한 책임도 없음을 입증하다

동의어

acquit 무죄를 선고하다
absolve 무죄를 선언하다
exonerate 무죄임을 밝혀주다
vindicate 무죄를 입증하다

추가어휘

in**crim**inate [inkrímənèit]

동 ~를 유죄로 만들다, 누명을 씌우다

어원

[~안에(in) 죄(culp)를 넣다]

35 cumb : 눕다(lie down)

★★☆

en**cumb**er
[inkʌmbər]

[(진행되는 길) 안에(en) 눕다(lie down)]

동 **방해하다, 지장을 주다**
be encumbered by lack of funding
자금 부족으로 지장을 받다

동의어

hinder 방해[저해]하다
hamper 방해하다
obstruct 방해하다
impede 방해하다

★★☆

in**cumb**ent
[inkʌmbənt]

[(직위) 안에(in) 누워(cumb)있는]

형 ① **현직의** ② **(~의) 의무인**
the incumbent president 현직 대통령
It is incumbent on us to help.
돕는 일이 우리의 의무이다.

명 in**cumb**ency 재직(기간)

활용

defeat the **incumbent**
(선거에서) 재직자를 이기다
during his **incumbency**
그의 재직 기간 동안

★★☆

suc**cumb**
[səkʌm]

[아래로(suc) 눕다(cumb)]

동 **굴복하다**
succumb to temptation 유혹에 지다

활용

succumb to pressure
압력에 굴복하다

succumb to despair
절망에 굴복하다

추가어휘
re**cumb**ent [rikʌmbənt]

형 누워있는

어 원
[뒤로(re) 누워(cumb)있는]

기출문제

1. Narodnaya Volya was organized in 1879 by members of the revolutionary Populist party. It regarded terrorist activities as the best means of forcing political reform and overthrowing the tsarist <u>autocracy</u>.

① oligarchy ② democracy
③ limited monarchy ④ tyranny

2. The police eventually located the <u>culprit</u> and arrested him.

① usher ② criminal
③ vanguard ④ adversary

3. The police officer was dismissed for <u>culpable</u> neglect of duty.

① chronic ② blameworthy
③ felicitous ④ trustworthy

4. In a government election, the <u>incumbent</u> generally has a strong advantage over a newcomer. History has shown a strong proclivity in elections at all levels of government to return the incumbent to the post.

① a political party ② a positive propaganda
③ a current office-holder ④ a special kind of election

5. Those on a diet often find themselves <u>succumbing</u> to the temptation of last night snacks.

① committing ② opposing
③ surrendering ④ adjusting

1.④ 2.② 3.② 4.③ 5.③

36 | cur(s), cour : 달리다(run)

★★☆ **cur**rency
[kə́ːrənsi]

[(물처럼)흘러(cur) 다님]

명 ① 통용 = use ② 통화 = money
enjoy wide currency 널리 통용되다
foreign currencies 외국 통화들

◉ **주요 통화들**
dollar 달러
Euro 유로화
yen 엔화
yuan 위안화
won 원화

★★☆ **cur**se
[kəːrs]

[(말이 거칠게) 달려(curs) 나감]

명 ① 욕설, 악담 ② 저주 ③ 폐해
utter a curse 욕설을 내뱉다
put a curse on ~에 저주를 저주하다
the curse of drug addiction 약물 중독의 폐해

동 욕하다, 악담을 퍼붓다
curse him bad luck 그에게 저주하는 악담을 퍼붓다

동의어
swear 욕하다
verbal abuse 악담
malediction 악담
call him names
그에게 욕하다

★☆☆ **coar**se
[kɔːrs]

[(마구) 달려(coar) 가는]

형 ① 거친 ② 저속한, 음란한
the coarse texture of the fabric 그 직물의 거친 촉감
make a coarse joke 저속한 농담을 하다

부 **coar**sely 굵게, 거칠게

동의어
vulgar 저속한, 천박한
naughty 외설적인, 야한
obscene 음란한
lewd 외설적인
licentious 음란한

★★☆ **cur**sory
[kə́ːrsəri]

[(빠르게) 달려(curs) 가는]

형 대충 하는, 피상적인
give a cursory glance 대충 한 번 힐끗 보다

동의어
shallow 얕은
superficial 피상적인
perfunctory 형식적인

★★☆ oc**cur**
[əkə́ːr]

[달려가(cur) 부딪치다(oc)]

동 ①(일이)일어나다, 발생하다 ②(생각이)~에게 들다
the disease that occurs in children
아이들에게 발생하는 병
An idea occurred to me. 아이디어가 떠올랐다.

명 oc**cur**rence 발생(하는 일)

동의어
happen (일이) 일어나다
arise (일이) 발생하다
take place 일어나다,개최되다

★★☆ con**cur**
[kənkə́ːr]
행안부9급 08

[(생각이) 함께(con) 달리다(cur)]

동 (의견이) 일치하다
concur with his views 그의 견해와 일치하다

형 con**cur**rent 동시 발생의

동의어
assent to ~에 찬성하다
consent to ~에 동의하다
agree with ~에 동의하다
coincide with ~와 일치하다

★★☆ in**cur**
[inkə́ːr]

[안으로(in) 달려(cur) 들어오게 하다]

동 (화·비용 등을) 초래하다, 발생시키다
incur the costs 비용을 초래하다

활용
incur losses 손실을 초래하다
incur one's anger
~의 화를 초래하다

★☆☆
in**curs**ion
[inkə́ːrʒən]

[안으로(in) 달려(curs) 들어감]

명 **급습**
incursions into enemy territory 적 영토의 급습

동의어
invasion 침입, 침략
ambush 매복
raid 습격

day 4

★★☆
pre**curs**or
[prikə́ːrsər]
서울시9급 07

[먼저(pre) 달려간(curs) 사람(or)]

명 **선구자, 전조**
a precursor of rock music 록 음악의 선구자

동의어
pioneer 개척자
pathfinder 개척자
forerunner 선구자, 전신
vanguard (사회 운동) 선봉
avant-garde 아방가르드

★★★
re**cur**
[rikə́ːr]
국가직9급 08
지방직9급 12

[다시(re) 달려가다(cur)]

동 **재발하다**
The disease can recur. 그 병은 재발할 수 있다.

형 **recur**rent 재발되는

동의어
repeating 반복하는
repetitive 반복되는
frequent 잦은, 빈번한

★☆☆
re**cours**e
[ríːkɔːrs]

[(힘들 때) 뒤로(re) 달려감(cours)]

명 **도움, 의지**
have recourse to the law 법에 의지하다

숙어 without recourse to ~에 의지하지 않고

동의어
aid 원조, 지원
succor 구조, 원조
give a hand 거들어주다

추가어휘
current [kə́rənt]
discourse [dískɔːrs]
excursion [ikskə́ːrʒən]

형 현재의   명 ① 흐름 ② 동향, 추세
명 담화, 담론
명 (짧은) 여행 = trip

어원
[(시간이) 흘러가고(cur) 있는]
[(생각이) 여기저기로(dis) 달리는(cours) 것]
[밖으로(ex) 달려(curs) 나가는 것]

기 출 문 제

1. There are two excellent television programs scheduled tonight, but I can see only one of them because they are _____. [국가직9급 08]
   ① indisputable　② concurrent
   ③ matchless　④ indispensable

2. If the council loses the appeal, it will _____ all the legal costs.
   ① occur　② concur
   ③ incur　④ recur

3. What do a rabbit, a bee, an apple, a pine cone, and a buttercup have in common? A cursory glance doesn't reveal much in common.
   ① staring　② probing
   ③ casual　④ precise

4. Death is often the harbinger of a heroic reputation. The great Spartacus, leader of the slaves who threw off their bondage, knew what he was about when he killed his horse during the final battle so that he could not escape. [국회8급 11]
   ① precursor　② antithesis
   ③ ordeal　④ ultimatum
   ⑤ objective

5. Throughout the show, there are recurring themes, images and designs taken directly from the bizarre photographs he studied.
   ① abstract　② provoking
   ③ predictable　④ repeated
   ⑤ weird

1. ② 2. ③ 3. ③ 4. ① 5. ④

37 custom : ~에 익숙하다(be used to)

★★☆
custom
[kʌ́stəm]

[익숙한(custom) 것]

명 ① 관습 ②《-s》세관, 관세
a local custom 지역 관습
go through customs 세관을 통과하다

파생어
customer 고객, 손님
customary 관례적인
customize 주문 제작하다
custom-made 주문 제작한

★★☆
ac**custom**ed
[əkʌ́stəmd]

[~에(ac) 익숙(custom)해진]

형 익숙한
be accustomed to getting up early
아침 일찍 일어나는 것에 익숙하다

숙어 **accustom** oneself to ~에 익숙해지다

동의어
be used to ~에 익숙하다
get used to ~에 익숙해지다

추가어휘
costume [kɑ́stjuːm]

명 (특정 시대의·독특한) 복장, 의상

어원
[익숙한(costum) 옷]

38 dem(o) : 사람들(people)

★☆☆
en**dem**ic
[endémik]

[(특정 지역) 사람들(dem) 안에(in) 있는]

형 풍토성의, 고질적인
a disease endemic to the tropics
열대지역의 풍토성의 병

접미어
■ -ic : 형용사형
electronic 전자의
optimistic 낙관적인
academic 학문의

★★☆
epi**dem**ic
[èpədémik]

[사람들(dem)에게 붙어있는(epi) 것]

동 유행병
the outbreak of a flu epidemic 유행성 독감 발발

주제
◉ 여러 가지 병들
disease 질병
illness 병
ailment (가벼운) 병
plague 전염병

★☆☆
pan**dem**ic
[pændémik]

[모든(pan) 사람들(dem)에게 붙어있는 것]

명 전 세계적으로 퍼진 병
the AIDS pandemic 전 세계적으로 퍼진 AIDS

접두어
■ pan- : 모든
panacea 만병통치약
pandemonium 아수라장

추가어휘
demagogue [déməgɑ̀g]

명 선동 정치가

어원
[사람들(dem)을 움직이는(ag) 자]

39 dic, dict : 말하다(say)

★☆☆
ab**dic**ate
[ǽbdəkèit]

[(왕위에서) 떠난다고(ab) 말하다(dic)]

동 퇴위하다
abdicate the throne 왕좌에서 물러나다

명 ab**dic**ation 퇴위

동의어
relinquish 포기하다
renounce 포기하다
step down 물러나다

★★☆
ad**dict**
[ǽdikt]

[~을(ad) 자꾸 말하다(dict)]

명 **중독자**
a drug addict 약물 중독자

명 ad**dict**ion 중독
형 ad**dict**ive 중독성의
숙어 be ad**dict**ed to ~에 중독되다

어근

■ **-holic** : 중독자
work**aholic** 일 중독자
alco**holic** 술 중독자

day 4

★★☆
contra**dict**
[kàntrədíkt]
선관위9급 06

[(상대의 의견에) 반대하여(contra) 말하다(dict)]

동 ① **반박하다** ② **~에 모순되다**
contradict their claims 그들의 주장을 반박하다
The evidence contradicts his testimony.
증거가 그의 증언과 모순된다.

명 contra**dict**ion 반박, 모순
형 contra**dict**ory 모순되는

접두어

■ **contra-** : 반대하여
contraband 밀수품
contravene 위반하다
controversial 논란이 많은

★★☆
in**dic**ate
[índikèit]

[~을(in) 말하다(dic)]

동 **가리키다, 나타내다**
the signs that indicates bad health
안 좋은 건강을 나타내는 징후들

명 **indic**ation (나타내주는) 암시, 조짐
명 **indic**ator 지표, 측정기

동의어

mean 의미하다
represent 나타내다
refer to 언급하다, 나타내다
stand for 나타내다

★★☆
in**dict**
[indáit]

[(죄를) ~에(in) 말하여(dict) 알리다]

동 **기소하다**
indict him for murder 그를 살인 혐의로 기소하다

명 in**dict**ment 기소
형 in**dict**able 기소될 수 있는

활용

an **indict**able offense
기소 가능한 위법 행위
an **indict**able crime
기소 가능한 범죄

기출문제

1. All of us have become more _____ to their traditions and routines.
   ① analogous　　② accustomed
   ③ susceptible　　④ vulnerable

2. The nature hike featured several <u>endemic</u> plants, which the guide was eager to point out.
   ① indigenous　　② tropical
   ③ significant　　④ superficial

3. The outbreak of an <u>epidemic</u> makes it imperative for us to take immediate steps to check it, because a number of lives may be lost in a very short time.
   ① breakthrough　　② infection
   ③ obstacle　　　　④ plague

4. This morning's editorial <u>contradicted</u> what the Prime Minister said yesterday about the economy.
   ① rejected　　② supported
   ③ denied　　　④ praised

5. Lots of websites let shoppers _____ apparel by picking from a set of available colors and materials.
   ① salvage　　② browse
   ③ customize　　④ weave

1. ② 2. ① 3. ④ 4. ③ 5. ③

★★☆
dictate
[díkteit]
선관위9급 06

[(왕이 신하에게) 말하다(dict)]

동 ① **받아쓰게 하다** ② **명령하다, 지시하다**
dictate a letter to one's secretary
편지 한 통을 비서에게 받아쓰게 하다
dictate the new standard 새로운 기준을 지시하다

명 **dict**ation 받아쓰기　명 **dict**ator 독재자

동의어
autocrat 독재자
despot 폭군
tyrant 폭군
oppressor 압제자

추가어휘
pre**dict** [pridíkt]
dictum [díktəm]

동 예언 [예측] 하다 = foretell, foresee
명 격언 = maxim, aphorism

어원
[미리(pre) 말하다(dict)]
[말하여진(dict) 것]

---

40 ⏵ doc : 가르치다(teach)

★★☆
doctrine
[dáktrin]

[(이렇게 하라고) 가르치는(doc) 것]

명 **교리, 신조, 정책**
teach religious doctrine 종교적 교리를 가르치다

형 **doc**trinaire 독단적인
동 in**doc**trinate (사상 등을) 주입하다

동의어
creed 교리
credo 신조
tenet 주의, 교리

★★☆
docile
[dásəl]

[가르치기(doc) 쉬운(ile)]

형 **유순한, 고분고분한**
a docile child 유순한 아이

비교 **duc**tile (금속이) 연성이 있는

동의어
obedient 순종적인
submissive 순종적인
compliant 순응하는
meek 온순한

---

41 ⏵ dol : 슬픔(grief), 고통(pain)

★☆☆
con**dol**ence
[kəndóuləns]

[(죽음을) 함께(con) 슬퍼(dol)함]

명 **애도, 조의**
issue a statement of condolence
애도 성명을 발표하다

동의어
sympathy 동정, 연민
compassion 동정, 연민
consolation 위로, 위안

★☆☆
in**dol**ent
[índələnt]

[(먹고 사는 데) 고통(dol)을 느끼지 않는(in)]

형 **게으른**
an indolent young man 게으른 젊은 남자

명 in**dol**ence 게으름, 나태

동의어
lazy 게으른
idle ① 게으른 ② 놀고 있는

추가어휘

doleful [dóulfəl]

형 슬픈, 애절한

어원
[슬픔(dol)으로 가득 찬(ful)]

42 dom, domin : ① 집(house) ② 통치[지배]하다(rule)

★★☆
domestic
[dəméstik]

[집, 가정(dom)의]

활용

형 ① **가정의** ② **국내의** ↔ foreign 외국의
   domestic violence 가정 폭력
   domestic consumption 국내 소비, 내수

동 **dom**esticate 길들이다
명 **dom**esticity 가정

domestic happiness
가정의 행복
the **domestic** economy
국내 경제

★★★
domin**ate**
[dámənèit]

행자부9급 04
지방직9급 12

[지배(domin)하다]

동의어

동 **지배하다, 우세하다**
   dominate the world 세계를 지배하다

형 **dom**in**ant** 우세한
명 **dom**in**ation** 지배, 우세

rule 통치하다
govern 다스리다
prevail 이기다

★☆☆
domin**eering**
[dàməníəriŋ]

[지배(domin)하려 하는]

동의어

형 **지배하려 하는, 군림하려 하는**
   a domineering manager 지배하려 하는 관리자

bossy 윗사람 행세하는
officious 거들먹거리는

추가어휘
domain [douméin]
domin**ion** [dəmínjən]
pre**dom**in**ant** [pridámənənt]

명 ① 영토 ② 영역, 분야 = realm
명 ① 지배, 통치(권) ② (통치하는) 영토
형 (가장) 우세한, 두드러진

어원

[통치(dom)하는 땅]
[통치(domin)함]
[앞서서(pre) 지배하는(domin)]

기출문제

1. Self-denial is one of their <u>tenets</u> which are cherished. [행시]

  ① derision   ② doctrines   ③ renters
  ④ figures   ⑤ gay

2. To carry our supplies, I'd bought a <u>docile</u> brown mule whose sad eyes and strong legs told me he was born to suffer the trials ahead of us.

  ① obedient   ② strong   ③ expensive
  ④ repulsive   ⑤ mandatory

3. Amy was often accused of being <u>indolent</u>. She spent most of her time lying in bed either listening to the radio or dozing.

  ① very lazy   ② diligent but hostile
  ③ too arrogant to work with ④ enthusiastic
  ⑤ sleepy at all times

4. The governor issued a statement of _____ to the victims' families.

  ① consolidation   ② pertinence
  ③ dominion   ④ condolence

5.
- The government plans to boost the _____ consumption.
- Experts are warning people to watch for the signs of _____ violence turning.

  ① intense   ② unstable
  ③ domestic   ④ volatile

1. ② 2. ① 3. ① 4. ④ 5. ③

43 | don, dos, dot, dit, der, dow : 주다(give)

★★☆
donate
[dóuneit]

[(도움이 되는 것을) 주다(don)]

동 **기부하다, 기증하다**
donate money to a charity
돈을 자선 단체에 기부하다

명 **don**ation 기부, 기증 명 **don**or 기부자, 기증자

활용
blood **donation** 헌혈
organ **donation** 장기 기증

★☆☆
con**don**e
[kəndóun]

[완전히(con) 다 주다(don)]

동 **용납하다**
condone violence 폭력을 용납하다

동의어
forgive 용서하다
pardon 용서하다
overlook 눈감아주다

★★☆
en**dow**
[indáu]

[(돈을) ~안에(en) 주다(dow)]

동 ① **기부하다** ② (능력을) **~에게 주다** [부여하다]
endow a scholarship to the university
그 대학에 장학금을 기부하다
be endowed with great ability
대단한 능력을 타고나다

명 en**dow**ment ① 기부(금) ②《-s》(타고난) 재능

주제
◉ 「재능, 능력」 정리
ability 능력
capability 능력
talent 재능
gift 재능
flair 재능
caliber 재능

★★☆
ren**der**
[réndər]
중앙인사9급 02

[되돌려(re) 주다(der)]

동 ① (~를) **~한 상태가 되게 하다** ② **주다, 제공하다**
The virus rendered the computer useless.
바이러스는 컴퓨터를 쓸 수 없게 만든다.
render aid/an apology 도움을 주다/사과하다

명 rendition 연주, 공연

활용
render him helpless
그를 무력하게 만들다

render her unconscious
그녀의 의식을 잃게 하다

★★☆
sur**render**
[səréndər]

[(갖고 있는 것을) 넘겨(sur)주다(render)]

동 ① **항복하다** ② **포기하다**
refuse to surrender 항복하기를 거부하다
surrender one's right 권리를 포기하다

명 **항복**

동의어
submit to ~에 따르다
yield to ~에 따르다
cave in to ~에 굴복하다
give in to ~에 굴복하다

추가어휘
dose [dous]
tradition [trədíʃən]
anecdote [ǽnikdòut]

명 (약의 1회) 복용량 비교 doze 졸다
명 전통, 관습 형 traditional 전통적인
명 일화

어원
[(먹을 만큼) 주는(dos) 양]
[(조상이 후손에게) 건너서(tra) 주는(dit) 것]
[밖으로(ec) 알려지지(dot) 않은(an) 것]

44 | dox, dog : 의견 (opinion)

★★☆
orthodox
[ɔ́:rθədàks]

[옳은(ortho) 의견(dox)인]

형 **정통의, 전통적인**
follow an orthodox method 전통적인 방법을 따르다

 동의어
traditional 전통적인
conventional 전통적인, 재래식의

★☆☆
heterodox
[hétərədàks]

[(정통과) 다른(hetero) 의견(dox)인]

형 **이단의**
reject heterodox ideas 이단적인 생각들을 거부하다

 동의어
unorthodox 정통이 아닌
heresy (종교적) 이단

★★☆
paradox
[pǽrədàks]
국가직9급 09

[(일반적인 생각에) 반대(para)되는 의견(dox)]

명 **역설**
It is a paradox that the poor can be happier than the rich.
가난한 사람들이 부자들보다 더 행복할 수 있다는 것은 역설이다.

형 **paradoxical** 역설적인

 뉘앙스
paradox
겉으로는 모순되어 보이나
실제로 진실인 것
irony
일부러 반대로 말해
실제 의도를 부각시키는 것

★★☆
dogmatic
[dɔ:gmǽtik]
서울시9급 04

[(자기) 의견(dog)만을 내세우는]

형 **독단적인**
make a dogmatic remark 독단적인 발언을 하다

명 **dogma** (독단적) 신조

 동의어
arbitrary 제멋대로인
peremptory 독단적인

기 출 문 제

1. Many in Japan are unimpressed about Beijing's response to the protests, suggesting that Chinese authorities have tacitly <u>condoned</u> the anti-Japanese sentiment.

① prohibit   ② aroused
③ conducted   ④ approved

2. The king <u>relinquished</u> the throne, under threat to his life from the army general.

① infringed   ② abandoned
③ bequeathed   ④ usurped

3. If people insist that religious instruction should form part of the curriculum, they are _____ about it.

① altruistic   ② dogmatic
③ favorable   ④ enthusiastic

4. For the Greeks, beauty was a virtue: a kind of excellence. If it occurred to the Greeks to distinguish between a person's "Inside" and "outside," they still expected that inner beauty would be matched by beauty of the other kind. The well-born young Athenians who gathered around Socrates found it quite _____ that their hero was so intelligent, so brave, so honorable, so seductive — and so ugly.
[국가직9급 09]

① natural   ② essential
③ paradoxical   ④ self-evident

1. ④ 2. ② 3. ② 4. ③

day 5

45 dur : 지속하다 (last)

★★☆
en**dur**e
[indjúər]

[(힘들어도) 지속하다(dur)]

동 ① 참다, 인내하다 ② (오랫동안) 지속되다
endure hardship 어려움을 참다
endure for centuries 수세기동안 지속되다

명 endurance 인내
형 endurable 참을 수 있는

활용

◉ 「참다」총정리
forbear 참다, 삼가다
withstand 견뎌 내다
weather 견디다
put up with 참다
can't stand [bear]
참을 수 없다

★★☆
durable
[djúərəbl]
행자부9급 00

[(오래) 지속(dur)될 수 있는(able)]

형 내구성 있는, 오래 가는
be made of durable materials
내구성 있는 재료들로 만들어지다

명 durability 내구성   명 duration 지속(기간)

동의어

long-lasting 오래가는
persistent 지속되는
abiding 지속적인

★★☆
ob**dur**ate
[ábdjurit]

[(다른 의견에) 맞서(ob) 지속하는(dur)]

형 완고한, 고집 센
remain obdurate on the issue
그 문제에 있어 완고한 입장을 유지하다

동의어

stubborn 완고한
obstinate 고집 센
tenacious 집요한

46 duc(t) : 이끌다 (lead)

★★☆
ab**duct**
[æbdʌkt]

[멀리(ab) 끌고 가다(lead)]

동 유괴하다, 납치하다 = kidnap
abduct a child 아이를 유괴하다

명 abduction 유괴

관련

abduction 유괴, 납치
hostage 인질
ransom 몸값

★☆☆
ad**duc**e
[ədjúːs]

[(증거·사실을) ~로(ad) 이끌다(duc)]

동 (증거 등을) 제시하다
adduce the evidence 증거를 제시하다

동의어

present 제시[제출]하다
put forth 내놓다, 제출하다

★★★
con**duct**
[kándʌkt]
국가직9급 06
서울시9급 13

[(일/사람/자신을) 함께(con) 이끌어(duc) 가다]

동 ① (조사·연구 등을) 하다, 실시하다
② 안내 [지휘]하다 ③《oneself》행동 [처신]하다
conduct an investigation 수사하다
conduct the tourists 관광객들을 안내하다
She conducted herself as a professional.
그녀는 프로답게 행동했다.

명 행동, 수행

명 conductor ① 지휘자 ② (전기·열의) 전도체

활용

conduct research
조사하다
conduct a survey
(설문) 조사하다
conduct an experiment
실험하다
conduct an orchestra
오케스트라를 지휘하다

conducive
[kəndjúːsiv]
★☆☆

[(잘 되도록) 함께(con) 이끌어(duc)주는]

형 (~에) 좋은, 도움이 되는
an atmosphere conducive to learning
학습하기 좋은 분위기

동 conduce (~에) 좋다, 도움이 되다

동의어
helpful 도움이 되는
useful 유용한

deduct
[didʌkt]
★☆☆

[(숫자를) 아래로(de) 끌어내리다(duc)]

동 (돈·점수를) 공제하다, 감점하다
deduct contribution 기부금을 공제하다

명 deduction 공제(액)

동의어
subtract 빼다
reduce 줄이다
diminish 줄다, 줄이다

deduce
[didjúːs]
★☆☆

[(다른 사실을) 이끌어(duc) 내다(de)]

동 추론하다
deduce a word's meaning from its context
문맥에서 단어의 의미를 추론하다

명 deduction 추론 = reasoning

동의어
infer 추론하다
reckon 계산[추정]하다
postulate 가정하다

induce
[indjúːs]
행안부9급 10
★★☆

[안으로(in) 끌어(duc)들이다]

동 ① 유발하다 ② 설득하다, 유도하다
induce sleep 잠을 유발하다
induce her to take the job
그녀에게 그 일을 맡도록 설득하다

명 induction ① 취임(식) ②《철학》귀납법
명 inducement 유인책

활용
induce obesity
비만을 유발하다
induce illness
병을 유발하다
induce vomiting
구토를 유발하다

기출문제

1. Fine bone china is eminently practical, because it is strong and underline{durable}.
① sturdy ② impeccable
③ elastic ④ brittle

2. Officials at the hospital were underline{obdurate}. The patient could have no visitors.
① seasoned ② exhaustive
③ obstinate ④ sophisticated

3. An example of _____ is to take a rich person's child for ransom.
① abduct ② adduce
③ deduct ④ deduce

4. China's growing national strength is _____ to world stability and prosperity, Chinese Foreign Minister Tiankai said Wednesday, defusing concerns about China's rise.
① conducive ② conductive
③ productive ④ decisive

5. He _____s the choir with great skill and emotion. The police are _____ing an investigation into last week's arson.
① perform ② conduct
③ compose ④ exert

1. ① 2. ③ 3. ① 4. ① 5. ②

introduce

★★☆

introduce
[ìntrədjúːs]
국회8급 04

[(방법·사람을) 안으로(intro) 끌어(duc)들이다]

동 ① **도입하다** ② **소개하다**
introduce the new system 새로운 제도를 도입하다
introduce his friend to us 그의 친구를 우리에게 소개하다

명 intro**duc**tion ① 도입(부) ② 소개

◉ 자신을 소개할 때
Let me **introduce** myself.
My name is..
제 소개할게요. 제 이름은..

---

produce

★★★

produce
[prədjúːs]
경기교육9급 04
대구시9급 05
서울시9급 06

[앞으로(pro) 이끌어(duc)내다]

동 ① (결과를) 낳다, 내다 ② 생산하다
produce a result 결과를 낳다
produce automobiles 자동차를 생산하다

명 pro**duc**t 제품   명 pro**duc**tion ① 생산 ② 제작
형 pro**duc**tive 생산적인, 생산하는

접두어

▪ **pro-** : 앞으로

prolong (시간을) 연장하다
protect 보호하다
profile 개요, 프로필
prophesy 예언하다

---

reduce

★★☆

reduce
[ridjúːs]

[(숫자·양을) 뒤로(re) 끌다(duc)]

동 줄이다, 축소하다
reduce debts 빚을 줄이다

명 re**duc**tion 축소, 삭감
reduction in unemployment 실업률의 감소

동의어

dwindle 줄어들다
shrink 줄어들다
wane 줄어들다, 약해지다
curtail 삭감하다

---

seduce

★★☆

seduce
[sidjúːs]
행안부9급 09

[(순결에서) 떨어뜨려(se) 끌다(duc)]

동 (성적으로) 유혹하다
try to seduce him 그를 성적으로 유혹하려 하다

명 se**duc**tion 유혹   형 se**duc**tive 유혹하는

동의어

entice 유혹하다
tempt 유혹하다
allure 매력

---

subdue

★★☆

subdue
[səbdjúː]

[아래로(sub) 끌어(duc)내리다]

동 ① 진압하다 ② (감정을) 억누르다
subdue the rebel forces 반란군을 진압하다
subdue one's impulse 충동을 억누르다

동의어

repress 억누르다
suppress 억누르다
restrain 억누르다
contain 억누르다

---

traduce

★☆☆

traduce
[trədjúːs]

[(사람들이 보도록 죄인을) 이쪽에서 저쪽으로(tra) 끌고(duc)가다]

동 비방하다
traduce one's political rival 정적을 비방하다

동의어

malign 비방하다
calumniate 비방하다
brand 낙인찍다

---

47 | empt, ompt, em : 잡다, 취하다(take)

---

exempt

★★☆

exempt
[igzémpt]

[(의무에서) 잡아서(empt) 밖으로(ex) 빼낸]

형 면제된
be exempt from military service 병역이 면제되다

동 면제시키다
be exempted from paying the tax 세금 납부가 면제되다

형 tax-ex**empt** 비과세의, 세금이 면제된

비교

be **immune** from
~에서 면제되다
be **immune** to
~에 면역되다

★★★
pr**ompt**
[prampt]
국회8급 07

[(행동을) 앞으로(pro) 취하게((e)mpt) 하다]

 동의어

동 **~하게 하다, 유발하다**
Curiosity prompted her to ask a few questions.
그녀는 호기심이 일어 몇 가지 질문을 했다.

형 **즉각적인, 지체 없는**
take prompt action 즉각적인 조치를 취하다

부 prompt**ly** 즉시, 지체 없이

cause 일으키다
induce 유발하다
trigger 촉발시키다
precipitate 촉발시키다
bring about 유발하다

★★☆
impr**ompt**u
[imprámptjuː]

[(준비된) 즉각적인(prompt) 상태 안에(im) 있는]

동의어

형 **즉석으로 한**
make an impromptu speech 즉석으로 연설하다

extemporaneous 즉석의
improvised 즉석으로 만든

★☆☆
per**empt**ory
[pərémptəri]

[(자기 생각을) 완전히(Per) 취하는(empt)]

동의어

형 **독단적인, 위압적인**
a peremptory instruction 독단적인 지시

dogmatic 독단적인
doctrinaire 교조적인

★★☆
rede**em**
[ridíːm]

[다시(re) 취하(em)여 되찾다]

동의어

동 ① **보완하다** ② **상환하다** ③ **(물건으로) 교환하다**
redeem one's reputation 명예를 회복하다
redeem a loan 대출금을 상환하다
redeem a coupon at a store
상점에서 쿠폰을 (물건으로) 교환하다

명 rede**m**ption ① 구원 ② 상환

형 rede**em**able (물건으로) 교환할 수 있는

redeem the lottery ticket
복권을 (현금으로)교환하다
redeem a debt
빚을 상환하다
redeem the election pledge
그 선거 공약을 이행하다

추가어휘

pre**empt**ive [priémptiv]

형 선제의 – a pre**empt**ive attack 선제 공격

어 원

[(행동을) 먼저(pre) 취하는(empt)]

기 출 문 제

1. Annual investments in genetic engineering firms _____ down slightly this year due to the world's economic recession.

① went ② reduced
③ declined ④ jumped

2. The fabric of modern society is not <u>immune from</u> decay.

① alert to ② prone to
③ exempt from ④ polluted from

3. A lack of manners is revealed in his <u>peremptory</u> behavior. He expects others to obey him, and passes commands even when dealing with elderly people.

① meticulous ② sanguine
③ engaging ④ dogmatic

4. Many homemakers used to save green stamps. Then they would <u>redeem</u> these stamps for all kinds of products.

① revise ② exchange
③ save ④ buy

5. The _____ speech, given on the spur of the moment, received as much publicity as a carefully planned announcement.

① resilient ② impromptu
③ well-prepared ④ monotonous

1. ② 2. ③ 3. ④ 4. ② 5. ②

48 esse, ese : 있다, 존재하다 (to be)

★★★ pr**ese**nt
[préznt]
서울시9급 04

[(눈)앞에(pre) 있는((e)se)]

형 ① 출석한 ② 현재의
be present at the meeting 모임에 참석하다
the present situation 현재의 상황

명 ①《the-》현재, 지금 ② 선물 = gift
a birthday present 생일 선물

동 ① 주다, 수여하다 ② 제시하다 [prizént]
present him with a medal 그에게 메달을 수여하다
present evidence 증거를 제시하다

명 pr**ese**nce 출석, 존재

명 pr**ese**ntation ① 수여 ② 발표

접두어

■ pre- : 전에, 앞에

precaution 예방
premature 너무 이른
pregnant 임신한
preliminary 예비의
preach 설교하다

★★☆ ab**se**nt
[ǽbsənt]

[떨어져(ab) 있는((e)se)]

형 결석한
be absent from school/work 학교에/회사에 결석하다

명 ab**se**nce 결석   명 ab**se**ntee 결석[결근]자

접두어

■ ab- : 분리, 이탈

absorb 흡수하다
abortion 낙태
abscond 도망치다

★★☆ dis**interest**ed
[disíntərèstid]

[(개인적) 관심(interest)이 없는(dis)]

형 ① 객관적인 ② 무관심한
a disinterested judgment 객관적인 판단
be disinterested in politics 정치에 관심이 없다

동의어

impartial 공정한
equitable 공정한
objective 객관적인
neutral 중립적인

추가어휘
essential [isénʃəl]
int**eres**t [íntərəst]
entity [éntəti]

형 ① 본질적인 ② 필수적인
명 ① (은행) 이자 ② 관심, 흥미
명 독립체

어원

[존재(esse)하는]
[(빌린 돈과 상환/일의) 중간에(inter) 있는(es(e)) 것]
[(별도로) 존재하는(ent) 것]

49 equ, equi : 같은 (the same)

★☆☆ **equ**ity
[ékwəti]

[(양쪽이) 같은(equa) 상태]

명 ① 공평, 공정 ② (부채를 제외한) 자기자본
the principle of equity 공정의 원칙
build up equity 자기자본 비율을 높이다

동의어

fairness 공정성
justice 정의, 공정
impartiality 공정함

★★☆ **equi**valent
[ikwívələnt]

[가치(val)가 같은(equi)]

형 (가치·중요도 등이) 동등한, 상당하는
A mile is equivalent to about 1.6 kilometers.
1 마일은 약 1.6킬로미터에 상당한다.

동의어

commensurate with
~에 상응하는
tantamount to
~와 같은, 마찬가지의

★★☆ equivocal [ikwívəkəl]

[(의미는 다른데) 똑같은(equi) 소리(voc)의]

형 **애매한, 모호한**
give an equivocal answer 애매한 대답을 하다

동 **equi**vocate 얼버무리다

동의어
ambiguous 애매한
obscure 애매한
vague 모호한
nebulous 모호한

★☆☆ equilibrium [ì:kwəlíbriəm]

[똑같은(equi) 균형(libri)의 상태]

명 ① 균형, 평형 ② 평정
the economic equilibrium 경제적 균형
keep one's equilibrium 평정을 유지하다

접두어

■ -um : 명사형
maximum 최대(의)
minimum 최소(의)

★★☆ ad**equ**ate [ǽdikwət]
경기교육9급 04

[(필요한 양)에(ad) 똑같이(equ) 있는]

형 **충분한** ↔ inadequate 불충분한
adequate food for ten people 10명에게 충분한 음식

명 ad**equ**acy 충분함

동의어
enough 충분한
sufficient 충분한
ample 충분한, 넉넉한

추가어휘
equality [ikwúləti]
equitable [ékwətəbl]
equator [ikwéitər]

명 평등, 균등 = fairness ↔ inequality 불평등
형 공정한 [비교] equable 차분한
명 (지구의) 적도 [참고] latitude 위도 / longitude 경도

어원
[(양쪽이) 같은(equa) 상태]
[(양쪽 에게) 똑같은(equi)]
[(지구의 양극에서 거리가) 같은(equa) 지대]

기출문제

1. There's more than a narrow point of <u>equity</u> here.
   ① fairness ② interest
   ③ share ④ pension

2. Surrealism rests in the belief in the superior reality of certain forms of association neglected heretofore, in the omnipotence of the dream, and in the <u>disinterested</u> play of thought.
   ① flustered ② tedious
   ③ mundane ④ detached

3. Daisy cutters are non-nuclear explosives, the detonation of which produces an impact _____ to that of nuclear devices.
   ① equivocal ② equitable
   ③ equivalent ④ quiescent

4. Teachers who speak <u>equivocally</u> may cause their students to become confused.
   ① ambiguously ② angrily
   ③ aggressively ④ abnormally

5. Everyone has the right to an adequate standard of living including <u>adequate</u> food, water and housing and to the continuous improvement of living conditions.
   ① meager ② sufficient
   ③ profuse ④ negligible

1. ① 2. ④ 3. ③ 4. ① 5. ②

50 err : 떠돌다, 헤매다(wander)

erratic
★☆☆
[irǽtik]

[(여기저기) 떠도는(err)]

형 **불규칙적인, 제멋대로인**
at erratic intervals 불규칙적인 간격으로

동의어
irregular 불규칙적인
wayward 제멋대로인

aberrant
★★☆
[əbérənt]

[(바른 길에서) 떨어져(ab) 떠도는(err)]

형 **정도를 벗어난, 일탈한**
aberrant behavior 정도를 벗어난 행동

동의어
abnormal 비정상적인
deviant (정도를) 벗어난

unerring
★☆☆
[ʌnérɪŋ]
국가직9급 14

[헤메지(err) 않는(un)]

형 **틀림없는, 정확한**
her unerring judgment 그녀의 정확한 판단

접두어
▣ un- : 부정
unfair 불공정한
unfortunate 불행한
undesirable 바람직하지 않은

추가어휘
error [érər]

명 실수, 오류 = mistake, fallacy

어원
[(바른 길을 두고) 떠돎, 헤맴(err)]

51 fa(bl), fam, fat, fess : 말하다(speak)

affable
★★☆
[ǽfəbl]

[~에게(af) 말을(fa) 걸 수 있는(able)]

형 **상냥한**
an affable clerk 상냥한 점원
명 affability 상냥함

동의어
amiable 상냥한
genial 상냥한
hospitable 환대하는, 친절한

infamous
★★☆
[ínfəməs]

[나쁜(in) 쪽으로 유명한(famous)]

형 **악명 높은**
the infamous dictator 그 악명 높은 독재자
명 infamy 악명

동의어
notorious 악명 높은
flagrant 극악한
outrageous 극악한

confess
★★☆
[kənfés]
대구시9급 05

[(잘못을) 완전히(con) 다 말하다(fess)]

동 ① **자백하다** ② **고백하다**
confess to a crime 범행을 자백하다
confess his love for her 그녀에 대한 사랑을 고백하다
명 confession ① 자백 ② 고백

접두어
▣ com- : 강조
concave 오목한
console 위로하다
collapse 붕괴되다

defame
★☆☆
[diféim]

[명성(fame)을 깎아내리다(de)]

동 **비방하다, 중상하다**
defame the politician 그 정치인을 비방하다

동의어
denounce 비난하다
decry 비난하다
blame ~를 탓하다

★☆☆
pro**fess**
[prəfés]

[(공개적으로) 앞으로(pro) 말하다(fess)]

동 ① 공언하다 ② 주장하다
profess loyalty to the king 왕에게 충성을 공언하다
profess to know nothing 모른다고 주장하다

파생어

profession ① 공언 ② (전문)직업
professional 전문적인; 전문가
professor (대학)교수

day 5

★★☆
fabulous
[fǽbjuləs]

[(사람들 입에 자주) 이야기(fabul) 되는(ous)]

형 ① 굉장한, 기막히게 멋진 ② 우화에 나오는
have a fabulous time 굉장히 멋진 시간을 보내다
a fabulous beast 우화에 나오는 야수

주제

fable 우화
fairy tale 동화
legend 전설
mythology 신화

추가어휘
fate [feit]
fable [féibl]
ineffable [inéfəbl]
infant [ínfənt]
pre**fa**ce [préfis]

명 운명 = destiny 형 fatal 치명적인
명 우화
형 형언할 수 없는= indescribable
명 유아 참고 toddler 걸음마를 배우는 아이
명 서문 = foreword, prologue

어원

[(신의) 말 [뜻] (fat)]
[(교훈이 담긴) 이야기(fabl)]
[말로(fa) 나타낼(ef) 수 없는(in)]
[(아직) 말하지(fa) 못 하는(in) 아이]
[앞에(pre) 하는 말(fa)]

기출문제

1. We notice that alcohol and drugs are a major factor influencing <u>aberrant</u> behavior.

① fastidious   ② deviant
③ impulsive   ④ rebellious

2. He is <u>infamous</u> for his dishonesty in business matters.

① robust   ② inconsiderate
③ notorious   ④ loathed

3. Johannes Kepler believed that there would one day be "celestial ships with sails adapted to the winds of heaven" navigating the sky, filled with explorers "who would not fear the vastness" of space. And today those explorers, human and robot, employ as <u>unerring</u> guides on their voyages through the vastness of space the three laws of planetary motion that Kepler uncovered during a lifetime of personal travail and ecstatic discovery. [국가직9급 14]

① faultless   ② unreliable
③ gutless   ④ unscientific

4. We enjoyed meeting her brother yesterday. On first impression, he seemed to be <u>affable</u>, outgoing and warm.

① very determined in character   ② very eloquent in speech   ③ obnoxious and arrogant
④ easy and pleasant to talk to   ⑤ rich and willing to give out

1. ② 2. ③ 3. ① 4. ④

52 | fac, fic : 표면, 겉면 (face)

★★☆
super**fic**ial
[sùːpərfíʃəl]

[위쪽(super) 표면(fic)만 훑는]

형 **피상적인**
a superficial inspection 피상적인 조사

활용
a **superficial** analysis
피상적인 분석
superficial knowledge
피상적인 지식

★★☆
ef**fac**e
[iféis]
서울시9급 14

[표면(face)에서 빼내다(ef)]

동 **지우다, 없애다**
efface the last vestige 지난 흔적을 지우다

참고 self-effacing 자기를 내세우지 않는

동의어
erase 지우다
expunge 지우다
obliterate 지우다

추가어휘
sur**face** [sɔ́ːrfis]

명 표면

어원
[위쪽(sur) 면(face)]

★★★ self- 영단어 정리

self-abuse	자학	self-fulfilling	자기 충족적인
self-abnegating	자기 희생적인	self-governance	자치
self-centered	자기 중심적인	self-imposed	자진해서 하는
self-conscious	자의식이 강한	self-possessed	침착한
self-deception	자기기만	self-righteous	독선적인
self-destruction	자멸	self-realization	자아 실현
self-expression	자기표현	self-reliance	자기 의존
self-esteem	자부심, 자존감	self-sacrificing	헌신적인
self-evident	자명한	self-sufficient	자급자족하는

53 | fact, fect, feat, feit : 만들다 (make), do (하다)

★★☆
facile
[fǽsil]
국가직9급 13

[하기(fac) 쉬운(ile)]

형 ① **손쉬운** ② **안이한, 별 노력 없는**
a facile solution 손쉬운 해결책
a facile attitude 안이한 태도

동 facilitate 용이하게 하다

접미어
■ -ile : 형용사형
mobile 이동하는[식의]
juvenile 청소년의

★★☆
facility
[fəsíləti]

[하기(fac) 쉬운(ile) 상태]

명 ① **능력, 재능** ② **(편의)시설**
a facility for writing 글쓰기에 대한 재능
a wide range of facilities 다양한 편의시설들

활용
a manufacturing **facility**
제조 시설
a medical **facility**
의료 시설

★★☆

fake
[feik]

[(거짓으로) 만들어(fak)낸]

형 **가짜의, 거짓의** ↔ genuine 진짜의
　a fake $100 dollar bill 100달러짜리 위조지폐

명 **위조품, 가짜**
　The signature is a fake. 그 서명은 가짜다.

동 **거짓으로 꾸미다, 위조하다**
　fake a document 문서를 위조하다

동의어

false 틀린, 가짜의
counterfeit 위조의
bogus 가짜의
phony 가짜의
sham 허위의
spurious 거짓된

★★☆

feign
[fein]

[(거짓으로) 만들어(feig)내다]

동 **가장하다, ~인 척하다**
　feign illness 병난 척하다

명 feint 속임수

동의어

affect ~인 체하다
assume ~인 체하다
make believe ~인 체하다

★☆☆

fictitious
[fiktíʃəs]

[(거짓으로) 만들어(fic) 낸]

형 **허구의, 지어낸**
　a fictitious name 지어낸 이름

명 fiction 소설, 허구

동의어

imaginary 상상속의
artificial 인위적인
made-up 지어낸, 가짜의

★★☆

counterfeit
[káuntərfit]

[(진짜에) 반대인(couter) 가짜를 만들다(feit)]

동 **위조하다** = forge, falsify
　counterfeit the documents 문서들을 위조하다

형 **위조의**
　distribute counterfeit bills 위조지폐를 유통시키다

접두어

■ **counter-** : 반대의
counterattack 역습(하다)
counterpart (같은 급의) 상대
countermand 철회하다
counterbalance 균형 잡다

기출문제

1. It isn't just a <u>superficial</u> resemblance. Chimpanzees, especially, not only look like us, they also share with us some human-like behaviors.

① shallow　　　　② funny
③ moderate　　　④ profound

2. David decided to <u>efface</u> some lines from his manuscript. [서울시9급 14]

① enlighten　　　② appreciate
③ construe　　　 ④ recite
⑤ erase

3. She tried her best, but she knew that her efforts to <u>feign</u> cheerfulness weren't convincing.

① pretend　　　　② dodge
③ surrender　　　④ boost

4. Lovejoy, the hero of Jonathan Gash's mystery novels, is an antique dealer who gives the reader advice on how to tell <u>counterfeit</u> antiques from the authentic ones.

① genuine　　　　② spurious
③ precarious　　　④ enigmatic

5. Visaokay assists the Australian travel industry, corporations and government, and individuals by _____ the entire visa advice and visa issuance process. Visaokay minimizes the complexity and time delays associated with applying for and obtaining travel visas. [국가직9급 13]

① appreciating　　② aggravating
③ meditating　　　④ facilitating

1. ① 2. ⑤ 3. ① 4. ② 5. ④

★☆☆
feat
[fiːt]

[해낸 것 (feat)]

명 업적, 위업
achieve a remarkable feat 뛰어난 업적을 달성하다

동의어
exploits 위업, 공적
achievement 업적
accomplishment 업적

★★☆
feature
[fíːtʃər]

[(다른 면을) 만들어(feat)내는 것]

명 ① 특징 ② 특집 (기사)
the hotel's feature 그 호텔의 특징
a feature on vacation 휴가에 관한 특집
동 ~이 특징이다, 특별히 포함하다

동의어
characteristic 특징
trait (성격상의) 특징
property (고유한) 특징
attributes 자질, 속성

★★★
figure
[fígjər]

[만들어진(fig) 모양]

명 ① 모양, 몸매 ② 수치 ③ 인물
drawings of animal figures 동물 모양의 그림들
the unemployment figures 실업 수치
a political figure 정치인
숙어 figure out 이해하다

활용
have a good **figure**
몸매가 좋다
sales **figures** 판매 수치
an international **figure**
세계적인 인물

★★☆
affect
[əfékt]

[(작용하여) ~을(af) 만들다(fect)]

동 ① 영향을 주다 ② 가장하다, 꾸미다
affect the result 결과에 영향을 주다
affect surprise 놀란 척하다

파생어
affection 애정
affectionate 애정 어린
affectation 가장, 꾸밈

★★★
effect
[ifékt]
안행부9급 13
서울시9급 14

[밖으로(ef) 만들어져(fect) 나온 것]

명 영향, 결과, 효과
the effect of exercise 운동의 효과
동 (결과를) 가져오다
effect a change in politics 정치에 변화를 가져오다

파생어
effective 효과적인
effectiveness 효과적임
efficient 효율적인
efficiency 효율

★★☆
defect
[díːfekt]

[(질이) 떨어(de)지는 것(fect) / (다른 데로) 떨어져(de) 나가다(fect)]

명 결함, 결점
a manufacturing defect 제조 결함
동 (정당·국가 등을) 버리다, 떠나다 = forsake
defect from the party 그 당을 떠나다(탈당하다)

형 defective 결함이 있는
명 defector 탈당자, 탈주자

동의어
flaw 결함, 흠
fault 잘못, 결함
shortcoming 결점
drawback 결점
deformity 기형

★★☆
proficient
[prəfíʃənt]

[앞으로(pro) (척척) 만들어(fic)내는]

형 능숙한
be proficient in a foreign language 외국어에 능하다
명 proficiency (언어의) 능숙함

동의어
skillful 능숙한
adept 능숙한
adroit 능숙한, 노련한
deft 능숙한
dexterous 능숙한

day 5

★★☆
sufficient
[səfíʃənt]

[(필요한 양)까지(suf) 다 만들어져(fic) 있는]

형 **충분한**
sufficient evidence to convict him
그에게 유죄를 선고할 충분한 증거

명 sufficiency 충분함

 관련

self-**sufficient**
자급자족의
a self-**sufficient** village
자급자족하는 마을

★★☆
deficient
[difíʃənt]
국가직9급 02

[(필요한 양보다) 적게(de) 만들어(fic)진]

형 **부족한**
a diet deficient in nutrients 영양분이 부족한 식단

명 deficiency 결핍, 부족

명 deficit 적자 ↔ surplus 흑자

 동의어

scarce 부족한
scanty 부족한
lacking 부족한
insufficient 불충분한

★★☆
infection
[infékʃən]

[(병균이 몸) 안에(in) 들어(fec)감]

명 **감염**
the danger of infection 감염 위험

형 infected 감염된   형 infectious 전염성의

동 infect 감염시키다

 주제

◉ **감염-접종-면역**
bacteria 박테리아, 세균
virus 바이러스
contagion 전염
inoculation 예방 접종
immunity 면역

★★★
benefit
[bénəfit]

서울시9급 05
행자부9급 00
행안부9급 11·12

[좋은(bene) 것(fit)]

명 ① **혜택, 이익** ② (정부가 주는)**수당, 보조금**
the economic benefit 경제적 혜택
receive child benefit 육아 보조금을 받다

동 **혜택을 주다, 도움을 받다**
benefit many patients 많은 환자들에게 도움을 주다

형 beneficial 유익한   형 beneficent 도움을 베푸는

명 beneficiary 수혜자, 수령인

주제

advantage 이점, 유리
profit 수익
boon 이익, 혜택
perquisite=perk
(부가적) 혜택
subsidy 보조금

기출문제

1. One of the most <u>affecting</u> pieces of film shows soldiers standing around a mass grave.
   ① interesting   ② loving
   ③ moving   ④ approving

2. There must be <u>sufficient</u> funds in your bank account to cover the check.
   ① simple   ② ample
   ③ beneficial   ④ luxurious

3. The decision of the Supreme Court in the famous case of Brown vs. Board of Education has already _____ a profound change in the fabric of life of the people on the street.
   ① complied   ② implemented
   ③ undergone   ④ effected

4. No one can't <u>figure out</u> how the fire started. [행자부 00]
   ① understand   ② calculate
   ③ report   ④ imagine

5. Globalization of the economy has brought immense benefits to advanced countries, such as the UK, and has encouraged growth and development in many Asian and Latin American countries, though Africa is not yet one of its _____. One of the benefits of globalization is the widespread connecting of people, sharing of information and ideas brought about. In part by the internet, 160 million people are now connected to email. [서울 05]
   ① benedictions   ② benefactors   ③ beneficent
   ④ beneficiaries   ⑤ beneficial

1. ③ 2. ② 3. ④ 4. ① 5. ④

factor [fǽktər]
faction [fǽkʃən]
faculty [fǽkəlti]
factual [fǽktʃuəl]
fabricate [fǽbrikèit]
sur**feit** [sə́ːrfit]

명	요인, 요소 동 고려[감안]하다
명	당파, 파벌
명	① 능력, 재능 ② 교수진, (대학의) 학부
형	사실의, 사실에 입각한
동	날조하다, 조작하다
명	과다, 과도

어 원

[(결과에) 작용하는(fac) 것]
[(조직 내부에) 만들어진(fac) 것]
[하기(fac) 쉬운(ile) 상태]
[사실(fact)의]
[(사실과 다르게) 만들어(fabric)내다]
[지나치게(sur) 한 것(feit)]

---

day 6

54 fan, phan : 보이다(show)

★★★
phenomenon
[finámənàn]
서울시9급 04·06
국회8급 04

[나타나 보이는(phen) 것]

명 **현상**   복수 phenomena 현상들
natural phenomena 자연 현상들

형 **phenomenal** 경이적인, 놀라운

복수형

◉ '-a, -i'로 끝나는 복수형
datum → data 자료
medium → media 매체
alumnus → alumni 졸업생들

★★★
em**pha**size
[émfəsàiz]
행자부9급 03

[(확실히) 보이게(pha) 만들다(em)]

동 **강조하다**
emphasize the importance of exercise
운동의 중요성을 강조하다

명 **emphasis** 강조

활용

emphasize = lay emphasis on
~을 강조하다
lay emphasis on steady effort
꾸준한 노력을 강조하다

★★☆
phase
[feiz]

[(달의 변형이) 보이는(pha) 것]

명 **단계, 시기** = stage, step
the experimental phase 실험 단계

동 **단계적으로 실행하다**
phase in/out the system
그 제도를 단계적으로 도입하다/폐지하다

활용

an early phase 초기 단계
the first phase 첫 번째 단계
the final phase 마지막 단계
go through three phases
세 단계를 거치다

★☆☆
dia**phan**ous
[daiǽfənəs]

[통과해서(dia) 보이는(phan)]

형 **얇은, (속이) 비치는**
diaphanous fabrics 속이 비치는 천들

동의어

thin 얇은
flimsy 얇은

---

fantasy [fǽntəsi]
phantom [fǽntəm]

명 공상, 환상 = fancy
명 유령, 혼령 = ghost

어 원

[(상상 속에서) 보이는(fan) 것]
[보이는(fan) 것]

55 | fid, feder, feal : 믿음(trust)

fidelity
[fidéləti]
★☆☆

[믿음이(fid) 가는 상태]

명 ① 충실함 ② (배우자에 대한) 정절 ↔ infidelity 외도
his fidelity to the company 회사에 대한 그의 충실함
his fidelity to his wife 부인에 대한 그의 정절

동의어
loyalty 충실, 충성
allegiance 충성
devotion 헌신

confide
[kənfáid]
★★☆

[완전히(con) 믿다(fid)]

동 (비밀을) 털어놓다
confide one's secret to a friend
비밀을 친구에게 털어놓다
She confided in me. 그녀가 내게 비밀을 털어놓았다.

형 confidential 비밀의, 은밀한

어법
◉ confide 어법 정리
confide A to B
A를 B에게 털어놓다
confide in someone
~에게 속내를 털어놓다

confident
[kánfədənt]
★★☆

[확실히(con) 믿고(fid) 있는]

형 ① 확신하는 ② 자신감 있는
be confident of success 성공을 확신하다
a confident businessman 자신감 있는 사업가

명 confidence ① 믿음 ② 자신감

활용
win the confidence
신뢰를 얻다
lack the confidence
자신감이 부족하다

diffident
[dífidənt]
★★☆

[(자신에 대한) 믿음(fid)이 떨어져(dif) 있는]

형 자신감 없는, 소심한
a diffident manner 자신감 없는 태도

명 diffidence 자신감 없음, 소심함

동의어
timid 소심한
shy 수줍음을 타는
bashful 수줍음을 타는

기출문제

1. Didn't his colleagues insist his recent experiment was a <u>fabrication</u>?
① invention   ② mystery
③ failure   ④ sensation

2. More than 50% of all spouses are reported to be victims of <u>infidelity</u>.
① charity   ② insolence
③ calamity   ④ unfaithfulness

3. Even though the scientists are _____ about their new findings, they are wary of disclosing them until further testing.
① negative   ② confident
③ rational   ④ indifferent

4. We must ask you to treat this information _____ until the report is finally published.
① in confidence   ② at a loss
③ by accident   ④ for good

5. If you are shy and have a _____ manner, you should probably not choose one of these professions: substitute teacher, stand-up comic, or lion-tamer.
① exhaustive   ② frail
③ diffident   ④ riveting

1. ① 2. ④ 3. ② 4. ① 5. ③

defy [difái]
★★☆

[믿음(fy)을 저버리다(de)]

동 ① 반항하다, 거역하다 ② 거부하다, 불가능하게 하다
- defy one's parents 부모에게 반항하다
- defy comparison 비교를 거부하다/설명할 수 없다

명 defiance 반항　**형** defiant 반항하는

동의어
resist 저항하다
disobey 불복종하다
protest 항의하다

perfidy [pə́:rfədi]
★☆☆

[믿음(fid)을 떨어뜨려(per) 저버린 것]

명 배신
- intrigue and perfidy 음모와 배신

형 perfidious 믿을 수 없는

동의어
betrayal 배신, 배반
treason 반역
traitor 배반자, 반역자
turn one's coat 변절하다

추가어휘
faith [feiθ]
fealty [fí:əlti]
federal [fédərəl]
confederation [kənfèdəréiʃən]

명 ① 믿음, 신뢰 ② (종교적) 신앙
명 충성 서약
형 연방제의
명 연합, 연맹

어원
[(신에 대한 믿음인) 신앙(faith)]
[믿음(feal)을 주는 일]
[(하나의 국가라는) 믿음(feder)에 있는]
[함께(con) (한 나라라는) 믿음(feder)이 있음]

---

56 fend : 치다, 때리다(strike)

defend [difénd]
★★★
기상직9급 14

[(상대 공격을) 받아쳐(fend) 멀어지게(de) 하다]

명 ① 방어하다, 수비하다 ② 변호하다, 옹호하다
- defend the territory 영토를 수비하다
- defend the accused 그 피고를 변호하다

파생어
defense ① 방어 ② 변호
defensive 방어[수비]의
defendant 피고

offend [əfénd]
★★☆

[(법/감정을) 거슬러(of) 치다(fend)]

동 ① 범죄를 저지르다 ② 기분 상하게 하다 = upset
- be likely to offend again 다시 범죄를 저지를 것 같다
- be offended by his rude remark
  그의 무례한 말에 기분이 상하다

파생어
offense ① 불쾌함 ② 위법 행위
offensive ① 불쾌한 ② 공격적인
offender 범죄자

---

57 fer : 나르다, 옮기다(bear)

confer [kənfə́:r]
★★☆

[(상/생각 등을) 함께(con) 옮겨다(fer) 주다]

동 ① 수여하다 ② 상의하다
- confer a gold medal on the winner
  우승자에게 금메달을 수여하다
- confer with one's wife 아내와 상의하다

명 conference (대규모) 학회, 회담

동의어
bestow 수여하다
grant (공식적으로) 주다
award (상을) 수여하다
give away (공짜로) 주다

defer [difə́:r]
★★☆
세무사 05

[(날짜를) 떨어뜨려(de) 보내다(fer) / ~의 아래로(de) 보내다(fer)]

동 ① 미루다, 연기하다 ② 따르다, 복종하다
- defer one's decision 결정을 미루다
- defer to her wishes 그녀의 바람대로 따르다

명 deference 존중, 경의

동의어
delay 미루다, 연기하다
postpone 연기하다
adjourn 휴회[휴정]하다
put off 연기하다
give a rain check 연기하다

day 6

★★☆

indif**fer**ent
[indífərənt]

[(이거든 저거든) 다르지 (different) 않은 (in)]

형 ① 무관심한 ② 그저 그런, 별로인
indifferent to other people 남들에게 무관심한
a indifferent performance 별로인 공연

명 indif**fer**ence 무관심

동의어

uninterested 관심 없는
apathetic 무관심한
aloof 냉담한

★★☆

in**fer**
[infə́:r]

[(생각) 안으로 (in) 옮겨오다 (fer)]

동 추론하다
infer the result from the fact
그 사실로부터 결론을 추론하다

명 in**fer**ence 추론

활용

infer from statistics
통계를 통해 추론하다
judge by inference
유추에 의해 판단하다

★★☆

pre**fer**
[prifə́:r]

경찰 15

[(더 좋은 것을) 먼저 (pre) 나르다 (fer)]

동 더 좋아하다, 선호하다
I prefer dogs to cats. 난 고양이보다 개를 더 좋아한다.

명 pre**fer**ence 선호
형 pre**fer**able 더 나은[좋은]

활용

prefer to wear casual clothes
캐쥬얼한 옷을 입는 것을 더 좋아하다
prefer travelling by train
기차로 여행하는 것을 더 좋아하다

★★★

re**fer**
[rifə́:r]

[(다른 데로) 다시 (re) 옮기다 (fer)]

타 (도움·결정을 위해) ~로 보내다
refer the patient to a specialist
그 환자를 전문의에게 보내다

자 《to》 ① 언급하다, 나타내다 ② 참조하다
refer to the incident 그 사건을 언급하다
refer to the dictionary 사전을 참조하다

명 re**fer**ence ① 언급 ② 참조 명 re**fer**ee 심판

어법

◉ refer 어법 정리

refer A to B
A를 B로 보내다

refer to + 명
~을 언급하다, 나타내다

refer to A as B
A를 B라고 언급하다

A is referred to as B
A는 B라고 언급되다

기출문제

1. The owner seemed determined to <u>defy</u> his guests, not to mention his employees.

   ① flutter ② disobey
   ③ manipulate ④ solicit

2. A year ago, he ruled his nation, presided at the nexus of corruption, greed, vanity and <u>perfidy</u> that is the right of a despotic head of state. He was evicted from power — unconstitutionally he is eager to remind you — by the sort of populist movement that has become the Philippine way of disposing of such autocrats.

   ① imaginary ② machinery
   ③ paltry ④ treachery

3. The university will <u>confer</u> an honorary degree on the former President.

   ① advocate ② put off
   ③ bestow ④ endorse

4. The Browns decided to <u>defer</u> their plans for a vacation. [세무사 05]

   ① regret ② relish
   ③ transfer ④ charge
   ⑤ postpone

5. Mozart's <u>partiality</u> for chocolate from Salzburg resulted in today's famous Mozart Kugeln.

   ① preference ② capacity
   ③ aversion ④ application

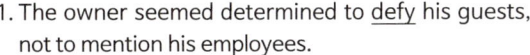

1. ② 2. ④ 3. ③ 4. ⑤ 5. ①

suffer
★★★
[sʌfər]

[(무거운 것을) 아래에서(suf) 나르다(fer)]

타 **(어려운 일을) 겪다, 당하다** = sustain
suffer damage 피해를 입다

자 **시달리다, 고통 받다**
suffer from headache 두통에 시달리다

명 **suffer**ing 고통

활용

suffer harm 해를 입다
suffer a loss 손실을 입다
suffer pain 고통을 겪다
suffer injury 부상을 당하다
suffer a defeat 패배를 당하다
suffer depression 우울증을 겪다

---

trans**fer**
★★★
[trænsfɔ́ːr]
법원서기보 03

[(이쪽에서) 저쪽으로(trans) 옮기다(fer)]

동 **① 옮기다, 이동하다 ② 갈아타다 ③ (돈을) 이체하다**
transfer the patient to another hospital
그 환자를 다른 병원으로 옮기다
transfer from the subway to a bus
지하철에서 버스로 갈아타다
transfer money to his account
돈을 그의 계좌로 이체하다

명 **① 이동 ② 이적 ③ 전학**(생)

접두어

■ **trans-** : 이동하여
transport 수송하다
transmit 전송하다
transform 변형시키다
transplant 이식하다
translate 번역하다
transit 운송, 수송

---

fer**tile**
★★☆
[fɔ́ːrtl]

[(땅이 곡식을) 낳기(fer) 쉬운(ile)]

형 **비옥한, 기름진**
fertile soil 비옥한 흙

명 **fer**tility 비옥함 명 **fer**tilizer 비료

동의어

productive 생산적인
fecund 비옥한
prolific 다산의

추가어휘
fortune [fɔ́ːrtʃən]

명 **① (행)운 ② (큰) 재산, 부** - make a fortune 큰돈을 벌다

어원

[옮겨지는(for) 것]

58 fin : 끝(end)

fine
★★★
[fain]

[끝(fin)내주는/(잘못한 일에 대해) 끝(fin)내는 것]

형 **① 좋은, 훌륭한 ② 고운, 가는**
a fine painting 훌륭한 그림
fine thread 가는 실

명 **벌금** 동 **벌금을 부과하다**
pay a fine for speeding 과속에 대해 벌금을 내다

활용

impose a **fine** on him
그에게 벌금을 부과하다

be **fined for** speeding
과속에 대해 벌금이 부과되다

---

af**fin**ity
★☆☆
[əfĭnəti]

[(결혼에 의해) 끝(fin)이 가까이(af) 닿음]

명 **① 유사성, 연관성 ② 호감, 애정**
several affinities between the two paintings
두 그림 간의 몇 가지 유사성들
have an affinity for ~에 애정을 갖다

동의어

liking 좋아함
affection 애정
attachment 애착
fondness 좋아함

---

con**fin**e
★★☆
[kənfáin]

[확실히(con) 끝(fin)을 정하다]

동 **① 한정하다, 제한하다 ② 가두다, 감금하다**
confine an essay to 500 words
에세이를 500 단어로 제한하다
be confined to bed for a week
일주일 동안 침대에서 꼼짝도 못 하다

명 **con**fin**ement** 갇힘, 감금

동의어

imprison 투옥하다
put in jail 투옥하다
detain 구금하다
custody (재판 전) 유치

★★★
define
[difáin]
국가직9급 04
전북9급 04

[확실히(de) (의미의) 끝(fin)을 정하다]

동 ① 정의하다 ② 규정하다, 분명히 밝히다
define the word 그 단어를 정의하다
define the contract terms 계약 조건을 규정하다

파생어

definition 정의
definite 확실한, 분명한
definitive 최종[확정]적인

★☆☆
inde**fin**ite
[indéfənit]

[분명하지(definite) 않은(in)]

형 ① 분명하지 않은 ② 무기한의
an indefinite answer 분명하지 않은 대답
stage an indefinite strike 무기한 파업을 벌이다

부 inde**fin**itely 무기한으로

접두어

■ in-¹ : 부정
inaccessible 접근할 수 없는
inaccurate 부정확한
incapable ~할 수 없는
inadequate 불충분한
inexpensive 비싸지 않은

★★☆
re**fin**e
[rifáin]
행자부9급 03

[다시(re) 좋게(fine) 만들다]

동 ① 정제하다 ② 개선하다
refine crude oil 원유를 정제하다
refine the design 디자인을 개선하다

명 re**fin**ement 정제, 개선   명 re**fin**ery 정제[정유] 공장

형 re**fin**ed 정제된

활용

refine sugar
설탕을 정제하다
refine metal
금속을 제련하다
refine writing style
문체를 개선하다

★☆☆
in**fin**ite
[ínfənət]

[끝(fin)이 정해져 있지 않은(in)]

형 무한한 ↔ finite 유한한
infinite space/patience 무한한 우주/인내

명 in**fin**ity 무한함, 무한대

접두어

■ in-² : 부정
injustice 불공정, 부당함
innumerable 무수한
intolerable 참을 수 없는

기 출 문 제

1. Ben's other daughter, 7-year-old Kaia, was taken to the hospital with serious injuries and his wife, Erin, _____ minor injuries.

① inferred   ② conferred
③ suffered   ④ referred

2. She and her cousin share the same interests, which is responsible for the strong <u>affinity</u> between the two.

① flippancy   ② indifference
③ grudge   ④ attachment

3. The political incorporation of communities that feel they have a distinct cultural identity provides <u>fertile</u> ground for the emergence of nationalist reaction.

① flamboyant   ② productive
③ imminent   ④ problematic
⑤ hostile

4. One possibility is that they adapted to their <u>confined</u> surroundings by decreasing their bulk.

① enlarged   ② ragged
③ liberated   ④ restricted

5. After injuring her knee in a riding accident, Gloria postponed her vacation for an _____ period of time."

① indefinite   ② irreparable
③ conciliatory   ④ gloomy

1. ③ 2. ④ 3. ② 4. ④ 5. ①

59 firm : 확실한, 강한 (strong)

★☆☆
affirm
[əfə́:rm]

[~을(af) 확실하다고(firm) 하다]

[동] 확언하다, 단언하다
affirm that this painting is genuine
이 그림이 진품이라고 확언하다

[명] affirmation ① 확인 ② 긍정

[형] affirmative 긍정의

assert (강하게) 주장하다
aver 단언하다
allege (근거 없이) 주장하다

★★★
con**firm**
[kənfə́:rm]
법원서기보 00
사회복지9급 12

[완전히(con) 확실하게(firm) 하다]

[동] ① 확인하다 ② 확정하다
confirm a reservation 예약을 확인하다
confirm the treaty 그 조약을 확정하다

[명] confirmation 확인

[형] confirmative 확증적인

동의어
ascertain 확인하다
verify (사실인지) 확인하다
set the seal on
~을 확정 짓다

추가어휘
in firm [infə́:rm]

[형] 병약한, 노쇠한 = feeble, invalid

어원
[(몸이) 강하지(firm) 않은(in)]

60 flam, flagr : 불타다 (burn)

★★☆
in**flam**e
[infléim]
중앙인사9급 06
지방직9급 08

[~안에(in) 불을(flame) 붙이다]

[동] 격분시키다, 격렬하게 하다
inflame the mob 군중을 격분시키다

[형] inflammatory ① 선동적인 ② 염증을 일으키는

[형] inflammable ① 불이 잘 붙는 ② 화를 잘 내는

[명] inflammation 염증

동의어
annoy 짜증나게 하다
irritate 짜증나게 하다
vex 짜증나게 하다
enrage 격분시키다
infuriate 격분시키다

★☆☆
flamboyant
[flæmbɔ́iənt]

[불꽃(flam(e))이 타오르는]

[형] 화려한, 현란한
wear flamboyant clothes 화려한 옷을 입고 있다

[명] flamboyance 화려함

접두어
■ -ant : 형용사형
reliant 의지하는
distant 먼, 멀리 떨어진
extant 현존하는

★☆☆
flagrant
[fléigrənt]

[(격한 감정으로) 불타(flagr)오르는]

[형] 극악한, 엄청난
flagrant violations of human rights 엄청난 인권 침해

동의어
awful 끔찍한
atrocious 잔혹한
egregious 지독한

61 | flect, flex : 휘다, 구부리다(bend)

day 6

★★☆
re**flect**
[riflékt]

[(물체에 부딪혀/생각을) 뒤로(re) 휘다(flect)]

동 ① 반사하다 ② 반영하다 ③ 숙고하다
reflect off the mirror 거울에 반사되다
reflect our society 우리 사회를 반영하다
reflect on the past 과거에 대해 숙고하다

파생어

reflection
① 반사 ② 반영 ③ 숙고

reflective
① 반사하는 ② 반영하는 ③ 사색하는

reflex 반사 작용[신경]

★★☆
de**flect**
[diflékt]
서울시9급 04

[다른 데로(de) 휘게 하다(flect)]

동 막다, 피하다
try to deflect criticism 비난을 피하려고 하다

활용

deflect questions
질문을 피하다
deflect attention
관심을 피하다

추가어휘
flexible [fléksəbl]

형 ① 잘 구부러지는 ② 융통성 있는
↔ inflexible ① 구부러지지 않는 ② 융통성 없는

어원

[구부러질(flex) 수 있는(ible)]

기출문제

1. A number of new research studies <u>affirm</u> the assumption that television interferes with family activities and the formation of family relationships.

① substantiate   ② overturn
③ reject   ④ replace

2. It is more difficult for a _____ smoker to give up the habit than for a novice, but it can be done.
[지방직9급 12]

① heedless   ② disciplined
③ confirmed   ④ covert

3. The writer's <u>flamboyant</u> lifestyle was well known in his hometown.

① frugal   ② colorful
③ problematic   ④ modest

4. What am I, a man who strives to embody healing, doing smoking cigarettes? This is <u>flagrant</u> hypocrisy!

① blatant   ② contradictory
③ flaming   ④ unethical

5. If you _____ on your past experiences, you look at them once again thoughtfully.

① deviate   ② deflect
③ revert   ④ reflect

1. ① 2. ③ 3. ② 4. ① 5. ④

62 flic, flig : 치다, 때리다(strike)

★★☆
af**flic**t
[əflíkt]
광주9급 07

[~를(af) 때리다(flict)]

동 **괴롭히다, 고통을 주다**
afflict many people 많은 사람들에게 고통을 주다

명 af**flic**tion 고통, 괴로움

동의어
bother 괴롭히다
aggrieve 괴롭히다
harass 괴롭히다
pester 성가시게 하다
tease (장난으로) 괴롭히다

★★☆
con**flic**t
[kənflíkt]
국가직9급 06 07

[서로(con) (부딪)치다(flict)]

동 **상충되다**
His statement conflicts with the facts.
그의 진술은 사실과 상충된다.

명 **갈등, 충돌**
a conflict of interest 이해관계의 충돌

활용
an armed **conflict**
무력 충돌
Their goals **conflict**.
그들의 목표가 상충된다.

★★☆
in**flic**t
[inflíkt]
지방직9급 08

[~을(in) 치다[때리다] (flict)]

동 **(해를) 가하다, 안기다**
inflict severe damage on the company
회사에 심한 피해를 가하다

명 in**flic**tion (해를) 가함, 안김

활용
inflict pain
고통을 가하다
inflict injury
상처를 입히다
inflict punishment
처벌하다

★☆☆
pro**flig**ate
[práfligət]

[완전히(pro) 얻어맞아(flig) 망가진]

형 **낭비하는, 방탕한**
her profligate spending habits
그녀의 돈을 방탕하게 쓰는 버릇

동의어
extravagant 낭비하는
wasteful 낭비하는
prodigal 낭비하는

63 flu : 흐르다(flow)

★★★
in**flu**ence
[ínfluəns]
경찰 13

[안으로(in) 흘러(flu)들어옴]

명 **영향(력)**
have an influence on ~에 영향을 주다

동 **~에 영향을 주다**
influence his decision 그의 결정에 영향을 주다

형 in**flu**ential 영향력 있는

숙어 under the influence 술에 취해

동의어
impact 충격, 영향
clout 영향력
repercussion 영향
aftermath 여파, 후유증

★★☆
af**flu**ent
[ǽfluənt]

[~로(af) (넘쳐) 흐르는(flu)]

형 **부유한**
an affluent country 부유한 나라

동의어
rich 부유한, 풍부한
wealthy 부유한

★★☆
super**flu**ous
[supə́:rfluəs]

[위로(super) 흘러(flu)넘치는]

형 **남는, 불필요한**
a superfluous decoration 불필요한 장식

명 super**flu**ity 과다, 과잉

접두어
■ **super-** : 위에
superb 최고의
supreme 최고의

★☆☆

fluctuate
[flʌ́ktʃuèit]

[(물이) 흘러가듯(flu) 출렁거리다]

동 **등락을 거듭하다, 변동하다**
fluctuating oil prices 등락을 거듭하는 유가

명 **flu**ctuation 변동

undulate
기복을 이루다
undulating hills
기복을 이루는 언덕들

day 6

추가어휘

fluent [flúːənt]
fluid [flúːid]
flush [flʌʃ]
influenza [influénzə]
influx [ínflʌks]

형 유창한
형 ① 유동체의, 유동적인 ② 우아한 = graceful
동 ① (얼굴이) 붉어지다 ② (변기의) 물을 내리다
명 유행성 독감, 인플루엔자 = flu
명 유입

어원

[(말이) 물 흐르는(flu) 듯한]
[(물처럼) 흐르는(flu)]
[(물이 빠르게) 흐르다(flu)]
[안으로(in) 흘러(flu)들어온 것]
[안으로(in) 흘러(flu)들어옴]

64 forc, fort : 강한(strong)

★★★

force
[fɔːrs]

[강함(forc)]

명 ① (물리적인) **힘, 폭력** ② **군대**
use military force 군사력을 사용하다
government forces 정부군

동 **강요하다, (어쩔 수 없이) ~하게 하다**
force him into resigning 그에게 사임하도록 강요하다
be forced to resign 어쩔 수 없이 사임하다

형 **force**ful ① 강력한 ② 강인한

어법

force A into ~ing
A에게 ~하는 것을 강요하다

be forced to V
어쩔 수 없이 ~하다

기 출 문 제

1. The instructor was <u>afflicted</u> by the fact that several students failed the entrance examination. [광주 07]

   ① reinforced ② tormented
   ③ infuriated ④ saturated

2. Reviews on caffeine and conception _____. One study of 2,817 women found no effect of caffeine on their chances of conceiving, while another of 1,909 women linked more than 300 milligrams of caffeine daily to a delay in conception. [국가직9급 07]

   ① conflict ② coincide
   ③ make sense ④ manifest themselves

3. Warm clothing in a warm climate is <u>superfluous</u>. When the climate is warm, there is no need to wear warm clothing.

   ① affluent ② extravagant
   ③ superficial ④ excessive

4. 그는 음주운전으로 벌금형을 받았다.
   → He was _____ for driving _____ the _____ of alcohol.
   [경찰 13]

   ① fined, to, impact
   ② charged, on, condition
   ③ fined, under, influence
   ④ charged, around, state

1. ② 2. ① 3. ④ 4. ③

★★☆
enforce
[infɔ́:rs]

[힘(forc)으로 하다(en)]

동 ① **강요하다** ② **(법률을) 집행하다, 시행하다**
try to enforce obedience 복종을 강요하려고 하다
enforce a smoking ban 흡연 금지를 시행하다

명 enforcement (법률의) 집행, 시행

주제
◉ 법의 발의-제정-시행
put forward a motion
(법안을) 발의하다
enact a law 법을 제정하다
enforce a law
법을 시행하다

★★☆
reinforce
[rì:infɔ́:rs]

[다시(re) 안에(in) 힘을(forc) 넣다]

동 **강화하다, 보강하다**
reinforce the army 보강하다

명 reinforcement 강화

동의어
strengthen 강화하다
tighten 강화하다
fortify 강화하다
beef up 보강하다

★★☆
fortify
[fɔ́:rtəfài]
국가직9급 00

[강하게(fort) 만들다(ify)]

동 **강화하다, 튼튼히 하다**
fortify a border 국경을 강화하다

명 fortification 방어 시설, 요새화

명 fort 요새, 보루

어법
fortify a body
몸을 튼튼히 하다
be fortified with vitamin
비타민이 강화되다

★☆☆
fortitude
[fɔ́:rtətjù:d]

[(정신이) 강한(fort) 상태(tude)]

명 **불굴의 용기**
fortitude and patience 불굴의 용기와 인내

접미어
■ -tude : 명사형
aptitude 소질, 적성
attitude 태도
altitude 고도, 높이

추가어휘
forte [fɔ:rt]
fortress [fɔ́:rtris]

명 강점 ↔ foible 약점
명 요새

어원
[강한(fort) 것]
[강하게(fort) 만들어 놓은 것]

65 form : 형태, 형성하다 (form)

★★☆
form
[fɔ:rm]

[(모양이 갖추어진) 형태(form)]

명 ① **형태, 모양** ② **(서식이 갖춰진) 문서**
in the form of a pill 알약 형태로
fill out an application form 신청서를 작성하다

동 **형성하다**
form a new culture 새로운 문화를 형성하다

형 formal ① 공식적인 ② 정중한

명 formality 격식 | 명 formation 형성, 대형

동의어
shape 모양, 형태
pattern 무늬, (정해진) 양식
figure 모양, 몸매
frame 틀, 뼈대
structure 구조(물)
formula 방식, 공식

★☆☆
conform
[kənfɔ́:rm]

[(법·규칙에) 함께(con) 형성되다(form)]

동 **(규칙·법에) 따르다, 순응하다**
conform to [with] company rules 회사 규칙을 따르다

명 conformity 순응 | 명 conformist 순응주의자

접미어
■ -ist : 사람
scientist 과학자
journalist 기자, 저널리스트

day 6

★★☆
in**form**
[infɔ́:rm]

[(개념을 마음)속에(in) 형성해주다(form)]

- 동 **알리다, 통지하다**
  inform them of his arrival 그들에게 그의 도착을 알리다
- 명 **inform**ation 정보
- 숙어 **inform** on somebody ~를 신고 [고발]하다

동의어

⊙ **A에게 B를 알리다**
apprise A of B
inform A of B
notify A of B
acquaint A with B

★★★
re**form**
[rifɔ́:rm]
서울시9급 11
국회8급 05

[(제대로) 다시(re) 형성하다(form)]

- 동 ① **개혁하다, 개선하다** ② **교화하다**
  reform the tax system 세금 제도를 개혁하다
  reform prisoners 죄수들을 교화시키다
- 명 **개혁, 개선**
  carry out economic reform 경제 개혁을 수행하다
- 명 re**form**ation 개혁, 개선   명 re**form**er 개혁가

동의어

improve 개선하다
ameliorate 개선하다
enhance 향상시키다
refine 개선하다
revamp 개선하다

★★☆
trans**form**
[trænsfɔ́:rm]

[(이것에서) 저것으로(trans) 형태(form)를 바꾸다]

- 동 **변형시키다**
  transform the house into an gallery
  그 집을 화랑으로 변형시키다
- 명 trans**form**ation 변형

활용

transform a girl **into** a star
한 소녀를 스타로 변모시키다

★★☆
uni**form**
[júːnəfɔ̀:rm]

[하나의(uni) 형태(form)인]

- 형 **획일적인, 균일한**
  cookies uniform in size 크기가 균일한 쿠키들
- 명 **제복, 유니폼**
  a school/military uniform 교복/군복

접두어

▪ **uni-** : 하나의
unique 독특한, 특별한
unify 통일하다
unite 통합하다
union ① 결합, 연합
        ② 노동조합

추가어휘

formula [fɔ́:rmjulə]
in**form**al [infɔ́:rməl]
de**form** [difɔ́:rm]

- 명 ① 방식, 방법 ②《수학》공식, -식
- 형 ① 격식을 차리지 않는 ② (언어가) 일상적인
- 동 기형으로 만들다, 일그러뜨리다

어원

[(일 하는데 갖춰진) 형태(form)]
[격식을 차리지(formal) 않는(in)]
[(원래 모양에서) 다른(de) 모양(form)을 만들다]

기출문제

1. Most member nations of the UN flout its resolutions because the UN lacks the power to _____ its resolutions, and to punish those who violate it.

   ① adopt   ② enact
   ③ enforce   ④ abolish

2. Babies need milk to _____ their bones.
   The builders plan to _____ the old tower with steel beams. [국가직9급 00]

   ① combine   ② elicit
   ③ implore   ④ fortify

3. The prospect of facing an unfriendly Russia once more might force the Clinton Administration to begin beefing up military spending, dashing hopes for reducing the budget deficit. [입법고시]

   ① stipulating   ② reinforcing
   ③ criticizing   ④ establishing
   ⑤ vanquishing

4. Ann showed the fortitude expected of the eldest surviving member of the family of three children left orphans at a young age.

   ① bravery   ② empathy
   ③ tolerance   ④ sacrifice

1. ③ 2. ④ 3. ② 4. ①

66 frag, fract : 부서지다, 깨지다(break)

★★★
fragile
[frǽdʒəl]
사회복지9급 14

[부서지기(frag) 쉬운(ile)]

형 **부서지기 쉬운, 약한**
   fragile glass 깨지기 쉬운 유리
   fragile bones 부러지기 쉬운 뼈

동의어
weak 약한
brittle 깨지기 쉬운
feeble 허약한

★★☆
frail
[freil]

[부서지기(fra) 쉬운(il)]

형 **노쇠한, 허약한**
   a frail old man 노쇠한 노인

반의어
sturdy 튼튼한
robust 튼튼한
tough ① 힘든 ② 강인한, 거친

★☆☆
fragment
[frǽgmənt]

[깨진(frag) 것]

명 **조각, 파편**
   a pottery fragment 도자기 조각

동 **산산 조각나다 [내다]**
   The party fragmented into warring factions.
   그 당은 서로 싸우는 파벌들로 산산 조각났다.

명 **frag**mentation 분열
형 **frag**mentary 단편[부분]적인

유의어
piece 한 부분[조각]
scrap (종이·옷감) 조각
shard (유리·금속) 조각
shred (가늘고 작은) 조각
particle (아주 작은) 입자

★☆☆
fractious
[frǽkʃəs]

[(물건을) 잘 깨버리는(fract)]

형 **화를 잘 내는**
   a fractious child 화를 잘 내는 아이

동의어
irritable 짜증을 잘 내는
irascible 화를 잘 내는
petulant 떼를 쓰는

★★☆
in**fring**e
[infríndʒ]
선관위9급 04

[안으로(in) 깨고(fring) 들어가다]

동 **위반하다, 침해하다**
   infringe on copyright 저작권을 침해하다

명 in**fract**ion 위반

동의어
encroach (서서히) 침해하다
intrude (함부로) 침범하다
invade 침입하다, 침범하다

추가어휘
fraction [frǽkʃən]
fracture [frǽktʃər]

명 부분, 일부 – a fraction of the time 짧은 시간
명 골절

어원
[쪼개진(fract) 것]
[(뼈가) 부러진(fract) 것]

67 front : 앞(front), 얼굴(face)

★★☆
af**front**
[əfrʌnt]

[~의(af) 얼굴(front)을 때리다]

동 **모욕하다**
   be affronted by his rude behavior
   그의 무례한 행동에 모욕을 받다

명 **모욕**
   an affront to his pride 그의 자존심에 대한 모욕

동의어
insult 모욕(을 주다)
indignity 수치, 모욕

ignominious 수치스러운
humiliating 굴욕적인
mortifying 굴욕적인

confront ★★☆
[kənfrʌnt]
서울시9급 07

[서로의(con) 앞에(front) 마주치다]

동 (어려움이) **닥치다, 직면하게 하다** = face
be confronted with a crisis 위기에 직면하다

명 con**front**ation 대립, 대치

주제
◉ **어려움의 대처와 극복**
be faced with ~에 직면하다
cope with ~에 대처하다
get over ~을 극복하다

추가어휘
frontier [frʌntíər]

명 국경 (지역)

어원
[(군대의) 맨 앞쪽 전방(front)]

---

68 fug : 도망치다(flee)

fugitive ★☆☆
[fjú:dʒətiv]

[도망(fug)치는]

형 ① **도망 다니는** ② **일시적인**
a fugitive criminal 도망 다니는 범인
fugitive thoughts 일시적인 생각들

명 **도망자**
catch the fugitive 그 도망자를 붙잡다

동의어
flee 도망치다
run away 달아나다
a prison breaker 탈옥범
wanted 수배 중인

---

re**fug**e ★★☆
[réfju:dʒ]
국회8급 04

[뒤로(re) 도망쳐(fug)감]

명 **피난(처)**
leave to seek refuge 피난처를 찾아 떠나다

명 re**fug**ee (피)난민

동의어
shelter 피신(처)
haven 피난처, 안식처
hideout 은신처

기출문제

1. Although my grandmother is old and <u>frail</u>, she still enjoys playing cards and listening to dance tunes.

① deaf   ② unhappy
③ unpleasant   ④ weak

2. We must <u>confront</u> the future of our nation with optimism.

① avoid   ② face
③ evade   ④ conclude

3. The settlers' steady <u>encroachment</u> on the Indians' territory ultimately left the Indians homeless.

① endearment   ② infringement
③ enchantment   ④ enforcement

4. In his book, Marco Polo does not mention the important invention of paper, which was first introduced by the Chinese. The Moors, having been taught by Chinese paper makers, brought paper into Europe. By the twelfth century Spain and then France knew the art of paper-making, thanks to their Moorish invaders. However, at that time, most of the European printing continued to be done on parchment, since the paper was considered too _____. [사회복지직9급 14]

① convenient   ② durable
③ fragile   ④ fervent

1. ④ 2. ② 3. ② 4. ③

69 | fund, found : 바닥(bottom)

★★★
fundamental
[fʌ́ndəméntl]

[바닥(fund)을 이루는]

형 **근본적인, 본질적인**
　a fundamental difference 근본적인 차이

명 《-s》 **기본 원칙, 핵심**
　the fundamentals of physics 물리학의 기본 원칙들

부 **fund**amentally 근본[본질]적으로

동의어
basic 기본적인
essential 필수적인
underlying 근본적인
elementary 초보의
rudimentary 기본적인

★★☆
found
[faund]

[바닥을 깔다, 기초를 놓다(found)]

동 ① **설립하다** ② **~에 근거를 두다**
　found a university 대학을 설립하다
　be founded on the fact 그 사실에 근거를 두다

명 **found**ation ① 토대, 근거 ② 재단

명 **found**er 창립자, 설립자

형 well-**found**ed 충분한 근거가 있는

시제변화
find-found-found
(찾다)

found-founded-founded
(설립하다)

★★★
pro**found**
[prəfáund]

서울시9급 04
중앙인사9급 05

[(깊은) 바닥(found) 쪽으로(pro) 내려가는]

형 ① **심오한** ② **(정도가) 엄청난**
　ask a profound question 심오한 질문을 하다
　make profound changes 엄청난 변화를 일으키다

명 pro**fund**ity 심오함

동의어
deep 깊은
abstruse 난해한
recondite 난해한

70 | fus, fut, fund : 붓다, 따르다(pour), 녹이다(melt)

★★☆
con**fuse**
[kənfjúːz]

[(이것저것) 함께(con) 붓다(fus)]

동 ① **혼란스럽게 하다** ② **혼동하다**
　confuse the enemy 적을 혼란스럽게 하다
　confuse him with me 그를 나와 혼동하다

파생어
confusion ① 혼란 ② 혼동
confusing 혼란스러운
confused (사람이) 혼란스러워 하는

★☆☆
con**found**
[kanfáund]

[(이것저것) 함께(con) 붓다(found)]

동 ① **당황하게 하다** ② **~이 틀렸음을 증명하다**
　confound the enemy 적을 당황하게 하다
　confound the prediction 그 예측이 틀렸음을 증명하다

동의어
bewilder 당황하게 하다
embarrass 당황하게 하다
perplex 당혹스럽게 하다

★★☆
dif**fuse**
[difjúːz]

[(여기저기) 따로따로(dif) 붓다(fus)]

동 **퍼지다, 확산시키다**
　The rumor diffused rapidly. 그 소문은 빠르게 퍼졌다.

형 **분산된, 산만한**
　a diffuse style of writing 산만한 문체

명 dif**fus**ion 전파, 확산

동의어
spread 퍼지다, 퍼뜨리다
scatter 흩어지게 하다
disperse 흩어지다
dissipate ① 흩어지다
　　　② 낭비하다

★★☆

pro**fus**e
[prəfjúːs]

[앞으로(pro) 쏟아 붓는(fus)]

형 **많은, 다량의**
profuse bleeding 많은 양의 출혈

동의어
numerous 많은
copious 방대한
lavish 후한, 풍성한

★★☆

re**fus**e
[rifjúːz]

[(상대의 제안을) 뒤로(re) 부어버리다(fus)]

동 **거절하다**
refuse the bribes 뇌물을 거절하다

명 **쓰레기**
a pile of refuse 쓰레기 더미

명 **refus**al 거절

동의어
trash 쓰레기
garbage 쓰레기
rubbish 쓰레기
litter 쓰레기
waste 낭비하다; 쓰레기

★★☆

re**fund**
[rifʌnd]

사회복지9급 12

[(받았던 것을) 되돌려(re) 부어주다(fund)]

동 **(판매자가) 환불해주다**
refund the purchase price 구입 가격을 환불해주다
refund the ticket 표 값을 환불해주다

명 **환불, 환급**
get a refund 환불받다 / give a refund 환불해주다

형 **refund**able 환불 가능한

활용
◉ **환불·반품 회화 표현**
I'd like to get a refund, please.
환불받고 싶은데요.
Can I **return** this?
이거 반품할 수 있을까요?

★★☆

futile
[fjúːtl]

[(부어봤자) 쏟아져(fut) 나오기 쉬운(ile)]

형 **헛된, 소용없는**
make a futile attempt 헛된 시도를 하다

명 **fut**ility 헛됨, 무가치함

비교 **fertile** 비옥한

동의어
vain 헛된, 소용없는
useless 소용없는
pointless 무의미한

추가어휘

fusion [fjúːʒən]

명 융합, 결합 = combination

어 원
[(두 개를) 녹여서(fus) 합친 것]

기출문제

1. The sudden recovery of the stock markets, while encouraging the investors, has the _____ stock brokers who had been expecting a steady fall in stock prices.

   ① convinced   ② bolstered
   ③ confounded   ④ rummaged

2. The audience soon tired of his speech, as it was _____ and did not focus on the topic he had chosen to speak on.

   ① salutary   ② diffuse
   ③ propitious   ④ flawless

3. The <u>profuse</u> tropical forests of the Amazon are inhabited by different kinds of animals.

   ① wild   ② distant
   ③ abundant   ④ immersed

4. All my attempts to cheer her up proved <u>futile</u>.
   [국회9급 09]

   ① unbearable   ② unsuccessful
   ③ unfortunate   ④ unhappy
   ⑤ unthinkable

   1. ③ 2. ② 3. ③ 4. ②

71 gen, gener : 탄생(birth)

★★☆
genuine
[dʒénjuin]

[(만든 것이 아닌 자연에서) 태어난(gen)]

형 ① **진짜의** ② **진심의**
a genuine article 진품
show a genuine interest 진심으로 관심을 보이다

 동의어

real 진짜인
true 사실인
authentic 진품인
bona fide 진짜의

★★☆
con**gen**ial
[kəndʒíːnjəl]

[(한 핏줄로) 함께(con) 태어난(gen)]

형 ① **마음이 맞는** ② **(~에) 알맞은, 적당한**
a congenial colleague 마음이 맞는 동료
a congenial place for ~에 적당한 곳
명 congeniality 화합

 동의어

harmonious 조화로운
agreeable 기분 좋은
compatible 양립할 수 있는
congruous 일치[조화]하는

★★☆
con**gen**ital
[kəndʒénətl]

[(병·결함을) 갖고 태어난]

형 **(병·결함이) 선천적인**
a congenital defect 선천적 결함

활용

a **congenital** disease
선천적인 병
congenital blindness
선천적으로 눈이 멈

★★☆
in**gen**ious
[indʒíːnjəs]

[(재능을) 안에(in) 갖고 태어난(gen)]

형 **독창적인, 기발한**
an ingenious device 기발한 장치
명 ingenuity 재능, 능력

 동의어

creative 창조적인
inventive 창의적인
originative 독창적인

★☆☆
in**gen**uous
[indʒénjuəs]

[(선함을) 안에(in) 갖고 태어난(gen)]

형 **순진한, 천진한** ↔ disingenuous 부정직한, 음흉한
an ingenuous young woman 순진한 젊은 여자
명 ingenuousness 순진함

 동의어

naive 순진한
innocent 순진한
artless 꾸밈없는, 소박한
chaste 순결한, 순수한

★☆☆
indi**gen**ous
[indídʒənəs]

[(특정 지역의) ~안에(indi) 태어난(gen)]

형 **원산의, 토착의**
an indigenous culture 토착 문화

동의어

native ① 태어난 곳의
② 원산[토종]의
aboriginal 원주민의,
토착의

추가어휘

genetic [dʒənétik]
generate [dʒénərèit]

benign [bináin]
malign [məláin]

형 유전의[적인] = hereditary
동 발생시키다, 일으키다 = arouse, engender
참고 degenerate 악화되다 / regenerate 재생하다
형 ① 상냥한 ② (종양이) 양성의
형 해로운 동 비방하다

 어원

[(물려받고) 태어난(gen)]
[탄생(gener)시키다]

[(천성이) 좋게(beni) 태어난(gn)]
[(천성이) 나쁘게(mali) 태어난(gn)]

72 gest : 나르다(carry)

★★☆ con**gest**ed
[kəndʒéstid]
국가직9급 05

[(여러 가지가) 함께(con) 옮겨진(gest)]

형 ① 혼잡한, 붐비는 ② (코가) 막힌, (눈이) 충혈된
a congested highway 혼잡한 고속도로
have a congested nose 콧물로 코가 막히다

명 congestion ① 혼잡 ② 충혈

동의어
crowded (사람들이) 붐비는
jammed 몹시 붐비는
packed (사람들이) 꽉 들어찬
crammed 가득 들어 찬

★★☆ di**gest**
[didʒést]

[(삼킨 음식을) 따로따로(di) 떨어뜨려 옮기다(gest)]

동 ① 소화하다[되다] ② (완전히) 이해하다
digest foods 음식을 소화하다
digest the information 그 정보를 이해하다

명 요약(판)
a monthly news digest 월간 뉴스 요약판

명 digestion 소화   형 digestive 소화의

동의어
◉ 소화 과정
chew 씹다
swallow 삼키다
digest 소화하다
excrete 배설하다
metabolism 신진대사

★★★ sug**gest**
[səgdʒést]

[(슬그머니) 아래로(sug) 옮겨다(gest) 놓다]

동 ① 제안하다 ② 암시하다
suggest a new method 새로운 방법을 제안하다
the evidence suggesting murder 살인임을 암시하는 증거

명 suggestion ① 제안 ② 암시
형 suggestive ① 연상시키는 ② 야한, 외설적인

동의어
offer 제안[제공]하다
propose 제안하다
recommend 추천하다

추가어휘
in**gest** [indʒést]
re**gist**er [rédʒistər]

동 (음식·약 등을) 섭취하다, 삼키다
명 기록부, 명부 = roll
동 ① 등록하다, (출생·사망 등을) 신고하다 ② 기록하다

어원
[안으로(in) 옮겨넣다(gest)]
[다시(re) 옮겨다(gist) 놓는 것]

기 출 문 제

1. A man would have to be ingenious as Robinson Crusoe himself to live in that broken-down house.

   ① romantic   ② outstanding
   ③ clever   ④ important

2. The Native Americans _____ to this continent, may have come here across the Bering Strait at some time in their history.

   ① incorrigible   ② inherited
   ③ ingenious   ④ indigenous

3. The congenial bartender makes the Hog's Head an inviting place to hang out during the weekends.

   ① genuine   ② clumsy
   ③ affable   ④ elastic

4. [반의어] The young parents were shocked to know from their doctor that their baby had congenital deafness, and as it was born deaf, it would be dumb also.

   ① acute   ② chronic
   ③ acquired   ④ severe

5. Only an ingenuous person would believe that trust always begets trust, that is, if we trust others, they will trust us and transactions will be honest.

   ① zealous   ② innocent
   ③ native   ④ confused

1. ③ 2. ④ 3. ③ 4. ③ 5. ②

73 | gno, no : know 알다

★★★
reco**gn**ize
[rékəgnàiz]

경기교육9급 04
국회8급 07

[다시(re) 확실히(co) 알다(gn)]

동 **① 알아차리다, 인식하다 ② 인정하다**
recognize the odor 그 냄새를 알아차리다
recognize their achievements 그들의 성취를 인정하다

명 **reco**gn**ition** ① 인식 ② 인정, 표창
형 **reco**gn**izable** (쉽게) 알아볼 수 있는

접미어

■ **-ize** : 동사형
realize ① 실현하다
　　　 ② 깨닫다
idealize 이상화하다
customize 주문 제작하다

★★☆
ac**know**ledge
[æknálidʒ]

[~을(ac) (확실히) 알다(knowledge)]

동 **① 인정하다 ② 감사를 표하다**
acknowledge a mistake 실수를 인정하다
acknowledge their support 그들의 지원에 감사를 표하다

명 ac**know**ledgement ① 인정 ② 감사(의 글)

동의어

admit 인정하다
recognize 인정하다
concede 인정하다

★☆☆
con**no**isseur
[kànəsɔ́:r]

[확실히(con) 아는(noi) 사람(suer)]

명 **감식가, 감정인**
a wine connoisseur 와인 감식가
a connoisseur of Asian art 아시아 미술 감정인

동의어

expert 전문가
master 달인
professional 프로

★★☆
dia**gno**se
[dáiəgnòus]

[따로따로(dia) (구분해) 알아내다(gno)]

동 **진단하다**
be diagnosed as cancer 암 진단을 받다

명 dia**gno**sis 진단

주제

◉ '진단' 전의 '검사'
get a physical
건강 검진을 받다
be screened for cancer
암 검사를 받다

★★★
i**gno**re
[ignɔ́:r]

서울시9급 04
행자부9급 04

[알지(gno) 못하는(i(n)) 척하다]

동 **무시하다, 못 본 척하다**
ignore the warning signs 경고의 징후를 무시하다

명 i**gno**rance 무지, 무식
형 i**gno**rant 무지한

동의어

disregard 무시하다
discount 무시하다
take no notice of 무시하다

★★☆
i**gno**ble
[ignóubl]

국회8급 08

[고결하지(noble) 못한(ig)]

형 **비열한, 야비한**
an ignoble action 비열한 행동

비교 i**gno**minious 수치스러운

동의어

disregard 무시하다
discount 무시하다
take no notice of 무시하다

★☆☆
inco**gn**ito
[inkágnitòu]

[(누구인지) 확실히(co) 알지(gni) 못하게(in)]

부 **신분을 숨기고**
travel abroad incognito 신분을 숨기고 해외 여행하다

비교 unidentified 정체불명의

활용

make an **inco**gn**ito** visit
신분을 숨기고 방문하다

추가어휘

co**gn**ition [kagníʃən]
pro**gno**sis [pragnóusis]

명 인지, 인식　형 co**gn**izant 인식하고 있는
명 예측, 예상 = prediction, outlook

어원

[확실히(co) 아는(gni) 것]
[미리(pro) 아는(gno) 것]

---

74 grap, grab, grip : 꽉 잡다(seize)

★☆☆

grab
[græb]

[꽉 붙잡다(grab)]

동 **꽉 붙잡다, 움켜쥐다**
grab his arm 그녀의 팔을 꽉 붙잡다

숙어 be up for **grabs** (누구나) 구할 수 있는

★☆☆

grip
[grip]

[꽉 붙잡음(grip)]

명 ① **꽉 붙잡음** ② **통제, 지배** ③ **이해, 파악**
keep a tight grip on the rope 밧줄을 꽉 붙잡고 있다
have a grip on the country 그 나라를 지배하다
get a grip on the situation 그 상황을 파악하다

★★☆

grasp
[græsp]

[꽉 붙잡다(gra(s)p)]

동 ① **꽉 잡다** ② **파악하다, 이해하다**
grasp his wrist 그의 손목을 꽉 잡다
grasp the significance 중요성을 파악하다

명 ① **꽉 붙잡음** ② **파악, 이해**
keep a grasp on the rope 밧줄을 꽉 붙잡고 있다
get a grasp on ~을 파악하다

★☆☆

grapple
[græpl]

[(힘싸움을 하느라) 꽉 붙잡(grap)다]

동 **붙잡고 싸우다, (해결하려고) 노력하다**
grapple with the problem
그 문제를 해결하려고 노력하다

주제

◉ '잡다' 정리
catch 잡다
take 잡다, 취하다
hold 잡고 있다
seize 꽉 잡다
snatch 잡아채다

동의어

clutch (꽉) 움켜잡다
clench (주먹을) 꽉 쥐다,
(이를) 악물다

동의어

understand 이해하다
comprehend 이해하다
digest (완전히) 이해하다
assimilate (완전히) 이해하다
figure out 이해하다

동의어

cope with ~에 대처하다
tackle (문제에) 달려들다

기출문제

1. I think it a less evil that some criminals should escape than that the government should play <u>an ignoble</u> part. [국회8급 08]

   ① a laudable   ② an admirable
   ③ an illegal   ④ an ignorant
   ⑤ a shameful

2. That John was incisive could be seen from the fact that even without listening completely to the report, he could <u>grasp</u> the situation and was able to summarize it in a short time.

   ① lay out   ② figure out
   ③ hold out   ④ iron out

3. I consider _____ as the primary enemy of mankind. The human mind is not only self-destructive but naturally stupid, so man requires various kind of education. [서울직 04]

   ① ignorance   ② pessimism
   ③ distrust   ④ nuisance
   ⑤ hatred

4. Harry's sketch of his uncle was not perfect, but it was instantly _____ to anyone who knew him.

   ① recognizable   ② remarkable
   ③ viable   ④ inevitable
   ⑤ capable

   1. ⑤ 2. ② 3. ① 4. ①

75 | **grat, grac : 감사하는(thankful)**

★★☆
gratify
[grǽtəfài]

[기쁘게(grat) 만들다(ify)]

동 **만족시키다, 기쁘게 하다**
be gratified by her invitation 그녀의 초대에 기쁘다

명 **grat**ification 만족감

동의어
please 기쁘게 하다
satisfy 만족시키다
meet 충족시키다

★☆☆
gratis
[grǽtis]

[감사(grat)의 뜻으로]

부 **무료로**
The meal is served gratis. 식사는 무료로 제공됩니다.

동의어
free of charge 무료인
for nothing 공짜로
on the house 무료인

★★☆
gratuitous
[grətjúːətəs]
서울시9급 09

[감사(grat)의 뜻으로 주어지는]

형 **불필요한, 쓸데없는**
the film which include gratuitous violence
불필요한 폭력이 있는 영화

동의어
needless 불필요한
redundant 불필요한
superfluous 불필요한

★★☆
con**grat**ulate
[kəngrǽtʃulèit]

[함께(con) 기뻐(grat)하다]

동 **축하하다**
congratulate you on your marriage
당신의 결혼을 축하하다

명 con**grat**ulation 축하

비교
◉ '축하하다' 비교
congratulate + 사람
celebrate + 일
celebrate success
성공을 축하하다

추가어휘
gratitude [grǽtətjùːd]
grace [greis]
dis**grace** [disgréis]

명 감사, 고마움 ↔ ingratitude 은혜를 모름, 배은망덕
명 ① (신의) 은총 ② 품위, 우아함 = elegance, dignity
명 망신, 수치　동 망신을[창피를] 주다

어원
[감사(grat)하는 것]
[감사한[기쁜] (grac) 것]
[우아함(grace)의 반대(dis)]

 **76** | **grad, gress : 걸음(step), 가다(go)**

★★☆
graduate
[grǽdʒuèit]

[(학문의 단계를) 밟아서(grad) 마치다]

동 **졸업하다**
graduate from high school 고등학교를 졸업하다

명 **졸업생** [grǽdʒuət]
a college graduate 대학 졸업생

명 **grad**uation 졸업　명 **grad**uate school 대학원
명 under**grad**uate (대학) 학부생, 대학생

접두어
▣ under- : ~의 아래
underground 지하의[에]
underline 강조하다
undergo (안 좋은 일을) 겪다
undertake (일을) 맡다, 착수하다

★★☆
de**gree**
[digríː]

[(오르고) 내려가는(de) 단계(gree)]

명 ① (온도·각도의) 도, 정도 ② 학위
20 degrees Celsius 섭씨 20도
a 30 degree angle 30도의 각
a bachelor's/master's/doctor's degree
학사/석사/박사 학위

숙어
◉ degree 숙어 정리
by **degree**s 점차, 서서히
to a **degree** 어느 정도
= to some degree

---

aggressive
★★☆
[əgrésiv]

[~쪽으로(af) 발걸음을(gres) 내딛는]

형 ① 공격적인 ② 적극적인
show aggressive behavior 공격적인 행동을 보이다
an aggressive salesman 적극적인 세일즈맨

명 aggression 공격

접미어

■ -ive : 형용사형
explosive 폭발성의
accumulative 누적의

congress
★★☆
[káŋgris]
국회8급 05

[함께(con) 가서(gress) 모이는 것]

명 ① (대규모) 회의, 대회 ② 《C-》 국회
an international academic congress 국제 학술회의
get the support of Congress 국회의 지지를 얻다

명 congressman 국회의원

형 congressional 의회의

동의어

parliament 의회, 국회
assembly 의회
council (지방) 의회
committee 위원회

degrade
★☆☆
[digréid]

[단계(grad)를 낮추다(de)]

동 ① 비하하다, 저하시키다 ② (물질을) 분해하다
degrade the colored people 흑인을 비하하다
degrade proteins 단백질을 분해하다

형 degrading 비하하는

동의어

demean 비하하다
debase 저하시키다
downgrade 격하시키다

ingredient
★★☆
[ingrí:diənt]

[안에(in) 들어(gred) 있는 것]

동 ① (음식의) 재료, 성분 ② (구성) 요소
uses fresh ingredients 신선한 재료들을 사용하다
an essential ingredient 필수 요소

동의어

element 요소, 성분
factor 요인
component 요소, 부품
constituent (구성) 성분

기출문제

1. If you've managed to get straight A's in school, what you did was <u>gratify</u> your parents.

   ① pacify   ② satisfy
   ③ petrify   ④ mortify

2. Mike made a <u>gratuitous</u> assumption that just because Mr. Chan is strict, he must also be mean.
   [서울시9급 09]

   ① hideous   ② unwarranted
   ③ gamesome   ④ surreptitious
   ⑤ fustian

3. The US and Iraq had been friendly in the past, but were estranged because of Iraq's <u>aggressive</u> actions against its neighboring countries, especially Kuwait.

   ① viable   ② adamant
   ③ combative   ④ imperative

4. The ability to manage one's emotions is an essential <u>ingredient</u> of effective leadership.

   ① tenet   ② element
   ③ disposition   ④ antecedent

5. I do not believe that Danny who is very miserly is offering his counsel as an attorney <u>gratis</u>. Free service is not in his nature.

   ① on purpose   ② competently
   ③ fortuitously   ④ for nothing

1. ② 2. ② 3. ③ 4. ② 5. ④

progress
★★☆
[prágres]

[앞으로(pro) 나아감(gress)]

명 **진전, 발전**
make progress 진전을 보이다, 발전하다

동 **나아가다, 진전을 보이다**
The disease progressed slowly.
그 병은 서서히 진전을 보였다.

형 progressive ① (꾸준히) 진행되는 ② 진보적인

동의어
advance 전진, 발전
development 발달, 성장
evolution 발전, 진화
growth 성장, 증가
breakthrough 돌파구

transgress
★★☆
[trænsgrés]

[(이쪽에서) 저쪽으로(trans) 넘어가다(gress)]

동 **(법을) 어기다, 위반하다**
transgress the rules 규칙을 위반하다

명 transgression 위반

동의어
violate 위반하다
infringe 위반하다
contravene 위반하다

추가어휘
gradual [grǽdʒuəl]
re**gress** [rigrés]

형 점진적인, 점차적인　부 gradually 서서히
명 퇴보하다

어원
[한 걸음씩(grad) 나아가는]
[뒤로(re) 가다(gress)]

77　grav, griev : 무거운(heavy)

aggravate
★★★
[ǽgrəvèit]

[~을(ag) 무겁게(grav) 하다]

동 **① 악화시키다, 가중시키다 ② 화나게 하다**
aggravate the situation 상황을 악화시키다
be aggravated by the noise 소음에 화가 나다

명 aggravation ① 악화 ② 화남

동의어
exacerbate 악화시키다
compound 악화시키다
complicate 더 어렵게 하다
deteriorate 악화되다

grieve
★★☆
[gri:v]

[(마음이) 무거워지다(griev)]

동 **(몹시) 슬퍼하다**
grieve (over) his death 그의 죽음을 몹시 슬퍼하다

명 grief 큰 슬픔, 비탄

동의어
sorrow 슬픔; 슬퍼하다
lament 슬퍼 [한탄]하다
mourn 애도하다
deplore 개탄하다

grievance
★☆☆
[grí:vəns]

[(쌓여서 마음이) 무거워짐(griev)]

명 **불만**
harbor a grievance 불만을 품다

동의어
complaint 불평
beef 불평

추가어휘
gravity [grǽvəti]

명 ① 심각성, 중대성 ② 중력

어원
[무거운(grav) 상태(ity)]

78 greg : 무리(flock)

★★☆

gregarious
[grigéəriəs]

[무리(greg)를 이루는]

형 ① 군집성의 ② 사교적인
a gregarious personality 사교적인 성격

동의어

sociable 사교적인
outgoing 외향적인

★☆☆

ag**greg**ate
[ǽgrigət]

[(각각이 모여) ~의(ag) 무리(greg)를 이루는]

형 총- 명 합계 동 합계가 ~이다
the aggregate production 총생산
get an aggregate of 3,000 votes 총 3천표를 얻다
aggregate 1 million dollars 합계가 백만 달러다

주제

◉ '합'을 나타내는 어휘
the **total** cost 총비용
the **gross** profit 총수익
the **sum** of 2 and 4
2와 4의 합

★★☆

con**greg**ate
[káŋgrigèit]

[함께(con) 무리(greg)를 짓다]

동 (무리지어) 모이다
congregate to hear his speech
그의 연설을 듣기 위해 모이다

동의어

gather 모이다, 모으다
assemble 모이다, 모으다
convene 모이다, 모으다
get together 모이다

★★☆

se**greg**ate
[ségrigèit]

[무리(greg)에서 떨어뜨려(se) 내다]

동 (사람을) 차별하다, 분리하다
segregate blacks from whites
흑인과 백인을 차별하다
명 se**greg**ation 차별

동의어

discrimination 차별
racism 인종차별
apartheid 인종차별 정책

기출문제

1. Extra-parliamentary politics tends to <u>aggravate</u> political tensions rooted in ideological difference.

① expound   ② excavate
③ exasperate   ④ exacerbate

2. You can raise a <u>grievance</u> with your employer when you have concerns about any aspect of your working life.

① perseverance   ② complaint
③ felicity   ④ penchant

3. Unlike his <u>gregarious</u> brother, Robert is a shy person who does not like to be with friends. [경찰 09]

① infamous   ② sociable
③ taciturn   ④ reticent

4. During times of danger, the settlers would <u>congregate</u> in the fort. They felt safe behind its strong log walls.

① live   ② coordinate
③ gather   ④ hide

5. Black-white <u>segregation</u> first began to decline during the 1970s, although the most significant decreases occurred in modest-sized metropolitan areas in the South and West.

① discrimination   ② decomposition
③ abstinence   ④ leniency

1. ④ 2. ② 3. ② 4. ③ 5. ①

MĎ 95 - MEMORY DOCTOR

day 8

79 **hab : 살다(live), 가지다(have)**

★★★
inhabit
[inhǽbit]
행자부9급 04
지방직9급 01

[~안에(in) 살다(hab)]

동 **~에 살다, 거주[서식]하다**
the rare species that inhabit the area
그 섬에 서식하는 몇 가지 희귀종들

명 **inhabitant** ① 주민 ② 서식 동물

동의어
live in ~에 살다
reside in ~에 살다
dwell in ~에 거주하다

★☆☆
habitat
[hǽbitæt]

[(동식물이) 사는(hab) 곳]

명 **서식지**
a natural habitat 자연 서식지

동의어
residence 거주(지)
dwelling 주거(지)

★☆☆
rehabilitate
[rìːhəbílətèit]

[다시(re) 살아갈(habil) 수 있게 하다]

동 **재활시키다, 회복시키다**
rehabilitate a patient 환자를 재활시키다

명 **rehabilitation** 재활

동의어
recover 회복하다
restore 회복시키다
recuperate 회복하다

추가어휘
habitual [həbítʃuəl]

형 습관적인, 상습적인

어원
[갖고(hab) 있는]

80 **hib : 잡고 있다(hold)**

★★☆
inhibit
[inhíbit]

[(못 나가게) 안으로(in) 붙잡고 있다(hibit)]

동 **① 억제하다, 저해하다 ② ~를 못하게 하다**
inhibit economic development 경제 발전을 저해하다
inhibit him from telling the truth
그에게 진실을 말하지 못하게 하다

명 **inhibition** (표현의) 억제, 어색함

동의어
restrict 제한하다
circumscribe 제한하다
suppress 진압하다
curb 억제하다
prevent 막다, 방지하다

★★☆
prohibit
[prouhíbit]

[(하지 못하게) 완전히(pro) 붙잡고 있다(hibit)]

동 **(법으로) 금지하다**
Smoking is prohibited here. 여기는 금연 구역입니다.

명 **prohibition** 금지

형 **prohibitive** ① 금지하는 ② 엄청나게 비싼

동의어
ban 금(지)하다
bar 막다, 금하다
proscribe 금지하다

추가어휘
exhibit [igzíbit]

동 ① 전시하다 ② (감정·특징 등을) 보이다

어원
[(보이도록) 밖으로(ex) 잡고 있다(hibit)]

81 her, hes : 달라붙다(stick)

adhere
★★☆
[ædhíər]

[~에(ad) 달라붙다(stick)]

동 ① 들러붙다 ② 고수하다, 충실히 지키다
The mud adhered to her shoes.
진흙이 그녀의 신발에 들러붙었다.
adhere to one's principle 자신의 원칙을 고수하다

형 adhesive 접착성의

명 adherent 지지자, 신봉자

활용
adhere to the rules
규칙들을 충실히 지키다
adhere to a strict diet
엄격한 식단을 고수하다

coherent
★★☆
[kouhíərənt]

[(말의 앞뒤가) 서로(co) 달라붙는(her)]

형 일관성 있는, 논리적인
a coherent argument 논리적인 주장

동 cohere 일관성이 있다   명 coherence 일관성

비교 cohesive 화합하는, 단결하는

동의어
logical 논리적인
consistent 일관된

inherent
★★☆
[inhíərənt]

[(본래부터) 안에(in) 붙어(her) 있는]

형 내재하는
Every business has its own inherent risks.
모든 사업에는 내재된 위험들이 있다.

동의어
intrinsic 본질적인
internal 내부의

추가어휘
hesitate [hézətèit]

동 주저하다, 망설이다 = falter, waver

어원
[(원래 자리에) 붙어(hes) 있다]

기출문제

1. A _____ is an ecological or environmental area that is inhabited by a particular species of animal, plant, or other type of organism.

① habitat   ② abode
③ inhabitant   ④ residence

2. In countries without proper awareness of AIDS, the victims are treated as outcasts. The governments of these countries must organize programs to _____ them and help them lead a near normal life.

① redress   ② recover
③ reimburse   ④ rehabilitate

3. This virus replicate, which means that this viral enzyme is no longer inhibited by the drug.

① vanished   ② hindered
③ varied   ④ verified

4. Throwing a litter from cars is _____ by law and you will be fined heavily when caught.

① forbidden   ② permitted
③ prohibited   ④ admitted

5. A paragraph is _____ if the sentences it contains are connected clearly and logically in a sequence that is easy to follow.

① ideological   ② transitional
③ notorious   ④ coherent

1. ① 2. ④ 3. ② 4. ③ 5. ④

82 her, hei : 물려받음(heir)

★★☆
her**edity**
[hərédəti]
국회8급 04

[(조상들로부터) 물려받는(her(ed)) 것]

명 **유전**
the effect of heredity 유전의 영향

형 **her**editary 유전적인

동의어
genetic 유전의
inborn 타고난

★★☆
her**itage**
[héritidʒ]

[(조상들로부터) 물려받는(her(it)) 것]

명 **(문화·전통 등의) 유산**
natural and cultural heritage 자연 및 문화유산

유의어
legacy (금전적) 유산
tradition 전통
folklore 민속, 전통문화

★★☆
in**her**it
[inhérit]
중앙인사9급 07

[(조상들로부터) 안으로(in) 물려받다(herit)]

동 **상속받다, 물려받다** ↔ hand down 물려주다
inherit the family business 가업을 물려받다

명 **in**heritance ① 유산, 상속 ② 유전

활용
an inheritance tax
상속세
leave an inheritance
유산을 남기다

추가어휘
heir [ɛər]

명 (물려받는) 상속인, 계승자 = successor

어원
[물려받는(hei) 사람(r)]

83 hum, hom : 흙·땅(earth), 낮은(low)

★★☆
hum**ble**
[hʌmbl]
선관위9급 04

[(신분이) 낮은(hum) / (자신을) 낮추는(hum)]

형 **① 비천한 ② 겸손한**
a humble origin 비천한 가문
a humble attitude 겸손한 태도

명 **hum**ility 겸손

동의어
modest 겸손한
self-effacing 겸손한

★★☆
hum**iliate**
[hju:mílièit]
법원직 01

[(상대의 자존심을) 낮추다(hum)]

동 **창피를 주다**
humiliate him in public
사람들 있는 데서 그에게 창피를 주다

명 **hum**iliation 창피

형 **hum**iliating 창피한

동의어
shame 창피, 수치
disgrace 수치, 망신
dishonor 불명예, 망신
lose face 체면을 잃다

★☆☆
ex**hum**e
[igzjú:m]

[땅(hum) 밖으로(ex) 빼내다]

동 **(시체를) 파내다, 발굴하다**
exhume the body 시체를 발굴하다

동의어
dig up 파내다
unearth 파내다
excavate 발굴하다

★★☆
post**hum**ous
[pástʃuməs]
국회8급 05

[(죽어서) 흙(hum)에 묻힌 이후의(post)]

형 **사후의**
gain posthumous fame 사후에 명성을 얻다

접두어
■ post- : 후의
postpone 연기하다
posterity 자손, 후세
postscript 추신

추가어휘

homage [hάmidʒ]

동 경의, 존경의 표시 = obeisance

[(몸을) 땅으로 낮추는(hom) 것]

84 it, itiner : 가다(go)

★★★
initiate
[iníʃièit]

서울시9급 06
선관위9급 06
사회복지9급 12

[(어떤 일) 안으로(in) 들어가다(it)]

동 ① **시작하다, 착수하다** ② (방법·일을) **접하게 하다**
　initiate a new project 새로운 프로젝트를 시작하다
　initiate him into the pleasures of sailing
　그에게 보트 타는 즐거움을 (처음으로) 접하게 하다

명 **initiation** ① 시작 ② 가입

명 **initiative** ① 주도권, 진취성 ② (새로운) 계획

동의어

begin 시작하다
start 시작하다
launch (일을) 시작하다
commence 시작하다
set about 시작하다

★☆☆
itinerary
[aitínərèri]

[(여기저기) 가는(itiner) 곳들(ary)]

명 **여행 일정**(표)
　plan a itinerary 여행 일정을 짜다

형 **itinerant** 떠돌아다니는, 순회하는

접미어

■ **-ary, -ery**(집합) : 명사형
machinery 기계류
jewelry 보석류

★★☆
reiterate
[riːítəreit]

[다시(re) 반복(iter)하다]

동 **반복하다**
　reiterate a point 요점을 반복하다

명 **reiteration** 반복

동의어

repeat 반복하다
go over 반복하다

기출문제

1. Though the caste system was originally created on the basis of division of labor and duties, it gradually developed into a permanent and <u>hereditary</u> system.

　① inherent　　　　② inherited
　③ pondered　　　　④ consecrated

2. When Jack was caught stealing money, he was <u>humiliated</u> in public. He was forced to wear a tag saying "I am a their." [법원직 01]

　① ashamed　　　　② surprised
　③ frightened　　　④ disappointed

3. Like many other reformers, Alice Paul, author of the Equal Rights Amendment introduced in Congress in 1923, received little honor in her lifetime but has gained considerable fame _____. [국회8급 05]

　① previously　　　② prematurely
　③ anonymously　　④ righteously
　⑤ posthumously

4. They lady <u>initiated</u> many humanitarian projects.
[경찰 09]

　① continued　　　② eliminated
　③ improved　　　④ began

5. His point of view was so well known that he did not have to _____ his opposition to the official position of the city.

　① reimburse　　　② demean
　③ reiterate　　　④ dazzle

1. ② 2. ① 3. ⑤ 4. ④ 5. ③

transitory ★★☆
[trǽnsətɔ̀ːri]

[지나(trans) 가(it)는]

형 **일시적인, 임시의**
a transitory phase 일시적 단계

활용
transitory emotions
일시적 감정들
a transitory relationship
일시적 관계

transient ★★☆
[trǽnʃənt]
대구시9급 05

[지나(trans) 가(i(t))는]

형 **① 일시적인 ② 단기 체류의**
transient fashions 일시적 유행들
a transient population 단기 체류하는 인구

활용
transient joys
덧없는 기쁨들
transient guests
뜨내기 손님들

추가어휘
transit [trǽnsit]
perish [périʃ]

명 운송, 수송 = transportation
동 ① (안 좋게) 죽다 ② 소멸하다

어원
[(이쪽에서) 저쪽으로 가게(it)하는 것]
[아주(per) 가버리다(ish)]

---

85 | ject, jac, jet : 던지다(throw)

abject ★★☆
[ǽbdʒekt]

[멀리(ab) 내던져진(ject)]

형 **① 비참한 ② 비굴한**
live in abject poverty 비참한 가난 속에 살다
offer an abject apology 비굴한 사과를 하다

동의어
disastrous 처참한
miserable 비참한
wretched 비참한

adjacent ★★☆
[ədʒéisnt]

[~(옆)에(ad) 던져(jac)진]

형 **인접한**
the house adjacent to the river 강에 인접한 집

동의어
neighboring 이웃의
contiguous 인접한
adjoining 인접한

conjecture ★★☆
[kəndʒéktʃər]

[(여러 생각을) 함께(con) 던져(ject)보는 것]

명 **추측, 추정**
pure conjecture 순전한 추측

동 **추측하다**
conjecture that the economy will recover
경제가 회복될 것이라고 추측하다

동의어
guess 추측하다
assume 추정하다
suppose 추측하다
speculate 추측하다
surmise 추측하다

object ★★★
[ábdʒikt]

[반대쪽에(ob) 던져진(ject) 것/(의견을) 반대쪽에(ob) 던지다(ject)]

명 **① 물건, 물체 ② 목적, 목표 ③ (연구 등의) 대상**
the object of the game 그 경기의 목적

동 **《to》 반대하다**
object to his suggestion 그의 제안에 반대하다

명 ob**ject**ion 반대

형 명 ob**ject**ive 객관적인; 목적, 목표

동의어
oppose 반대하다
disagree with ~에 반대하다
dissent from ~에 반대하다
disapprove 거부하다

day 8

★★★
sub**ject**
[sʌbdʒikt]

중앙인사9급 06
안행부9급 13

[(~의 통제) 아래에(sub) 던져진 것(ject)]

명 ① 주제 ② 과목 ③ (실험·조사) 대상
a subject of conversation 대화의 주제
the subject of the experiment 그 실험의 대상

형 ① ~에 영향 받는 ② ~될 수 있는, 되기 쉬운
be subject to flooding 홍수가 나기 쉽다

형 sub**ject**ive 주관적인   명 sub**ject**ion 종속

 활용

be subject to change
바뀌기 쉽다
be subject to tax
과세 대상이다
be subject to a fine
벌금 대상이다

★★☆
pro**ject**
[prάdʒekt]

[(생각/빛/모습을) 앞으로(pro) 던지다(ject)]

타 ① 예상하다 ② 영사하다 ③ (인상을) 보이다
the projected date of completion 예상 완료일
project the slide on the wall 슬라이드를 벽에 영사하다
project a positive image 긍정적인 이미지를 보이다

자 튀어나오다, 돌출되다 = protrude

명 (장기적) 계획, 프로젝트

명 pro**ject**ion ① 예상 ② 영사

 활용

an ambitious **project**
야심찬 계획
a construction **project**
건설 계획
a housing **project**
임대 주택 단지

★★☆
re**ject**
[ridʒékt]

[(제안을) 뒤로(re) 던져버리다(ject)]

동 거절하다, 거부하다
reject an offer 제의를 거절하다

명 re**ject**ion 거절

동의어
refuse 거절하다
veto 거부하다
turn down 거절하다

추가어휘

de**ject**ed [didʒéktid]
in**ject** [indʒékt]
e**ject** [idʒékt]
jettison [dʒétəsn]

형 낙담한, 실의에 빠진 = depressed, despondent
동 주사하다
동 내쫓다, 쫓아내다
동 (배·비행기 밖으로) 버리다, 투하하다

어원
[아래로(de) 내던져진(ject)]
[(약물을 몸) 안으로(in) 던져(ject) 넣다]
[밖으로(e) 내던지다(ject)]
[(위급한 상황에서) 던져(jet)버리다]

기출문제

1. The winters in Scotland are longer and darker, so hard, warm liquor provides light and respite, no matter how <u>transitory</u>.

   ① transparent   ② deceptive
   ③ fleeting   ④ diaphanous

2. While the king and the members of his court lived in the most opulent luxury, the peasants in his kingdom lived in the most _____ poverty.

   ① abject   ② incessant
   ③ relinquished ④ erratic

3. There has been some <u>conjecture</u> about possible merger.

   ① assiduity   ② ignorance
   ③ surmise   ④ indigestion

4. [반의어] She is very <u>objective</u> in her writings and speeches. They do not express any strong opinions for or against an issue, but present facts.

   ① authoritative ② figurative
   ③ exhaustive   ④ subjective

1. ③ 2. ① 3. ③ 4. ④

86 jur, just, jud : 올바른(right), 판단하다(Judge), 맹세하다(swear)

perjury
[pə́:rdʒəri]
★☆☆

[(진실에 대한) 맹세(jur)를 떨어뜨려(per) 버린 것]

명 **위증죄**
be found guilty of perjury 위증죄로 판결되다

주제
◉ **법정 내의 죄**
contempt of court
법정 모독

---

adjust
[ədʒʌ́st]
★★☆

[(필요·상황에 따라) ~을(ad) 올바로(just) 맞추다]

동 ① **조정하다** ② **적용하다**
adjust the car seat 카시트를 조정하다
adjust to the new surroundings
새로운 환경에 적응하다

명 **adjust**ment ① 조정 ② 적응

형 **adjust**able 조절 가능한

활용
adjust the volume
볼륨을 조절하다
adjust one's tie
넥타이를 조정해 맞추다
adjust to the new school
새 학교에 적응하다

---

prejudice
[prédʒudis]
★★☆

[미리(pre) 판단하는(jud) 것]

명 **편견, 선입견** = bias
racial prejudice 인종적 편견

형 **prejud**iced 편견이 있는 ↔ unprejudiced 편견이 없는

활용
sexual **prejudice**
성적 편견
religious **prejudice**
종교적 편견

추가어휘
jury [dʒúəri]
justice [dʒʌ́stis]
justify [dʒʌ́stəfài]
jurisdiction [dʒùərisdíkʃən]

명 배심원단
명 ① 정의, 공정 ② 사법, 재판
동 정당화하다, 타당함을 보여주다 = legitimize
명 사법권, 재판권

어원
[(공정하게) 판단하는(jur) 사람들]
[공정(just)함]
[정당하게(just) 만들다(ify)]
[법(jur(is))으로 말(dict)함]

87 lat : 옮기다, 나르다(carry)

relate
[riléit]
★★☆

[(일어난 일을) 다시(re) 옮기다(lat)]

동 ① **말하다, 이야기하다** ② **관련 [연관] 시키다**
relate a story 이야기를 말하다
relate her symptom to the food
그녀의 증세를 음식에 연관시키다

파생어
relation ① 관계, 관련
② 친척
relationship 관계, 관련
relative 상대적인; 친척

---

translate
[trænsléit]
★★☆

[(언어를 이것에서) 저것으로(trans) 옮기다(lat)]

동 **번역하다, 통역하다**
translate English into Korean
영어를 한국어로 번역하다

명 **trans**lation 번역, 통역

비교
interpret A as B
A를 B로 해석하다
interpret his remark
as sarcasm
그의 말을 비꼬는 것으로 해석하다

---

elated
[iléitid]
★☆☆

[(감정이 넘쳐) 밖으로(e) 옮겨진(lat)]

형 **아주 기뻐하는**
be elated at the news 그 소식에 아주 기뻐하다

동의어
jubilant 아주 기뻐하는
exultant 몹시 기뻐하는
overjoyed 매우 기뻐하는

88 lect, leg : 선택하다(choose)

★★☆
col**lect**
[kəlékt]

[골라서(lect) 함께(col) 모으다]

동 ① 수집하다 ② 모금하다
collect information 정보를 수집하다
collect money 모금하다

명 collection ① 수집품 ② 모금

형 collected 침착한

활용

collect signatures
서명을 모으다
collect one's thoughts
생각을 가다듬다
collect taxes
세금을 거두다

★★☆
se**lect**
[silékt]

[(좋은 것을) 따로(se) 골라내다(lect)]

동 선택하다, 선발하다 = single out
select 3 applicants 3명의 지원자들을 선발하다

형 엄선된
use select ingredients 엄선된 재료들을 사용하다

명 selection 선발, 선택

동의어

be selected for the team
그 팀에 선발되다
be selected as the best player
최고 선수로 선발되다

★★★
neg**lect**
[niglékt]

행자부9급 00
법원서기보 01
지방직9급 13

[(할 일을) 선택하여(lect) 하지 않다(neg)]

동 방치하다, 돌보지 않다
neglect one's child 아이를 돌보지 않다

형 negligent = neglectful 태만한, 부주의한

형 negligible 얼마 안 되는

활용

negligent parents
태만한 부모
a negligible amount
얼마 안 되는 양

기출문제

1. _____ is the intentional act of swearing a false oath or of falsifying an affirmation to tell the truth.

   ① Perjury   ② Jargon
   ③ Proverb   ④ Allusion

2. An prejudice is hard to give up. Superstitions are ingrained in a person if they have had it for a long time and cannot get rid of it.

   ① regret   ② bias
   ③ inquiry   ④ hyperbole

3. She was elated upon learning that she had been accepted by her first-choice college.

   ① ardent   ② candid
   ③ exultant   ④ whimsical

4. Utility industry leaders, in determining which of the various types of energy sources to develop, make their decision, in the privacy of their room, on the basis of profitability, but publicly they _____ their choice on the basis of lowered rates and increased safety.

   ① deny   ② estimate
   ③ underwrite   ④ replicate
   ⑤ justify

5. In recent years, the U.S. Environmental Protection Agency(EPA) has argued that many carcinogens that are known to have a one-in-a-million chance of inducing cancer may be categorized as "chemicals that pose a minimal hazard." In other words, their risk is considered _____. [지방직7급 10]

   ① colossal   ② negligible
   ③ consequential   ④ malignant

1. ① 2. ② 3. ③ 4. ⑤ 5. ②

★★☆
eclectic
[ikléktik]

[(이것저것) 골라(lect)낸(ec)]

형 **다방면에 걸친, 절충적인**
have an eclectic taste in music
음악에 있어 다방면에 걸친 취향을 갖고 있다

동의어

wide-ranging 광범위한
various 다양한
diverse 다양한

★★☆
eligible
[élidʒəbl]
경찰 07

[골라(lig) 내어(e)질 수 있는]

형 **자격이 있는, 적격의** = qualified
be eligible to vote 투표할 자격이 있다

활용

be **eligible** for a loan
대출 자격이 있다

★★☆
intellect
[íntəlèkt]

[둘 중에(inter) 더 좋은 것을 골라내는(lect) 것]

명 **지적 능력, 지성**
a woman of superior intellect
지적 능력이 우수한 여자

파생어

intelligent 영리한, 똑똑한
intellectual 지적인
intelligible 이해할 수 있는

추가어휘

colleague [káliːg]
elect [ilékt]
elegant [éligənt]
predilection [prèdəlékʃən]

명 (직장) 동료 = coworker
동 선출하다 = delegate
형 우아한, 품격 있는 = civilized
명 선호, 애호

어원

[(일하도록) 함께 선택된 사람]
[(사람을) 골라(lect)내다(e)]
[(신경 써서) 골라(leg) 낸(e)]
[먼저(pre) 골라(lect)내는(di) 것]

---

89 leg : 법(law), 위임하다(entrust) * 법적으로 위임하다

★★☆
legal
[líːgəl]

[법(leg)의]

형 ① **법의, 법률상의** ② **합법적인**
take legal action against
~를 상대로 법적 조치를 취하다
make a legal contract 합법적인 계약을 맺다

명 **leg**ality 합법성, 적법성

반의어

◉ '불법의' 3총사
illegal
illicit
illegitimate

★★★
legislate
[lédʒislèit]
선관위9급 04
국회8급 07

[법(leg)으로 옮기다(lat)]

동 **(법률을) 제정하다**
legislate against hunting animals
동물 사냥을 금지하는 법을 제정하다

파생어

legislation 제정, 입법
legislative 입법(부)의
legislator 국회의원

★★☆
privilege
[prívəlidʒ]
국회8급 04

[(특정) 개인에게(privi) 적용되는 법(leg)]

명 **특권, 특혜**
enjoy special privileges 특별한 특혜들을 누리다

형 **privileg**ed 특권을 가진
↔ underprivileged 혜택을 못 받은

동의어

right 권리
authority 권한
prerogative 특권, 특혜
concession 특혜

★★☆
leg**acy**
[légəsi]
국회8급 07

[(유언에 의해) 위임(leg)한 것]

명 (금전적) **유산**
　leave/receive a legacy 유산을 남기다/받다

비교 heritage (국가·문화적) 유산

주제

◉ **유산의 과정**
will 유언
bequeath 물려주다
inherit 물려받다
legacy 유산

day 8

★★☆
de**leg**ate
[déligèit]

[(권한을) 떨어뜨려(de) 위임(leg)하다]

동 ① (권한을) **위임하다** ② (대표로) **선출하다**
　delegate authority to him 그에게 권한을 위임하다
　be delegated to represent the union
　노조를 대표하도록 선출되다

명 (선출된) **대표** [déligət]
　be elected as a delegate 대표로 선출되다

명 de**leg**ation ① 위임 ② 대표단

주제

◉ **대표, -장**
president ① 대통령 ② 회장
chairman 의장, 회장
boss ① 사장 ② 상사
leader 지도자, 대표
representative 대표
delegate (선출된) 대표

추가어휘
re**leg**ate [réləgèit]

동 좌천시키다 = demote

어원

[위임(leg)된 자를 뒤로(re) 보내다]

기 출 문 제

1. She is very <u>eclectic</u> tastes in movie and music.

　① astute　　　　　② sophisticated
　③ diverse　　　　　④ supple

2. Jackie Brown, head of human resources, informed all new employees that they are _____ for vacation after four months of employment. [경찰 07]

　① capable　　　　　② variable
　③ flexible　　　　　④ eligible

3. They all agreed that the <u>legacy</u> of the corrupt corporation was chaos, bankruptcy and despair. [국회 07]

　① penance　　　　　② bequest
　③ sequence　　　　　④ outcome
　⑤ punishment

4. A <u>delegate</u> is someone who speaks or acts on behalf of an organization at a meeting or conference between organizations of the same level.

　① usher　　　　　② sovereign
　③ representative　　④ vanguard

5. When the board found the executive director's performance responsible for the fall in the profits of the company, it _____ him to the rank of the manager of a small branch.

　① alleged　　　　　② delegated
　③ legislated　　　　④ relegated

1. ③ 2. ④ 3. ② 4. ③ 5. ④

90 lev, li(e)v : 가벼운(light), 올리다(raise)

★★★
al**lev**iate
[əlíːvièit]
서울시7급 14

[~을(al) 가볍게(levi) 하다]

동 **경감시키다, 완화시키다**
alleviate the patient's suffering
그 환자의 고통을 완화시키다
명 al**lev**iation 경감, 완화

동의어
allay 가라앉히다
appease 달래다
assuage 누그러뜨리다
soothe 진정시키다
pacify 진정시키다

★★★
re**liev**e
[rilíːv]
전북9급 04
대구시9급 05

[(덜어내어) 다시(re) 가볍게(liev) 해주다]

동 **(고통·어려움을) 덜어주다, 완화시키다**
relieve stress 스트레스를 완화시키다
명 re**lief** ① 완화, 안도 ② 구호품 [물자]

동의어
placate 달래다
moderate 누그러뜨리다
mitigate 완화시키다
mollify 진정시키다

★★☆
re**lev**ant
[réləvənt]

[(주제와 맞물려) 다시(re) 위로 올려진(lev)]

형 **관련된, 적절한 ↔ irrelevant 관련 없는**
relevant to the debate 토론에 관련된
명 re**lev**ance 관련성, 적절함

동의어
suitable 적절한
appropriate 적절한
pertinent 적절한

★★☆
levy
[lévi]
서울시7급 13

[(나라에서 돈을) 모으다(lev)]

동 **(세금을) 부과하다**
levy a tax on imports 세금을 수입품들에 부과하다

활용
levy a fine on him
그에게 벌금을 부과하다

추가어휘
e**lev**ate [éləvèit]
leverage [lévəridʒ]

동 ① 올리다, 높이다 ② 승진 [고양]시키다
명 영향력 = influence

어원
[위로(e) 올리다(lev)]
[(지렛대의 쉽게) 들어올리는(lev) 힘]

91 lig, ly : 묶다(bind)

★☆☆
al**ly**
[əlái]

[~을(al) (하나로) 묶는 것(ly)]

명 **동맹국, 협력자**
the nation's ally 그 국가의 동맹국
동 《주로 재귀용법》 **~를 지지하다, ~와 동맹하다**
ally oneself with the party 그 당을 지지하다
형 al**lied** 동맹한   명 al**li**ance 동맹, 연합

동의어
association 연합, 제휴
confederation 동맹, 연합

★★★
ob**lig**e
[əbláidʒ]
국회8급 04
선관위9급 06

[(못 도망가게) ~에(ob) 묶어 두다(lig)]

동 ① **의무적으로 ~하게 하다** ② **돕다, 은혜를 베풀다**
be obliged to send one's children to school
의무적으로 아이들을 학교에 보내야 하다
oblige one's friends 친구들을 돕다

파생어
obligation 의무
obligatory 의무적인
obliging (기꺼이) 도와주는, 친절한
be obliged for ~에 대해 감사하다

★☆☆
rally
[rǽli]

day 9

[다시(r(e)) 하나로(al) 묶다(ly)]

활용

동 ① 결집 [단결] 하다 ② 회복하다

rally support for the candidate
그 후보에 대한 지지를 결집하다
The stock market rallied. 주식시장이 회복했다.

명 ① (대규모) 집회, 대회 ② 회복, 반등

a political rally 정치 집회

an antiwar **rally**
반전 집회
a **rally** in the stock market
주식시장의 반등

★★☆
liable
[láiəbl]

[묶여(li(g)) 있는(able)]

어법

형 ① 책임이 있는 ② ~하기 쉬운, 당하기 쉬운

be liable for the damage 그 피해에 대한 책임이 있다
be liable to injury 부상당하기 쉽다

명 liability ① 책임 ②《-ties》부채 = debt

business assets and liabilities 회사 자산과 부채

⊚ **liable** 어법 정리
be **liable for** + 명
~에 대해 책임이 있다
be **liable to** V
~하기 쉽다
be **liable to** + 명
~당하기 쉽다

추가어휘
religion [rilídʒən]

명 종교   형 religious 종교의, 독실한

어원

[(신과 인간을) 확실히 (re) 묶어주는(lig) 것]

기출문제

1. The arts provide a non-pharmaceutical approach that helps <u>alleviate</u> anxiety and confusion and provide some respite for people with dementia and their caregivers. [서울시7급 14]

   ① allude   ② allay
   ③ aggregate   ④ aggravate
   ⑤ advocate

2. I thought that the chairman's statement was <u>irrelevant to</u> the topic we were discussing.

   ① inappropriate for   ② consistent with
   ③ indifferent to   ④ critical toward

3. A recent law gives employers a strong push toward part-time employment by <u>levying</u> a significant fee per full-time employee. [서울시7급 13]

   ① imposing   ② abrogating
   ③ precluding   ④ hampering
   ⑤ declaiming

4. Being himself a second son, he could qualify for a woman who was also looking for a mate free of parental <u>obligations</u>.

   ① freedom   ② quality
   ③ duty   ④ financial power

5. The court ruled he could not be held personally _____ for his wife's debts.

   ① abject   ② liable
   ③ likely   ④ subject

1. ② 2. ① 3. ① 4. ③ 5. ②

92 liter : 글자(letter)

★★☆
literate
[lítərət]

[글자(liter)를 아는]

형 (글을) **읽고 쓸 줄 아는** ↔ illiterate 문맹의
be literate in English 영어를 읽고 쓸 줄 알다

명 literacy 읽고 쓸 줄 아는 능력

활용

an **illiterate** person 문맹자
a computer **illiterate** 컴맹

★☆☆
obliterate
[əblítərèit]

[(쓰여진) 글자(liter)를 반대로(ob) 지우다]

동 (흔적을) **없애다, 지우다**
obliterate the memory 그 기억을 지우다

명 obliteration 삭제

동의어

efface 지우다
expunge 삭제하다
strike out (줄을 그어) 지우다

추가어휘
literal [lítərəl]
literary [lítərèri]

형 ① 글자 그대로의 ② 직역의 ↔ figurative 비유적인
형 문학의, 문학적인   명 literature ① 문학 ② 문헌

어원

[글자(liter) (그대로)의]
[글(liter)을 짓는]

93 linqu : 떠나다(leave)

★★☆
relinquish
[rilíŋkwiʃ]

[(가진 것에서) 뒤로(re) 떠나가(linqu)다]

동 (권리를) **포기하다**
relinquish my rights 나의 권리를 포기하다

명 relinquishment 포기, 양도

동의어

surrender 포기하다
cede 양도하다
hand over 넘겨주다

★★☆
delinquent
[dilíŋkwənt]

[(바른 길을) 완전히(de) 떠나(linqu)간]

형 ① **비행의** ② **연체된, 체납된**
delinquent teenagers 비행 십대들
delinquent borrowers 연체된 채무자들

명 delinquency 비행, 범죄

활용

juvenile **delinquents**
소년범들, 미성년 범죄자들

collect **delinquent** taxes
체납된 세금을 징수하다

94 | loc : 장소(place)

locate
[lóukeit]
★★☆

[(~에) 장소를(loc) 정하다]

동 ① ~에 위치시키다 ② ~의 위치를 찾아내다
be located in the city center 도심에 위치하다
locate the suspect 용의자의 위치를 찾아내다

명 location 장소, 위치

활용

locate the missing boy
실종된 아이의 위치를 찾다

locate the source of the
problem
그 문제의 근원을 찾다

allocate
[ǽləkèit]
★★☆

[(묶을) ~에게(al) 위치시키다(loc)]

동 할당하다, 배분하다
allocate the budget for disaster relief
그 예산을 재난구호에 할당하다

명 allocation 할당(량)

동의어

allot 할당하다
apportion 할당[배분]하다
assign 할당[배정]하다

추가어휘
local [lóukəl]
relocate [rilóukeit]

형 ① 지역의, 현지의 ② (인체에서) 일부의, 국부적인
동 (회사를) 이전하다

어원

[(특정) 장소(loc)의]
[다시(re) ~에 위치시키다(locate)]

기출문제

1. The snow was so heavy that it <u>obliterated</u> the highway.
   ① distorted   ② blocked
   ③ froze   ④ effaced

2. Do you think that Mr. Jackson will <u>relinquish</u> his seat in the House of Commons? [사시]
   ① admonish   ② give up
   ③ cede   ④ regain
   ⑤ win

3. Citizens who fail to vote out of indifference or laziness are <u>delinquent</u> in their civic duties.
   ① remiss   ② puzzling
   ③ callow   ④ submissive

4. Each person was <u>allocated</u> a certain share of the profits according to the amount of time and work he or she had put into the project.
   ① given   ② limited
   ③ repressed   ④ estimated

1. ④ 2. ② 3. ① 4. ①

95 | log, loqu, locut : 말하다(speak)

★★★
apo**log**ize
[əpálədʒàiz]

[(책임에서) 떨어지기(apo) 위해 말(log)하다]

동 **사과하다**
apologize to you for my mistake
당신에게 내 실수에 대해 사과하다

명 apo**log**y 사과   형 apo**log**etic 사과하는

활용
offer an **apology**
사과하다
issue an **apology**
사과문을 발표하다
demand an **apology**
사과를 요구하다

★★☆
ana**log**y
[ənǽlədʒi]

[(앞의 것을 따라) 뒤이어(ana) 말(log)함]

명 **(두 개의) 유사점, 비슷한 면**
draw an analogy between the heart and a pump
심장과 펌프의 유사점을 밝히다

형 ana**log**ous 유사한

동의어
similarity 유사성
likeness 유사성
resemblance 유사함

★★☆
loquacious
[loukwéiʃəs]
중앙인사9급 05

[말(loqu)이 많은]

형 **말이 많은**
a loquacious hostess 말이 많은 여주인

동의어
talkative 수다스러운
wordy 장황한

★★☆
e**loqu**ent
[éləkwənt]
서울시9급 13

[(생각을) 말로(loqu) 잘 나타내는(e)]

형 **연설을 잘하는, 유창한**
an eloquent orator 유창한 연설가

명 e**loqu**ence 웅변술

동의어
fluent 유창한
expressive (생각을) 잘 표현하는
articulate (생각을) 잘 표현하는

추가어휘
logical [ládʒikəl]
col**loqu**ial [kəlóukwiəl]
circum**locut**ion
[sə̀:rkəmloukjú:ʃən]

형 논리적인, 타당한 = justifiable ↔ illogical 비논리적인
형 구어체의
명 에둘러 말하기

어원
[말(log)이 되는]
[함께(col) 이야기(loqu)하는]
[돌려서(circum) 말(locut)하는 것]

---

96 | luc, lus, lumin : 빛(light)

★★☆
lucid
[lú:sid]

[빛이(luc) 밝혀진]

형 **명쾌한, 명료한**
a lucid explanation 명료한 설명

명 **luc**idity 명쾌함

동의어
clear 분명한
plain 분명한
explicit 분명한

★★☆
e**luc**idate
[ilú:sədèit]

[명백히(lucid) 밝히다(e)]

동 **(자세히) 설명하다**
elucidate the historical event
그 역사적 사건을 자세히 설명하다

명 e**luc**idation 설명

동의어
explain 설명하다
explicate 설명하다
expound (자세히) 설명하다

day 9

★★☆

illustrate
[íləstrèit]
행자부9급 00

[(어두운 곳) 안에(il) 빛을(lus) 밝히다]

동 ① (예를 들어) **설명하다** ② **그림을 넣다**
illustrate the point 요점을 설명하다
illustrate the story 그 이야기에 그림을 넣다

명 illustration ① 실례 ② 삽화

주제

diagram 도표, 도해
sketch 스케치
drawing (선으로 된) 그림
outline 윤곽, 개요

★☆☆

illuminate
[ilú:mənèit]

[~에(il) 빛을(lumin) 비추다]

동 ① (불을) **비추다** ② (명백히) **밝히다, 설명하다**
illuminate a stadium 경기장을 비추다
illuminate the problem 그 문제를 설명하다

명 illumination (불)빛, 조명

동의어

clarify 명확하게 하다
shed light on ~을 설명하다

★★☆

luminous
[lú:mənəs]

[빛(lumin)을 내는(ous)]

형 빛을 내는, 야광의
luminous paint 야광 페인트

명 luminosity 발광, 광도

동의어

shining 빛나는
radiant 빛나는
glittering 반짝거리는

추가어휘

luster [lʌstər]

명 광택, 윤 = gloss, polish   **형** lustrous 윤기가 흐르는

어원

[빛(lus) 나는 것]

기 출 문 제

1. The flood of undiscriminating investment capital that flows toward art these days may yet produce a crisis <u>analogous to</u> the one that nearly sank the Bordeaux wine industry in the early 1970s.

   ① similar to   ② due to
   ③ related to   ④ superior to

2. The normally _____ Mr. Robert has said little.
   [국가직 04]

   ① taciturn   ② loquacious
   ③ uncommunicative   ④ reticent

3. Proper intonation and pronunciation <u>elucidate</u> and heighten the emotional feeling of the speech.

   ① explicate   ② bewilder
   ③ evade   ④ abbreviate

4. The address he delivered was <u>lucid</u> with many balanced statements.

   ① short   ② compact
   ③ clear   ④ enlightening

5. Dancing before Nadar's <u>luminous</u> eyes at century's end is the prospect of $3 billion in annual revenue.
   [사시]

   ① shining   ② diminutive
   ③ immense   ④ calescent
   ⑤ ravishing

1. ① 2. ② 3. ① 4. ③ 5. ①

97 lud, lus : 놀다, 장난치다(play)

ludicrous
★★☆
[lúːdəkrəs]

[장난치는(lud) 듯한]

형 터무니없는, 어리석은
a ludicrous suggestion 터무니없는 제안

 동의어
ridiculous 터무니없는
absurd 터무니없는
fatuous 어리석은

---

allude
★☆☆
[əlúːd]

[~에게(al) 장난치듯(lud) 말하다]

동 암시하다, 넌지시 말하다
allude to the problem 그 문제점을 넌지시 말하다

명 allusion 암시

 동의어
insinuate 암시하다
intimate 넌지시 알리다

---

collude
★★☆
[kəlúːd]

[함께(col) (나쁜) 장난을 치다(lud)]

동 공모하다
collude with criminals 범죄자들과 공모하다

명 collusion 공모

동의어
conspire 음모를 꾸미다
connive (범죄를) 묵인하다

---

elude
★★☆
[ilúːd]

[장난치듯(lud) 빠져나가다(e)]

동 (교묘히) 피하다, 빠져나가다
elude the police 경찰을 교묘히 피하다

형 elusive 잡기 어려운

 활용
an elusive concept
이해하기 힘든 개념
elusive success
이루기 힘든 성공

---

illusion
★★☆
[ilúːʒən]

[~에(il) 장난(lus)처럼 보이는 것]

명 환상, 착각
be under the illusion 환상에 빠져 있다

형 illusory 환상에 불과한

활용
have an illusion about
~에 대해 환상을 갖다
shatter an illusion
환상을 깨다
optical illusion 착시 현상

---

delusion
★★☆
[dilúːʒən]

[(생각이)완전히(de) 장난(lus) 같은 것]

명 망상
delusions of grandeur 과대망상

동 delude 속이다

 활용
be deluded by his lie
그의 거짓말에 속다

---

98 magn, maje, master : 큰(great)

magnificent
★★☆
[mægnífəsnt]

[커다랗게(magni) 만들어져(fic) 있는]

형 웅장한, 아주 멋진
a magnificent performance 아주 멋진 공연

명 magnificence 웅장함, 훌륭함

 동의어
brilliant 눈부신
dazzling 눈부신
splendid 찬란한, 훌륭한
gorgeous 아주 멋진

추가어휘

magnify [mǽgnəfài]	동	확대하다, 더 크게 만들다 = enlarge	[크게(magn) 만들다(ify)]
magnitude [mǽgnətjùːd]	명	① (큰) 규모, 중요성 ② (별의) 광도, (지진의) 진도	[큼, 거대(magni)함(tude)]
majestic [mədʒéstik]	형	웅장한, 크고 멋진 = stately	[커다란(majes)]
	명	majesty ① 웅장함 ②《M-》(호칭으로) 폐하	
masterpiece [mǽstərpìːs]	명	걸작, 명작	[대가(master)의 작품(piece)]

어원

---

99 | man, manu : 손(hand)

★★★

manage
[mǽnidʒ]

행자부9급 00
지방직9급 13

[(원래 말을) 손으로(man) 다루다]

활용

타 ① **관리하다, 경영하다** ② **간신히 [가까스로] 해내다**
manage the department 그 부서를 관리하다
manage to pass the exam 간신히 시험에 합격하다

자 **(힘들게) 지내다, 살아 내다**
manage on a small salary 적은 봉급으로 살아 내다

명 **man**agement 경영(진), 관리

명 **man**ager 관리자, (스포츠) 감독

manage to persuade him
가까스로 그를 설득하다

manage to run away
가까스로 도망치다

★★★

maintain
[meintéin]

서울시9급 04

[손으로(main) 잡고 있다(tain)]

활용

동 ① **유지하다** ② **(가족을) 부양하다** ③ **주장하다**
maintain a healthy weight 건강한 몸무게를 유지하다
maintain one's family 가족을 부양하다
maintain that he is innocent 그가 결백하다고 주장하다

명 **main**tenance ① 유지 ② (가족) 부양

maintain life
생명을 유지하다

maintain one's cool
냉정함을 유지하다

maintain one's innocence
그의 결백을 주장하다

기출문제

1. Hindu Indians don't fear death, and the notion of fighting off aging is _____ to them.

   ① imperative   ② marginal
   ③ ludicrous   ④ paranormal

2. "I'll be there in two minutes," Mom said in a loud voice. "You girls had better be through." Sighing, we attacked the potatoes again. Lizzy stuffed her mouth full and _____ to get them down with a gulp of water. [경기 06]

   ① managed   ② confiscated
   ③ drained   ④ lamented

3. A(n) _____ is when a person or author makes an indirect reference in speech, text, or song to an event or figure.

   ① allusion   ② collusion
   ③ elusion   ④ delusion

4. She enjoys a firm reputation in the country but wider international success has been _____.

   ① allusive   ② collusive
   ③ evasive   ④ elusive

1. ③ 2. ① 3. ① 4. ④ 5. ①

★★☆
manipulate
[mənípjulèit]

[손으로(mani) 능숙하게(pul) 다루다]

활용

[동] ① 조작하다, 다루다 ② (나쁜 의도로) 조작하다

manipulate a computer mouse
컴퓨터 마우스를 조작하다
manipulate the result 결과를 조작하다

[명] **man**ipulation 조작, 조종

manipulate data
데이터를 처리하다
manipulate public opinion
여론을 조작하다

★☆☆
maneuver
[mənú:vər]

[손으로(man) 일하다(euver)]

활용

[동] ① (잘) 조종하다, 움직이다 ② 술책을 쓰다

maneuver the car into the garage
그 차를 조종해 차고에 넣다
maneuver him into resigning
그가 사임하도록 술책을 쓰다

[명] ① (능숙한) 동작, 움직임 ②《-s》군사 훈련

a quick **maneuver**
재빠른 움직임

troops on night **manoeuvres**
야간 훈련 중인 군대

★★☆
manufacture
[mænjufǽktʃər]

[(옛날에 물건을) 손(manu)으로 만들어(fac) 내다]

주제

[명] (대량) 생산, 제조

the manufacture of cars 자동차 생산

[동] ① 제조하다 ② (이야기·구실을) 지어내다, 꾸며대다

manufacture a computer 컴퓨터를 제조하다
manufacture a lie 거짓말을 꾸며대다

[명] manu**fac**turer 제조사

◉ 제조 과정

raw materials 원료
process 가공하다
assemble 조립하다
manufacture 생산, 제조
finished goods 완제품

★★☆
manifest
[mǽnəfèst]

[손에(mani) 잡히는(fest)]

동의어

[형] 분명한, 명백한

a manifest mistake 명백한 실수

[동] (분명히) 나타내다

manifest one's intention 의도를 분명히 나타내다

[명] **man**ifesto 성명서, 선언문

evident 분명한
obvious 명백한
distinct 분명한
definite 분명한

★★★
e**man**cipate
[imǽnsəpèit]

국가직9급 09
행안부9급 09

[붙잡아 놓은(cip) 손을(man) 풀어내주다(e)]

동의어

[동] 해방시키다

emancipate a slave 노예를 해방시키다

[명] e**man**cipation 해방

liberate 해방시키다
set him free
그를 자유의 몸이 되게 하다

---

100 | mand : 명령하다(order), 맡기다(entrust)

★★★
mandatory
[mǽndətɔ̀:ri]

행자부9급 00·01·02

[명령(mand)에 의한]

[형] 의무적인, 법에 정해진

a mandatory drug test 의무적인 약물 테스트

[명] **mand**ate 명령(권)

compulsory 강제적인
obligatory 의무적인

com**mand**
[kəmǽnd]
★★★

[확실히(com) 명령하다(mand)]

동 ① **명령하다** ② (관심·존경 등을) **받다** ③ (높은) 위치에 있다
command the soldiers to attack
병사들에게 공격하라고 명령하다
command respect 존경을 받다
command a fine view 전망이 좋다

명 ① **명령, 지휘**(부) ② **능력, 구사력**
have a good command of English 영어를 잘 구사하다

명 com**mand**er 지휘관
형 com**mand**ing 지배적인

활용
command him to leave
그에게 떠나라고 명령하다
command attention
관심을 받다
give a command
명령하다
have a good command of French
불어를 잘 구사하다

day 9

com**mend**
[kəménd]
★☆☆

[완전히(com) 믿고 맡기다(mend)]

동 ① **칭찬하다** ② **추천하다**
commend him for honesty
정직함에 대해 그를 칭찬하다
commend a book to him 책을 그에게 추천하다

활용
commend A for B
A를 B에 대해 칭찬하다
commend A to B
A를 B에게 추천하다

recom**mend**
[rèkəménd]
★★☆

[완전히(re) 믿고 맡기다(commend)]

동 **추천하다, 권장하다**
recommend him for the job 그를 그 일에 추천하다

명 recom**mend**ation 추천(서), 권장

활용
recommended books
권장 도서
the recommended dose
(약의) 권장 복용량

기 출 문 제

1. When we talk to foreign speakers, we can not only adjust our speech rate but also _____ such essential paralinguistic features as smiling, gaze directness and duration, and so on.

① tolerate　　　　② manipulate
③ aggravate　　　④ stipulate

2. The function of the historian is neither to love the past nor to emancipate himself from the past, but to master and understand it as the key to the understanding of the present. [국가직9급 09]

① free　　　　　　② please
③ invoke　　　　　④ emulate

3. Many school districts have now abandoned mandatory busing and they allow children to attend the school in their own neighborhood, black or white.

① optional　　　　② obligatory
③ discretionary　　④ meticulous

4. His secretary has a good _____ of English and French.

① mandate　　　　② command
③ commendation　　④ recommendation

5. His indifference to his children was manifest when he just deserted them and ran away with another married woman.

① adjacent　　　　② exorbitant
③ obvious　　　　　④ overdue

1. ② 2. ① 3. ② 4. ② 5. ③

★★★
de**mand**
[dimǽnd]

[강력히 (de) 주문하다 (mand)]

동 ① (강력히) **요구하다** ② **필요로 하다**
demand a refund 환불을 요구하다

명 ① (강력한) **요구** ② **수요** ③ 《-s》 (힘든) **일, 부담**
a demand for higher pay 임금 인상 요구
a demand for foreign cars 외제차에 대한 수요

형 de**mand**ing 힘든, 부담이 큰 = exacting

활용
demand an apology
사과를 요구하다
demand the resignation
사임을 요구하다
demand a remedy
치료가 급히 필요하다

추가어휘
counter**mand** [kàuntərmǽnd]

동 (기존 명령을) 철회하다

어원 [(앞서 한 명령에) 반대로 (counter) 명령하다 (mand)]

---

101 | med : 중간 (middle)

★★★
mediate
[míːdièit]
선관위9급 06
안행부9급 13

[중간에서 (med) (역할을) 하다]

명 ① **중재하다** ② (중재를 통해) **이뤄내다**
mediate the dispute 분쟁을 중재하다
mediate the settlement 해결책을 이뤄내다

명 **med**iation 중재   명 **med**iator 중재자

동의어
arbitrate 중재하다
negotiate 협상하다
compromise 타협하다
meet him halfway
그와 타협하다

★★☆
mediocre
[mìːdióukər]
법원서기보 00
서울시9급 04

[(좋지도 나쁘지도 않은) 중간 (med)인]

형 **평범한, 그저 그런**
a mediocre wine 평범한 와인

동의어
ordinary 보통의, 평범한
second-rate 이류의
run-of-the-mill 평범한

추가어휘
medieval [mìːdíːvəl]
Mediterranean [mèdətəréiniən]
im**med**iate [imíːdiət]

형 중세의 : 5 ~ 15세기를 가리킴
형 지중해의
형 ① 즉각적인, 즉시의 ② (공간적으로) 바로 옆에 있는

어원
[중간 (medi) 시대 (ev)의]
[중간 (med)이 없는 (im)]
[(땅과) 땅 (terra)의 중간에 (medi) 있는]

---

102 | mens, meas, metr : 측정하다 (measure)

★★★
measure
[méʒər]
행자부9급 01
국회8급 07

[재는 (meas) 것]

명 ① (측정)**단위, 척도** ② 《주로 -s》 **조치, 대책**
take measures to reduce crime
범죄를 줄이기 위한 조치를 취하다

동 ① **재다, 측정하다** ② **판단하다**
measure the distance 거리를 재다
measure the importance 중요성을 판단하다

명 **meas**urement 측정, 치수
형 **meas**urable 측정할 수 있는
숙어 **meas**ure up to ~에 필적하다

주제

 '측정 단위' 정리

length 길이
width 폭, 너비
breadth 폭, 너비
weight 무게
volume 용적, 부피
altitude 고도

★★☆

dimension
[diménʃən]

[따로따로(di) 잰(mens) 것]

명 ① 크기, 치수 ② 측면, 차원

measure each dimension of the room
방의 각 치수를 재다
the fourth dimension 4차원

형 dimensional ① 치수의 ② 차원의

동의어

extent 크기, 규모
magnitude 규모
scope 범위
range 범위, 폭

★☆☆

commensurate
[kəménsərət]

[~와 함께(com) 측정(mensur)되는]

형 (~에) 상응하는

Salary will be commensurate with performance.
보수는 실적에 상응하여 지불된다.

동의어

equivalent to
~에 상당하는
tantamount to
~와 같은, 마찬가지의

★★☆

immense
[iméns]

선관위9급 02

[(너무 커서) 측정(mensur)되지 않는(im)]

형 엄청난, 어마어마한

enjoy immense popularity 엄청난 인기를 누리다

부 immensely 엄청나게, 대단히

동의어

huge 거대한, 엄청난
vast 어마어마한
enormous 거대한

★★☆

symmetry
[símətri]

국가직9급

[같은(sym) 치수로 측정(metr)되는 것]

명 대칭, 균형

the symmetry of the human body 인체의 대칭

형 symmetrical 대칭적인 ↔ asymmetrical 비대칭적인

동의어

balance 균형
proportion ① 비율 ② 균형
equilibrium ① 균형 ② 평정

추가어휘

barometer [bərámitər]

명 ① 기압계 ② 지표 = indicator

어원

[대기의 무게(baro)을 재는(meter) 것]

기출문제

1. Oil prices rose above $90 a barrel Wednesday in Asia after a report showed U.S. crude supplies dropped more than expected for a second week, which suggests _____ is improving.

   ① demand   ② technology
   ③ oil production   ④ economic sanction

2. His attempts to <u>mediate</u> in the dispute between the workers and the management have failed because neither is willing to make the concessions he has suggested.

   ① undergo   ② arbitrate
   ③ haggle   ④ weigh up

3. As incomes have risen, many families of <u>mediocre</u> Chinese students have spent a fortune on degrees from universities of dubious quality that do little to enhance their job prospects.

   ① multiple   ② average
   ③ intelligent   ④ wealthy

4. David's salary was _____ his limited skills; he was paid little.

   ① incongruous with   ② immaterial to
   ③ commensurate with   ④ disproportionate to

5. Classicism is a form of art derived from Greek and Roman styles and is characterized by harmony, <u>symmetry</u>, and serenity. [국가직9급]

   ① symbolism   ② ornamentation
   ③ balance   ④ emotionalism

1. ① 2. ② 3. ② 4. ③ 5. ③

103 | men(t), mind, mon : 마음, 정신(mind)

★★☆

monument
[mánjumənt]

[(다시) 기억나게(mon) 하는 것]

명 **기념비, 기념물**
erect a monument in his honor
그를 기리는 기념비를 세우다

형 **mon**umental 기념비적인, 엄청난

활용
a **monumental** achievement
엄청난 성취
a **monumental** work
기념비적인 작품

★★☆

re**mind**
[rimáind]

[다시(re) 마음속에(mind) 떠오르게 하다]

동 **(다시) 생각나게 하다, 상기시키다**
The picture reminds me of my mother.
그 사진은 어머니를 생각나게 한다.

명 re**mind**er 생각나게 하는 것; 독촉장

동의어
recall 기억해 내다
recollect 생각해 내다

★☆☆

re**min**iscent
[rèmənísnt]

[다시(re) 마음속에(min) 떠오르게 하는]

형 **연상시키는**
reminiscent of childhood 어린 시절을 연상시키는

동의어
redolent 상기시키는
evocative (좋은 생각을)
떠오르게 하는

추가어휘
mention [ménʃən]
com**ment** [kάment]

명 언급   동 언급하다
명 언급, 논평   동 언급하다, 견해를 밝히다

어원
[(생각을) 말하는(ment) 것]
[(생각을) 확실히(com) 말함(ment)]

---

104 | merg, mers : 가라앉다(sink)

★★★

e**merg**e
[imə́:rdʒ]
선관위9급 06
중앙인사9급 06

[가라앉은(merg) 것이 밖으로(e) 나오다]

동 **(밖으로) 나오다, 모습을 드러내다**
a ship emerging from the fog
안개로부터 모습을 드러내는 배

파생어
emergence 출현
emergency 비상 (사태)
emergent = emerging
신생의, 신흥의

★☆☆

im**mers**e
[imə́:rs]

[안에(im) 가라앉게(mers) 하다]

동 **① (물에) 담그다 ② 몰두하게 만들다**
immerse the fabric in the water 천을 물에 담그다
be immersed in one's work 자기 일에 집중하다

명 im**mers**ion 몰입, 몰두

동의어
be absorbed in
~에 몰두해있다
be engrossed in
~에 몰두해있다

추가어휘
merge [mə:rdʒ]

동 합병하다, 합치다   명 merger 합병

어원
[(큰 것 안으로 들어가) 가라앉다(merg)]

105 | mit, mis(s), mess : 보내다(send)

★★☆
admit
[ædmít]

[(안)으로(ad) 들여보내다(mit)]

동 ① (마지못해) **인정하다** ② **입장[입학]을 허락하다**
admit one's crime 범죄를 인정하다
be admitted to the hospital 병원에 입원하다

명 admission ① 인정 ② 입장(료), 입학, 입원

명 admittance 입장, 들어감

활용
admit one's mistake
실수를 인정하다
admit one's guilt
죄를 인정하다

day 10

★★★
commit
[kəmít]

전북9급 04
국가직9급 07
안행부9급 13
경찰 14
경찰 15

[완전히(com) 보내다(mit)]

동 ① (감옥·병원 등에) **보내다** ②《oneself》**약속[전념]하다**
③ (범죄·잘못을) **저지르다**
commit him to prison 그 범죄자를 감옥에 보내다
commit oneself to the study 그 연구에 전념하다
commit a crime 범죄를 저지르다

명 commission ① 위원회 ② 수수료, 커미션

명 commitment ① 약속 ② 헌신, 전념

형 committed 헌신적인

활용
commit suicide
자살하다
commit murder
살인을 저지르다
commit rape
강간하다
commit arson
방화죄를 저지르다

★★☆
dismiss
[dismís]

선관위9급 04

[떨어뜨려(dis) 보내다(mis)]

동 ① **해고하다** ② **묵살하다**
dismiss several employees 몇몇 직원들을 해고하다
dismiss his proposal as unrealistic
그의 제안을 비현실적이라고 묵살하다

명 dismissal ① 해고 ② 묵살

형 dismissive 무시하는

동의어
fire 해고하다
lay off (대량) 해고하다
give the pink slip
해고하다

기출문제

1. The increased demand for agricultural engineers will
_____ from a growing population and the need to
create crops as a renewable energy resource.

① resolve   ② emerge
③ originate   ④ deviate

2. If you are <u>immersed</u> in your work, you completely
involve yourself in it, spending long hours in the
office and thinking about work all the time.

① gratified   ② settled
③ engrossed ④ intervened

3. The judge was forced to _____ the case because
the prosecution could not produce a single _____
witness.

① hear — believable   ② endure — expert
③ dismiss — credible   ④ withdraw — unreliable

4. As a police officer, your job is to arrest those who
_____ crime and protect _____ of crime. [경찰 14]

① act - people
② experience - perpetrators
③ commit - victims
④ compare - criminals

1. ② 2. ③ 3. ③ 4. ③

★★☆
e**mit**
[imít]
중앙인사9급 05

[밖으로(e) 내보내다(mit)]

동 (빛·가스·소리 등을) **내다, 내뿜다** = give off
emit smoke/odor/light 연기/냄새/빛을 내뿜다

명 e**mis**sion 배출 (물질)

the **emission** of
carbon dioxide
이산화탄소의 배출
toxic **emission** 유독 배출물

★☆☆
o**mit**
[oumít]

[(빼서) 내(o)보내다(mit)]

동 ① **빠뜨리다, 제외시키다** ② (빠뜨리고) **~하지 않다**
omit her name from the list
명단에서 그녀의 이름을 빠뜨리다
omit to mention his name
그의 이름을 빠뜨리고 말하지 않다

명 o**mis**sion 누락, 제외

어법
omit A **from** B
A를 B에서 빠뜨리다
omit to V
빠뜨리고 ~하지 않다

★★☆
re**mit**
[rimít]

[뒤로(re) 보내다(mit)]

동 ① **송금하다** ② **면제해 주다**
remit half one's monthly wage to one's family
월급의 반을 가족에게 송금하다
remit a fine 벌금을 면제해 주다

명 re**mit**tance 송금(액)
명 remission 감면, (병의) 차도

활용
a **remission** of symptoms
증세의 완화

tax **remissions** 세금 감면

★☆☆
re**mis**s
[rimís]

[(할 일을) 뒤로(re) 보내는(mis)]

형 **태만한**
be remiss in one's work 자기 일에 태만하다

동의어
negligent 태만한
inattentive 부주의한
heedless 부주의한

★★☆
sub**mit**
[səbmít]

[아래로(sub) 보내다(mit)]

동 ① **제출하다** ② **항복하다, 굴복하다**
submit an application 신청서를 제출하다
submit to a conqueror 정복자에게 굴복하다

명 sub**mis**sion ① 제출 ② 굴복, 순종
형 sub**mis**sive 순종적인

동의어
yield to ~에 따르다
succumb to ~에 굴복하다
cave in to ~에 굴복하다
give in to ~에 굴복하다

★☆☆
inter**mit**tent
[ìntərmítnt]

[간격을 두고(inter) 보내(mit)는]

형 **간헐적인, 간간이 일어나는**
intermittent showers 간헐적으로 내리는 소나기

명 inter**mis**sion (중간) 휴식

동의어
irregular 불규칙적인
sporadic 산발적인
occasional 가끔의

추가어휘
de**mise** [dimáiz]
per**mit** [pərmít]
pre**mise** [prémis]
trans**mit** [trænsmít]

명 죽음, 종말 = death
동 허락[허용]하다 = allow   명 허가증
명 ① 전제 ②《pl》건물, 부지
동 ① 전송[전달]하다 ② (병을) 전염시키다

어원
[(원래 유언으로 땅을) 떨어뜨려(de) 보냄(mis)]
[통과시켜(per) 보내다(mit)]
[앞서(pre) 보내놓은(mis) 것]
[(이쪽에서) 저쪽으로(trans) 보내다(mit)]

106 | min, moun : 튀어나오다(project)

★★☆
eminent
[émənənt]

[밖으로(ex) 튀어나(min)온]

형 **유명한, 저명한**
  an eminent professor 유명한 교수
명 **emin**ence 명성

동의어

famous 유명한
celebrated 유명한
noted 유명한
illustrious 저명한

★★☆
prominent
[prάmənənt]

[앞으로(pro) 튀어나(min)온]

형 ① **튀어나온** ② **눈에 잘 띄는** ③ **유명한, 저명한**
  a prominent chin 튀어나온 턱
  the disease's prominent symptom
  그 병의 두드러진 증세
  a prominent scientist 유명한 과학자
명 **promin**ence 명성, 중요성

동의어

conspicuous 눈에 잘 띄는
striking 눈에 띄는
notable 눈에 띄는
noticeable 뚜렷한
salient 현저한
stark (차이가) 극명한

★★☆
imminent
[ímənənt]

[안에서(im) (밖으로) 튀어나오(min)려는]

형 **임박한, 곧 닥칠**
  face imminent death 임박한 죽음에 직면하다
명 **immin**ence 임박, 위급

동의어

pending ① 미결인 ② 임박한
impending 임박한
upcoming 다가오는, 곧 있을

기 출 문 제

1. Bats <u>emit</u> sounds to help them detect possible obstacles.

   ① put off   ② take off
   ③ give off   ④ dismiss

2. Can anyone advise the cheapest way to _____ money via wire transfer?

   ① omit   ② submit
   ③ emit   ④ remit

3. Although renewable-energy technologies such as solar and wind will be a key component of the future low-carbon electricity mix, the _____ nature of them currently prevents them from being _____ source of steady, base-load electricity.

   ① incessant – wholesome
   ② incinerating – feasible
   ③ infusing – profitable
   ④ intermittent – viable

4. Because he had so many problems on his mind, he was <u>remiss</u> in performing his duties.

   ① negligent   ② scrupulous
   ③ attentive   ④ careful

5. A number of <u>prominent</u> figures from different political parties and elements who had supported other presidential candidates who lost in the first round of the presidential election are expected to declare their support for the man.

   ① silent   ② indulgent
   ③ imminent   ④ eminent

1. ③ 2. ④ 3. ④ 4. ① 5. ④

mount
[maunt]
법원서기보 00

[(위로) 튀어 오르(moun)다]

동 ① (계단·말 등에) **오르다** ② **커지다, 증가하다**
③ (중요한 일을) **시작하다**

mount a horse 말에 오르다
The casualties continues to mount.
사상자들이 계속 증가하고 있다.
mount a protest 항의를 시작하다

활용
mount the throne
왕위에 오르다
mount an attack
공격을 시작하다
mount a campaign
캠페인을 시작하다

menace
[ménis]

[(뾰족하게) 튀어나온(men) 것]

명 **위협, 위험**(한 것)
a menace to health 건강에 위협적인 것

동 **위협하다**
menace him with a knife 그를 칼로 위협하다

유의어
threat 위협
hazard 위험
jeopardy 위험
peril (큰) 위험
at stake 위험한

107 | mon, min : 알리다, 경고하다(warn)

monitor
[mánətər]
국회8급 05

[(잘못을) 알려주는(mon) 사람[것] (or)]

명 ① **반장, 학급 위원** ② **감시 장치** ③ **화면, 모니터**
the library monitor 도서관 관리 위원(학생)
put a monitor in the nursery
놀이방에 감시 장치(CCTV)를 설치하다

동 **추적 관찰하다, 모니터하다**
monitor their eating habits
그들의 식습관을 추적 관찰하다

주제
◉ **외래어 모음**
episode 사건, 에피소드
hacking 해킹
alibi 알리바이
icon=idol 우상
incentive 장려책, 인센티브
niche (시장의) 틈새
sponsor 후원자, 스폰서

admonish
[ædmániʃ]

[~에게(ad) 경고하다(mon)]

동 ① **꾸짖다** ② **충고하다**
admonish him for arriving late
늦게 온 것에 대해 그를 꾸짖다
admonish her to study harder
그녀에게 더 열심히 공부하라고 충고하다

동의어
warn A of B
A에게 B에 대해 경고하다
caution A against B
A에게 B하지 말라고 주의시키다

demonstrate
[démənstrèit]

[확실히(de) 알려(mon)주다]

타 **입증하다, 실증하다**
be demonstrated to be false 거짓임이 입증되다

자 **시위운동하다 = protest**
demonstrate against the war 반전 시위를 벌이다

명 demonstration ① 실증, 시범 ② 시위운동, 데모
명 demonstrator 시위자
형 demonstrative (감정을) 숨기지 않는

동의어
prove 증명하다
substantiate 입증하다
certify 증명하다
attest 증명하다
testify to ~을 증명하다

summon
[sʌmən]

[(위에서) 아래로(sum) 알리다(mon)]

동 ① **소환하다, 부르다** ② (용기·힘을) **내다**
be summoned to court 법원에 소환되다
summon one's courage 용기를 내다

활용
summon help
도움을 청하다
summon a meeting
회의를 소집하다

108 mov, mot, mob : 움직이다(move)

★★☆
re**mov**e
[rimú:v]

[뒤로(re) 움직여(move) 없애다]

[동] ① 제거하다, 없애다 ② 해고하다, 쫓아내다
remove the trash 쓰레기를 치워 없애다
be removed from office 해직되다

[명] removal ① 제거 ② 해고

동의어
eliminate 없애다
get rid of ~을 없애다
do away with ~을 없애다

★★☆
motivate
[móutəvèit]

[움직이게(mot) 하다]

[동] 동기를 부여하다
motivate employees to work harder
직원들에게 더 열심히 일하도록 동기를 부여하다

[명] **mot**ive 동기 [명] **mot**ivation 동기 부여

동의어
stimulate 자극하다
encourage 격려하다
inspire 고무시키다

★★★
pro**mot**e
[prəmóut]

국회8급 05
선관위9급 06
행안부9급 13

[앞으로(pro) 나가게 하다(mot)]

[동] ① 승진시키다 ② 촉진[고취]하다 ③ 홍보하다
be promoted to manager 관리자로 승진되다
promote foreign trade 해외 무역을 촉진하다
promote the new product 신제품을 홍보하다

[명] pro**mot**ion ① 승진 ② 홍보

활용
get a **promotion**
승진하다

the **promotion** of
a new brand
새로운 브랜드의 홍보

추가어휘

mo**b**ility [moubíləti]
mob [mab]
moment [móumənt]
motion [móuʃən]
e**mot**ion [imóuʃən]
de**mot**e [dimóut]

[명] 이동성, 기동성
[명] (통제가 안 되는) 군중, 무리 [비교] mop 대걸레
[명] ① 순간 ② 잠깐 [형] momentary 순간적인
[명] ① 움직임 ② 동작 ③ (의견을 내는) 발의
[명] 감정, 정서 [형] emotional 감정의, 감정적인
[동] 강등시키다 = relegate

어원
[움직이기(mob) 쉬움(ility)]
[(제멋대로) 움직이는(mob) 자들]
[움직인(mo(t)) 그때]
[움직이는(mot) 것]
[밖으로(e) 옮겨져(mot) 나오는 것]
[아래로(de) 내려가게 하다(mot)]

기출문제

1. The athlete couldn't <u>summon</u> the strength to finish the race.

   ① harness   ② cling
   ③ give off   ④ muster

2. We teachers should _____ our students against being dilatory while they are attending school.

   ① permeate   ② demur
   ③ admonish   ④ recur

3. Criminals such as rapists, arsonists, and kidnappers are a _____ to our society.

   ① apathy   ② menace
   ③ satire   ④ condolence

4. Super-industrialism, the next stage of eco-technological development, requires even higher _____ since masses of workers have to constantly move again to new places for jobs whenever necessary.

   ① settlement   ② mobility
   ③ demand   ④ responsibility

1. ④ 2. ③ 3. ② 4. ②

109 | mod(e) : ① 방식(manner) ② 척도, 기준(measure)

★★☆

modest
[mάdist]
지방직9급 09

[(행동이) 기준(mod)을 지키는]

활용

형 ① (크지 않고) **적당한** ② **겸손한** = humble
a **mod**est house 적당한 집
be **mod**est about one's achievements
자신의 업적에 겸손하다

명 **mod**esty ① 적당함 ② 겸손

a **mod**est income
적당한 수입
a **mod**est price
적당한 가격
modest success
어느 정도의 성공

★★☆

moderate
[mάdərət]
중앙인사9급 06

[(양·정도가) 기준(mod)을 지키는]

활용

형 ① **적당한, 보통의** ② 《정치》 **중도의**
do **mod**erate exercise 적당한 운동을 하다
hold a **mod**erate position 중도적 입장을 유지하다

동 **누그러뜨리다, 완화되다** [mάdərèit]
moderate their demands 그들의 요구를 완화하다

명 **mod**eration ① 절제, 적당함 ② 누그러짐, 감소

a **mod**erate
amount of alcohol
적당량의 술
a **mod**erate level
적당한 수준
a **mod**erate distance
적당한 거리

★☆☆

modify
[mάdəfài]
국회8급 04

[기준에(mod) 맞추다(ify)]

동의어

동 (알맞게) **변경하다, 수정하다**
modify the original plan 원래의 계획을 수정하다

명 **mod**ification 변경, 수정

alter 바꾸다, 고치다
correct 바로잡다
revise 수정하다

★☆☆

modulate
[mάdʒulèit]

[기준에 맞게(modul) 하다(ate)]

동의어

동 (세기·정도 등을) **조절하다, 조정하다**
modulate the amount of sugar 양을 조절하다

명 **mod**ulation 조절, 조정

adjust 조정하다
regulate 조절하다

★★☆

accom**mod**ate
[əkάmədèit]

[~에(ac) 확실히(com) 맞추다(mod)]

활용

동 ① (인원을) **수용하다** ② (요구에) **맞추다**
③ 《oneself》 **적응하다**
accom**mod**ate 300 people 300명을 수용하다
accom**mod**ate their demands 그들의 요구에 맞추다
accom**mod**ate oneself to the new surrounding
새로운 환경에 적응하다

명 accom**mod**ation ① 《-s》 숙소 ② 합의
형 accom**mod**ating (사람이) 잘 맞춰주는

accom**mod**ate refugees
난민들을 수용하다
accom**mod**ate customers
고객들에게 맞추다
accom**mod**ate to the
new market conditions
새로운 시장 상황에 적응하다

★★☆

mold
[mould]
경기교육9급 04
중앙인사9급 07

[(똑같이 만들도록) 정해진 방법 [틀] (mold)]

활용

명 (주조하는) (형)틀
fit/break the **mol**d 틀에 맞추다/(기존의) 틀을 깨다

동 (주조하여·영향을 주어) **만들다**
mold young players into a good team
젊은 선수들을 훌륭한 팀으로 만들다

◉ **mol**d² 곰팡이
There's **mol**d on the cheese.
치즈에 곰팡이가 피었다.

추가어휘

commodity [kəmádəti] · 명 상품 = goods, merchandise
commodious [kəmóudiəs] · 형 널찍한 = capacious, roomy

어원
[(필요에) 완전히(com) 맞춘(mod) 것]
[완전히(com) 측정(mod)이 되는]

110 | mor(t) : 죽음(death)

★★☆
im**mort**al
[imɔ́ːrtl]

[죽지(mort) 않는(im)]

형 **죽지 않는, 불멸의**
im**mort**al fame 불멸의 명성
명 im**mort**ality 불멸

동의어
eternal 영원한
everlasting 영원한
perpetual 끊임없는, 영원한
permanent 영구적인

★★☆
mortify
[mɔ́ːrtəfài]

[죽고 싶게(mort) 만들다(ify)]

동 **굴욕감을 주다, 창피하게 하다**
be **mort**ified by his sudden question
그의 갑작스런 질문에 창피해지다
명 **mort**ification 굴욕

동의어
humiliate 창피를 주다
insult 모욕을 주다
affront 모욕을 주다

★☆☆
moribund
[mɔ́ːrəbʌnd]

[죽어(mori)가는]

형 **죽어가는, 소멸해 가는** = dying
revive the **mori**bund economy
죽어가는 경제를 되살리다

활용
the **mori**bund property market
죽어가는 부동산 시장

추가어휘

mortal [mɔ́ːrtl] · 형 ① 언젠가는 죽는 ② 치명적인
mortgage [mɔ́ːrgidʒ] · 명 담보 대출 ※ security 담보

어원
[죽게(mort) 되는]
[(빚 못 갚으면 소유권이) 죽게 되는(mort) 저당(gage)]

기출문제

1. We will customize or <u>modify</u> any of our home plans to meet your needs.

   ① incite ② alter
   ③ foster ④ deter

2. Linguists can study <u>moribund</u> languages and seek to preserve the components of the language: the sounds, the vocabulary, the grammar, and the traditions.

   ① dying ② dominant
   ③ extant ④ eloquent

3. A few days ago, I found myself ten dollars short and was obliged to borrow from my guest. It was so <u>mortifying</u> experience.

   ① elaborate ② articulate
   ③ plausible ④ humiliating

4. Q : When praised, Koreans often insist they did nothing deserving of praise. Why do you do this instead of accepting the praise and saying Thank you?

   A : This is done out of _____; in other words, we feel like we are not deserving of so much praise. However, don't think that Koreans really dislike being praised. Even though we react this way, we very much appreciate the compliment.

   [지방직9급 09]

   ① responsibility ② modesty
   ③ condemnation ④ confidence

1. ② 2. ① 3. ④ 4. ②

111 | mut : 변하다(change), 바꾸다(exchange)

★★☆

immutable
[imjúːtəbl]

[변하지(mut) 않는(im)]

형 **불변의**
the immutable laws of nature 불변의 자연 법칙

 동의어

unchangeable 바꿀 수 없는
unalterable 불변의

★★☆

commute
[kəmjúːt]
국가직9급 06

[(장소·위치를 왔다갔다) 서로(com) 바꾸다(mut)]

동 **(직장으로) 통근하다**
a commuting bus 통근 버스
명 commuter 통근자
참고 telecommuter 재택 근무자

활용

commute to work by train
직장에 기차로 통근하다

추가어휘
mutual [mjúːtʃuəl]

형 상호간의, 공동의 = reciprocal

어원

[(서로) 교환(mut)하는]

112 | nat, nai : 태어난(born)

★★★

nature
[néitʃər]
법원서기보 01
안행부9급 13

[(저절로) 태어난(nat) 것]

명 ① 자연 ② 천성, 본질 = essence
nature conservation 자연보호
the nature of the problem 그 문제의 본질
형 **nat**ural ① 자연의 ② 자연스러운, 당연한 ③ 타고난
숙어 by **nat**ure ① 천성적으로 ② 본래

 활용

the forces of **nature** 자연의 힘 [위력]
the law of **nature** 자연의 법칙
human **nature** 인간 본성
be weak **by nature**
천성적으로 약하다

★☆☆

nascent
[nǽsnt]

[태어(nasc)나는]

형 **초기의, 탄생 단계인**
the country's nascent democracy
그 나라의 탄생 단계인 민주주의

동의어

initial 시작의, 초기의
incipient 막 시작된
embryonic 초기의

★★☆

innate
[inéit]

[안에(in) 갖고 태어난(nat)]

형 **타고난, 선천적인**
an innate ability 타고난 능력

동의어

inborn 타고난
inbred 타고난

추가어휘
native [néitiv]
natal [néitl]
naive [naːíːv]

형 ① 태어난 곳의, 태생의 ② 타고난 = innate
형 출생의
형 순진한

 어원

[(~에서) 태어(nat)난]
[태어(nat)난]
[(갓) 태어(nat)난]

113 | neg, ny : 부정하다, 부인하다(deny)

★★★
negative
[négətiv]

[부정(neg)적인]

형 ① **부정적인** ② (검사 결과가) **음성인**

a negative effect 부정적인 영향

Her pregnancy test was negative.
그녀의 임신테스트는 음성이었다.

동 **neg**ate 무효화하다

명 **neg**ation 반박, 부인

활용

a **negative** attitude
부정적인 태도
a **negative** answer
부정적인 대답
a **negative** experience
불쾌한 경험

day 10

★★☆
deny
[dinái]

[떨어져(de) 부인하다(ny)]

동 ① **부인하다** ② **거부하다**

deny all the charges 모든 혐의를 부인하다
deny his request 그의 요구를 거부하다

명 denial ① 부인 ② 거부

형 undeniable 부인할 수 없는

접두어

■ **de-** : 분리·이탈
departure 출발, 떠남
devote 바치다
debate 토론(하다)
detour 우회로

기출문제

1. By 1844, Darwin had convinced himself that species are not immutable, but worked on to get further evidence.

   ① equitable   ② ineligible
   ③ edible   ④ changeable

2. Instead of pursuing extreme measures such as a rate increase, the economic policy-makershave chosen policy options that would not disrupt the nascent economic turnaround.

   ① growing worse   ② continuing to grow
   ③ coming to an end   ④ just beginning to exist

3. [반의어] We have to build a future society where individuals can develop their innate abilities and capabilities.

   ① inherent   ② natural
   ③ acquired   ④ hereditary

4. The two professors were a mutual admiration society, gushing about how much they were learning from each other.

   ① substantial   ② reciprocal
   ③ copious   ④ prolific

5. Some people believe that there is undeniable evidence of UFOs.

   ① intact   ② meager
   ③ irrefutable   ④ specious

1. ④ 2. ④ 3. ③ 4. ② 5. ③

114 | nerv : 신경 (nerve)

★★★
nerve
[nəːrv]
대구시9급 05

[(몸과 뇌를 잇는) 힘줄인 신경(nerv)]

명 ① 신경 ② 《-s》긴장, 불안 ③ 용기 ④ 뻔뻔함
the optic nerve 시신경
suffer from nerves 불안증에 시달리다
lose one's nerve 용기를 잃다
What a nerve! 참 뻔뻔하다!

형 nervous ① 신경의 ② 불안한
속어 get on one's nerves ~의 신경을 건드리다

활용
the cerebral nerve
뇌신경
calm one's nerves
긴장을 가라앉히다
find the nerve
(~할) 용기를 내다

★★☆
enervate
[énərvèit]

[힘(nerv)을 빼(e)놓다]

동 힘 빠지게 하다, 기력을 떨어뜨리다
be enervated by long illness
오랜 병에 기력이 떨어지다

동의어
weaken 약화시키다
debilitate 약화시키다
enfeeble 쇠약하게 하다

★☆☆
unnerve
[ʌnnə́ːrv]

[용기를(nerve) 갖게 하다의 반대(un)]

동 불안하게 하다
be unnerved by his negative response
그의 부정적인 반응에 불안해지다

접두어
■ un- : 원상태로
undo ① 풀다 ② 되돌리다
uncover (뚜껑·덮개를) 열다
unlock (잠긴 것을) 열다
unpack (짐을) 풀다, 끄르다
unwind (감긴 것을) 풀다

115 | nox, noc, nic : 해 (harm)

★★☆
noxious
[nákʃəs]

[해로움(nox)을 갖고 있는(ous)]

형 유독한, 유해한
noxious fumes 유독 가스

동의어
harmful 해로운
damaging 피해를 주는
poisonous 유독한

★★☆
innocent
[ínəsənt]

[아무런 해가(noc) 없는(in)]

형 ① 순진한 ② 무죄인, 결백한 ↔ guilty 유죄인
an innocent child 순진한 아이
be innocent of the crime 그 범죄에 대해 무죄다

명 innocence ① 순수 ② 결백, 무죄

활용
an innocent question
악의 없는 질문
an innocent victim
죄 없는 희생자

★★☆
innocuous
[inákjuəs]

[해롭지(noc) 않은(in)]

형 ① 무해한 ② 악의 없는
an innocuous gas 무해한 가스
an innocuous joke 악의 없는 농담

동의어
harmless 무해한
inoffensive
불쾌감을 주지 않는

★☆☆
pernicious
[pərníʃəs]

[완전히(per) 해를(nic) 주는]

형 치명적인
the pernicious effects of smoking
흡연의 치명적인 영향들

동의어
deadly 치명적인
fatal 치명적인
lethal 치명적인

★★☆
ob**nox**ious
[əbnάkʃəs]

[(기분)에 (ob) 해로운(noxious)]

형 **아주 불쾌한**
an obnoxious odor 아주 불쾌한 냄새

동의어
unpleasant 불쾌한
offensive 불쾌한

---

116 | onym, nomin, nown : 이름(name)

day 11

★★★
an**onym**ous
[ənάnəməs]
지방직9급 11
국회8급 05

[이름(onym)이 없는(an)]

형 **익명의** = nameless
an anonymous letter 익명의 편지
명 an**onym**ity 익명(성)

활용
an **anonymous** author
무명의 작가
an **anonymous** donation
익명의 기부

★☆☆
ig**nomin**ious
[ignəmíniəs]

[(좋은) 이름(nomin)이 아닌(ig)]

형 **수치스러운**
an ignominious defeat 수치스러운 패배

동의어
shameful 창피한
disgraceful 부끄러운

추가어휘
nominate [nάmənèit]
nominal [nάmənl]
re**nown** [rináun]
pseud**onym** [súːdənim]
syn**onym** [sínənim]

동 ① (후보로) 지명하다 ② (책임자로) 임명하다
형 이름뿐인, 명목상의 = titular
명 명성 = reputation, prestige, eminence
명 (작가의) 필명
명 동의어 ↔ antonym 반의어

어원
[이름을(nomin) 부르다]
[이름(nomin)뿐인]
[자꾸만(re) 불리는 이름(nown)]
[가짜(pseud) 이름(onym)]
[같은(syn) 이름 [뜻] (onym)]

기출문제

1. He got a pay raise ten weeks ago. Now he is asking for another one. He has a lot of _____. [국가직7급 06]

① veins　　② lungs
③ nerve　　④ feet

2. The strong intensity of his opponent's attack enervated the young politician. [세무사]

① avenged　　② averted
③ weakened　　④ endangered
⑤ crippled

3. It was an unnerving experience for the cast and crew, since war could have broken out at any time.

① something that helps to feel comfort
② something that is likely to be remembered
③ something that makes you feel worried and uncomfortable
④ something that is inappropriate, awkward, or undesirable

4. The pernicious disease has debilitated him completely. It was too late by the time the disease was diagnosed.

① inclement　　② lethal
③ culpable　　④ pungent

5. One of the most beguiling aspects of cyberspace is that it offers the ability to connect with others in foreign countries while also providing anonymity. [지방직9급 11]

① hospitality　　② convenience
③ disrespect　　④ namelessness

1. ③ 2. ③ 3. ③ 4. ② 5. ④

117 | not : 알다(know), 표시(mark)

note
[nout]
★★☆

[표시(not)한 것]

명 ① 메모, 노트 ② 음(표) ③ 분위기, 기색
write a note 노트[메모]하다
a high/low note 높은/낮은 음
a note of sadness 슬픔의 분위기

동 ① 주의하다, 주목하다 ② 언급하다
note his career 그의 경력에 주목하다
as noted above 위에 언급된 바와 같이

형 notable 주목할 만한, 뛰어난　형 noted 유명한
숙어 take note of ~에 주목하다, 알아차리다

주제

◉ **음악 관련 어휘**
piece (음악·미술의) 작품
score 악보
scale 음계
tune 곡(조), 선율
tempo 박자, 템포
arrange 편곡하다
accompaniment 반주
composer 작곡가
conductor 지휘자
maestro (음악의) 거장

---

notice
[nóutis]
★★☆

[알리는(not) 것]

명 ① 공지, 예고 ② 주목, 알아챔
give an advance notice 사전 예고하다
attract much notice 많은 주목을 끌다

동 알아차리다, 의식하다
notice a smell of gas 가스 냄새를 알아차리다

형 noticeable 눈에 띄는, 뚜렷한
숙어 on short notice 갑자기, 충분한 예고 없이

주제

◉ **notice**는 지각동사
notice him leaving
그가 떠나는 것을 알아차리다
notice her come in
그녀가 들어오는 것을 알아차리다

---

notify
[nóutəfài]
★★☆

[알게(not) 하다(ify)]

동 통지하다
notify him of the result 그에게 결과를 통지하다

명 notification 통고, 통지

동의어

apprise 알리다
inform 통지하다

---

notorious
[noutɔ́:riəs]
★★☆

[(나쁘게) 알려져(not(or)) 있는]

형 악명 높은
the notorious serial killer 그 악명 높은 연쇄 살인범

동의어

infamous 악명 높은
flagrant 극악한

---

118 | nounce, nunc : 발표하다, 보고하다(report)

pronounce
[prənáuns]
법원서기보 00
★★☆

[앞으로(pro) 발표하다(nounce)]

동 ① 발표하다 ② 발음하다
pronounce the winner 우승자를 발표하다
pronounce an English word 영단어를 발음하다

명 pronouncement 발표
명 pronunciation 발음

동의어

profess 공언하다
declare 신언[신포]하다
promulgate 공포하다

★★☆

re**nounce**

[rináuns]

인천시 01

[뒤로(re) 물러나겠다고 발표하다(nounce)]

동 **포기하다, 버리다**
renounce one's inheritance 상속을 포기하다

명 **renounce**ment 포기

동의어

relinquish 포기하다
forgo 포기하다
abandon 버리다, 떠나다
give up 포기하다

추가어휘
an**nounce** [ənáuns]
de**nounce** [dináuns]

동 **발표하다, 알리다**
동 **비난하다**

어원

[~을(an) 발표하다(nounce)]
[깎아내려(de) 발표하다(nounce)]

day 11

---

119 | nov : 새로운(new)

★★☆

novel

[návəl]

국회8급 07

[새(nov)로운]

형 **새로운, 참신한**
a novel approach to the problem
그 문제에 대한 새로운 접근 방법

명 **(장편) 소설**   ※ a short story 단편 소설

명 **nov**elty 새로움, 참신함   명 **nov**elist 소설가

주제

◉ **문학의 장르(genre)**
poem 시
verse 운문
prose 산문
essay 수필, 에세이
play 희곡, 연극

★★☆

novice

[návis]

국가직7급 03

[새로 하는(nov) 사람]

명 **초보자** ↔ expert 전문가
a novice at skiing 스키 초보

동의어

tyro 초보자
neophyte 초보자
layman 문외한
fledgling 초보자

기출문제

1. He is <u>infamous</u> for his dishonesty in business matters.

① dreaded   ② inconsiderate
③ notorious   ④ loathed

2. We will <u>notify</u> you of the result of the exam after a week.

① apprise   ② remit
③ arouse   ④ convey

3. The prince <u>renounced</u> his claim to the throne in order to live a quiet, private life.

① wavered   ② relinquished
③ blew up   ④ devastated

4. Tom may be an accomplished academician, but he's a <u>novice</u> in matters of national politics. [국가직7급 03]

① neophyte   ② philistine
③ neologian   ④ hedonist

1. ③ 2. ① 3. ② 4. ①

★★☆

re**nov**ate
[rénəvèit]

[(건물을) 다시(re) 새롭게(nov) 하다]

> 동 (건물을) 보수하다, 개조하다
> renovate the old house 오래된 집을 보수하다
>
> 명 reno**vat**ion 개조, 보수

활용

a newly **renovated** hotel
새롭게 개조된 호텔

추가어휘

in**nov**ate [ínəvèit]
re**new** [rinjú:]

> 동 혁신[쇄신]하다
> 동 ① 재개하다 ② 갱신하다

어원

[(조직의) 내부를(in) 새롭게(nov) 하다]
[다시(re) 새롭게(new) 하다]

---

120 ora : 입(mouth), 말하다(speak)

★☆☆

oracle
[ɔ́:rəkl]

[(신이 하는) 말(ora)]

> 명 신탁(神託)
> consult an oracle 신탁을 청하다
>
> 형 **ora**cular 숨은 뜻이 있는

동의어

prophecy 예언
prediction 예언

★★☆

ad**ore**
[ədɔ́:r]

[~을(ad) (찬양하여) 말하다(ore)]

> 동 아주 좋아하다
> adore coffee 커피를 아주 좋아하다

비교

adorn 장식하다
adorn the wall
(그림을 그려) 벽을 장식하다

★☆☆

inex**ora**ble
[inéksərəbl]

[말이(ora) 나오지(ex) 않을(in) 정도인]

> 형 거침없는, 멈추지 않는
> the inexorable rise in crime 범죄의 거침없는 상승

동의어

relentless 그치지 않는
unremitting 끊임없는
implacable 누그러들지 않는

추가어휘

oral [ɔ́:rəl]
oration [ɔ:réiʃən]

> 형 입의, 구두의 - an **oral** promise 구두 약속
> 명 연설 = speech   명 orator 연설가

어원

[입(ora)의]
[말하는(ora) 것]

---

121 ord(in) : 명령, 질서(order)

★★★

dis**ord**er
[disɔ́:rdər]

법원서기보 03
국회8급 04

[질서(order)의 반대(dis)]

> 명 ① 무질서, 혼란 ② (신체의) 장애, 이상
> be thrown into disorder 혼란에 빠지다
> mental disorder 정신 이상
>
> 형 dis**ord**erly 무질서한
>
> 숙어 out of order 고장 난

동의어

confusion 혼란, 혼동
chaos 혼돈, 혼란
disarray 혼란
anarchy 무정부주의

★★☆
extra**ordin**ary
[ikstró:rdənèri]
경찰 15

[평범함(ordinary)에서 벗어난(extra)]

형 ① **특이한, 흔치 않은** ② **비범한, 대단한**
an extraordinary event 흔치 않은 사건
extraordinary ability 대단한 능력

동의어

excellent 뛰어난
outstanding 뛰어난
singular 뛰어난
exceptional 뛰어난

★☆☆
co**ordin**ate
[kouó:rdənèit]

[함께(co) 질서(ordin)를 갖추게 하다]

동 **조직화하다, 조율하다**
coordinate one's schedules 스케줄을 조율하다

동의어

organize 조직 [준비] 하다
arrange 마련 [준비] 하다

day 11

★★☆
in**ordin**ate
[inó:rdənət]
국가직7급 02

[질서가(ordin) 잡히지 않은(in)]

형 **과도한, 지나친**
spend an inordinate amount of time
지나치게 많은 시간을 보내다

동의어

excessive 지나친
immoderate 과도한
superfluous 불필요한

★☆☆
sub**ordin**ate
[səbó:rdənət]

[순서(계급)가(ordin) 아래인(sub)]

형 ① (계급이) **부하인, 하위의** ② **부수적인**
a subordinate officer 부하 장교, 하급 관리
subordinate to the main issue 주된 문제에 부수적인
명 부하 (직원) ↔ superior 상관

동의어

subsidiary 부수적인
incidental 부수적인
auxiliary 보조의

추가어휘
ordinance [ɔ́:rdənəns]

명 법령, 조례 = decree, edict

어원
[(국가에서) 명령(ordin)하는 것]

기출문제

1. I do not believe that I was <u>inordinately</u> slow to learn something of the Eskimo mentality, but I must say that the more I learnt the greater seemed to me the difficulty of penetrating it. [국가직7급 02]

   ① silently   ② excessively
   ③ impassively   ④ gratuitously

2. As a young and inexperienced employee, you cannot expect to hold more than a <u>subordinate</u> job in that big company.

   ① superior   ② tedious
   ③ temporary   ④ subsidiary

3. Mr. president said a freedom agenda would give individuals more power and government less, and promised as he pushed controversial ideas like <u>revamping</u> Social Security to reach across party lines. [지방직7급 10]

   ① renovating   ② renouncing
   ③ restraining   ④ reproaching

4. The elevator's out of _____ again. We'll have to take the stairs.

   ① date   ② stock
   ③ order   ④ control

5. By the later half of the twentieth century it was clear that the fall of the British imperialism was <u>inexorable</u>. The decline had started and noting was going to stop it.

   ① inflammatory   ② sluggish
   ③ prohibitive   ④ relentless

1. ② 2. ④ 3. ① 4. ③ 5. ④

122 par, pair : 같은(equal)

★★☆
compare
[kəmpéər]

[(두 개가) 똑같은지(par) 함께(com) 보다]

동 **비교하다** [되다]
compare several cars before buying one
사기 전에 몇 대의 차를 비교하다

파생어
comparison 비교
comparable 비교할만한
comparative 상대적인

★★☆
prepare
[pripéər]

[미리(pre) 똑같이(par) 맞추어 놓다]

동 **준비하다, 대비하다**
prepare for the exam 시험에 대비하다
prepare dinner 저녁을 준비하다

명 pre**par**ation 준비   형 pre**par**atory 준비의

활용
make **preparations** for
~을 준비하다
be under **preparation**
준비 중이다

★★★
repair
[ripéər]
선관위9급 06
지방직9급 13

[(고장 난 것을 전처럼) 다시(re) 똑같이(pair) 만들다]

동 **수리하다** = fix
repair the broken bicycle 고장 난 자전거를 수리하다

명 **수리**
a car repair shop 카센터

명 re**par**ation 보상, 배상금

활용
be damaged beyond **repair**
수리할 수 없을 정도로 파손되다
irreparable relationship
회복할 수 없는 관계

★☆☆
disparity
[dispǽrəti]

[같지(par) 않은(dis) 상태]

명 **차이, 불평등**
a disparity of wealth 부의 불평등

형 dis**par**ate 다른, 이질적인

동의어
inequality 불평등
discrepancy 차이, 불일치

★☆☆
disparage
[dispǽridʒ]

[같지(par) 않게(dis) 여기다]

동 **폄하하다**
disparage his achievements 그의 성취를 폄하하다

동의어
denigrate 폄하하다
derogate 폄하하다

추가어휘
parity [pǽrəti]

명 동등, 평등 = equality

어원
[같은(par) 상태]

123 part, port : 부분(part)

★★☆
impartial
[impáːrʃəl]

[편파적이지(partial) 않은(im)]

형 **공정한**
an impartial jury 공정한 배심원단

명 im**part**iality 공평함

동의어
fair=just 공정한
unbiased 편견 없는
unprejudiced 편견 없는

★★☆
particle
[pά:rtikl]
중앙인사9급 07

[(작은) 부분(part)]

명 ① (아주 작은) **입자, 미립자** ② 《부정문》 **아주 조금**
dust particles 먼지 입자들
be not a particle of truth 조금의 진실도 없다

동의어

◉ **물질 관련 명사**
molecule 분자
atom 원자
solid 고체
liquid 액체
gas 기체, 가스

★★☆
particular
[pərtíkjulər]
법원서기보 00

[(작은) 한 부분(particul)의]

형 ① **특정한, 특별한** ② **까다로운**
a particular reason 특별한 이유
be particular about food 음식에 대해서 까다롭다

부 **part**icularly 특히
명 **part**icularity 독특함, 특별함

동의어

special 특별한
specific 특정한
peculiar 독특한

★★☆
pro**port**ion
[prəpɔ́:rʃən]
행자부9급 03

[(다른 수나 양)에 대한(pro) 부분(port)]

명 ① **비, 비율** ② **균형**
the proportion of smokers 흡연자들의 비율
have no sense of proportion 균형 감각이 없다

형 pro**port**ional = pro**port**ionate 비례하는
숙어 out of proportion 균형이 안 맞는 = disproportionate

동의어

rate 비율, –율
ratio 비, 비율
scale (축소·확대) 비율

추가어휘

partial [pά:rʃəl]
participate [pa:rtísəpèit]
portion [pɔ́:rʃən]
de**part** [dipά:rt]
im**part** [impά:rt]

형 ① 부분적인 ② 편파적인 ③ 아주 좋아하는
동 《in》 참가[참여]하다 = take part in
명 ① 부분, 몫 ② (음식의) 1인분 = serving
동 떠나다, 출발하다 **명** departure 출발
동 (정보·지식 등을) 전하다

어원

[부분(part)적인]
[(전체에서) 한 부분(part)을 담당(cip)하다]
[(할당된) 부분(port)]
[~에서(de) 나뉘다(part)]
[~에게(im) 나누어주다(part)]

기출문제

1. The economic <u>disparity</u> between the two nations became more pronounced with trade barriers between them ended, because one of them was highly industriously developed whereas the other was just beginning to develop.

   ① prosperity　　② transaction
   ③ accumulation　④ inequality

2. It is out of envy that most people <u>disparage</u> those occupying high positions.

   ① deter　　② derogate
   ③ detest　　④ deplete

3. Jurors are supposed to be <u>impartial</u>; they aren't supposed to make up their minds until they've heard all the evidence.

   ① unchangeable　② unbiased
   ③ flawless　　　④ senseless

4. After the accident we sought _____ in court, but our lawyer was not competent and we didn't win a cent.

   ① avarice　　　② justification
   ③ reparation　④ nobility

1. ④ 2. ② 3. ② 4. ③

124 pass : 지나가다(pass)

pass
★★☆
[pæs]

[지나가다(pass)]

[동] ① 지나가다, 통과하다 ② 건네주다
pass beneath the bridge 다리 아래로 지나가다
Pass me the salt. 소금 좀 건네주세요.

[명] ① 합격, 통과 ② (공의) 패스
get a pass 합격하다

숙어

◉ pass 숙어
pass away 돌아가시다
pass out 기절하다
pass over 무시하다, 넘어가다

---

surpass
★★☆
[sərpǽs]

[~ 위로(sur) 넘어 지나가다(pass)]

[동] 능가하다, 뛰어넘다
surpass our expectations 우리의 기대를 뛰어넘다

동의어

excel 뛰어나다
outdo 능가하다
transcend 초월하다

---

trespass
★★☆
[tréspəs]
서울시9급 04

[(이쪽에서) 저쪽으로(trans) 지나가다(pass)]

[동] 무단 침입하다
trespass on the military zone
군사 지역을 무단 침입하다

활용

"No Trespassing!"
"출입금지!"

추가어휘

passenger [pǽsəndʒər]
passerby [pǽsərbái]

[명] 승객
[명] 행인 [복수] passersby 행인들

어원

[(마차에) 타고 지나가는(pass) 사람(ger)]
[옆을(by) 지나가는 사람(passer)]

---

125 pat, pass : 고통을 겪다(suffer), 느끼다(feel)

passion
★★☆
[pǽʃən]

[(원래 예수님이) 겪으신 육체의 고통(pass)]

[명] ① 열정 ② 격정, (욱하는) 격한 감정
be full of passion 열정으로 가득하다
a crime of passion 격한 감정으로 저지른 범죄

[형] passionate ① 열정적인 ② 격정적인

동의어

enthusiasm 열심, 열정
eagerness 열의, 열심
fervor 열정
ardor 열정
zeal 열의, 열성
zest ① 열정, 열의 ② 묘미

---

apathy
★★☆
[ǽpəθi]

[감정(path)이 없음(a)]

[명] 무관심
show apathy toward politics
정치에 대한 무관심을 보이다

[형] apathetic 무관심한

동의어

indifferent 무관심한
uninterested 관심 없는
impassive 무감정의
callous 냉담한

---

antipathy
★★☆
[æntípəθi]
선관위9급 05

[반대(anti)의 감정(path)]

[명] 반감
an antipathy toward the government
정부에 대한 반감

동의어

antagonism 적대감
malice 악의
malevolence 악의

day 11

★★☆
com**pat**ible
[kəmpǽtəbl]

[함께(com) 고통을(pat) 나눌 수 있는]

형 ① 양립할 수 있는 ② 호환이 되는
His claims are not compatible with the facts.
그의 주장은 사실과 양립되지 않는다.
This printer isn't compatible with my computer.
이 프린터는 내 컴퓨터와 호환이 안 된다.

반의어
incompatible ① 양립할 수 없는
② 호환이 안 되는
incompatible people
양립할 수 없는 사람들
incompatible software
호환이 안 되는 소프트웨어

★☆☆
dis**pass**ionate
[dispǽʃənət]

[열정적인(passionate)의 반대(dis)]

형 냉정한
a dispassionate view 냉정한 견해

동의어
detached 공정한
disinterested 객관적인
objective 객관적인

★★☆
em**pat**hy
[émpəθi]
국가직7급 00

[(상대방 입장) 안에(em) 감정을(path) 넣음]

명 감정이입, 공감
fell an empathy toward the poor
가난한 사람들에 대해 공감하다

동의어
compassion 동정심
sympathy 동정, 연민
pity 연민, 동정

★☆☆
im**pass**ioned
[impǽʃənd]

[안에(im) 열정이(passion) 들어 있는]

형 열정적인 = passionate
an impassioned speech 열정적인 연설

비교
impassive 무감정의
[느끼지(pass) 못하는(im)]

★★☆
im**pat**ient
[impéiʃənt]

[참지(patient) 못하는(im)]

형 참지 못하는, 안달하는
be impatient to leave 떠나고 싶어 안달하다
명 im**pat**ience 조급함, 안달

동의어
restless 가만히 못 있는
restive 차분하지 못한
fretful 조바심 내는

추가어휘
pa**thetic** [pəθétik]
com**pass**ion [kəmpǽʃən]
sym**path**y [símpəθi]

형 ① 불쌍한, 애처로운 = pitiful ② 한심한, 형편없는
명 연민, 동정심
명 ① 동정, 연민 ② 동조, 지지

어원
[고통을(path) 겪는]
[함께(com) 고통을 느끼는(pass) 마음]
[함께(sym) 고통을(path) 느끼는 마음]

기출문제

1. Another ingredient of courtesy is _____, a quality that enables a person to see into the mind or heart of someone else, to understand the pain or unhappiness there and to do something to minimize it. [국가직7급 00]
① cooperation ② sensibility
③ pathology ④ empathy

2. Because of the drought condition this year and the consequent failure of crops, there is apathy among farmers for any celebration.
① penchant ② indifference
③ enthusiasm ④ ambience

4. Just who those neighbors are and how compatible they may be depend upon the dynamics of social class as well as the voluntary choices of individuals. [감평사 08]
① congenial ② ingenious
③ erroneous ④ trembling
⑤ disdaining

5. Somehow, as his speech became more impassioned, the audience's reception grew chiller.
① florid ② passionate
③ tedious ④ bombastic

1. ④ 2. ② 3. ① 4. ②

126 | ped, pat : 발(foot)

pedestrian
[pədéstriən]
★☆☆

[발(ped)로 걸어 다니는]

형 ① 보행자의 ② 재미없는, 지루한 = dull
  a pedestrian accident 보행자 사고
  a pedestrian speech 지루한 연설

명 보행자

동의어
dull 따분한, 재미없는
tedious 지루한
boring 지루한
flat 재미없는
monotonous 단조로운

---

impede
[impíːd]
★★☆

[(족쇄) 안에(im) 발을(ped) 채우다]

동 방해하다, 지연시키다
  impede progress 진행을 방해하다

명 impediment 장애(물)

활용
impede development
발달을 지연시키다
impede the economic growth
경제 성장을 방해하다

---

expedite
[ékspədàit]
★★☆

[(족쇄로부터) 밖으로(ex) 발을(ped) 빼다]

동 촉진시키다, 신속하게 하다
  expedite the lawsuits 소송 과정을 신속하게 하다

형 expeditious 신속한, 효율적인

활용
expedite deliveries
배달을 더 신속하게 하다
an expeditious resolution
신속한 해결

---

expedient
[ikspíːdiənt]
★☆☆

[(족쇄로부터) 밖으로(ex) 발이(ped) 빠진]

형 (당장은) 편리한
  an expedient solution (당장은) 편리한 해결책

명 (당장은 편리한) 수단, 방편
  a temporary expedient 임시적 방편

명 expediency 편의주의

접두어
■ ex-¹ : 밖으로
exterior 바깥의, 외부의
external 밖의, 외부의
exotic 외국의, 이국적인

---

dispatch
[dispætʃ]
★★☆

[발을(pat) 내딛게(dis) 하다]

동 ① 파견하다 ② 발송하다
  dispatch rescue workers to the area
  구조대원들을 그 지역에 파견하다
  dispatch goods immediately 물건을 즉시 발송하다

명 (긴급) 공문
  receive a dispatch 긴급 공문을 받다

접두어
■ dis- : 분리·이탈
discuss 논의[상의]하다
disguise 변장하다
discard 버리다
dishearten 낙담시키다

추가어휘
expedition [èkspədíʃən]

명 탐험, 원정 = exploration

어원
[밖(먼 곳)으로(ex) 걸어(ped)감]

127 | pel, pul, peal : 밀다(push)

ap**peal**
★★☆
[əpíːl]
국회8급 04

[(다른 사람의 마음을) ~로(ap) 몰아가다(peal)]

동 ① 호소하다 ② 항소하다 ③ 매력적이다, 관심을 끌다
appeal for help 도움을 호소하다
appeal the court's decision 법원의 결정에 항소하다
appeal to the multitude 대중의 관심을 끌다

명 ① 호소 ② 항소 ③ 매력

형 appealing 매력적인

make an **appeal** for help
도움을 호소하다
file for an **appeal**
항소하다
the **appeal** of hiking
하이킹(도보여행)의 매력

day 12

com**pel**
★★☆
[kəmpél]

[(~하도록) 세게(com) 밀다(pel)]

동 강요하다
compel him to sign the contract
그를 계약서에 서명하도록 강요하다

명 compulsion ① 강요 ② (강한) 충동

형 compulsory 강제적인   형 compulsive 강박적인

형 compelling ① 강력한 ② 아주 재미있는

compulsory education
의무 교육
compulsive behavior
강박적 행동
compelling evidence
강력한 증거

dis**pel**
★★☆
[dispél]

[멀리(dis) 밀어내다(pel)]

동 (생각을) 떨쳐 버리다, 없애다
dispel any doubts 어떠한 의심도 없애다

dispel the rumor
그 소문을 떨쳐 버리다

기출문제

1. Asking children to read books far above their comprehension level can <u>impede</u> their reading development.

   ① incriminate   ② hamper
   ③ facilitate   ④ alleviate

2. Physical therapists are there to design and execute programs to help _____ that recovery and get patients back on their feet as quickly and as effectively as possible.

   ① instigate   ② precipitate
   ③ expedite   ④ bring about

3. Her china blue eyes is very cold and <u>inviting</u>. [행시]

   ① appealing   ② ugly
   ③ beautiful   ④ clear

4. When I listened to his cogent arguments, all my doubts were _____ and I was forced to agree with his point of view.

   ① stimulated   ② dispelled
   ③ confirmed   ④ raised

1. ② 2. ③ 3. ① 4. ②

expel
★★☆
[ikspél]

[밖으로(ex) 몰아내다(pel)]

图 ① 추방하다, (학교에서) **퇴학시키다** ② 배출하다
be expelled from school 학교에서 퇴학당하다
expel air from the lungs 폐에서 공기를 배출하다

명 ex**pul**sion ① 추방, 퇴학 ② 배출

접두어

■ ex-² : 밖으로
ex**change** 교환(하다)
ex**hale** (숨을) 내쉬다
ex**ercise** 운동, 연습;
　　　　　행사[발휘]하다

---

impulse
★★☆
[ímpʌls]
행자부9급 00

[(행동을) ~안으로(im) 몰아가는(pul) 것]

명 ① 충동 ② (반응을 일으키는) **충격, 자극**
buy new clothes on impulse 충동적으로 새 옷을 사다
an electrical impulse 전기 충격

형 im**pul**sive 충동적인　　图 im**pel** ~하도록 시키다

동의어

impetuous 충동적인
instinctive 본능적인
on the spur of the moment
충동적으로

---

repel
★☆☆
[ripél]

[뒤로(re) 몰아내다(pel)]

图 ① 격퇴하다, 물리치다 ② ~에게 불쾌감을 주다
repel the enemy's invasion 적의 침입을 격퇴하다
His bad breath repelled me.
그의 입 냄새가 나에게 불쾌감을 주었다.

형 re**pell**ent 몹시 불쾌한

동의어

fend off 받아넘기다, 피하다
ward off 피하다, 막다

---

repeal
★☆☆
[ripíːl]

[뒤로(re) 몰아내다(pel)]

图 폐지하다
repeal the old law 오래된 법을 폐지하다

동의어

abolish 폐지하다
abrogate 폐지하다

추가어휘

pro**pel** [prəpél]

图 추진하다, 몰고 가다 = drive

어원

[앞으로(pro) 몰아가다(pel)]

---

128 | pun, pen : (처)벌 (punishment)

punitive
★★☆
[pjúːnətiv]

[벌(pun)하는]

형 처벌의
take punitive measures 처벌 조치를 취하다

동의어

disciplinary 징계의
penal 처벌의

---

impunity
★★☆
[ímpjúːnəti]
서울시9급 07

[벌(pun)받지 않음(im)]

명 처벌받지 않음
violate the law with impunity
처벌받지 않고 법을 위반하다

관련

get away with
처벌을 모면하다

---

subpoena
★☆☆
[səbpíːnə]

[처벌(pɒen) 아래에(sub) 두는 것]

명 소환장
issue a subpoena 소환장을 발행하다

관련

warrant 영장
summon 소환하다

추가어휘

penalty [pénəlti] 명 ① 처벌 ② 벌칙, 불이익   형 penal 처벌의, 형벌의   어원 [벌(pen)하는 것]

129 pend, pens : 매달다(hang), 무게를 달다(weigh)

★★★
depend
[dipénd]

[아래에(de) 매달려 있다(pend)]

동 **의지하다, 의존하다**
depend on my parents 부모님께 의존하다
명 dependence 의지, 의존
형 dependent 의지[의존]하는

동의어
rely on ~을 믿다, 의지하다
count on ~을 믿다, 의지하다
fall back on ~에 의지하다

★★☆
independent
[ìndipéndənt]

[의지하지(dependent) 않는(in)]

형 **독립된, 독립적인**
an independent country 독립국
independent of the government 정부에서 독립된
명 independence 독립

어법
dependent on + 명
~에 의존하는
independent of + 명
~에서 독립된

★★☆
expend
[ikspénd]

[무게를 달아(pend) (돈을) 내다(ex)]

동 **(돈·시간 등을) 쏟다, 들이다**
expend much money/time 많은 돈/시간을 들이다

파생어
expenditure 지출, 소비
expense 비용, 경비
expensive 비싼

기출문제

1. The young are liable to be more <u>impulsive</u> than the aged. [경기 05]
   ① prudential   ② demented
   ③ venerable   ④ impetuous

2. As the kidnapper's actions were so <u>repellent</u>, it was hard to have any sympathy for her.
   ① reserved   ② insincere
   ③ aggressive   ④ unpleasant

3. He reached the age when he could act with <u>impunity</u>. [서울시9급 07]
   ① decidedly   ② with leisure
   ③ in confidence   ④ without punishment
   ⑤ with composure

4. The government will take <u>punitive</u> action against the company that polluted the river.
   ① banal   ② disciplinary
   ③ sporadic   ④ heinous

1. ④ 2. ④ 3. ④ 4. ②

suspend
★★★
[səspénd]
행안부9급 10

[아래에(sus) 매달아두다(pend)]

동 ① 매달다 ② (일시)중단하다 ③ 정학 [정직] 시키다
suspend the lantern 랜턴을 매달다
suspend a sentence 형선고를 유예하다
suspend a student 학생을 정학시키다

명 suspension ① (일시) 중단 ② 정학, 정직, 출장 정지
명 suspense (숨이 멎는) 서스펜스, 긴장감

활용

suspend judgment
판단을 보류하다

be suspended from school
학교에서 정학당하다

compensate
★★★
[kámpənsèit]

[함께(com) 무게를 달아(pens) (양쪽을) 맞추다]

동 ① 보완하다, 메우다 ② 보상하다
compensate for lack of experience
경험 부족을 보완하다
compensate him for the damage
그에게 피해에 대해 보상하다

명 compensation 보상(금)

동의어

indemnify 배상하다
recompense 보상하다
reimburse 변상하다
make up for
~을 메우다, 보충하다

dispense
★★★
[dispéns]

[(정확히) 무게를 달아(pens) 내주다(dis)]

동 ① 나누어주다 ② (약을)조제하다
dispense drinks to visitors
방문객들에게 마실 것들을 나누어주다
dispense medication 약을 조제하다

속어 dispense with ~을 없애다

파생어

dispensation ① 분배 ② 허가
dispensary 조제실
dispensable 없어도 되는
indispensable 없어서는 안 될

ponder
★★☆
[pándər]

[무게를 달아(pond)보다]

동 숙고하다
ponder the problem 그 문제를 숙고하다

형 ponderous ① 육중한 ② 지루한

동의어

consider 숙고하다
contemplate 숙고하다
deliberate 숙고하다
weigh up 살펴보다

pending
★★☆
[péndiŋ]

[매달려(pend)있는]

형 ① 미결인, 미정인 ② 임박한
bills pending in Congress 국회에 계류 중인 법안들
the pending election 임박한 선거

동의어

undecided 결정이 안 된
(up) in the air 미결인, 불확실한

impending
★★☆
[impéndiŋ]
중앙인사9급 07

[~에(im) 매달려(pend)있는]

형 임박한 = imminent
have a sense of impending disaster
재난이 임박했음을 감지하다

접미어

■ -ing : 형용사형
engaging 매력적인
unwilling 꺼리는
compromising 남부끄러운

pensive
★☆☆
[pénsiv]

[(머리 속으로)무게를 달아(pens)보는]

형 생각에 잠긴, 수심어린
a pensive expression 생각에 잠긴 표정

동의어

thoughtful 생각에 잠긴
contemplative 사색하는

penchant
★☆☆
[péntʃənt]

[(~에 자꾸만) 매달리는(pench) 것]

명 애호, 좋아함
a penchant for sports cars 스포츠카들에 대한 애호

동의어

liking 좋아함
affection 애정
affinity 호감, 애정

★☆☆

pro**pens**ity
[prəpénsəti]

[~쪽으로(pro) 매달리(pens)는 것]

명 **성향, 경향**
a propensity for violence 폭력적인 성향

day 12

동의어

tendency 경향
trend 추세
proclivity (나쁜) 경향

추가어휘
pension [pénʃən]

명 연금

어원
[(과거에 한 기여도만큼) 지불(pens)함]

---

130 | pet : 구하다(seek), 가다(go)

★★☆

ap**pet**ite
[ǽpətàit]

[~을(ap) 구하는(pet) 상태]

명 ① 식욕 ② 욕구
stimulate our appetite 우리의 식욕을 자극하다
have an appetite for adventure
모험에 대한 욕구가 있다

명 ap**pet**izer (식욕을 돋우는) 애피타이저

주제

◉ **식사의 순서**
appetizer 애피타이저
main dish 주요리
dessert 후식, 디저트

★★☆

com**pet**e
[kəmpí:t]

행자부9급 00

[(얻으려고) 서로(com) 구하다(pet)]

동 **경쟁하다**
compete with foreign companies
외국 회사들과 경쟁하다

명 com**pet**ition 경쟁
형 com**pet**itive 경쟁하는

동의어

contend 경쟁하다
contest 경쟁하다
vie 경쟁하다

기출문제

1. Jim spent the whole evening asking me questions about his physics exam. However, he made up for it by washing my car for me. [경기 05]

① appreciated　　② complemented
③ applauded　　④ compensated

2. We can't dispense with water for too many days.

① depend on　　② do without
③ use up　　④ distribute

3. At the first flash of lightning, they scurried for the shelter from the impending storm. [중앙인사9급 07]

① disastrous　　② strong
③ imminent　　④ abnormal

4. 다음 [보기]의 단어로 아래 Ⅰ~Ⅳ의 빈칸을 채울 때 들어가지 않는 것은?

intoxicated, buckle, suspended, jaywalk, speeding, hit-and-run

Ⅰ. 음주운전 - driving while _____
Ⅱ. 안전벨트를 착용하세요. - Please _____ up.
Ⅲ. 속도위반으로 면허정지를 당했다. - I had my license _____ for _____.
Ⅳ. 뺑소니 사고 - a _____ accident

[경찰 10]

① intoxicated　　② suspended
③ jaywalk　　④ buckle

1. ④ 2. ② 3. ③ 4. ③

★★☆

competence
[kάmpətəns]
서울시9급 07

[경쟁할(compet) 수 있는 상태]

명 **유능함, 능력**
his competence as a lawyer
변호사로서의 그의 능력

형 com**pet**ent 유능한 ↔ incompetent 무능한

<접미어>
■ -ence : 명사형
experi**ence** 경험
exist**ence** ① 존재 ② 생활

★★★

impetuous
[impétʃuəs]
경찰행정특채 15
국회9급 14

[~을(im) 막 구하는(pet)]

형 **충동적인, 성급한**
an impetuous decision 성급한 결정

부 im**pet**uously 충동적으로

명 im**pet**us 추진력

<동의어>
impulsive 충동적인
compulsive 통제가 안 되는
headlong 성급하게

★★☆

perpetual
[pərpétʃuəl]
국가직7급

[끝까지(per) 이어져 가는(pet)]

형 **(끊임없이) 계속되는**
the perpetual noise of the machines
끊임없이 계속되는 기계들의 소음

동 per**pet**uate 영구화하다

<접미어>
■ per- : 끝까지
per**form** ① 수행하다
② 공연하다
per**severe** 인내하다

★★☆

petition
[pətíʃən]
서울시9급 04
선관위9급 06

[(도움을) 구하는(pet) 것]

명 **(공식) 요청, 탄원(서)**
draw up a petition 탄원서를 작성하다

동 **(공식) 요청하다**
petition the government to investigate the issue
그 문제를 조사해달라고 정부에 공식 요청하다

<동의어>
request 요청
requisition (공식적) 요청
asking 부탁, 요구
plea 애원, 간청

★☆☆

petulant
[pétʃulənt]

[(자기 것으로) 구하려고만(pet) 하는]

형 **심통 부리는, 떼를 쓰는**
a petulant child 떼쓰는 아이

<동의어>
impatient 참을성 없는
fractious 화를 잘 내는
irritable 짜증을 잘 내는

<추가어휘>
re**peat** [ripí:t]

동 반복하다, 되풀이하다 = go over

<어원>
[다시(re) 가다(peat)]

---

131 | plac : 차분한(calm), 기쁘게 하다(please)

★★☆

placate
[pléikeit]

[(마음을) 차분하게(plac) 하다]

동 **(화를) 달래다, 누그러뜨리다**
be placated by his apology
그의 사과에 화가 누그러지다

<동의어>
appease 달래다
assuage 누그러뜨리다
pacify 진정시키다

★☆☆

placebo
[pləsí:bou]

[(증세를) 진정(plac)시키는 것]

명 **위약(僞藥)**
the placebo effect 위약 효과

<동의어>
panacea 만병통치약
nostrum (엉터리) 처방
antidote 해독제
antiseptic 소독약

★★☆

com**plac**ent
[kəmpléisnt]
국회8급 04
국가직9급 12

[(스스로) 완전히(com) 기뻐(plac)하는]

형 **자기 만족하는, 현실에 안주하는**
a complacent attitude 현실에 안주하는 태도

동의어

self-satisfied 자기만족의
smug 우쭐해 하는

★☆☆

im**plac**able
[implǽkəbl]

[진정될 수(placable) 없는(im)]

형 **누그러지지 않을, 확고한**
an implacable hatred 누그러들지 않을 증오

동의어

relentless 누그러들지 않는
inexorable 거침없는

day 12

추가어휘

placid [plǽsid]

형 ① 차분한 ② 잔잔한

어원

[차분(plac)한]

---

132 | plic, ply, ploy : 접다(fold), 엮다, 짜다(weave)

★★★

ap**ply**
[əplái]

[(능력을 어떤 일)에(ap) 갖다 대보다(ply)]

동 ① **신청[지원]하다** ② **적용하다[되다]** ③ **바르다, 칠하다**
apply for a job 일자리에 지원하다
apply the formula to the question
공식을 그 문제에 적용하다

명 **appli**cation ① 신청 ② 적용 ③ 바르기

명 **appli**cant 지원자　명 **appli**ance 가전제품

활용

apply for a loan
대출을 신청하다
apply for college
대학에 지원하다
apply to reality
현실에 적용되다
apply lotion
로션을 바르다

기출문제

1. He is a man of <u>impetuous</u> temperament.
[경찰행정특채 15]

① impulsive　　　② lazy
③ stubborn　　　④ competitive

2. The development of modern government in England
in general began with the Great Reform Act of 1832.
The <u>impetus</u> for this act was provided by corrupt
practices in the House of Commons, and by the
massive increase in population occurring during the
industrial revolution. [국회9급 14]

① motivation　　　② obstruction
③ responsibility　　④ substitute
⑤ strategy

3. No society can make a perpetual constitution, or even
a <u>perpetual</u> law. [국가직7급]

① impecunious　　② deciduous
③ perpendicular　　④ everlasting

4. "I didn't mean to upset you." Agnew said in a <u>placating</u>
voice. [사시]

① dissenting　　　② heartening
③ appeasing　　　④ offensive
⑤ typical

5. The winner's <u>complacent</u> smile annoyed some of the
members of the audience. [국가직9급 12]

① scornful　　　② simulated
③ self-satisfied　　④ condescending

1. ① 2. ① 3. ④ 4. ③ 5. ③

accomplice
★★☆
[əkámplis]
경찰 10

[(범죄)에 (ac) 함께 (com) 엮인 (plic) 자]

[명] **공범**
an accomplice to insurance fraud 보험 사기의 공범

a murderer's **accomplice**
살인범의 공범

---

complicate
★★★
[kámpləkèit]
행자부9급 03, 서울시9급 06

[함께 (com) 여러 겹으로 접다 (plic)]

[동] **복잡하게 하다, 더 어렵게 하다**
complicate the current situation
현 상황을 복잡하게 하다

파생어
complication ① 문제 ② 합병증
complicity (범죄의) 공모
complicated 복잡한

---

diplomacy
★★☆
[diplóuməsi]
국가직9급 09

[두 겹으로 (di) 접힌 (plo) (공식) 문서의 교환]

[명] ① **외교** ② **수완, 사교 능력**
international diplomacy 국제 외교
tact and diplomacy 요령과 수완

[형] diplomatic ① 외교의 ② 수완이 있는

[명] diplomat 외교관   [비교] diploma 졸업장

주제
ambassador 대사
consul 영사
emissary 사절, 특사
envoy 사절, 특사
Foreign Ministry 외무부

---

deploy
★☆☆
[diplói]

[접힌 것을 (ploy) 펼치다 (de)]

[동] **(병력·무기 등을) 배치하다**
deploy the troops for battle
전투를 위해 병력을 배치하다

[명] deployment 배치, 전개

동의어
dispose 배치[배열]하다
arrange 정리[배열]하다
array (잘) 배열하다

---

employ
★★☆
[implói]
경북9급 07

[안에 (em) 넣다 (ploy) 쓰다]

[동] ① **고용하다** ② **(기술·방법 등을) 쓰다, 이용하다**
employ a lawyer 변호사를 고용하다
employ a new method 새로운 방법을 쓰다

[명] employment ① 고용 ② 이용 ↔ unemployment 실업

[명] employer 고용주, 사장

접미어
◉ -ee : ~당하는 사람
employee 종업원, 직원
refugee (피)난민
referee 심판
committee 위원회

---

imply
★★☆
[implái]
선관위9급 06

[(의미를) 안에 (im) 접어 (ply) 넣다]

[동] **넌지시 나타내다, 암시 [내포] 하다**
His words implied a threat.
그의 말에는 협박이 내포되어 있었다.

[명] implication ① 함축 ② (향후의) 영향, 결과

동의어
hint 넌지시 알려주다
suggest 암시하다
connote 함축하다

---

implicit
★★☆
[implísit]
대구시9급 05

[(의미가) 안에 (im) 접혀 (ply) 넣어진]

[형] ① **암시된, 내포된** ② **절대적인**
an implicit threat 암시된 협박
implicit trust in his honesty
그의 정직함에 대한 절대적인 믿음

활용
an **implicit** meaning
내포된 의미
an **implicit** criticism
암시된 비난

---

implicate
★☆☆
[ímplikèit]

[(범죄) 안에 (im) 접어 (plic) 넣다]

[동] **(범죄에) 연루되었음을 보여주다**
the evidence that implicates government officials
정부 관리들이 범죄에 연루되었음을 보여주는 증거

[명] implication ① 함축 ② 연루 ③ 영향, 결과

활용
by **implication**
함축적으로
the **implication** in the crime
그 범죄에 연루됨
the **implication** of the
decision 그 결정의 영향

★★☆
ex**plic**it
[iksplísit]

[(접힌 것이) 밖으로(ex) 펼쳐져(plic) 드러난]

형 **분명한, 명백한**
give an explicit instruction 분명한 지침을 주다

활용

an **explicit** act of violence
분명한 폭력 행위

★★☆
ex**plic**ate
[ékspləkèit]
지방직9급 12

[(접힌 것을) 밖으로(ex) 펼쳐(plic)내다]

동 **설명하다**
explicate a theory 이론을 설명하다

형 inex**plic**able 설명할 수 없는

동의어

clarify 명확하게 하다
elucidate 설명하다
account for 설명하다

day 12

★★☆
ex**ploi**t
[iksplɔ́it]
경찰 13

[(묻힌 것을) 밖으로(ex) 펼쳐(ploi)내다]

동 ① (자원·능력을) **개발하다** ② **착취하다**
exploit natural resources 천연 자원을 개발하다
be accused of exploiting workers
노동자들을 착취한 혐의로 고발되다

명 《-s》 **위업, 업적** = feat
the exploits of the hero 그 영웅의 업적

명 ex**plo**itation ① (부당한) 이용 ② 개발

어원풀이

◉ exploit
① 묻힌 자원을 펼쳐내어
　→ 개발하다
② 부당하게 빼내어
　→ 착취하다
③ 능력을 펼쳐내어
　→ 업적, 위업

★★☆
per**plex**
[pərpléks]

[(생각을) 완전히(per) 얽히게 하다(plex)]

동 **당혹스럽게 하다**
her strange response perplexing me
나를 당혹스럽게 하는 그녀의 이상한 반응

형 per**plex**ed 당황한, 당혹스러운

동의어

bewilder
어리둥절하게 하다
embarrass
당황하게 하다

기출문제

1. She revealed the name of her _____ during interrogation. [경찰 10]

　① accomplice　　　② audacity
　③ ancestor　　　　④ animosity

2. The tradition-directed person takes his signals from others, but they come in a cultural monotone; he needs no _____ receiving equipment to pick them up. [국회사무8급 08]

　① erudite　　　　② insignificant
　③ complicated　　④ exorbitant
　⑤ irradiant

3. How do you <u>employ</u> your spare time? [경북 07]

　① make use of　　② give work to
　③ save　　　　　④ prepare

4. Many people consider hackers and crackers to be the same. Their names may sound funny, but crackers' _____ activities are not just pranks. Crackers sometimes _____ a company's security codes and then figure out its computer systems illegally. Hackers, on the other hand, will report the vulnerability so the system in a(n) _____ way, so the program can be patched. [경찰 13]

　① malicious - exploit - ethical
　② exploit - malicious - ethical
　③ ethical - exploit - malicious
　④ malicious - ethical - exploit

1. ① 2. ③ 3. ① 4. ①

★☆☆
pliable
[pláiəbl]

[휠(pli) 수 있는]

형 ① 유연한, 잘 휘는 ② 유순한
soft and pliable leather 부드럽고 잘 휘는 가죽
a pliable wife 유순한 아내

형 **pli**ability 유연성

동의어
docile 유순한
meek 온순한
tractable 다루기 쉬운

★★★
plight
[plait]

행안부9급 09
서울시9급 11

[(풀리지 않게) 접힌 [꼬인] (pligh) 상태(t)]

명 역경, 곤경
a desperate plight 절망적인 곤경

동의어
trouble 문제, 어려움
adversity 불운, 역경
predicament 곤경

추가어휘
complex [kəmpléks]
dis**play** [displéi]
du**plic**ate [djú:pləkèit]
du**plic**ity [dju:plísəti]

형 복잡한　명 ① 복합건물 ② 콤플렉스
동 ① 전시[진열]하다 ② 드러내다, 보이다
동 복사[복제]하다
명 이중성, 표리부동

어원
[(이것저것) 함께(com) 짜여[엮여] 있는(plex)]
[접힌 것을(play) 펼치다(dis)]
[두 겹으로(du) 접어(plic) 두 면을 만들다]
[(겉과 속이 다른) 두(du) 겹(plic)인 상태]

---

day 13

133 ple(n), pli, ply : 채우다(fill)

★☆☆
plenary
[plí:nəri]

[(남김없이) 다 채워(plen)진]

형 ① 총회의, 전원 출석의 ② 절대적인
a plenary meeting 총회
have plenary power 전권을 갖다

접미어
■ -ary : 형용사형
custom**ary** 관례적인
legend**ary** 전설적인

★☆☆
plethora
[pléθərə]

[(너무 많이) 차(pleth) 있는 상태]

명 과다, 과잉
a plethora of information 정보의 과잉

동의어
surfeit 과다
glut 과잉

★★☆
sup**ply**
[səplái]

[아래부터(sub) (위로) 채우다(ply)]

동 공급하다, 제공하다
supply A with B　A에 B를 공급하다

명 공급, 비축(량)
supply and demand 수요와 공급

명 sup**pli**er 공급자, 공급 회사

동의어
provide A with B
A에게 B를 공급하다

furnish A with B
A에게 B를 제공하다

★☆☆
plenty
[plénti]

[가득 찬(plen) 상태]

명 풍부한 양, 풍성함
plenty of water 충분한 물

형 **plen**tiful 풍부한

숙어 in **plen**ty 넉넉하게, 충분히

접미어
■ -ty : 명사형
safe**ty** 안전
cruel**ty** 잔인함

★★☆
com**ple**ment
[kámpləmənt]

[완전하게(com) 채우는(ple) 것]

명 **보완물, 완벽하게 해주는 것**
A good wine is a complement to a good meal.
좋은 와인은 훌륭한 식사를 완벽하게 만들어 준다.

동 **보완하다, 완성시키다**
The shirt complements the suit nicely.
셔츠가 정장의 멋을 완성시킨다.

형 complementary 상호 보완적인

명 complementation 보완

접미어

☑ -ment : 명사형
move**ment** 움직임
settle**ment** 정착, 해결
retire**ment** 은퇴
engage**ment** 약속, 약혼

day 13

★★☆
sup**ple**ment
[sʌpləmənt]

[(부족한 것을) 아래부터(sup) (위로) 채운(ple) 것]

명 **보충(물), 추가**
dietary supplements 건강 보조 식품

동 **보충[추가]하다**
supplement her diet with vitamins
비타민으로 식단을 보충하다

형 sup**ple**mentary 보충[추가]의

비교

◉ **complement** vs **supplement**

complement :
기존 것을 더욱 완벽하게 해줌

supplement :
기존 것만으로 부족해 추가함

★☆☆
com**pli**ment
[kámpləmənt]

[(대접을 받고 예의를) 완전하게(com) 갖추는(pli) 것]

명 **칭찬, 찬사**
pay [give] him a compliment 그를 칭찬하다

동 **칭찬하다**
compliment the pianist on her performance
그녀의 공연에 대해서 그 피아니스트를 칭찬하다

형 com**pli**mentary ① 칭찬하는 ② 무료의

동의어

praise 칭찬하다
commend 칭찬하다
acclaim 찬사를 보내다
laud 칭찬하다

기출문제

1. How does he explain the <u>plight</u> of the oil-hungry nations? [서울시9급 11]

  ① strange circumstance ② happy realization
  ③ bad situation ④ final decision
  ⑤ hazard decision

2. The menu offers a <u>plethora</u> of cuisines from around the world.

  ① junk ② density
  ③ epitome ④ surfeit

3. He gave me a <u>compliment</u> about my new dress.

  ① jargon ② slander
  ③ praise ④ confession

4. My friend sent me a few <u>complimentary</u> tickets for the concert. [세무사]

  ① splendid ② expensive
  ③ voluntary ④ free
  ⑤ formal

1. ③ 2. ④ 3. ③ 4. ④

★★☆
im**ple**ment
[ímpləmənt]
국가직9급 11

[(작업) 안에(im) 채워진(ple) 것/(일에 노력을) 안에(im) 채우다(ple)]

동의어

명 **도구**
farming implements 농기구들

동 **실행하다**
implement a plan 계획을 실행하다

명 im**ple**mentation 실행

fulfill 이행하다
carry out 이행하다
execute 실행하다

★★☆
com**ply**
[kəmplái]
행자부9급 02

[(정해진 법·명령을) 완전히(com) 채우다(ply)]

동의어

동 **(법·명령에) 따르다, 준수하다**
comply with the rules 규칙을 따르다

명 com**pli**ance 준수

형 com**pli**ant 순종적인

keep 지키다
obey 따르다
observe 준수하다
uphold (법·원칙을) 지키다

★★☆
de**ple**te
[diplíːt]

[채워진(ple) 것을 없어지게(de) 하다]

동의어

동 **고갈시키다, 격감시키다**
deplete natural resources 천연자원을 고갈시키다

명 de**ple**tion 고갈

exhaust 고갈시키다
drain (힘을) 다 빼내다
use up ~을 다 쓰다

추가어휘
com**ple**te [kəmplíːt]
ac**com**plish [əkámpliʃ]
re**ple**te [riplíːt]
re**ple**nish [ripléniʃ]

어원

형 완벽한, 완전한 = perfect   동 끝마치다, 완성하다
동 성취하다, 완수하다 = achieve
형 가득한
동 다시 채우다, 보충하다

[완전히(com) 다 채워(ple)진]
[~을(ac) 완전히(com) 채우(pli)다]
[다시(re) 채워(ple)진]
[다시(re) 채우(plen)다]

---

134 | plor : 울다, 외치다(cry)

★★☆
de**plor**e
[diplɔ́ːr]
서울시9급 04

[몹시(de) 슬피 울다(plor)]

주제

동 **개탄하다, 한탄하다**
deplore an increase in sexual crime
성범죄의 증가를 개탄하다

형 de**plor**able 개탄스러운

◉ 「울다」 정리
cry (소리 내어) 울다
weep 울다, 눈물을 흘리다
sob 흐느껴 울다
whimper 훌쩍이다

★★☆
im**plor**e
[implɔ́ːr]
서울시9급 04

[~에(im) 울다(plor)]

동의어

동 **애원하다, 간청하다**
implore him to save the child
그에게 그 아이를 구해달라고 애원하다

형 im**plor**ing 애원하는

명 im**plor**ation 애원, 간청

plead 애원하다
entreat 간청하다
solicit 간청하다

추가어휘
ex**plor**e [iksplɔ́ːr]

어원

동 ① 탐험하다 ② 탐구하다

[(사냥꾼이 사냥감을 보고) 밖으로(ex) 외치다(plor)]

135 | pos, pon, pound : 놓다(put)

pose
[pouz]
국회8급 05
★★☆

[(문제/몸의 자세를) 놓다(pos)]

동 ① (문제·질문 등을) **제기하다** ② **포즈를 취하다**
pose a risk of injury 부상 위험이 있다

명 **포즈, 자세**

숙어 **pose** as + 명 ~인 체하다, ~로 가장하다

활용
pose a question
문제를 내다, 의문을 제기하다
pose a threat to our health
우리의 건강을 위협하다

position
[pəzíʃən]
★★☆

[놓여(pos) 있는 곳]

명 ① **위치** ② **자세** ③ **입장, 상황** ④ **지위**
the company's financial position 그 회사의 재정 상황
hold a position of authority 권위 있는 지위에 있다

접미어
■ **-tion** : 명사형
pollution 오염
ambition 야망, 포부
inflation 통화 팽창

positive
[pázətiv]
★★☆

[(확실히) 놓여(pos) 있는]

형 ① **긍정적인** ② **확신하는** ③ (검사 결과가) **양성의**
have a positive attitude 긍정적인 태도를 갖다
be positive that we would win the game
우리가 그 경기에서 이길 것을 확신하다
test positive for the drug
그 약물 테스트에서 양성반응을 보이다

명 **긍정적인 면[것]**

부 **positively** ① 긍정적으로 ② 확실히, 분명히

활용
positive thinking
긍정적 사고
a **positive** influence
긍정적인 영향
a **positive** role
긍정적인 역할
positive proof 확증

day 13

기출문제

1. Teenagers are probably not as <u>compliant</u> as parents would like to think!

① whimsical   ② submissive
③ impressionable   ④ responsive

2. Because of the large-scale pollution of oceans and seas, marine life and vegetation have been severely _____, and as a result, the ecological balance is upset.

① clung   ② rummaged
③ depleted   ④ shielded

3. The student body <u>deplored</u> the hike in the tuition fee by most universities and expressed their disapproval of it by taking out a procession and raising slogans against the hike.

① lamented   ② deterred
③ elicited   ④ procured

4. Many sports help to ___①___ one's reactions and dexterity. Sports can also improve one's process of thought. Be sure to judge whether or not the level of exercise activity is appropriate as you are participating in the sport. Being wise about the health benefits of sports will ensure a healthy lifestyle. Regular exercise will help one's personality to be positive. If you ___②___ what has been suggested, you will have favorable results. [국가직9급 11]

	①	②
①	control	complement
②	enhance	complement
③	control	implement
④	enhance	implement

1. ② 2. ③ 3. ① 4. ④

★☆☆
ap**pos**ite
[ǽpəzit]

[~에 가까이(ap) 놓인(pos)]

형 **적절한**
an apposite quotation 적절한 인용

접미어

◼ **-ite** : 형용사형
defin**ite** 분명한
infin**ite** 무한한

★★★
com**pose**
[kəmpóuz]

[(갖추어) 함께(com) 놓다(pose)]

동 ① **구성하다** ② **(글을) 쓰다, 작곡하다**
　　③《oneself》**진정시키다**
Water is composed of hydrogen and oxygen.
물은 수소와 산소로 구성된다.
compose a song 노래를 작곡하다
She stopped crying and composed herself.
그녀는 울음을 멈추고 진정했다.

참고 de**compose** 분해되다, 부패되다

파생어

com**position**
① 구성 ② 작문, 작곡
com**ponent** 요소, 부품
com**posure** 침착
com**posed** 침착한
com**poser** 작곡가

★★☆
de**pos**it
[dipázit]

법원서기보 03
선관위9급 04

[아래에(de) 내려놓다(pos)]

동 ① **두다, 놓다** ② **예금하다** ③ **침전시키다**
deposit the tools in the garage 도구들을 차고에 두다
deposit $100 in my account
100달러를 내 계좌에 입금하다

명 ① **예금** ② **계약금, 보증금** ③ **침전물, 매장량**
put a deposit on ~에 계약금을 맡기다
discover oil deposits 석유 매장량을 발견하다

기본

◉ **account** 정리
① 계좌 ② 설명
③ 이유, 중요성 ④ 고려
accountant 회계사
accountable 책임이 있는
account for ① 설명하다
　　　　　② ~의 원인이다

★★☆
dis**pose**
[dispóuz]

[(각각) 떨어뜨려(dis) 놓다(pos)]

동 ① **배치하다** ②《of》**처리하다, 없애다**
dispose the troops 병력들을 배치하다
dispose of toxic waste 유독성 폐기물을 처리하다

명 dis**position** 기질, 성향　　명 dis**posal** 처리, 처분
형 dis**posable** 일회용의

동의어

deal with 처리하다
get rid of 없애다
throw away 버리다, 없애다
dispense with 없애다

★★☆
ex**pose**
[ikspóuz]

[밖에(ex) 내놓다(pose)]

동 ① **노출하다** ② **폭로하다**
be exposed to sunlight 햇볕에 노출되다
expose the secret plan 그 비밀 계획을 폭로하다

명 ex**posure** ① 노출 ② 폭로
명 ex**position** ① 설명 ② 전시회

활용

exposure to infection
감염에의 노출
exposure of his past
그의 과거에 대한 폭로

★★☆
im**pose**
[impóuz]

[~의 안에(im) 놓다(pose)]

타 ① **(세금·형벌을) 부과하다** ② **강요하다**
impose a tax on liquor 주류에 세금을 부과하다
impose one's religious beliefs on the students
자신의 종교적인 믿음을 학생들에게 강요하다

자 **폐를 끼치다, (남의 호의 등을) 이용하다**
impose on his kindness 그의 친절함을 이용하다

명 im**position** ① 부과 ② 폐, 부담
형 im**posing** 인상적인

활용

im**pose** a fine
벌금을 부과하다
im**pose** a life sentence
on the defendant
피고에게 종신형을 선고하다

oppose
★★☆
[əpóuz]
행자부9급 13

[반대로(op) 놓다(pose)]

동 **반대하다** = object to
oppose the suggestion 그 제안에 반대하다

명 형 **opposite** 반대(의)

명 **opposition** ① 반대 ②《the O-》야당

접두어

▣ **ob-** : 반대
oppress 억압하다
offend 범죄를 저지르다
oblivion 망각

day 13

purpose
★★☆
[pə́ːrpəs]

[앞에(pur) 두고 있는(pos) 것]

명 **목적, 의도**
the purpose of the research 그 연구의 목적

형 **purpose**ful 목적[목표]가 있는

동의어

on purpose 고의로
deliberately 고의로
intentionally 의도적으로

repository
★☆☆
[ripázətɔ̀ːri]

[뒤에(re) 갖다 놓는(pos) 곳(ory)]

명 **저장소, 보관소**
a repository of data 데이터 저장소

접미어

▣ **-ory** : 장소, 곳
factory 공장
laboratory 실험실, 연구소
library 도서관

suppose
★★☆
[səpóuz]

[아래에(sup) 놓다(pose)]

동 **(~라고) 생각하다, 추측하다**
Who do you suppose will win?
넌 누가 이길 거라고 생각해?

명 **supposition** 추측, 추정

활용

be supposed to V
① ~하기로 되어 있다
② ~해야 한다

compound
★☆☆
[kámpaund]

[함께(com) 놓다(pound)]

동 ① **섞다, 혼합하다** ② **악화시키다**
compound the medicine 약을 조제하다
compound the problem 그 문제를 더 악화시키다

동 **결합, 화합물**
a compound of history and fiction 역사와 허구의 결합

동의어

mix 섞다
blend 섞다, 섞이다
combine 결합하다
fuse 융합하다

기출문제

1. 'Skyscraper' is a(n) _____ name for Manhattan's many tall buildings.
① apposite ② imposing
③ composite ④ disposed

2. Her manner was quite composed and we were all very impressed.
① unexpectedly cooperative ② really excited
③ very calm ④ quite comprehensive
⑤ very self-centered

3. As refugees flee the remains of their communities, it has been difficult in some cases to find people to help dispose of bodies rotting in the tropical heat.
① deal with ② pile up
③ get rid of ④ care for

4. The police assume that someone set the fire on purpose.
① desperately ② deliberately
③ reluctantly ④ fiercely

5. Already in deep trouble because of the losses in his business, and the death of his son, the fire that destroyed his factory increased his misery and compounded his sorrows.
① exacerbated ② expounded
③ estimated ④ propagated

1. ② 2. ③ 3. ③ 4. ② 5. ①

★☆☆ ex**pound**
[ikspáund]

[(숨겨진 뜻을) 밖에(ex) 내놓다(pound)]

동 **자세히 설명하다**
expound the new theory
그 새로운 이론을 상세히 설명하다

기본

◉ **pound 정리**
① (영국의) 화폐 단위
② (무게단위로) 파운드
③ (쿵쿵) 치다, 두드리다

추가어휘

posture [pástʃər]
de**pose** [dipóuz]
op**pon**ent [əpóunənt]
postpone [poustpóun]
pro**pose** [prəpóuz]
re**pose** [ripóuz]

어원

명 자세, 태도 = attitude, stance
동 (권좌에서) 물러나게 하다, 퇴위시키다
명 ① (토론·경쟁의) 상대 ② 반대자
동 연기하다 = put off
동 제안[제의]하다 = offer, suggest
동 ① (몸을 편히) 놓다, 휴식하다 ② (믿음·희망을) 두다, 놓다

[특정 방식으로 몸을) 놓은 상태]
[(왕좌에서) 내려(de) 놓다(pose)]
[반대쪽에(op) 놓인(pon) 사람(ent)]
[(날짜를) 뒤에(post) 놓다(pon)]
[(생각을) 앞으로(pro) 내놓다(pose)]
[(편히) 뒤로(re) 놓다(pose)]

136 | publ, popul : 사람들(people)

★★☆ **publ**ish
[pʌbliʃ]

[사람들에게(publ) 알리다]

동 ① **발행[발표]하다** ②(기사를)**싣다,게재하다**
publish a book 책을 발행하다
publish the picture of the suspect
그 용의자의 사진을 게재하다

명 **publ**ication 출판, 발행
명 **publ**isher 출판인, 출판사

접미어

■ -ish : 동사형
fin**ish** 끝내다
cher**ish** 소중히 여기다
pol**ish** 닦다, 광내다
nour**ish** 영양분을 주다
rel**ish** (대단히) 즐기다

★☆☆ re**publ**ic
[ripʌblik]

[(주권이) 대중[국민]에게(publ) 있는 것(re)]

동 **공화국**
an independent republic 독립된 공화국

동의어

democracy 민주주의
autonomy 자치

추가어휘

popular [pápjulər]
public [pʌblik]
populace [pápjuləs]
populate [pápjulèit]

어원

형 인기 있는, 대중적인   동 popularize 대중화하다
형 (일반) 대중의, 공공의 ↔ private 사적인, 개인적인
명 대중들, 서민들
동 ~에 거주하다 = inhabit

[대중(popul)적인]
[대중(publ)의]
[(일반적인) 사람들(popul)]
[사람들을(popul) 살게 하다]

137 | port : 나르다, 옮기다(carry)

★☆☆ de**port**
[dipɔ́ːrt]

[(사람을) 멀리(de) 옮기다(port)]

동 **강제 추방하다**
deport illegal immigrants 불법 이민자들을 추방하다

동의어

expel 추방하다
banish 추방하다

★★☆ op**port**unity
[ùpərtjú:nəti]

[(바람이 때마침) 항구(port) 쪽으로(op) 불어줌]

명 **기회** = chance
take/miss the opportunity 기회를 잡다/놓치다

형 op**port**une 시기적절한

명 op**port**unist 기회주의자

동의어
timely 시기적절한
well-timed 시기가 좋은

★☆☆ pur**port**
[pərpɔ́:rt]

[(생각을) 앞으로(pur) 옮기다(port)]

동 **주장하다**
purport to be true 사실이라고 주장하다

명 **요지, 취지**
the purport of the book 그 책의 요지

동의어
core 핵심
gist 요지, 골자
pith 골자, 핵심
kernel 핵심, 알맹이

 day 13

★★☆ re**port**
[ripɔ́:rt]

[(일이 일어난) 뒤에(re) 옮기다(port)]

동 ① **보도하다, 보도하다** ② **신고하다**
report the news 뉴스를 보도하다
report him to the police 그를 경찰에 신고하다

명 **보고(서), 보도**
a weather report 일기 예보

명 re**port**er 기자

부 re**port**edly 전하는 바에 따르면

접미어

■ **-er, -or, -ar** : 사람
own**er** 소유자, 주인
act**or** 배우
ancest**or** 조상
curat**or** (박물관·미술관의) 관장
begg**ar** 거지
aviat**or** 비행사

추가어휘

portable [pɔ́:rtəbl]
im**port** [impɔ́:rt]
ex**port** [ikspɔ́:rt]
sup**port** [səpɔ́:rt]
trans**port** [trænspɔ́:rt]

형 휴대용의 = mobile
동 수입하다   명 수입(품)
동 수출하다   명 수출(품)
동 ① 지지 [지원] 하다 ② (가족을) 부양하다
동 수송하다   명 수송

어원

[옮겨(port) 다닐 수 있는(able)]
[(물건을) 안으로(im) 옮기다(port)]
[(물건을) 밖으로(ex) 옮기다(port)]
[아래에서(sup) 지탱하여 들고 있다(carry)]
[(이쪽에서) 저쪽으로(trans) 옮기다(port)]

기 출 문 제

1. Governments have the power to <u>deport</u> illegal immigrants.

   ① compel
   ② expel
   ③ dispel
   ④ repel

2. Your <u>opportune</u> warning saved our lives.

   ① timely
   ② graphic
   ③ aggressive
   ④ gradual

3. In three earlier books she <u>expounded</u> her conviction that Islam was incorrigibly flawed.

   ① meditated
   ② held out
   ③ came up with
   ④ set out

4. The <u>purport</u> of this paper is to collect and put together in a concise form the facts which are known in relation to polio as an infective and epidemic disease.

   ① gist
   ② upshot
   ③ foundation
   ④ tendency

1. ② 2. ① 3. ④ 4. ①

138 | poss, pot : 할 수 있는(able), 강한(powerful)

possess
★★☆
[pəzés]
선관위9급 06

[(마음대로) 할 수(poss) 있다]

동 ① 소유하다 ② (감정·악령이) ~를 사로잡다
possess illegal weapons 불법 무기들을 소지하다
be possessed by a demon 악령에 사로잡히다

파생어
possession ① 소유 ② 소지품
possessive 소유욕이 강한
self-possessed 침착한

potent
★★☆
[póutnt]

[강한, 강력(pot)한]

형 강한, 강력한 ↔ impotent 무력한
a potent weapon 강력한 무기
명 potency 힘, 효능

동의어
robust 튼튼한, 강력한
sturdy 튼튼한, 견고한
compelling 강력한
dominant 우세한

potential
★★★
[pəténʃəl]
서울시9급 04
행자부9급 04
중앙인사9급 06·07
안행부9급 13

[(발생 확률이) 강력(pot)한]

형 가능성 있는, 잠재적인
a potential danger 잠재적 위험
명 ① 가능성 ② 잠재력
the potential for an accident 사고의 가능성
shows great potential 큰 잠재력을 보이다

접미어
■ -al : 형용사형
physical 신체의; 물리적인
normal 보통의, 정상적인
■ -al : 명사형
arrival 도착
survival 생존

추가어휘
possible [pásəbl]
omnipotent [amnípətənt]
empower [impáuər]

형 가능한 ↔ impossible 불가능한
형 전능한 = almighty
동 권한을 주다 = authorize, entitle

어원
[(마음대로) 할 수(poss) 있는]
[모든 것에(omni) 힘(pot)이 있는]
[(~에게) 권한(power)을 만들어 주다(em)]

139 | prici, prais : 가치(value)

priceless
★★☆
[práislis]

[값이(price) 없는(less)]

형 매우 귀중한 ↔ valueless 무가치한
Good health is priceless. 건강은 매우 귀중하다.

접미어
■ -less : ~이 없는
countless 셀 수 없이 많은
merciless 무자비한

appraise
★★☆
[əpréiz]

[~에(ap) 값(praise)을 매기다]

동 평가하다
appraise the painting at 1 million
그 그림을 백만 달러로 평가하다

동의어
rate 평가하다
assess 평가하다
evaluate 평가하다

appreciate
★★★
[əprí:ʃièit]
전북9급 04
법원서기보 00
안행부9급 13

[~에(ap) 가치를(preci) 두다]

동 ① 진가를 알아보다, 제대로 알다
② 고마워하다 ③ 가치가 오르다
appreciate good wine 좋은 와인의 진가를 알다
appreciate his donation 그의 기부에 고마워하다
The value of our house has appreciated.
우리 집의 가치가 올랐다.

파생어
appreciation ① 이해(력)
② 감사 ③ 가치 상승
appreciative 감사해하는
appreciable 주목할 만한
appreciably 상당히

★★☆

de**preci**ate
[diprí:ʃièit]

국회8급 07
경기교육9급 04

[가치를(preci) 떨어뜨리(de)다]

동 **가치가 떨어지다, 가치를 떨어뜨리다**
New cars depreciate rapidly.
새로 산 차의 가치는 급격히 떨어진다.

명 de**preci**ation 가치 하락

접미어

■ **de-** : 아래
deride 조롱하다
despise 경멸하다
despondent 낙담한

추가어휘

precious [préʃəs]

형 **귀중한, 값비싼** = dear, valuable

어 원

[가치 (preci) 있는]

140 prehend, pris, pregn : 잡다 (take)

★★★

ap**prehend**
[æprihénd]

전북9급 04
서울시9급 05

[~을(ap) 붙잡다(prehend)]

동 ① **파악하다** ② **체포하다**
apprehend the meaning 의미를 파악하다
apprehend the criminal 범인을 체포하다

명 ap**prehen**sion ① 체포 ② 걱정, 우려

형 ap**prehen**sive 걱정되는, 불안한

동의어

arrest 체포하다
capture 포획하다
catch him red-handed
그를 현행범으로 체포하다

★★☆

ap**pris**e
[əpráiz]

[~에게(ap) (사실을) 잡게(pris) 하다]

동 **알리다**
apprise him of any changes
그에게 변동 사항들을 알리다

비교 ap**prais**e 평가하다

주제

◉ **알리는 것**
information 정보
notice 공지
instruction 지시, 지침
direction 지시, 명령

★☆☆

ap**pren**tice
[əpréntis]

[~을(ap) (배워) 붙잡으려는(pren) 사람]

명 **견습생, 도제**
the painter's apprentice 그 화가의 견습생

동의어

learner 학습자
novice 초보자
disciple 제자
pupil (어린) 학생

기 출 문 제

1. Morphine, a form of synthetic heroin, is a <u>potent</u> painkiller.
   ① harmful ② effective
   ③ paltry ④ provocative

2. All behaviors have an inherited basis, but strictly speaking it is only a <u>potentiality</u> that is inherited.
   ① learnability ② possibility
   ③ likeness ④ quantity

3. The clues gathered by the police were so helpful that they could trace the murderer and _____ him in just twenty four hours.
   ① apprehend ② comprehend
   ③ appreciate ④ compensate

4. News about Dolly the cloned sheep was received with wonder and <u>apprehension</u>. [서울 05]
   ① excitement ② confusion
   ③ anger ④ understanding
   ⑤ worry

5. No one was <u>apprised</u> of the captain's death. [외시]
   ① reminded ② inquired
   ③ informed ④ acknowledged

1. ② 2. ② 3. ① 4. ⑤ 5. ③

★★☆

com**prehend**
[kàmprihénd]
대구시9급 05

[(의미를) 완전히(com) 붙잡다(prehend)]

[동] 이해하다, 파악하다
comprehend the meaning 그 의미를 이해하다
[명] com**prehens**ion 이해력
[형] com**prehens**ive 포괄적인

동의어
understand 이해하다
grasp 파악하다
penetrate 간파하다
figure out 이해하다

★☆☆

com**pris**e
[kəmpráiz]

[함께(com) 붙잡고(pris) 있다]

[동] ① ~로 구성되다 ② 구성하다, 이루다
Women comprise 15 percent of the army.
군대의 15%가 여자들로 구성되어 있다.

동의어
compose 구성하다
constitute 구성하다
make up 구성하다

★☆☆

enter**pris**e
[éntərpràiz]

[(양손) 사이에(enter) (일을) 붙잡아(pris) 하는 것]

[명] ① 진취성 ② 대규모 사업 ③ 기업, 회사
young people with enterprise 진취성을 가진 젊은이들
a thriving enterprise 번창하고 있는 기업
[형] enter**pris**ing 진취적인
[명] entre**pren**eur 기업가

동의어
initiative 주도권, 진취성
venture 모험, 벤처
undertaking (위험한·힘든) 일

★☆☆

re**priev**e
[riprí:v]

[(원래 사형 집행을 안 하고) 뒤에(re) 붙잡아(priev)둠]

[명] (집행) 유예, 연기   [동] (형 집행을) 유예하다
grant a temporary reprieve
(형 집행을) 일시적으로 유예해 주다

동의어
probation 집행 유예
suspension (일시) 중단
moratorium 활동 중단

★☆☆

re**prehens**ible
[rèprihénsəbl]

[뒤로(re) 붙잡혀(prehens) 있는]

[형] 비난받을 만한
reprehensible acts 비난받을 만한 행동들

동의어
culpable 비난받을 만한
blameworthy 비난받을 만한

추가어휘
prey [prei]
imprison [imprízn]

[명] 먹이, 사냥감   [숙어] fall prey to ~의 먹이가 되다
[동] 투옥하다, 감금하다 = put in jail

어 원
[(먹으려고) 잡는 것(prey)]
[감옥(prison) 안에(in) 넣다]

---

141 | pri, prim, prin : 처음, 먼저 (first)

★★☆

prior
[práiər]
법원서기보 03
행안부9급 08

[더 먼저인(pri)]

[형] ① 이전의, 사전의 ② ~에 앞서, ~전에
gain prior approval 사전 승인을 얻다
prior to the war 그 전쟁에 앞서
[명] **pri**ority 우선 (사항)
[동] **pri**oritize 우선순위를 정하다, 우선적으로 처리하다

접미어
■ -or : ~보다 더한(비교급)
superior (더) 우수한
inferior (더) 열등한
junior 부하(의), 3학년
senior 고위의, 4학년

추가어휘
primitive [prímətiv]
principal [prínsəpəl]
principle [prínsəpl]

[형] 원시의, 원시적인
[형] 주된, 주요한   [명] 교장, 총장
[명] ① 원리 ② 원칙, 신조

어 원
[처음(prim) 시대의]
[첫째를(prin) 차지(cip)하는]
[(이론·믿음에서) 첫째를(prin) 차지(cip)하는]

142 press : 누르다(press)

★★☆

de**press**
[diprés]
국회8급 05

[(기분을) 내리(de) 누르다(press)]

동 ① 우울하게 하다 ② 침체시키다
the problem depressing her
그녀를 우울하게 하는 문제
depress the economy 경제를 침체시키다

명 depression ① 우울증 ② 불경기

형 depressed ① 우울한 ② 침체된

주제

◉ '경제' 상황
boom 호황
buoyant 활황인
depression 불경기
recession 불황

day 13

★★☆

ex**press**
[iksprés]

[(생각을) 눌러(press) 짜내어(ex) 나타내다]

동 나타내다, 표현하다
express one's views 견해를 나타내다

형 ① 분명한 ② 급행의
his express purpose 그의 분명한 목적
an express train 급행열차

명 expression ① 표현 ② 표정

형 expressive (감정·느낌을) 잘 나타내는

관련 expressway 고속도로(= highway)

주제
freedom of expression
표현의 자유
wear a sad expression
슬픈 표정을 짓다
expressive performance
감정을 잘 나타내는 공연

기출문제

1. He did not <u>comprehend</u> the significance of the ambassador's remark.
   ① turn out ② carry out
   ③ figure out ④ iron out

2. It is our <u>reprehensible</u> nature to welcome flattery.
   ① amiable ② ignoble
   ③ blameworthy ④ commonplace

3. If you withdraw prior ___ the first day of classes, a record will be kept of your enrollment but it will not be displayed on your academic transcript.
   ① on ② for
   ③ near ④ to

4. James Cameron's completely immersive spectacle "Avatar" may have been a little too real for some fans who say they have experienced _____ and suicidal thoughts after seeing the film.
   ① oppression ② imagination
   ③ depression ④ suppression
   ⑤ emancipation

5. Theresa would often <u>express</u> her annoyance even in public places. She needs to learn to control her temper.
   ① masquerade ② give vent to
   ③ relegate ④ extinguish

1. ③ 2. ③ 3. ④ 4. ③ 5. ②

★★☆
im**press**
[imprés]

국회8급 04
대구시9급 05

[(마음) 안에(im) 눌러 찍다(press)]

[동] ① (좋은) 인상을 주다 ② 각인시키다
try to impress her 그녀에게 좋은 인상을 주려고 하다
impress the dangers of drunk driving
음주운전의 위험성을 각인시키다

[명] im**press**ion 인상, 느낌

[형] im**press**ive 인상적인

동의어
imposing 인상적인
influential 영향력 있는
monumental 기념비적인

★★☆
op**press**
[əprés]

[(자유의) 반대로(op) 누르다(press)]

[동] 탄압하다, 억압하다
oppress the people 국민들을 억압하다

[명] op**press**ion 탄압, 억압 [명] op**press**or 압제자

동의어
suppress 진압하다
repress 억압하다
subdue 진압하다
put down 진압하다

★★☆
re**press**
[riprés]

[(감정을) 뒤로(re) 누르다(press)]

[동] ① 참다, 억누르다 ② 억압하다
repress a laugh 웃음을 참다
repress other religious groups
타종교 집단들을 억압하다

[명] re**press**ion ① 억제 ② 탄압, 억압

동의어
restrain 억누르다
stifle ① 질식시키다 ② 억누르다
hold back 억누르다

★★★
sup**press**
[səprés]

국회8급 07
선관위9급 02

[(반란·폭동 등을) 내리(sup) 누르다(press)]

[동] ① 진압하다 ② 억누르다, 억제하다
suppress a rebellion 반란을 진압하다
suppress one's anger 화를 억제하다

[명] sup**press**ion ① 진압 ② 억제

동의어
crush ① 으스러뜨리다 ② 진압하다
quell 진압하다
quash ① 진압하다 ② 기각하다

추가어휘
press [pres]
pressure [préʃər]
com**press** [kəmprés]

[동] 누르다 [명] 《the ~》 언론
[명] 압력, 압박 = stress, strain
[동] ① 압축하다 ② 요약하다

어원
[(인쇄기를 종이에) 눌러(press) 찍는 것]
[누르는(press) 것]
[(부피를 줄이려) 함께(com) 꾹 누르다(press)]

---

day 14

143 | prov, prob : 증명하다(prove), 시험하다(test)

★★☆
prove
[pruːv]

법원서기보 00

[(시험을 통해) 증명하다(prove)]

[동] ① 증명하다 ② (~임이) 판명되다
prove one's innocence 자신의 결백을 입증하다
prove valuable 귀중한 것으로 판명되다

[명] proof 증거, 증명

어근
◉ 명 + proof : '~을 막아주는'
water**proof** 방수의
wind**proof** 방풍의
sound**proof** 방음의
fire**proof** 불연성의

★★☆
ap**prove**
[əprúːv]

국회8급 05
서울시9급 10

[(좋은 점)을(ap) 증명하여(prove) 승인하다]

[동] ① 승인하다 ② ~이 좋다고 생각하다
approve the building plans 그 건축 계획을 승인하다
I don't approve of his stubborn attitude.
그의 고집스런 태도를 좋게 생각하지 않다.

[명] ap**prov**al 승인, 인정

어법
approve + 목
~을 승인하다
approve of + 목
~이 좋다고 생각하다

★★☆
dis**approve**
[dìsəprú:v]

['승인하다'의(approve) 반대(dis)]

동 ① 거부하다 ② 못마땅해 하다, 안 좋게 생각하다
disapprove the bill 그 법안을 거부하다
disapprove of his behavior 그의 행동을 못마땅해 하다

disapprove + 목
~을 거부하다
approve of + 목
~을 안 좋게 생각하다

명 disap**proval** 반감

형 disap**proving** 못마땅해 하는

★☆☆
dis**prove**
[disprú:v]

[~가 아니라고(dis) 증명하다(prove)]

동의어

동 틀렸음을 입증하다
disprove his argument 그의 주장이 틀렸음을 입증하다

belie 거짓임을 보여주다
debunk 틀렸음을 밝히다

day 14

★☆☆
re**prove**
[riprú:v]

[(좋은 점이) 증명되지(prove) 못 하다(re)]

동의어

동 꾸짖다, 혼내다
reprove the student for being late
지각한 것에 대해 그 학생을 혼내다

scold 야단치다, 꾸짖다
chide 꾸짖다
reproach 비난하다
tell off 야단치다

명 re**proof** 꾸짖음, 나무람

★☆☆
probable
[prábəbl]

[증명될(prob) 수 있는]

동의어

형 (일어날) 가능성이 있는
a probable result (일어날) 가능성이 있는 결과

possible 가능한
potential 가능성 있는
plausible 그럴듯한

명 **prob**ability 가능성, 개연성

기출문제

1. The government's reassurances have done nothing to <u>suppress</u> the doubts of the public.

   ① arouse   ② fathom
   ③ saturate   ④ quell

2. The ultimate tragedy is not the _____ and cruelty by the bad people but the silence over that by the good people.

   ① plagiarism   ② collusion
   ③ oppression   ④ offense

3. Adaptations <u>probably</u> arise as a result of the pressure of natural selection.

   ① hardly   ② undoubtedly
   ③ presumably   ④ characteristically
   ⑤ definitely

4. If you get into trouble and are sent to the principal's office, be prepared for the principal to <u>reprove</u> you for your behavior.

   ① disclaim   ② endorse
   ③ disapprove   ④ reproach

1. ④ 2. ③ 3. ③ 4. ④

probe [proub]
★☆☆

[(아픈 곳을) 시험 [검사] (prob)하는 것]

명 (철저한) 조사
an probe into corruption 부패에 대한 철저한 조사

동 캐내다, 조사하다
probe into his past 그의 과거를 캐내다

동의어
research 연구, 조사
inspection 점검, 조사
investigation 수사
examination 조사, 검토
survey 설문 조사
poll 여론 조사

probation [proubéiʃən]
★☆☆

[(행동을) 시험해(prob) 보는 것]

명 ① 집행 유예 ② (직장 내의) 수습
grant him 1 year's probation
그에게 1년의 집행 유예 기간을 주다
be on probation for three months
석 달의 수습 기간에 있다

기본
◉ grant 정리
동 ① (허가해) 주다, 승인하다
② 인정하다
명 보조금
숙어 take it for granted that ~
을 당연한 것으로 생각하다

probity [próubəti]
★☆☆

[(인격이) 증명된(prob) 상태]

명 정직성
a person of probity 정직한 사람

동의어
integrity 진실성
rectitude 정직

144 | proper, propr : 자신의 것(one's own)

property [prápərti]
★★☆
법원서기보 01
서울시9급 06

[자기 자신의(proper) 것]

명 ① 재산, 부동산 ② 속성, 특징
property damage 재산 피해
a property market 부동산 시장
the property of Aluminium 알루미늄의 특징

비교 propriety 예절

동의어
wealth 부, 재산
asset 자산
real estate 부동산
equity 자기자본

appropriate [əpróupriət]
★★☆
법원서기보 01
서울시9급 06

[~이(ap) 자신의 것(propri)인/~을(ap) 자기 것으로(propri) 취하다]

형 적절한 ↔ inappropriate 부적절한
be appropriate for children 아이들에게 적당하다

동 (남의 것을) 제멋대로 쓰다, 도용하다
appropriate government funds
정부 자금을 제멋대로 쓰다

명 appropriation 도용, 전용

동의어
steal 훔치다
plagiarize 표절하다
pirate 불법 복제하다
poach 도용하다
embezzle 횡령하다

추가어휘
proper [prápər]

형 적당한, 적절한 = suitable ↔ improper 부적당한

어원
[자기 자신의(proper) 것인]

145 | pugn : 싸우다(fight)

pugnacious [pʌgnéiʃəs]
★☆☆

[싸우기(pugn) 좋아하는]

형 싸우기 좋아하는, 호전적인
a pugnacious politician 싸우기 좋아하는 정치인

명 pugnacity 호전성

동의어
quarrelsome 다투기 좋아하는
belligerent 공격적인

repugn**ant**
★☆☆
[ripʌgnənt]

[반대하여(re) 싸우(pugn)는]

형 **불쾌한, 혐오스러운**
a morally repugnant idea 도덕적으로 불쾌한 생각

동의어
repellent 혐오감을 주는
repulsive 역겨운
disgusting 역겨운

impugn
★☆☆
[impjúːn]

[싸움(pugn)을 걸다(im)]

동 **(비난하기 위해) 의심을 제기하다**
impugn his motive 그의 동기에 의심을 제기하다

동의어
challenge 의심을 제기하다
contest 의심을 제기하다

146 punc : 찌르다(prick)

punctual
★★☆
[pʌŋktʃuəl]

[(정확한 지점을) 찌르(punct)는 → 정확한]

형 **시간을 잘 지키는[엄수하는]**
a punctual businessman 시간을 잘 지키는 사업가

부 **punc**tually 정각에

명 **punc**tuality 시간 엄수

비교
on time 정각에
in time 시간 맞춰, 늦지 않게

punctilious
★☆☆
[pʌŋktíliəs]

[(정확한 지점을) 찌르(punct)는]

형 **꼼꼼한**
be punctilious about grammar
문법에 대해 꼼꼼하다

동의어
meticulous 꼼꼼한
scrupulous 세심한

기출문제

1. If you show fiscal <u>probity</u>, it means you are responsible and ethical with your money.
   ① punctuality
   ② property
   ③ rectitude
   ④ tolerance

2. The purpose of this approach is to initiate <u>appropriate</u> correctional steps whenever the need for them arises.
   ① palpable
   ② irrevocable
   ③ necessary
   ④ suitable

3. The conciliatory gesture of the politician this morning comes as a sheer contrast to the _____ language he used for much of last month.
   ① incendiary
   ② placatory
   ③ pugnacious
   ④ magnanimous

4. The auditors <u>impugned</u> the accuracy of the accounts prepared by the accountant of the company.
   ① grudged
   ② challenged
   ③ championed
   ④ reassured

5. <u>Punctuality</u> is the art of guessing how late the other fellow is going to be.
   ① Making a pun
   ② Making a prediction
   ③ Being honest
   ④ Being on time

1. ③ 2. ④ 3. ③ 4. ② 5. ④

pungent
[pʌndʒənt]
★☆☆

[(맛/말이) 찌르(pung)는]

형 ① (맛·냄새가) **톡 쏘는, 매운** ② **신랄한**
the pungent odor of garlic 톡 쏘는 마늘 냄새
a pungent satire 신랄한 풍자

동의어
acid 신, 산성의
acrid (맛이) 톡 쏘는
piquant (맛이) 톡 쏘는 듯한

poignant
[pɔ́injənt]
★☆☆

[(마음을) 찌르(poign)는]

형 **가슴 아픈, 애절한**
an poignant scene 가슴 아픈 장면

동의어
pathetic 불쌍한
heartbreaking 가슴 아픈

expunge
[ikspʌ́ndʒ]
★☆☆

[(옛날 틀린 글자에 바늘로) 찔러(pung)서 빼내다(ex)]

동 **지우다, 삭제하다**
expunge his name from the list
명단에서 그의 이름을 삭제하다

동의어
erase 지우다
efface 지우다
obliterate (흔적) 없애다

추가어휘
puncture [pʌ́ŋktʃər]
punctuate [pʌ́ŋktʃuèit]

명 펑크, 구멍 동 펑크[구멍]를 내다
동 구두점을 찍다, 강조하다 명 punctuation 구두점

어원
[(뾰족한 것에) 찔린(punct) 것]
[(문장에 기호를) 찍(punct)다]

147 | pur(g) : 깨끗한(clean)

purge
[pə:rdʒ]
★★☆

[깨끗하게(purg) 하다]

동 ① **정화하다** ② **(사람을) 몰아내다, 없애다**
purge one's mind 마음을 정화하다
purge a party of disloyal members
당에서 불충한 당원들을 몰아내다

비교
refine ① (물질을) 정제하다
② 개선하다
liquidate ① 청산하다
② 제거하다, 죽이다

expurgate
[ékspə:rgèit]
★☆☆

[(더러운 부분을) 빼내어(ex) 깨끗이(purg) 하다]

동 **(부적절한 부분을) 삭제하다**
expurgate the film
그 영화의 부절절한 부분을 삭제하다

동의어
censor 검열하다
expunge 삭제하다

추가어휘
purify [pjúərəfài]

동 정화하다

어원
[깨끗하게(pur) 하다]

148 | put : 생각하다(think)

dis**put**e
[dispjú:t]
★★☆
국가직9급 06

[(상대방과) 다르게(dis) 생각하다(put)]

동 ① **반박하다, 이의를 제기하다** ② **논란을 벌이다**
dispute his claim 그의 주장에 반박하다
dispute over the issue 그 문제에 대해 논란을 벌이다

명 **분쟁, 논란**
the territory dispute 영토 분쟁

형 dis**put**able 논란이 될 수 있는

동의어
quarrel 말다툼
argument 논쟁, 언쟁
contention 논쟁
discord 불화
controversy 논란
conflict 갈등, 충돌

★★☆

im**put**e
[impjúːt]

[(원인이) ~안에(im) 있다고 생각하다(put)]

동 (원인을) **~에게 돌리다**
impute the failure to him 실패의 원인을 그에게 돌리다

명 im**put**ation 책임 전가

비교

ascribe A to B = attribute A to B
A의 원인을 B에게 돌리다
→ 긍정과 부정에 둘 다 씀

impute A to B A를 B 탓하다
→ 부정적 상황에만 씀

★★★

re**put**ation
[rèpjutéiʃən]

전북9급 04
행자부9급 04

[자꾸(re) 생각나는(put) 것]

명 **평판, 명성**
have a good reputation 평판이 좋다

동의어

fame 명성
renown 명성
prestige 명성
celebrity ① 명성 ② 유명인

 day 14

추가어휘

com**put**e [kəmpjúːt]

동 계산 [산출] 하다 = calculate

어원

[(모두 합쳐) 함께(com) 생각하다(put)]

---

149 quest, quir, quer : 묻다, 구하다 (ask)

★★☆

question
[kwéstʃən]

[묻는(quest) 것]

명 ① **질문, (시험) 문제** ② **의심, 의문**
a personal question 개인적 질문
believe his words without question
그의 말을 의심 없이 믿다

형 **quest**ionable 의심스러운

활용

raise question
의문을 제기하다

There is no question about
~에 대해 의문의 여지가 없다

기 출 문 제

1. The principal tried to <u>expunge</u> all traces of bullying from the school by implementing a kindness initiative and treating all complaints as serious.

   ① disrupt   ② obliterate
   ③ forsake   ④ extinguish

2. Ginger and mustard seed are examples of <u>pungent</u> spices.

   ① acrid   ② dessicated
   ③ voracious   ④ succulent

3. Montgomery County leaders announced a costly effort to <u>purge</u> the homeless from busy streets.

   ① extirpate   ② succor
   ③ contort   ④ abet

4. As the <u>indisputable</u> facts became known, the world recognized that the two astronomers had independently solved the problem of Uranus

   ① irrelevant   ② irreverent
   ③ irrefutable   ④ irreversible

5. We should not <u>impute</u> false motives to those who are kind.

   ① notify   ② proclaim
   ③ ascertain   ④ ascribe

1. ② 2. ① 3. ① 4. ③ 5. ④

acquire
★★☆
[əkwáiər]

[~을(ac) 구하다(quire)]

동 얻다, 획득하다
acquire a reputation 명성을 얻다

파생어
acquisition 습득, 획득
acquisitive 욕심 많은
acquired (병이) 후천적인

conquer
★★☆
[kɑ́ŋkər]

[완전히(con) 구하여(quer) 얻다]

동 ① 정복하다 ② 극복하다
conquer the country 그 나라를 정복하다
conquer one's fear 두려움을 극복하다

명 conquest ① 정복 ② 점령지

동의어
overcome 극복하다
surmount 극복하다
get over 극복하다

inquire
★★☆
[inkwáiər]

[안을(in) 캐묻다(quire)]

동 묻다, 문의하다
inquire about his schedule 그의 스케줄에 대해 묻다

명 inquiry ① 질문 ② 조사
형 inquisitive 꼬치꼬치 캐묻는, 호기심 많은

어법
inquire about
~에 관하여 묻다
inquire into
~을 조사하다
inquire after
~의 안부를 묻다

perquisite
★☆☆
[pə́ːrkwəzit]

[(원래 유산 이외에 노력으로) 완전히(per) 구하여(quis) 얻은 것]

명 (봉급 외 부가적) 혜택
a perquisite of the job 그 일의 혜택

동의어
benefit 혜택
perk (부가적) 혜택

require
★★★
[rikwáiər]

[반복하여(re) 구하다(quire)]

동 요구하다, 필요로 하다
require constant care 지속적인 관심을 필요로 하다

형 명 requisite 필요한; 필수품
명 requirement 요건
비교 prerequisite 전제 조건

동의어
request 요청하다
demand (강하게) 요구하다
ask for 요구하다

request
★☆☆
[rikwést]

[반복하여(re) 구한 것(quest)]

명 요청, 신청
make a formal request 공식 요청하다

동 (정중히) 요청하다
request more information 더 많은 정보를 요청하다

파생어
require 요구하다
requisite 필요한; 필수품
requisition (공식적) 요청
requirement 요건
prerequisite 전제 조건

exquisite
★★☆
[ikskwízit]

[(주의 깊게 찾아서) 구해(quis) 낸(ex)]

형 (매우) 훌륭한, 정교한
an exquisite artifact 아주 훌륭한 공예품

동의어
excellent 뛰어난
superb 최고의
supreme 최고의
marvelous 훌륭한, 놀라운
sublime 아주 훌륭한

추가어휘
query [kwíəri]
quest [kwest]
bequest [bikwést]

명 문의, 질문   동 질문[문의]하다
명 탐구, 탐색
명 유증, 유산

어원
[묻는(quer) 것]
[(답을) 구하는(ques) 것]
[(유언으로) 말(quest)한 것]

150 | qui, quiet : 조용한(quiet)

★★☆

tranquil
[trǽŋkwil]
행자부9급 01

[완전히(trans) 조용한(qui)]

형 **고요한, 평온한**
a tranquil rural village 평온한 시골 마을

명 **tranqui**lity 평온

명 **tranqui**lizer 진정제

동의어
quiet 조용한
silent 침묵의, 조용한
serene 고요한

★★☆

ac**quies**ce
[ækwiés]

[~에(ac) 조용히(quies) 있다]

동 **묵인하다**
acquiesce in the plan 그 계획을 묵인하다

동의어
accept 받아들이다
agree 동의하다
comply 따르다

★☆☆

dis**quiet**
[diskwáiət]

[조용한(quiet)의 반대(dis)]

명 **불안, 동요**
cause great disquiet 대단히 불안하게 하다

동의어
concern 우려, 걱정
anxiety 불안, 염려
agitation 불안, 동요

기출문제

1. The Romans <u>conquered</u> many neighbor countries in the past.

① supported　② defeated
③ satisfied　④ separated

2. The smooth surface of the <u>tranquil</u> lake mirrored the surrounding mountains.

① perturbed　② placid
③ frozen　④ clean

3. After she <u>acquiesced</u> to her employer's suggestions, things went much more smoothly.

① consented　② disagreed
③ complimented　④ revised

4. A feeling of <u>disquiet</u> might fill you as you walk slowly through a truly spooky haunted house.

① rapture　② penchant
③ loudness　④ uneasiness

5. Among the president's <u>perquisites</u> were free use of a company car and paid membership in a country club.

① requisites　② delegates
③ benefits　④ authorities

1. ② 2. ② 3. ① 4. ④ 5. ③

151 | radic : 뿌리(root)

★★☆
radical
[rǽdikəl]

[뿌리(radic)의(al)]

형 ① 근본적인 ② 급진적인, 과격한
a radical innovation 근본적인 혁신
a radical view 급진적인 견해

동의어
extreme 극도의, 극단적인
severe 극심한, 심각한

★★☆
eradicate
[irǽdəkèit]

[밖(e)으로 뿌리(radic)을 뽑아내다]

동 근절하다
eradicate sexual crimes 성범죄를 근절하다
명 eradication 근절

동의어
eliminate 없애다
extirpate 제거하다
exterminate 전멸시키다
root out 뿌리 뽑다

152 | rap, rav, rep : (잡아채서) 빼앗다(rob)

★★★
rob
[rab]

[(남의 물건을) 잡아채(rob) 빼앗다]

동 빼앗다, 털다
rob him of his money 그에게서 돈을 빼앗다
rob a bank 은행을 털다
명 robber 강도(범)   명 robbery (범죄) 강도

비교
steal ~을 훔치다
steal money **from** the store
그 가게에서 돈을 훔치다

★★☆
rape
[reip]

[(여자의 성을) 빼앗(rap)다]

동 강간하다
rape a woman 여자를 강간하다
명 강간
a rape victim 강간 피해자
명 rapist 강간범

어근
◉ 성범죄
sexual harassment 성희롱
sexual attack 성폭행
sexual abuse 성적 학대
molest (아동) 성추행하다

★☆☆
rapacious
[rəpéiʃəs]

[(남의 것을) 빼앗아(rap)가는]

형 탐욕스러운
a rapacious businessman 탐욕스러운 사업

동의어
greedy 욕심 많은
avaricious 탐욕스러운

★☆☆
rapture
[rǽptʃər]

[(정신을) 빼앗기는(rap) 상태]

명 환희, 황홀 (감)
go into raptures 황홀함에 빠지다
동 enrapture 황홀하게 하다

동의어
ecstasy 황홀경
bliss 더없는 행복
euphoria 행복감

★☆☆
rapt
[ræpt]

[(정신을) 빼앗(rap)긴]

형 몰입한, 몰두한
a rapt audience 몰입한 청중

접두어
◼ -id, -t : ~된, ~해진
humid (날씨가) 습한
intact 온전한
exempt 면제된

		동의어
★ ☆ ☆ **rav**age [rǽvidʒ]	**[(모든 것을) 앗아(rav)가다]** 동 **황폐하게 하다** crops ravaged by hurricane 허리케인으로 황폐해진 농작물	destroy 파괴하다 spoil 망치다 ruin 망치다 impair 손상시키다

		관련
★ ☆ ☆ **rav**enous [rǽvənəs]	**[(남의 것을) 빼앗을(rav) 정도인]** 형 **굶주린** a ravenous wolf 굶주린 늑대	hunger 굶주림, 배고픔 famine 기아, 기근 starvation 기아, 굶주림

		동의어
★ ☆ ☆ sur**rep**titious [sə̀:rəptíʃəs]	**[잡아서(rep) 몰래 아래로(sur) 내리는]** 형 **은밀한, 슬쩍 하는** a surreptitious glance 은밀한 눈길	clandestine 은밀한 cryptic 비밀의 furtive 은밀한

day 14

153 rect, right : 올바른(right)

		동의어
★ ☆ ☆ **rect**itude [réktitjùːd]	**[(사람이) 올바른(rect) 상태]** 명 **정직, 청렴** question his rectitude 그의 정직함에 의문을 갖다	honesty 정직(성) sincerity 성실, 정직 morality 도덕성

기출문제

1. In order to <u>eradicate</u> these harmful influences, we have to first discover their source.

　① update　　　　② obsess
　③ obliterate　　　④ understand

2. The phenomenon of these <u>rapacious</u> funds erupted about 15 years ago, but is now on steroids.

　① perverse　　　② greedy
　③ untenable　　　④ culpable

3. <u>Ravaged</u> by the frequent cyclones and an earthquake, the countryside experienced utter poverty and there were starvation deaths.

　① Devastated　　② Wasted
　③ Rehabilitated　　④ Fomented

4. The criminal's world is filled with <u>surreptitious</u> acts.

　① clandestine　　② alert
　③ anxious　　　　④ profitable

5. Thomas Aquinas claims that justice is a certain <u>rectitude</u> of mind whereby a man does what he ought to do in the circumstances confronting him.

　① consecration　　② prodigy
　③ integrity　　　　④ resolution

1. ③ 2. ② 3. ① 4. ① 5. ③

direct
★★☆
[dirékt]
국회8급 05
경찰 09

[떨어져(di) 곧장(rect) ~로 향하는]

형 **직접적인** ↔ indirect 간접적인
have a direct impact on ~에 직접적인 영향을 주다

동 **지휘하다, 감독하다**
direct the project 그 프로젝트를 지휘하다

명 **direct**ion ① 방향 ② 지시, 지휘

명 **direct**or ① (회사의) 이사, 책임자 ② (영화) 감독

활용
direct contact 직접적인 접촉
direct experience 직접적인 경험
a **direct** link 직접적인 관계

---

erect
★☆☆
[irékt]

[위로(e) 똑바른(rect)]

형 **똑바로 선, 직립한** = upright
stand/sit erect 똑바로 서다/앉다

동 **세우다, 건립하다**
erect a memorial 기념비를 세우다

동의어
build 짓다, 건설하다
establish 설립하다
set up 세우다, 설립하다

---

in**corrigible**
★☆☆
[inkɔ́ːridʒəbl]

[바로 잡을 수(corrigible) 없는(in)]

형 **고질적인, 구제불능의**
an incorrigible gambler 구제 불능의 도박꾼

동의어
incurable 불치의
beyond correction
구제불능인

---

ad**roit**
★★☆
[ədrɔ́it]

[~을(ad) 곧바로(roit) 해내는]

형 **능숙한, 노련한**
an adroit negotiator 노련한 협상가

동의어
skillful 능숙한
seasoned 경험 많은

---

out**right**
★★☆
[áutrait]
법원서기보 01

[밖으로(out) 다 곧장(right) 내보내는]

형 **완전한, 전면적인**
declare outright war 전면전을 선포하다

부 **완전히, 전면적으로**
reject the proposal outright 그 제안을 전면 거부하다

비교 up**right** 수직의 / down**right** 순전한 /
forth**right** 솔직한

접두어
■ out- : 밖으로
outlook ① 전망 ② 관점
outbreak 발발, 발생
outburst (감정의) 분출
outlet ① 배출구 ② 할인점
outrage 격노, 격분
outstanding ① 뛰어난
② 미해결의

추가어휘
cor**rect** [kərékt]
rectify [réktəfài]
righteous [ráitʃəs]

형 맞는, 옳은   동 바로잡다, 정정하다
동 바로잡다 = redress
형 (도덕적으로) 옳은, 정의로운   참고 self-righteous 독선적인

어원
[완전히(cor) 옳은(rect)]
[(틀린 것을) 올바르게(rect) 하다(ify)]
[올바른(right)]

---

day 15

154 reg, reig, rul : 규칙, 통치하다 (rule)

rule
★★★
[ruːl]

[올바르게(rul)하는 것]

명 **규칙**
follow the rules 규칙을 따르다

동 **① 통치하다 ② 판결을 내리다**
rule over an empire 제국을 통치하다
rule the suspect guilty 그 용의자를 유죄 판결내리다

파생어
ruler ① 통치자 ② (길이 재는) 자
ruling 판결
make a ruling 판결하다

★☆☆
over**rule**
[óuvərruːl]

[(더) 위에서(over) 판결을 내리다(rule)]

동 **기각하다** = override
overrule the decision 그 판결을 기각하다

■ **over-** : 위에, 넘어
overwhelm 압도하다
overhear 우연히 듣다
overtake 따라잡다
overseas 해외의

★★☆
regulate
[régjulèit]
중앙인사9급 04

[규칙(reg)을 정하다]

동 ① **규제하다** ② **조절하다**
regulate the use of chemicals
화학 물질의 사용을 규제하다
regulate the temperature 온도를 조절하다

명 **reg**ulation 규정, 규제 ↔ deregulation 규제 완화

형 **reg**ulatory 규제[단속]하는

동의어
control 통제하다
curb 억제하다
check 억제하다
contain 억누르다
suppress 억누르다

day 15

★★☆
sove**reig**n
[sávərin]
국회8급 07

[(백성들) 위(sover)에서 통치(reg)하는 사람]

명 **군주, 국왕**
the sovereign of Great Britain 영국의 국왕

형 ① **절대 권력을 지닌** ② **(국가가) 독립된, 자주적인**
the sovereign power of a king 왕의 절대 권력
a sovereign nation 독립국, 주권 국가

명 **sove**reig**n**ty ① 통치권 ② (국가의) 독립

동의어
king 왕
emperor 황제
ruler 통치자
monarch 군주
conqueror 정복자

regal [ríːgəl]
region [ríːdʒən]
regular [régjulər]
reign [rein]
regime [rəʒíːm]

형 왕의, 여왕의 = royal
명 ① 지방, 지역 ② (인체의) 부위
형 규칙적인, 정기적인 ↔ irregular 불규칙적인
명 통치 [재임] 기간
명 정권

어원
[통치(reg)의]
[(왕이) 통치(reg)하는 곳]
[규칙(reg)의]
[통치(reg)한 시간]
[통치(reg)하는 것]

기 출 문 제

1. I think my brother is very <u>adroit</u> as a negotiator.
   ① skillful ② bashful
   ③ inexperienced ④ adamant

2. Fifty years later he knew, and they knew as well, that there was no way to <u>rectify</u> his betrayal.
   ① correct ② qualify
   ③ integrate ④ disdain

3. Congress has the power to <u>overrule</u> the Presidential veto if they have a two-thirds vote.
   ① overrun ② override
   ③ overhaul ④ overlook

4. The pharmaceutical industry is heavily <u>regulated</u> — before a drug can be marketed, it must be tested.
   ① arranged ② controlled
   ③ forfeited ④ bolstered

5. 다음이 가리키는 사람은? [경찰 09]
   A person who guides the actors directs the performance.
   ① tour guide ② undertaker
   ③ director ④ prima donna

1. ① 2. ① 3. ② 4. ② 5. ③

155 | rid : 웃다(laugh)

★★☆
ridiculous
[ridíkjuləs]

[웃기는(rid) 일인]

형 **웃기는, 터무니없는**
a ridiculous suggestion 터무니없는 제안
명 동 **rid**icule 조롱(하다)

동의어
ludicrous 터무니없는
absurd 터무니없는

★★☆
deride
[diráid]

[깎아내리며(de) 웃다(rid)]

동 **조롱하다, 깎아내리다**
deride one's opponent 상대를 깎아내리다
명 **deris**ion 조롱
형 **deris**ive 조롱하는

동의어
scorn 경멸하다
sneer 조롱하다
despise 경멸하다
look down on ~을 얕보다

156 | rog : 묻다, 요구하다(ask)

★★★
arrogant
[ǽrəgənt]

행자부9급 03
서울시9급 06·07

[(함부로) ~을(ar) 요구(rog)하는]

형 **거만한, 오만한**
an arrogant attitude 거만한 태도
명 **arrog**ance 거만

동의어
pompous 거만한
haughty 거만한
insolent 무례한, 거만한
imperious 오만한

★☆☆
abrogate
[ǽbrəgèit]

[떨어지도록(ab) 요구(rog)하다]

동 **폐지하다**
abrogate a law 법을 폐지하다
명 **abrog**ation 폐지

동의어
abolish 폐지하다
repeal 폐지하다
do away with ~을 없애다

★☆☆
derogatory
[dirágətɔ̀:ri]

[떨어뜨려(de) 낼 것을 요구(rog)하는]

형 **경멸적인**
make a derogatory remark 경멸적인 말을 하다
동 **derog**ate 폄하하다

접미어
■ -ory : 형용사형
satisfactory 만족스러운
contradictory 모순되는

★★☆
prerogative
[prirágətiv]

중앙인사9급 06

[(남들보다) 먼저(pre) 요구(rog)하는 것]

명 **특권, 특혜** = privilege
the prerogative of the rich 부자들의 특권

접미어
■ -ive : 형용사형
detective 탐정, 형사
derivative 파생물[어]
representative 대표

추가어휘
rogue [roug]

명 **악당** = villain, malefactor

어원
[(남의 것을) 요구(rog)하는 자]

157 | rud : 거친 (rough)

★★☆
crude
[kru:d]

[(다듬어지지 않아) 거친(crud)]

형 ① (가공 안 된) 원래 그대로의 ② 대충의 ③ 저속한
crude oil 원유
a crude drawing 대충 그린 그림
a crude joke 저속한 농담

활용
crude materials 원료
a crude estimate
대략적인 추산
a crude summary
대강의 요약

★★☆
rudimentary
[rù:dəméntəri]

[(다듬어지지 않아) 거친(rudi) 상태(ment)인(ary)]

형 기초적인, 초보적인
a rudimentary knowledge 기초적인 지식
명 rudiments 기본, 기초

활용
rudimentary technology
초보적인 기술
a rudimentary stage
초보적인 단계

day 15

★★☆
erudite
[érjudàit]

[(지식이) 거친(rud) 상태에서 벗어난(e)]

형 박식한, 학식 있는
an erudite professor 박식한 교수

동의어
learned 박식한
scholarly 학구적인

추가어휘
rude [ru:d]

형 무례한

어원
[(행동이) 거친(rud)]

기출문제

1. You make <u>ridiculous</u> statements a lot, like saying that UFOs are real.
   ① astute ② bashful
   ③ ludicrous ④ industrious

2. During the five-day meeting of the International Whaling Commission, Japan <u>derided</u> the delegates of anti-whaling nations as "mimics for Greenpeace."
   ① ridiculed ② designated
   ③ nominated ④ degenerated

3. Pride goes before destruction, and a <u>haughty</u> spirit before a fall. [서울시9급 07]
   ① arrogant ② calm
   ③ harsh ④ holy
   ⑤ humble

4. <u>Erudite</u> discussion was made in the session about the origin of the English novel and its tradition.
   ① boring ② heated
   ③ scholarly ④ epoch-making

5. With similar programs now widely available in expensive, easy-to use consumer versions, just about anyone with _____ computer skills can cut, paste, erase, combine and retouch photographs. [국회8급 06]
   ① solitary ② complimentary
   ③ snobbish ④ sedentary
   ⑤ rudimentary

1. ③ 2. ① 3. ① 4. ③ 5. ⑤

158 | rupt : 부서지다(break), 터지다(burst)

★★☆

abrupt
[əbrʌpt]

[터져(rupt) 나오는(ab)]

형 ① 갑작스러운, 돌연한 ② 퉁명스러운
an abrupt change 갑작스러운 변화
an abrupt manner 퉁명스러운 태도

동의어
sudden 갑작스러운
unexpected 예기치 않은

★★★

corrupt
[kərʌpt]
국회8급 05·07

[(도덕이) 완전히(cor) 부서진(rupt)]

형 타락한, 부패한
corrupt politicians 부패한 정치인들

동 타락시키다, 부패하게 만들다
a judge corrupted by greed 탐욕으로 타락한 판사

명 corruption 타락, 부패

동의어
decayed 썩은, 부패한
rotten 썩은, 부패한
decadent 타락한, 퇴폐적인

★★☆

disrupt
[disrʌpt]
서울시9급 04

[산산이(dis) 부수다(rupt)]

동 방해하다, 지장을 주다
disrupt one's sleep 잠을 방해하다

명 disruption 지장

형 disruptive 지장을 주는

동의어
hinder 방해하다
disturb 방해하다
obstruct 막다, 방해하다

★☆☆

erupt
[irʌpt]

[밖으로(e) 터져(rupt) 나오다]

동 분출하다, 발발하다
The volcano erupted. 화산이 분출했다.

명 eruption 분출

동의어
burst 터지다, 터뜨리다
explode 폭발하다
break out 발생[발발]하다
blow up 폭파하다

★★☆

interrupt
[ìntərʌpt]
서울시9급 06

[(흐름을) 중간에서(inter) 끊다(rupt)]

동 (중간에서) 끊다, 중단시키다
interrupt a conversation 대화를 중단시키다

명 interruption 중단

동의어
halt 멈추다
pause 잠시 멈추다
discontinue 중단하다

추가어휘
rupture [rʌptʃər]
bankrupt [bǽŋkrʌpt]

어원

명 파열 [터지는(rupt) 것]
형 파산한, 부도난 = insolvent [(원래 금융업자의) 긴 탁자(bank)가 부서진(rupt)]

---

159 | sacr, secr : 신성한(holy)

★★☆

sacrifice
[sǽkrəfàis]
서울시9급 07

[신성하게(sacr) 해서(fic) 바치는 것]

명 ① 제물 ② 희생
offer a goat as a sacrifice 염소를 제물로 바치다
make sacrifice for one's children
자식들을 위해 희생하다

동 희생하다 [시키다]
sacrifice one's life ~의 목숨을 희생시키다

동의어
offering 공물, 제물
devotion 헌신, 전념
dedication 헌신, 전념

sanction ★★☆
[sǽŋkʃən]

[(법을 제정해) 신성(sanct)하게 함]

명 ① 승인 ②《-s》제재
get legal sanction 법적 승인을 얻다
take economic sanctions against
~에 경제적 제재 조치를 취하다

동 승인하다
sanction the use of force 무력 사용을 승인하다

동의어

approval 승인, 인정
approbation 승인
permission 허가, 승인

punishment 벌, 처벌
penalty 처벌
embargo (무역의) 제재, 금지

추가어휘

sacred [séikrid]
consecrate [kánsəkrèit]
desecrate [désikrèit]

형 신성한, 성스러운 ↔ profane 불경한
동 신성하게 하다
동 (신성함을) 훼손하다

어원

[신성(sacr)한]
[완전히(com) 신성하게(secr) 하다]
[신성함을(secr) 떨어뜨려(de)내다]

day 15

---

160 | sati(s), satur, set : 충분한(enough)

dissatisfy ★★☆
[dissǽtisfài]

국가직9급 14

[만족시키다(satisfy)의 반대(dis)]

동 불만을 느끼게 하다
be dissatisfied by poor service
형편없는 대우에 불만을 느끼다

명 dissatisfaction 불만

기본

poor ① 가난한
② 《at》 잘 못하는, 형편없는
poverty ① 가난 ② 부족

기출문제

1. Avalanches not only endanger life but they block important avenues of communication and _____ commercial activity. [서울직 04]
   ① deplore   ② mingle
   ③ disrupt   ④ aver
   ⑤ exert

2. The nation's steady improvement in economic performance in recent years _____ in 2002 by a downturn in agricultural production.
   ① were progressed   ② was interrupted
   ③ were accelerated   ④ was bolstered

3. Before invading Iraq, the US and its allies first imposed economic _____ on the country, refusing to supply the country with much-needed trade items.
   ① afflictions   ② bedrocks
   ③ adversities   ④ sanctions

4. Mary decided to consecrate her life to the service of God.
   ① devote   ② renounce
   ③ absolve   ④ confine

1. ③ 2. ② 3. ④ 4. ①

★☆☆
saturate
[sǽtʃərèit]

[(물을) 충분하게(satur) 하다]

동 ① 흠뻑 적시다 ② 포화시키다
saturate the towel with water
수건을 물에 흠뻑 적시다
saturate the market 시장을 포화시키다
명 **satur**ation 포화

관련
drench 흠뻑 적시다
dip 살짝 담그다
immerse 담그다
soak (푹) 담그다
steep 담그다

★★☆
in**sati**able
[inséiʃəbl]

행자부9급 00
지방직9급 14

[(아무리 해도) 채울(sat) 수 없는(in)]

형 만족할 줄 모르는
an insatiable desire for power
권력에 대한 만족할 줄 모르는 욕망

접미어

■ -able : ~될 수 있는
accept**able** 받아들일 수 있는
access**ible** 접근할 수 있는
unpredict**able** 예측할 수 없는

추가어휘
satisfy [sǽtisfài]
a**sset** [ǽset]

동 만족[충족]시키다 = gratify
명 자산, 재산

어원
[충분하게(satis) 만들다(fy)]
[(돈이 되기에) 충분한(set) 것]

161 | scend : 오르다(climb)

★★☆
tran**scend**
[trænsénd]

중앙인사9급 05
서울시9급 07

[뛰어넘어(trans) 오르다(scend)]

동 초월하다
transcend the limit 한계를 초월하다
형 tran**scend**ent 초월하는, 뛰어난

동의어
surpass 능가하다
exceed 초과하다
eclipse 능가하다

★☆☆
conde**scend**ing
[kàndəséndiŋ]

행안부9급 12

[(원래 자신을) 완전히(con) 낮추는(descending)]

형 거들먹거리는
a condescending attitude 거들먹거리는 태도

동의어
officious 거들먹거리는
patronizing 잘난 체하는

추가어휘
a**scend** [əsénd]
de**scend** [disénd]

동 오르다, 올라가다 = climb
동 내려오다, 내려가다
명 descent ① 내려오기, 내리막 ② 혈통, -계
명 descendant 자손, 후손

어원
[~에(a(d)) 오르다(scend)]
[올라갔다(scend) 내려오다(de)]

162 | sci : 알다(know)

★★☆
con**sci**ous
[kánʃəs]

[확실히(con) 알고(sci) 있는]

형 ① 의식이 있는 ② 의식하는, 알고 있는
a conscious patient 의식이 있는 환자
be conscious of the risks 그 위험성들을 알고 있다
명 con**sci**ousness 의식
형 self-con**sci**ous 자의식이 강한

비교
subconscious
잠재의식의
unconscious
무의식의

con**sci**ence
[kánʃəns]

행자부9급 00
국회8급 07

[(옳고 그름을) 확실히(con) 알고(sci) 있음]

- 명 **양심**
  a matter of conscience 양심의 문제
- 형 con**sci**entious 양심적인
- 형 con**sci**ence-stricken 양심의 가책을 받는

동의어
scruple 양심
compunction 양심의 가책
morality 도덕성

science [sáiəns]
prescient [préʃənt]
omniscient [amníʃənt]

- 명 과학   형 scientific 과학적인
- 형 선견지명이 있는
- 형 전지의

어원
[아는(sci) 것]
[미리(pre) 알고(sci) 있는]
[모든(omni) 것을 아는(sic)]

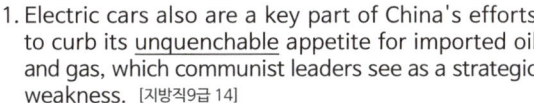

163 | scrib, script : 쓰다(write)

a**scrib**e
[əskráib]

[(원인이) ~에(a(d)) 있다고 쓰다(scribe)]

- 동 (~의 원인을) ~로 돌리다
  ascribe our success to his effort
  우리의 성공을 그의 노력에 돌리다

동의어
attribute
(원인을) ~로 돌리다
impute
(원인을) ~탓하다

de**scrib**e
[diskráib]

[아래로(de) 써 내려가다(scribe)]

- 동 **설명하다, 묘사하다**
  describe the situation 상황을 설명하다
- 명 de**script**ion 서술, 묘사
- 숙어 beyond description 형언할 수 없는

동의어
depict 서술하다
delineate 서술하다
portray 묘사하다

기 출 문 제

1. Electric cars also are a key part of China's efforts to curb its <u>unquenchable</u> appetite for imported oil and gas, which communist leaders see as a strategic weakness. [지방직9급 14]

① infallible   ② aesthetic
③ adolescent   ④ insatiable

2. If you are being _____, you are looking down on someone.

① despicable   ② condescending
③ hectic   ④ arduous

3. She <u>ascribed</u> her failure to her lack of patience.

① conceded   ② blamed
③ attributed   ④ suspended

4. A pop artist with a lot of talent might <u>transcend</u> the genre of pop.

① surpass   ② facilitate
③ overcome   ④ outgrow

5. If you shop online where there is no face-to-face interaction, less <u>conscientious</u> sellers may send products that are similar in appearance but deceptive in contents.

① inadvertent   ② nonchalant
③ scrupulous   ④ negligent

1. ④ 2. ② 3. ③ 4. ① 5. ③

circumscribe
★★☆
[sə́:rkəmskràib]
지방직9급 12
서울시9급 14

[빙 둘러(circum) 선을 긋다(write)]

동 제한하다
circumscribe the President's power
대통령의 권한을 제한하다

동의어
limit 제한하다
confine 제한하다
restrict 제한하다

prescribe
★★☆
[priskráib]
국회8급 05
지방직9급 09

[(명령으로) 미리(pre) 써 두다(scribe)]

동 ① 규정하다 ② 처방하다
prescribe a prison sentence for the crime
그 범죄에 대해 징역형을 규정하다
prescribe a drug 약을 처방하다
명 prescription 처방전
비교 proscribe 금지하다

주제
◉ '약' 관련 단어
diagnose 진단하다
prescribe 처방하다
dispense 조제하다
administer 투약하다
pharmacy 약국

proscribe
★★☆
[prouskráib]

[(안 되는 것을) 미리(pro) 써 두다(scribe)]

동 금지하다
proscribe racial discrimination 인종 차별을 금지하다

비교
forbid (개인적으로) 금지하다
forbid him to smoke
그를 담배피우지 못하게 하다

subscribe
★★☆
[səbskráib]
행사부9급 00

[(문서) 아래에(sub) 이름을 쓰다(scribe)]

동 ① 동의하다 ② 정기구독하다
subscribe to his idea 그의 생각에 동의하다
subscribe to a magazine 잡지를 정기구독하다
명 subscription 구독   명 subscriber 구독자

접두어
■ sub- : ~의 아래에
submarine 해저의; 잠수함
suburb 교외, 근교

추가어휘
inscribe [inskráib]
transcript [trǽnskript]

동 (이름 등을) 쓰다, 새기다 = carve
명 ① (언급된 내용을 옮긴) 글 ② 성적증명서

어원
[안에(in) 쓰다(scribe)]
[옮겨(trans) 써놓은 것(script)]

---

164 | sect, seg : 자르다(cut)

dissect
★★☆
[disékt]

[따로(dis) 잘라(sect) 가르다]

동 ① 해부하다 ② 분석하다
dissect a frog 개구리를 해부하다
dissect the result of the election 선거 결과를 분석하다
명 dissection ① 해부 ② 분석

동의어
analyze 분석하다
break down 분류하다
classify 분류하다
assort 분류하다

추가어휘
section [sékʃən]
sector [séktər]
segment [ségmənt]

명 (전체에서의 한) 부분, 부문
명 ① 부문, 분야 ② 지역, 지구
명 부분   동 (여러 부분으로) 나누다, 분할하다

어원
[(전체에서) 잘려진(sect) 것]
[(전체에서) 잘려진(sect) 것]
[(전체에서) 잘려진(seg) 것]

165 | sequ, secut, su(e) : 따르다(follow)

★★☆
con**sequ**ence
[kάnsəkwèns]

[(과정을 거쳐) 함께(com) 뒤따르는(sequ) 것]

명 ① **결과** ② **중요성**
the consequence of the incident 그 사건의 결과
a matter of consequence 중요한 사안

형 con**sequ**ential ① 결과로 일어나는 ② 중요한

부 con**sequ**ently 그 결과, 따라서

숙어 in con**sequ**ence 결과적으로

동의어
result 결과
outcome 결과
effect 영향, 효과, 결과
conclusion 결론

★★☆
con**secut**ive
[kənsékjutiv]
국가직9급 06

[(계속해서) 함께(com) 뒤따르는(sequ)]

형 **연이은, 뒤이은**
lost three consecutive games 3연패하다

동의어
successive 연속적인
following 그 다음의
ensuing 뒤이은

★★☆
sub**sequ**ent
[sΛbsikwənt]
행자부9급 03

[(앞에 것에) 바로(sub) 뒤따르(sequ)는]

형 **이후의, 다음의**
events subsequent to the war 그 전쟁 이후의 사건들

부 sub**sequ**ently 그 뒤에, 이후에

접두어
■ -ent : 형용사형
ancient 고대의
indulgent 제멋대로 하게 하는

기출문제

1. Some conductors <u>proscribe</u> sound amplification at their concerts.
   ① permit   ② propose
   ③ demand   ④ ban

2. The number of cellular phone <u>subscribers</u> in Asia is predicted to rise from the current figure of around 10 millions to 72 million by the year 2,000. [국가직 9급]
   ① man who contract and use something
   ② man who write something
   ③ man who give to someone
   ④ man who are willing to submit

3. If your soccer team loses a match, you might want to <u>dissect</u> the game afterward to try to find exactly how and when things went wrong.
   ① analyze   ② endorse
   ③ perturb   ④ curtail

4. Interest among new college freshmen in pursuing business careers continued to decline for the fourth <u>consecutive</u> year.
   ① straight   ② leap
   ③ preceding   ④ descending

5. We made plans for a visit, but <u>subsequent</u> difficulties with the car prevented it.
   ① obvious   ② following
   ③ distinct   ④ arbitrary

1. ④ 2. ① 3. ① 4. ① 5. ②

issue ★★☆
[íʃuː]

[밖으로(is) 나온(sue) 것]

명 ① 주제, 문제 ② 발행, -호
a social issue 사회 문제
the latest issue of the maganize 그 잡지의 최신호

동 발행하다, 발부하다
issue a warrant 영장을 발부하다

활용
issue a book
책을 발행하다
issue a ticket
표를 발행하다
issue a credit card
신용카드를 발행하다

---

ensue ★☆☆
[insúː]

[(앞에 것에) 붙어(en) 뒤따르다(sue)]

동 (일·결과가) 뒤따르다 = follow
problems that ensue from the war
그 전쟁에 뒤따르는 문제들

형 ensuing 그 다음의, 뒤이은

접두어
■ en- : ~하게 만들다
enable ~할 수 있게 하다
empower 권한을 주다
entitle 자격을 주다
enlighten 깨달음을 주다

---

execute ★★☆
[éksikjùːt]

[(계획된 일을) 끝까지(ex) 따르다((s)ecut)]

동 ① 실행하다, 수행하다 ② 처형하다
execute an order 명령을 수행하다
execute the traitor 반역자를 처형하다

명 execution ① 실행 ② 처형
형 명 executive 경영[행정]의; 이사, 중역

활용
execute a plan
계획을 실행하다
execute a strategy
전략을 수행하다
execute the murderer
그 살인범을 처형하다

---

prosecute ★★☆
[prásikjùːt]

[(잡기 위해) 앞으로(pro) 쫓아가다(secut)]

동 기소하다, 고발하다
prosecute the shoplifter 가게 절도범을 기소하다

명 prosecution 기소, 고발
명 prosecutor 검사

동의어
accuse 고발하다
charge 기소하다
indict 기소하다

---

persecute ★☆☆
[pə́ːrsikjùːt]

[(잡기 위해) 끝까지(per) 쫓아가다(secut)]

동 박해하다
persecute political enemies 정적들을 박해하다

명 persecution 박해   명 persecutor 박해자

동의어
maltreat 학대하다
pick on (한 사람을 콕 집어)
괴롭히다

---

pursue ★★☆
[pərsúː]

[(잡기 위해) 앞으로(pur) 쫓아가다(sue)]

동 ① 뒤쫓다, 추적하다 ② 추구하다, 해 나가다
pursue the criminal 그 범인을 뒤쫓다
pursue a career 경력을 쌓아나가다

명 pursuit ① 추적 ② 추구

동의어
follow 뒤따르다
chase 뒤쫓다, 추적하다
run after 뒤를 쫓다

---

suit ★★☆
[suːt]

[뒤따르는(sui) 것 / 따라야(sui) 하는 것]

명 ① 정장, (한 벌의) 옷 ② 소송
wear a business suit 양복을 입다
file a suit against ~를 상대로 소송을 걸다

동 (~에게) 어울리다
Your new clothes suit you. 새 옷 너한테 잘 어울려.

동 sue 고소하다, 소송을 제기하다
형 suitable 적절한
명 suitcase 여행가방

기본
case¹ ① 경우, 사례
        ② 사건, 소송
case² (담는) 용기, 케이스

in case of ~의 경우에
in any case 어쨌든

추가어휘

sequence [síːkwəns]	명	(연속된) 순서, 일련 = series	[(앞에 것에) 뒤따르는(sequ) 것]
sequel [síːkwəl]	명	(책·영화 등의) 속편	[(앞에 것에) 뒤따르는(sequ) 것]
suite [swiːt]	명	(여러 개의 방이 연결된) 스위트룸	[(앞에 것에) 뒤따르는(sui) 것]

어원

166 sed, sid, sess : 앉다(sit)

★★☆

sedentary
[sédntèri]

[(한 곳에) 앉아(sed) 있는]

형 ① 앉아서 하는 ② 정주하는
a sedentary job 앉아서 하는 일
a sedentary population 정주 인구

접미어

■ -ary : 형용사형
necessary 필요한
military 군사의, 무력의
contrary 반대의

★★☆

as**sid**uous
[əsídʒuəs]

[(계속) ~에(as) 앉아(sid) 있는]

형 근면한, 성실한
an assiduous student 근면한 학생

동의어

diligent 근면한
industrious 부지런한

★★☆

as**sess**
[əsés]

중앙인사9급 05

[(값을 매기려고) ~에(as) (옆에) 앉다(sid)]

동 평가하다
assess the students' progress
학생들의 학습 진척도를 평가하다

명 as**sess**ment 평가

동의어

value 평가하다
rate 평가하다
rank 등급을 매기다
estimate 추산하다

기출문제

1. He tears himself in half trying to come up with a resolution of the <u>ensuing</u> paradoxes.

① absurd   ② frustrating
③ preceding   ④ subsequent

2. The committee's suggestions will be <u>executed</u> immediately.

① transferred   ② instructed
③ suppressed   ④ implemented

3. The country's dictator relentlessly _____ those who fought against the regime.

① prosecuted   ② persecuted
③ prescribed   ④ proscribed

4. Writing is a(n) _____ life; just about the only exercise you get is walking to the mailbox to see whether anyone has sent you a check, and you don't even need to do that very often.

① oblivious   ② kinetic
③ sedentary   ④ stalwart

5. He was always sure to be <u>assiduous</u> in his assigned duties.

① indifferent   ② punctual
③ absolved   ④ industrious

1. ④ 2. ④ 3. ② 4. ③ 5. ④

insidious
[insídiəs]
★☆☆

[(드러나지 않고) 안에 (in) 앉아 (sid) 있는]

형 **서서히 진행되는, 은밀히 움직이는**
an insidious disease 서서히 진행되는 병
an insidious enemy 은밀히 움직이는 적

접미어

■ **-ous** : 형용사형
curious 호기심 많은
pious 경건한, 독실한
previous 이전의, 사전의

---

subside
[səbsáid]
★★☆

[아래로 (sub) 앉다 (sid)]

동 **가라앉다, 진정되다**
His anger subsided. 그의 화가 가라앉았다.

동의어

ease off 완화되다
die down 잦아들다

---

subsidy
[sʌ́bsədi]
★★☆

[(도움을 주려고) 아래에 (sub) 앉는 (sid) 것]

명 **보조금**
receive a government subsidy 정부 보조금을 받다
형 명 **subsid**iary 부수적인; 자회사
동 **subsid**ize 보조금을 주다

주제

◉ **'돈' 관련 표현**
scholarship 장학금
endowment 기부금
honorarium 사례비
pension 연금

---

supersede
[sùːpərsíːd]
★★☆

[(기존의 것) 위에 (super) 앉히다 (sit)]

동 **대신하다, 대체하다**
supersede the old machine with a new one
오래된 기계를 새것으로 대체하다

동의어

substitute 대체하다
supplant 대신하다
replace 대신하다
displace 대체하다

---

preside
[prizáid]
★★☆
국회8급 07
지방직9급 11·12

[(전체를 통솔하여) 앞에 (pre) 앉다 (sid)]

동 **(회의·재판 등을) 주재하다**
preside over the meeting 회의를 주재하다
명 **pres**id**ent** ①《P-》대통령 ② 회장
명 **pres**id**ency** 대통령 [회장] 직
형 **pres**id**ential** 대통령의

활용

the **President** of Korea
한국의 대통령
a **presidential** election
대통령 선거

---

reside
[rizáid]
★★☆

[(사람이) 뒤에 (re) 머물러 앉다 (sid)]

동 **① 거주하다, 살다 ② (권한 등이) ~에 있다**
reside in Los Angeles 로스앤젤레스에 살다
The power of veto resides with the President.
거부권이 대통령에게 있다.
명 **res**id**ence** 거주(지)
형 **res**id**ential** 거주의, 주거하는
형 명 **res**id**ent** 거주하는; 거주자

동의어

live in ~에 살다
dwell in ~에 살다
inhabit ~에 거주하다
populate ~에 거주하다

---

obsess
[əbsés]
★★☆
국회8급 04
서울시9급 07

[(생각이 자기 뜻에) 거슬러 (ob) 앉다 (sess)]

동 **(생각이) ~를 사로잡다**
be obsessed with one's weight
몸무게 생각에만 사로잡혀 있다
명 **obsess**ion 강박 관념, 집착

동의어

complex 강박 관념, 콤플렉스
preoccupation 집착

추가어휘

sedate [sidéit]	형	차분한, 조용한 = calm, serene	[(가라)앉은(sed)]
sedative [sédətiv]	명	진정제 = tranquilizer	[(고통을) 가라앉히는(sed) 것]
session [séʃən]	명	① (국회·법정의) 회기, 개정 ② 기간, 학기	[앉아(sess)있는 것]
dissident [dísidnt]	명	반체제 인사	[떨어져(dis) 않은(sid) 사람(ent)]
sediment [sédəmənt]	명	침전물	[가라앉은(sed) 것]
residue [rézədjùː]	명	(남아 있는) 잔여물	[뒤에(re) 남은(sid) 것]

어 원

167 | simil, simul, sem : 같은(same)

similar
[símələr]
★★☆

[같아(simil) 보이는]

형 **비슷한, 유사한**
similar to his bother 형과 비슷한
similar in size and color 크기와 색깔이 비슷한

동의어
analogous 비슷한
akin 유사한
identical 똑같은, 동일한

seem
[siːm]
★★☆

[~와 같아 보이(seem)다]

동 **(~인 것처럼) 보이다, ~인 것 같다**
seem happy/strange 행복해/이상해 보이다

파생어
seeming 외견상의
seemingly 외견상으로
semblance 외관, 겉모습

simulate
[símjulèit]
★★☆

[(진짜인 것처럼) 똑같이(simul) 하다]

동 **① ~인 체 하다, 가장하다 ② 모의실험하다**
simulate grief at the news
그 소식에 슬픈 척하다
simulate the effects of an earthquake
지진의 영향을 모의실험하다

명 **simul**ation ① 가장 ② 모의실험, 시뮬레이션

접미어

■ -ate : 동사형
calculate 계산하다
approximate ~에 가깝다
accelerate 가속시키다
anticipate 예상하다

기출문제

1. The outcry against president's policies will <u>subside</u> when a reasonable alternative suggestion is given by the ruling party.

① die down ② be postponed
③ take place ④ be canceled

2. A new method in laser therapy <u>superseded</u> the old one.

① undertook ② censured
③ supplanted ④ transgressed

3. If something is slowly and secretly causing harm, it's _____ — like the rumors no one seems to listen to until suddenly someone's reputation is ruined.

① assiduous ② insidious
③ subsidiary ④ obsessed

4. When opening a present, it's polite to <u>simulate</u> surprise and excitement about the gift item, even if you already have it or it is ugly as dirt.

① affect ② stimulate
③ disguise ④ duplicate

1. ① 2. ③ 3. ② 4. ①

★★☆
simultaneous
[sàiməltéiniəs]
서울시9급 10

[같은(simul) 시간에 발생하는(taneous)]

형 **동시의**
simultaneous translation 동시통역
부 **simul**taneously 동시에

동의어
synchronous 동시 발생하는
coincident 일치하는
concurrent 동시에 발생하는

★★☆
assimil**ate**
[əsíməlèit]

[~에(as) 같아지(silmil)다]

동 ① **동화되다 [시키다] ② 완전히 이해하다**
assimilate the immigrants 이주자들을 동화시키다
assimilate new concepts 새로운 개념들을 이해하다
명 **as**similation ① 동화 ② 이해

동의어
harmonize 조화를 이루다
blend in with
~와 조화를 이루다

★★☆
assem**ble**
[əsémbl]
국회8급 07

[(한 데 모아) ~을(as) 비슷해(sem) 보이게 하다]

동 ① **모으다, 모이다 ② 조립하다**
assemble necessary data 필요한 자료들을 모으다
assemble a toy 장난감을 조립하다
명 **as**sembly ① 의회 ② 집회 ③ 조립

활용
the state **assembly**
주 의회
freedom of **assembly**
집회의 자유
an **assembly** line
(공장의) 조립 라인

★☆☆
dis**sem**ble
[disémbl]

[(진짜인 것처럼) 완전히 (dis) 똑같이 (sem) 하다]

동 **(감정·의도를) 숨기다**
dissemble one's true feelings 본심을 숨기다

동의어
hide 감추다, 숨기다
conceal 감추다, 숨기다
dissimulate 감추다

★★☆
re**sem**ble
[rizémbl]
행자부9급 00

[아주(re) 비슷해(sem) 보이다]

동 **~를 닮다, 비슷하다**
resemble his father 아버지를 닮다
명 re**sem**blance 닮음, 비슷함

동의어
take after ~를 닮다
look like ~처럼 보이다

---

day 16

168 | sens, sent : 느끼다(feel)

★★★
sensible
[sénsəbl]
안행부9급 13, 기상직9급 14

[(제대로) 느낄(sens) 수 있는]

형 **합리적인, 분별 있는**
a sensible choice 합리적인 선택

동의어
reasonable 합리적인
rational ① 이성적인
② 합리적인

★★☆
sentient
[sénʃənt]

[느낄(sent) 수 있는]

형 **지각이 있는, 감각을 지닌**
Man is a sentient being. 인간은 지각이 있는 존재다.
명 **sent**ience 감각, 지각력

동의어
conscious 의식하는
aware 알고 있는
perceptive 지각의

★☆☆
sensuous
[sénʃuəs]

[(즐거운) 감각(sens)의]

형 **기분 좋은, 감각적인**
the sensuous feeling of silk 실크의 기분 좋은 느낌

동의어
agreeable 기분 좋은
pleasant 즐거운
delightful 기분 좋은

★★☆

as**sent**
[əsént]

[(~의 의견)에 (as) 마음이 가다(sent)]

동 **찬성하다, 동의하다**
assent to the proposal 그 제안에 찬성하다

명 **찬성, 승인**
give assent to the plan 그 계획에 찬성하다

동의어
agree 동의하다
accede 응하다
acquiesce 묵인하다

★☆☆

con**sent**
[kənsént]

[(같은 마음으로) 함께(con) 느끼다(sent)]

동 **동의하다, 허락하다**
consent to the marriage 그 결혼을 허락하다

명 **동의, 허락**
require parental consent 부모의 동의가 필요하다

동의어
permit 허락[허용]하다
approve 승인하다
sanction 승인하다

★★★

con**sens**us
[kənsénsəs]

경찰 04
국가직9급 05
국회8급 07

[함께(con) 느끼는(sens) 것]

명 **의견 일치, 합의**
reach a consensus 합의에 도달하다

동의어
accord 일치, 합의
agreement 합의, 협정
unanimity 만장일치

day 16

★☆☆

dis**sent**
[disént]

[다르게(dis) 느끼다(sent)]

동 **반대하다**
dissent from the majority decision
다수에 의한 결정에 반대하다

명 **반대**
suppress political dissent 정치적 반대를 억압하다

동의어
disagree 반대하다
oppose 반대하다
object to ~에 반대하다
disapprove 거부하다
veto 거부권; 거부하다

★☆☆

pre**sent**iment
[prizéntəmənt]

[먼저(pre) 느끼는(sent) 것]

명 **예감**
a presentiment of danger 위험에 대한 예감

동의어
premonition 예감
hunch 예감

기출문제

1. The new immigrants brought different languages and different cultures to the United States, but gradually most of them _____ to the dominant American culture they found here.

   ① accumulated   ② assimilated
   ③ accrued   ④ adopted

2. When you _____, you disguise your true intentions or feelings behind a false appearance.

   ① assemble   ② assent
   ③ dissemble   ④ dissent

3. Have you noticed that many pet owners <u>resemble</u> their pets?

   ① look after   ② take after
   ③ get around   ④ put up with

4. I can remember very vividly the first time I become aware of my existence; how for the first time I realized that I was a <u>sentient</u> human being in a perceptible world.

   ① senile   ② melancholy
   ③ vulnerable   ④ conscious

5. Although a few experts are worried about unemployment, the general _____ seems to be that economy will improve this year. [경찰 04]

   ① consensus   ② accumulation
   ③ supplement   ④ alliance

1. ② 2. ③ 3. ② 4. ④ 5. ①

★★☆

re**sent**

[rizént]

서울시9급 06

[강한 (re) 감정을 느끼다(sent)]

동 (~에 대해) **화를 내다, 분개하다**
re**sent** being ignored 무시당하는 것에 화를 내다

명 re**sent**ment 화, 분개

형 re**sent**ful 분개하는

접미어

■ -ful : 가득 찬
thought**ful** 생각이 깊은
duti**ful** 충실한, 순종적인

★☆☆

scent

[sent]

[(냄새를) 느끼다(scent)]

동 **냄새로 찾아내다, 감지하다**
scent danger and leave 위험을 감지하고 떠나다

명 ① **냄새, 향기** ② **기미, 기운**
the **scent** of flowers 꽃향기
the **scent** of victory 승리의 기운

활용

smell (일반적) 냄새
scent (남은) 냄새, 향기
fragrance 향기, 향수
perfume 향기, 향수
odor (강한) 냄새

추가어휘

sense [sens]
sentiment [séntəmənt]
sensation [senséiʃən]
sensitive [sénsətiv]
sensual [sénʃuəl]
sentinel [séntənəl]
non**sens**e [nánsens]

명 ① 감각, 느낌 ② 의미   동 느끼다, 감지하다
명 ① 감정, 정서 ② (감정에 사로잡히는) 감상(感傷)
명 ① (특정한) 느낌, 감각 ② 엄청난 관심, 센세이션
형 민감한 ↔ insensitive 둔감한
형 관능적인, 섹시한 = sexy
명 보초 = guard
명 (말이 안 되는) 허튼 소리, 무의미함

어원

[느끼는(sens) 것]
[느끼는(sens) 것]
[특별하게 느끼는(sens) 것]
[(잘) 느끼(sens)는]
[(특히 성적) 감각(sens)의]
[(적의 침입을) 감지(sent)하는 사람]
[통하지 않는(non) 의미(sense)]

---

169 | serv : 지키다(keep), 지켜보다(watch)

★★★

serve

[sə:rv]

선관위9급 02
대구시9급 05

[(하인으로) 일하다(serv)]

동 ① **시중들다, (음식을)제공하다** ② **도움이 되다**
③ **~로 일하다, 역할을 하다** ④ **복무하다, 복역하다**
serve a meal 식사를 제공하다
serve the purpose 목적에 부합하다
serve as an ambassador 대사로 일하다
serve in the army 군대에 복무하다

명 **serv**ice ① 봉사, 서비스 ② 근무, 병역 ③ 예배

명 **serv**ant 하인, 종

숙어 **serv**e right 꼴 좋다, 고소하다

활용

serve a customer
고객의 시중을 들다
serve the need
필요에 부응하다
serve a 5-year sentence
5년을 복역하다
military **service**
병역, 군 복역

★★☆

con**serv**e

[kənsə́:rv]

국회8급 07

[확실히 (con) 지키다(serv)]

동 **보호하다, 아껴 쓰다**
con**serv**e a forest 숲을 보호하다

명 con**serv**ation 보호, 보존

명 con**serv**atory 온실

형 명 con**serv**ative 보수적인; 보수주의자

 주제

◉ **정치 용어 정리**

conservative 보수적인
liberal 진보적인
moderate 중도의
radical 급진적인

★★★
pre**serve**
[prizə́:rv]
선관위9급 02
중앙인사9급 05
국회8급 07

[미리(pre) 지키다(serve)]

동 **보호하다, 보존하다**
preserve cultural property 문화재를 보호하다
salt used to preserve fish
생선을 보존하기 위해 사용되는 소금

명 pre**serv**ation 보호, 보존

명 pre**serv**ative 방부제

동의어
keep 지키다, 유지하다
protect 보호하다
maintain 유지하다
retain 유지하다

★★☆
de**serve**
[dizə́:rv]
경기교육9급 05

[~에 아주(de) 적합하다(serve)]

동 **~을 받을 만하다**
deserve an award 상을 받을 만하다

형 de**serv**ing 받을 만한, 자격이 있는

동의어
merit ~받을 만하다
be entitled to
~할 자격이 있다

★★★
ob**serve**
[əbzə́:rv]
법원서기보 00
경기교육9급 04

[위에서(ob) 지켜보다(serv)]

동 **① 관찰하다 ② 언급하다 ③ 준수하다**
observe the stars 별들을 관측하다
observe that he is strange 그가 이상하다고 말하다
observe the rules 규칙들을 준수하다

명 ob**serv**ation ① 관찰 ② 의견

명 ob**serv**ance 준수

주제
◉ 「보다」정리
gaze (가만히) 바라보다
behold (바라)보다
stare 응시하다
glance 힐끗 보다
glimpse 언뜻 보다
browse=skim 훑어보다
peep 엿보다
peer 유심히 보다

기출문제

1. People are also encouraged to _____ energy by turning off lights and not cranking the air conditioner.

   ① conserve   ② deserve
   ③ preserve   ④ reserve

2. In the medieval times, people used salt to _____ food, so the food would stay good for a long time.
   [행자부 98]

   ① remain   ② preserve
   ③ isolate   ④ eat

3. You may <u>resent</u> the accusation that you were stealing cookies, or when a teacher yelled at you for whispering, even though everyone else was too.

   ① opine   ② postulate
   ③ profess   ④ begrudge

4. The game will continue only when both teams agree to <u>observe</u> the rules.

   ① abide by   ② carry out
   ③ resort to   ④ set aside

5. Apologize when you are wrong, even if you've been wrong. The experts say that if you think of a friend who _____ apology from you, do something about it right now. [경기 05]

   ① conserve   ② reserve
   ③ deserve   ④ preserve

1. ① 2. ② 3. ④ 4. ① 5. ③

★★★
re**serve**
[rizə́:rv]
지방직9급 14

[(나중에 쓰도록) 뒤에(re) 남겨두다(serv)]

동 ① **남겨두다** ② **예약하다** = book ③ **보류하다**
reserve a bottle of wine 와인 한 병을 남겨두다
reserve a room 방을 예약하다
reserve judgment 판단을 보류하다

명 **비축, 예비** (자원)
a cash reserve 현금 비축

파생어

reservation
① 예약 ② 의구심, 거리낌
reserved 내성적인
↔ outgoing 외향적인
without reservation
솔직히, 기탄없이

★★☆
sub**serv**ient
[səbsə́:rviənt]
서울시9급 07

[~의 밑에서(sub) 일하는(serv)]

형 ① **순종적인** ② **부차적인**
a subservient wife 순종적인 아내
be subservient to the interests of the state
국가의 이익에 부차적이다

동의어

compliant 순응하는
docile 유순한
tractable 다루기 쉬운
meek 온순한
dutiful 충실한, 순종적인

170 | sign : 표시(mark)

★★☆
as**sign**
[əsáin]
세무직9급 00

[~의(as) 몫으로 표시(sign)하다]

동 ① **할당하다, 배정하다** ② (임무를) **맡기다**
assign rooms at a hotel 호텔에서 방을 배정하다
assign a task to a secretary 비서에게 임무를 맡기다

명 as**sign**ment ① 배정 ② 임무, 과제

동의어

allot 할당하다
apportion 할당하다
distribute 분배하다

★☆☆
con**sign**
[kənsáin]
지방직9급 08

[확실히(con) 표시(sign)해두다]

동 ① **보내다** ② **처하게 만들다**
consign the antique to the museum
그 골동품을 박물관에 보내다
be consigned to a life of poverty
가난한 삶에 처해지다

동의어

entrust (믿고) 맡기다
commit 보내다
hand over 양도하다

★☆☆
de**sign**ate
[dézignèit]

[(의도를) 분명히(de) 표시(sign)하다]

동 ① (사람을) **지명하다** ② (장소를) **지정하다**
designate one's successor 후임자를 지명하다
be designated as a National Park
국립공원으로 지정되다

명 de**sign**ation ① 직함 ② 지정

동의어

name 임명하다
nominate 지명하다
appoint 임명하다

★★☆
re**sign**
[rizáin]
서울시9급 04

[뒤로(re) 물러나겠다고 (의사)표시(sign)하다]

동 **사임하다, 물러나다**
resign one's position 직위에서 물러나다

명 re**sign**ation 사임, 사직(서)

동의어

retire 은퇴하다
step down 물러나다
stand down 사임하다

추가어휘
significant [signífikənt]
de**sign** [dizáin]

형 중요한, 의미 있는   동 signify 의미하다, 나타내다
명 동 ① 계획[의도] (하다) ② 설계 [디자인] (하다)

어원

[표시(sign)를 해(fig)놓는]
[(의도를) 분명히(de) 표시(sign)하다]

171 soci : 친구(friend), 결합하다(unite)

★★☆

sociable
[sóuʃəbl]

[친구(soci)가 될 수 있는(able)]

형 **사교적인**
his sociable wife 사교적인 그의 부인

명 **sociability** 사교성

동의어

friendly 친절한, 상냥한
affable 상냥한
gregarious 사교적인

★★☆

associate
[əsóuʃièit]
대구시9급 05

[~을(as) 결합(soci)하다]

동 ① **연상하다, 연관 짓다** ② (사람과) **어울리다**
associate the old photo with my childhood
오래된 사진이 어린 시절이 연상시키다
associate with criminals 범죄자들과 어울리다

명 **동료** = colleague

형 **준(準)-**

명 **association** ① 연상, 연관 ② 협회

주제

associate A with B
A를 B에 연관 짓다
associate with something
~와 연관되다
associate with someone
~와 어울리다

day 16

추가어휘
social [sóuʃəl]

형 ① 사회의, 사회적인 ② 사교적인   명 society 사회

어원

[친구(soci)와 함께 하는]

기출문제

1. If you are someone who is _____, you tend to keep your feelings hidden and do not like to show other people what you really think. [2014 9급 지방직]

① reserved   ② loquacious
③ eloquent   ④ confident

2. The idea has been fascinating astronomers since the late 18th century, suggesting images of unimaginably strong cosmic whirlpools sucking up space matter and <u>consigning</u> it to oblivion.

① comparing   ② committing
③ compiling   ④ conserving

3. At a party, it's a good idea to be _____ and make new friends rather than standing off in a corner by yourself.

① diffident   ② enthusiastic
③ sociable   ④ whimsical

4. The coach of the soccer team was forced to <u>resign</u> after the really terrible season.

① break down   ② run down
③ step down   ④ settle down

1. ① 2. ② 3. ③ 4. ③

172 | solid : 단단한, 견고한 (firm)

★★☆

solidify
[səlídəfài]

[단단하게(solid) 하다(ify)]

동 굳히다, 굳어지다
solidify the concrete 콘크리트를 굳어지게 하다

명 solidity 견고함

접미어

◼ –ify : ~하게 하다
signify 의미하다
qualify 자격을 주다
terrify 무섭게 하다

★★☆

consolidate
[kənsálədèit]

[(하나로) 함께(con) 굳어지게(solid) 하다]

동 ① 통합하다, 합병하다 ② 강화하다
consolidate the two companies 두 회사를 합병하다
consolidate one's position 자신의 입지를 강화하다

동의어

combine 결합하다
merge 합병하다
integrate 통합하다

추가어휘
solid [sálid]
solidarity [sùlədǽrəti]

형 명 ① 단단한, 고체(의) ② 견고한, 확실한
명 연대, 결속

어원

[(빈틈이 없이) 완전(sol)한]
[(구성원들 관계가) 단단한(solid) 상태]

173 | solv, solu : 느슨하게 풀다 (loosen)

★☆☆

dissolve
[dizálv]

[(뭉쳐 있는 것을) 떨어뜨려(dis) 풀다(solv)]

동 ① 녹다, 용해시키다 ② 사라지다, 끝내다
dissolve salt in water 소금을 물에 녹이다
Hopes for peace dissolved.
평화에 대한 희망이 사라졌다.

형 dissolute (행실이) 방탕한
명 dissolution 종료, 소멸

동의어

melt 녹다, 녹이다
thaw 녹다

disappear 사라지다
vanish 사라지다

★★★

insolvent
[insálvənt]

경기교육9급 05
국가직9급 10

[(빚을) 해결하지(solve) 못하는(in)]

형 파산한
The company was became insolvent.
그 회사는 파산 선고를 받았다.

명 insolvency 파산

동의어

bankrupt 파산한
broke 무일푼의
in the red 적자인

★★★

resolve
[rizálv]

국회8급 04
지방직9급 11
사회복지9급 15

[확실히(re) 풀다(solve)]

동 ① 해결하다 ② 결심하다
resolve the problem 그 문제를 해결하다
resolve to quit smoking 담배를 끊기로 결심하다

명 resolution ① 해결 ② 결심, 결의안 ③ 해상도
형 resolute 단호한 ↔ irresolute 우유부단한

동의어

solve 해결하다
work out 해결하다
deal with 처리하다

추가어휘
solve [salv]
absolute [ǽbsəlùːt]

동 풀다, 해결하다 = resolve
형 절대적인, 완전한 = complete

어원

[풀다(solv)]
[(모든 것)에서(ab) 풀려(sol) 있는]

174 | spec : 보다(look)

★★☆

specific
[spisífik]

법원서기보 00
안행부9급 13

[(특징을) 보이(spec)는]

형 ① 특정한 ② 구체적인, 명확한
a specific topic 특정한 주제
give a specific instruction 구체적인 지침을 주다

동 **spec**ify 명시하다
명 **spec**ification (자세한) 설명서

접미어

■ –fic : 형용사형
scientific 과학적인
terrific 아주 좋은

★★☆

specious
[spíːʃəs]

[(좋아) 보이(spec)는]

형 겉만 그럴듯한
a specious argument 겉보기에 그럴듯한 주장

비교

plausible
그럴듯한, 정말 같은
a plausible plan
그럴듯한(될 것 같은) 계획

★★☆

speculate
[spékjulèit]

국회8급 09

[~라고 보다(spec)]

동 ① 추측하다 ② 투기하다
speculate about his motive 그의 동기에 대해 추측하다
speculate on the stock market 주식 시장에 투기하다

명 speculation ① 추측 ② 투기

동의어

assume 추정하다
presume 추측하다
suppose 추측하다
surmise 추측하다
conjecture 추측(하다)

★★☆

circum**spec**t
[sə́ːrkəmspèkt]

[빙 둘러(circum) 보는(spec)]

형 신중한
a circumspect judgment 신중한 판단

동의어

prudent 신중한
cautious 조심스러운

기 출 문 제

1. A classic stereotype is that men are better at math than women, but there has been little _____ evidence to explain this. [서울시9급 13]

① simultaneous　② suspicious
③ unstable　④ secretive
⑤ solid

2. While the former CEO continues to plead his innocence, <u>speculation</u> is rife that he personally directed accountants to falsify documents and accounts to make the company look more financially secure than it actually was. [국회8급 09]

① conscription　② stricture
③ conjecture　④ mitigation

3. But as time went on, his company didn't secure adequate cash. So it was unable to pay its bill and became _____. [경기 05]

① inverted　② insolvent
③ infeasible　④ infringed

4. She was a few minutes late for her first job. She <u>resolved</u> to start out half an hour earlier the nest day. [행자부 97]

① found a solution　② agreed
③ was determined　④ pretended

5. In such an important matter, it was necessary for us to be quite _____.

① circumspect　② apocalyptic
③ ephemeral　④ propitious

1. ⑤ 2. ③ 3. ② 4. ③ 5. ①

★★☆

conspicuous
[kənspíkjuəs]

국회9급 00
행자부9급 00

[잘(con) 보이(spic)는]

형 **눈에 잘 띄는** ↔ inconspicuous 눈에 잘 띄지 않는
a conspicuous place 눈에 잘 띄는 곳

부 conspicuously 눈에 잘 띄게

동의어
noticeable 눈에 띄는
prominent 두드러진
salient 현저한

★★☆

despise
[dispáiz]

[아래로(de) 내려다보다(spi)]

동 **경멸하다**
despise his business method
그의 사업 방식을 경멸하다

형 despicable 비열한

동의어
deride 조롱하다
disdain 업신여기다
look down on ~을 깔보다

★★☆

expect
[ikspékt]

[(미래를) 내다(ex)보다((s)pec)]

동 **예상하다, 기대하다**
expect the economy to improve
경제가 나아질 것이라고 기대하다

명 expectation 예상, 기대   명 expectancy 기대

형 expectant ① 기대하는 ② 출산을 앞둔, 예비의

활용
life expectancy
기대(평균) 수명
She's expecting.
그녀는 임신 중이다.

★☆☆

perspective
[pərspéktiv]

[(눈을) 통해서(per) 보는(spec) 것]

명 **① 관점, 시각 ② 원근법**
see the problem from a new perspective
그 문제를 새로운 관점으로 보다
the artist's use of perspective 그 화가의 원근법 사용

접미어
■ per- : 통과·관통
perfume 향기, 향수
permeate 스며들다
pierce 뚫다, 박다

★☆☆

perspicacious
[pə̀ːrspəkéiʃəs]

[꿰뚫어(per) 보는(spic)]

형 **통찰력 있는, 명민한**
a perspicacious judge 통찰력 있는 판사

비교 perspicuous (글이) 명료한

동의어
insightful 통찰력 있는
intuitive 직관력 있는

★★★

respect
[rispékt]

사회복지9급 11

[자꾸만(re) 바라보다(spec)]

동 **존경하다**
respect a teacher 선생님을 존경하다

명 **① 존경 ② (측)면, 점**
respect for my father 아버지에 대한 존경
be perfect in all respects 모든 면에서 완벽하다

파생어
respectful 공손한
respectable 훌륭한
respective 각각의

disrespect 무례, 결례

★☆☆

respite
[réspait]

[(가다가 멈춰) 뒤돌아(re) 보는(spi) 것]

명 **(일시적) 중단, 유예**
a temporary respite 일시적인 중단

동의어
pause (일시) 중지
halt 중단
suspension (일시) 중단

★★★

suspect
[səspékt]

중앙인사9급 07
서울시9급 07
안행부9급 13

[(위) 아래로(su(b)) 쳐다 보다(spec)]

동 (~가 맞다고) **의심하다, 생각하다**
suspect him of a criminal 그가 범인이라고 의심하다

명 **용의자**
a murder suspect 살인 용의자

명 su**spic**ion 의심

형 su**spic**ious 수상한

비교

◉ **doubt vs. suspect**

doubt (아닐 거라고) 의심하다
I **doubted** his story.
난 그의 이야기를 의심했다.

suspect (맞을 거라고) 의심하다
suspect him of murder.
그를 살인 혐의로 의심하다

★☆☆

scope
[skoup]

[보이는(scop) 부분]

명 ① **범위** ② **여지**
the scope of the investigation 수사의 범위
be scope for improvement 개선의 여지가 있다

비교

◉ **-scope : 보는 기구**

tele**scope** 망원경
micro**scope** 현미경

day 16

추가어휘

		어원
specimen [spésəmən] 명 견본, 표본 = sample	[(알기 위해) 보는(spec) 것]
spectacle [spéktəkl] 명 ① 장관, 구경거리 ②《-s》안경 = glasses	[볼만한(spec) 것 / (통해) 보는(spec) 것]
species [spíːʃiːz] 명 (생물 분류상의) 종(種)	[특징이 있어) 보이는(spec) 것]
specialist [spéʃəlist] 명 ① 전문가 = expert ② 전문의	[특별하(special)게 다루는 사람(ist)]
specialize [spéʃəlàiz] 동《in》전문으로 하다[다루다]	[(어느 분야를) 특별하게(special) 하다]
a**spec**t [æspekt] 명 ① 측면, 양상 ② 방향, 면	[~로(a(d)) 보이는(sepct) 면]
de**spi**te [dispáit] 전 ~에도 불구하고 = in spite of	[아래로(de) 내려다보(spi)고]
in**spec**t [inspékt] 동 ① 조사[검사]하다 ② 검열[사찰]하다	[안을(in) 들여다보다(spec)]
pro**spec**t [práspekt] 명 ① 가능성 ② (가능성이 있는) 후보	[(될 수 있다고) 앞에(pro) 보이는(spec) 것]
retro**spec**t [rétrəspèkt] 명 회상	[되돌아(retro) 보는(spec) 것]

기출문제

1. In China, where black hair is the norm, her blonde hair was <u>conspicuous</u>. [국회9급 09]
   ① beautiful　　② unfamiliar
   ③ noticeable　　④ awkward
   ⑤ different

2. She <u>despised</u> him just because he was poor.
   ① put up　　　② looked down on
   ③ kept off　　　④ got out of

3. The speaker was quite <u>perspicacious</u> in his observations. He was quite clear about what he meant and everyone understood him the same way.
   ① numb　　　② stolid
   ③ insightful　　④ sagacious

4. Florence Nightingale made nursing a _____ profession for women. [사회복지9급 11]
   ① retiring　　② respective
   ③ respectable　　④ recognizable

5. If you leave the scene of a murder with blood on your hands and a weapon in your pocket, you're likely to become a prime _____.
   ① warrant　　② suspect
   ③ defendant　　④ custody

1. ③ 2. ② 3. ③ 4. ③ 5. ②

175 | spir : 숨 쉬다(breathe)

★★☆
aspire
[əspáiər]

[~에(a(d)) 도달하려고 숨을 몰아쉬다(spir)]

동 **열망하다**
aspire to be a famous actor
유명한 배우가 되기를 열망하다

형 **aspir**ation 열망   명 **aspir**ant 열망하는 자

동의어
yearn 갈망하다
crave 열망하다
long for 열망하다

★★☆
conspire
[kənspáiər]

[(나쁜 일에) 함께(con) 호흡을 맞추다(spir)]

동 **음모를 꾸미다, 공모하다**
conspire to kill the king
그 왕을 죽이려는 음모를 꾸미다

명 **conspir**acy 음모

동의어
collude 공모하다
intrigue 음모를 꾸미다
plot 음모[모의]하다

★★★
inspire
[inspáiər]

지방직9급 12
안행부9급 13

[~의 안에(in) 숨을 불어넣다(spir)]

동 ① **격려하다, 고무시키다** ② **영감을 주다**
inspire young people 젊은이들을 격려하다
be inspired by her life story
그녀의 인생 스토리에 영감을 받다

명 **inspir**ation (예술적) 영감, 기발한 생각

동의어
encourage 격려하다
motivate 동기 부여하다
stimulate 자극하다

★★☆
expire
[ikspáiər]

[밖으로(ex) 숨(생명)이((s)pir) 나가다]

동 ① **죽다** ② **만기되다, 만료되다**
expire after a long illness 오랜 병을 앓고 난 후 죽다
The contract expires next month.
그 계약이 다음 달에 만료된다.

명 **expir**ation 만기, 만료

활용
an **expir**ation date
만료일
the **expir**ation of the contract
계약의 만료

추가어휘
spirit [spírit]
re**spir**e [rispáiər]

명 ① 정신, 영혼 ② 유령 ③ 기백, 기상
동 호흡하다 = breathe

어원
[숨 쉬고 있는(spir) 존재]
[반복해서(re) 숨 쉬다(spir)]

176 | sta(t), stead : 서다(stand) ①

★★★
stand
[stænd]

자 **서다**
stand for a long time 오랫동안 서다

타 《부정문》 **참다, 버티다**
I can't stand his behavior any more.
그의 행동을 더 이상은 못 참아.

명 ① **태도, 입장** ② **가판대, 점포**
take a stand against ~에 반대 입장을 취하다
a newsstand on a street 거리의 신문 가판대

숙어
stand by ① 구경만하다
          ② 대기하다
stand for 나타내다
stand up for 옹호하다
stand up to ~에 맞서다

★★☆
stage
[steidʒ]

[서 있는(sta) 곳]

명 ① 단계, 시기 ② 무대, 연극
an early stage 초기 단계
go on the stage 배우가 되다

동 (시위·파업 등을) 벌이다, 시작하다
stage a protest 항의 시위를 벌이다

활용

stage a demonstration
시위를 벌이다
stage a strike
파업을 벌이다

★★☆
state
[steit]

[서 있는(stat) 것, 세운(stat) 것]

명 ① 상태 ② (미국의) 주(州); 국가
a state of mind 정신 상태
the 50 states of the U.S. 미국의 50개 주

동 (공식적으로) 말하다, 진술하다
state the facts 사실들을 말하다

활용

◉ state '말하다' 활용
overstate 과장하다
understate 줄여 말하다

day 17

★★☆
status
[stéitəs]

[서 있는(stat) 위치]

명 ① (법적) 신분, 자격 ② (높은) 지위
have the status of a minor 미성년자 신분이다
a status seeker 출세주의자

명 status quo 현재의 상황

접미어

▣ -us : 명사형
radius 반지름
surplus 흑자

★★★
stable
[stéibl]
국회8급 04

[(딱) 서 있을(sta) 수 있는]

형 안정된, 안정적인 ↔ unstable 불안정한
a stable income 안정된 수입

명 마구간, 외양간 = stall
a horse stable 마구간

명 stability 안정(성)

동 stabilize 안정시키다[되다]

동의어

safe 안전한
secure 안전한
steady 안정된, 꾸준한

기출문제

1. I will discuss the case of cannibalism, which of all savage practices is no doubt the one that <u>inspires</u> the greatest horror and disgust. [지방직9급 12]

① disappoints ② defeats
③ assembles ④ arouses

2. If something — like milk or a free shipping coupon — _____, it is no longer usable or valid.

① aspires ② cospires
③ expires ④ respires

3. Do you think this team _____ winning the championship? [지방직9급 10]

① stands a chance of ② stands by
③ stands for ④ stands up for

4. Like all new boys he was subjected to a certain amount of bullying, but I admired the way he stand up _____ it. [서울시9급 09]

① by ② with
③ in ④ for
⑤ to

1. ④ 2. ③ 3. ① 4. ⑤

stagnant
★★☆
[stǽgnənt]
국회8급 04
지방직7급 08

[(물이) 서[고여] (sta) 있는]

형 ① 고여 있는 ② 침체된, 정체된
stagnant water a stagnant economy 침체된 경제

동 stagnate 침체되다

명 stagnancy 침체, 불황

flat 침체된, 저조한
depressed 침체된
inactive 활발하지 않은

stale
★☆☆
[steil]

[(음식이) 서[고여] (sta) 있는]

형 ① (만든 지) 오래된, 신선하지 않은 ② 식상한, 재미없는
stale bread and food 만든 지 오래된 빵과 음식
stale jokes 재미없는 농담들

관련 stalemate 교착 상태

stale air 탁한 공기
stale water
신선하지 않은 물
stale relationship
식상한 관계

circumstance
★★☆
[sɔ́ːrkəmstæns]

[주위에(circum) 서(stan) 있는 것]

명 《주로 - s》 (주변) 상황, 환경
adapt to circumstances 환경에 적응하다

형 circumstantial (증거가) 정황적인

숙어 under no circumstances
어떤 일이 있어도 (~안 된다)

접두어

■ circul-, circum-
: 주변의
circular ① 원형의
        ② 순회하는
circulate 순환하다
circuit ① 순환 ② 회로

contrast
★★★
[kəntrǽst]
국가직9급 02
안행부9급 13

[반대편에(contra) 서 있다(st)]

동 대조하다, 대비되다
contrast the two characters 두 인물을 대조해보다

명 대조, 차이
stand in contrast to ~와 대조가 되다

어법

contrast A with B
A를 B와 대조하다
A contrast with B
A가 B와 대비되다

destiny
★★☆
[déstəni]

[확실하게(de) 서(stin) 있는 것]

명 운명 = fate
the destiny of the nation 그 나라의 운명

형 destined ~할 운명인

형 predestined (미리) 운명이 정해진

비교 destination 목적지, 도착지

접미어

■ -y : 명사형
delivery 배달
company ① 동행 ② 회사
biography 전기

establish
★★☆
[istǽbliʃ]

[안정적으로(stabl) 세우다]

동 ① 설립하다, 확립하다 ② (관계·명성을) 수립하다
establish a school 학교를 설립하다
establish diplomatic relations with
~와 외교 관계를 수립하다

명 establishment 설립, 확립

형 established ① 확립된 ② 인정받는, 저명한

found 설립하다
incorporate (법인을) 설립하다
set up 설립하다, 시작하다

obstacle
★★☆
[ábstəkl]
전북9급 04
대구시9급 05

[(가로막고) 거슬러(ob) 서(sta) 있는 것]

명 장애 (물)
an obstacle to progress 발전의 장애

barrier 장벽, 장애물
hindrance 방해, 장애

★★☆

obstinate
[ábstənət]

[거슬러(ob) 버티고 서(stin) 있는]

형 ① 고집 센, 완고한 ② (처리하기) 힘든, 어려운
an obstinate child 고집 센 아이
an obstinate problem 어려운 문제
명 obstinacy 완고함

동의어
tough 힘든, 어려운
exacting 힘든, 까다로운
demanding 힘든, 부담이 큰
challenging 도전해 볼만한, 어려운

★★☆

post
[poust]

[앞(po)에 세워놓은(st) 것]

명 ① 우편 ② (중요) 직책, (일)자리
a post office 우체국
resign from one's post 직책에서 사임하다
동 ① 발송하다 ② (웹에 정보를) 올리다 ③ 배치하다
post a photo on the internet 사진을 인터넷에 올리다

관련
◉ post 관련 어휘
post office 우체국
postman 우체부
postal 우편의
postage 우편 요금

day 17

★★☆

substance
[sʌbstəns]

[아래에(sub) 서(stan) 있는 것]

명 ① 물질 ② 실체, 본질
chemical substances 화학 물질들
the rumor without substance 실체가 없는 그 소문

파생어
substantial 상당한
substantive 실질적인
substantiate (구체적으로) 입증하다

★★☆

rest¹

rest²
[rest]

[뒤에(re) 서 있는(st) 것]

명 휴식
take a rest 휴식을 취하다
명 《the -》 나머지
for the rest of my life 내 남은 인생 동안

비교
◉ rest vs. break
rest (푹 쉬는) 휴식
break (잠깐 쉬는) 휴식

기출문제

1. It is important to remember that even when one group of speakers become totally isolated from other speakers, its language continues evolving. A language never becomes _____. [지방직7급 08]
   ① stagnant ② despicable
   ③ progressive ④ comprehensible

2. We must overcome an _____ to economic progress. [국가직 응용]
   ① antibiotic ② withdrawal
   ③ obstacle ④ disorder

3. Politicians are well known for being obstinate.
   ① corrupt ② unrealistic
   ③ talkative ④ determined

4. A number of new research studies substantiate the assumption that television interferes with family activities and the formation of family relationships.
   ① affirm ② overturn
   ③ propose ④ replace

5. In spite of substantial increases in the cost of living, the average American's income has increased only slightly.
   ① fragile ② considerable
   ③ subtle ④ insignificant

1. ① 2. ③ 3. ④ 4. ① 5. ②

★★☆
install
[instɔ́:l]

[(물건/사람을) 안에(in) 세우다(sta)]

동의어

동 ① 설치하다 ② 취임시키다
install software on a computer
컴퓨터에 소프트웨어를 설치하다
install a president 대통령을 취임시키다

명 installation ① 설치, 설비 ② 취임

명 installment ① 할부 ② (전집·연재물의) 1회분, 한 권

◉ 할부 vs. 일시불
pay in installments
할부로 내다
pay in a lump sum
일시불로 내다

 추가어휘

		어원
statue [stǽtʃu:]	명 조각상, (동)상	[(모양을 만들어) 세운(stat) 것]
standard [stǽndərd]	명 기준, 수준 형 표준의, 일반적인	[(판단을 위해) 단단하게 세워둔(stand) 것]
stance [stæns]	명 입장, 태도 = posture	[(정하여) 서 있는(stan) 것]
standpoint [stǽndpɔint]	명 견지, 관점 = viewpoint, point of view	[(정하여) 서 있는(stand) 지점]
stature [stǽtʃər]	명 ① 키, 신장 ② 명성, 지명도	[서(stat) 있는 높이]
statute [stǽtʃu:t]	명 법령, 법규 = decree, ordinance	[(법을) 세운 것]
statistics [stətístiks]	명 통계, 통계학	[(숫자로) 세워진 [정립된] (stat) 것]
stall [stɔ:l]	명 ① 마구간, 외양간 ② 가판대, 좌판	[(소·말을 키우기 위해) 세워(sta)둔 것]
steady [stédi]	형 꾸준한, 일정한 = constant	[흔들림 없이 딱) 서(stead) 있는]
static [stǽtik]	형 고정된, 정적인 ↔ dynamic 역동적인	[서 [정지해] (stat) 있는]
constant [kánstənt]	형 끊임없는, 일정한	[(늘) 함께(con) 서(sta) 있는]
distance [dístəns]	명 거리 형 distant 먼, 멀리 떨어진	[떨어져(dis) 서(sta) 있는 것]
ecstasy [ékstəsi]	명 황홀경, 엑스터시 = rapture	[(정신이) 밖으로(ec) 나가 있는(sta) 상태]
estate [istéit]	명 ① 재산 ② 토지, 부동산	[(소유) 상태(stat)에 있는 것]
instant [ínstənt]	형 즉석의, 즉각적인 = prompt, instantaneous	[(대기하고) 안에(in) 서(sta) 있는]
instance [ínstəns]	명 사례, 경우 – for instance 예를 들어	[(같은 관계) 안에(in) 서(stan) 있는 것]

---

177 | sist, stit : 서다(stand) ②

★★☆
consist
[kənsíst]
대구시9급 05

[함께(con) 서있다(sist)]

 동의어

동 ① 구성되다 ② ~에 있다, 존재하다
Water consists of hydrogen and oxygen.
물은 수소와 산소로 구성되어 있다.
Happiness does not consist in money.
행복은 돈에 있지 않다.

명 consistence 일관성

형 consistent 일관된

◉ ~로 구성되다
consist of
= be composed of
= be made up of

★☆☆
desist
[dizíst]

[떨어져(de) 서다(sist)]

동의어

동 그만두다, 중지하다
desist from selling the product
그 제품 판매를 중지하다

quit 그만두다
cease 중단하다
come to an end 끝나다

★★★
in**sist**
[insíst]

국회8급 05
안행부9급 13

[(자기 생각) 안에(in) 서 있다(sist)]

동 **주장하다, 고집하다**
insist on his innocence 그의 결백을 주장하다
insist that he is innocent 그가 결백하다고 주장하다

명 in**sist**ence 주장, 고집 **형** in**sist**ent 고집하는

어법

◉ insist 문법 체크
자) insist on + 명
타) insist that 절

★★☆
per**sist**
[pərsíst]

[끝까지(per) 서 있다(sist)]

동 **계속하다, 지속되다**
persist in criminal activities 범죄 행위를 계속하다

명 per**sist**ence 고집, 지속 **형** per**sist**ent 지속되는

동의어

continue 계속하다
last 지속하다
go on 계속되다

★★☆
re**sist**
[rizíst]

[(따르지 않고) 뒤에(re) 서 있다(sist)]

동 **저항하다**
resist the military government 군사정부에 저항하다

명 re**sist**ance 저항(력) **형** re**sist**ant 저항하는

형 irre**sist**ible 저항할 수 없는

동의어

defy 반항[저항]하다
protest 항의하다
hold out 저항하다, 버티다

day 17

★★☆
sub**sist**
[səbsíst]

지방직9급 08

[(어려움) 아래에(sub) 버티고 서 있다(sist)]

동 **근근이 살아가다, 먹고 살다**
subsist on little money 적은 돈으로 살아가다

명 sub**sist**ence 생계

동의어

livelihood 생계 (수단)
make a living
생계비를 벌다

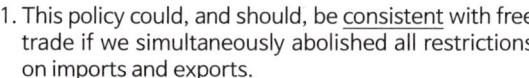

기출문제

1. This policy could, and should, be <u>consistent</u> with free trade if we simultaneously abolished all restrictions on imports and exports.

   ① congenital   ② contrived
   ③ conflicting   ④ congruous

2. Responding to a flood of sexual abuse accusations against priests nationwide, Illinois extended the <u>statute</u> of limitations in such cases, giving prosecutors 20 years after a victim turns 18 to bring charges.

   ① limit   ② law
   ③ license   ④ list

3. A 'phantom,' in the sense that neurologists use, is a <u>persistent</u> image or memory of part of the body, usually a limb, for months or years after its loss.

   ① enduring   ② pernicious
   ③ perplexed   ④ perilous

4. The brain is not the machine we once thought it to be. Though different regions are associated with different mental functions, the cellular components do not form permanent structures or play rigid roles. They're flexible. They change with experience, circumstance, and need. Some of the most extensive and remarkable changes take place in response to damage to the nervous system. Experiments show, (   ), that if a person is struck blind, the part of the brain that had been dedicated to processing visual stimuli doesn't just go dark. [경찰 13]

   ① however   ② by contrast
   ③ for instance   ④ by comparison

1. ④ 2. ② 3. ① 4. ③

★★☆
con**stit**ute
[kάnstətjùːt]
행자부9급 02·04

[(갖추어) 함께(con) 세우다(stit)]

동 ① **구성하다, ~을 이루다** ② **설립하다**
Seven days constitute a week.
7일이 일주일을 이룬다.
constitute a government 정부를 설립하다

파생어
constitution ① 헌법 ② 체질
constitutional 헌법의, 입헌의
constituent ① 구성 성분
② 유권자

★★☆
de**stit**ute
[déstətjùːt]

[(돈에서) 떨어져(de) 선(stit)]

형 ① **몹시 가난한, 궁핍한** ② **~이 없는**
His business failures left him destitute.
사업 실패로 그는 몹시 가난해졌다.
a man destitute of humor 유머가 없는 사람

동의어
poor 가난한
needy 궁핍한
broke 무일푼의

★★☆
in**stit**ute
[ínstətjùːt]
선관위9급 04
경기교육9급 04

[(법·기관을) 안에(in) 세우다(stit)]

동 **(법·제도를) 시행하다**
institute the new policy 새로운 정책을 시행하다
명 **(연구·교육) 기관, 협회**
found an institute 기관을 설립하다
명 institution ① 기관 ② 제도 ③ 시행

동의어
initiate 시작하다
enforce (법을) 시행하다
put 목 into practice
~을 실행하다

★★☆
sub**stit**ute
[sʌ́bstətjùːt]
지방직9급 12

[(다른 사람을) 아래에(sub) 세우다(stit)]

동 **대체하다, 교체하다**
substitute butter for oil 기름을 버터로 대체하다
명 **대체물, 교체선수**
a substitute during the second half 후반전 교체선수
명 sub**stit**ution 교체

어법
substitute A for B
B를 A로 대체하다
A is substituted by/with B
A가 B로 대체되다

추가어휘
as**sist** [əsíst]
ex**ist** [igzíst]
super**stit**ion [sùːpərstíʃən]

동 돕다, 거들다 = aid, give a hand
동 있다, 존재하다   명 existence ① 존재 ② 생활
명 미신   비교 supernatural 초자연적인

어원
[~곁에(as) 가까이 서다(sist)]
[밖에(ex) 드러나 있다((s)ist)]
[(과학을 넘어) 위에(super) 서(stit) 있는 것]

---

178 sti, ster, star : 강한(strong), 뻣뻣한(stiff)

★★☆
stiff
[stif]

[(휘지 않고) 강(sti)한]

형 ① **뻣뻣한, 빽빽한** ② **어려운, 심한** ③ **(술이) 독한**
a stiff neck 뻣뻣한 목
a stiff challenge 어려운 도전
a stiff drink 독한 술
동 **sti**ffen 뻣뻣해지다, 경직되다
명 **sti**ffness 뻣뻣함

활용
a stiff back 뻣뻣한 등
a stiff challenge 심한 처벌
a stiff price 고가

★★☆
stern
[stəːrn]
경기교육9급 04

[(태도가) 뻣뻣한(ster)]

형 **엄격한, 엄한**
a stern judge/teacher 엄격한 판사/엄한 선생님
명 **ster**nness 엄격함

접미어
■ -ness : 명사형
dark**ness** 어둠
deaf**ness** 귀먹음, 청각 장애

★★☆
sterile
[stéril]

[(흙이 물기가 없어) 뻣뻣(ster)한]

형 ① 불모의, 불임의 ② 살균한, 소독한 = hygienic
sterile fields 불모의 밭들
sterile surgical instruments 소독한 수술 기구들

동 **ster**ilize ① 불임 수술을 하다 ② 살균 [소독]하다

 동의어

infertile 불임의, 불모의
barren 불모의, 척박한
arid 매우 건조한

★★☆
starve
[sta:rv]
법원서기보 01
서울시9급 07

[(몸이) 뻣뻣해(star)지다]

동 굶주리다, 굶어 죽다
starve to death 굶어 죽다

명 **star**vation 기아, 굶주림

형 **star**ving 몹시 배고픈

 동의어

hunger 배고픔, 굶주림
famine 기아, 기근

day 17

---

179 | str : 싸우다(fight)

★★☆
strive
[straiv]
행안부9급 12

[(달려들어) 싸우다(str)]

동 애쓰다, 분투하다
strive to succeed 성공하기 위해 애쓰다
strive for success 성공을 위해 애쓰다

명 **str**ife 갈등, 불화

어법

strive to V
~하기 위해 애쓰다

strive for + 명
~을 위해 애쓰다, 분투하다

기출문제

1. The <u>destitute</u> family are given an allowance. [경찰 06]

   ① frigid
   ② hurried
   ③ important
   ④ impoverished

2. Their office work has largely been <u>supplanted</u> by the use of a computer program that fulfills the same function. [지방직9급 08]

   ① supported
   ② substituted
   ③ dismissed
   ④ provided

3. When you hear about a <u>sterile</u> person, it means they can't have kids.

   ① tactile
   ② lethal
   ③ infertile
   ④ malignant

4. A severe outbreak could lead to widespread <u>starvation</u> as food distribution breaks down.

   ① malady
   ② stink
   ③ famine
   ④ dispersion

1. ④ 2. ② 3. ③ 4. ③

struggle
★★☆
[strʌgl]
국회8급 05

[(달려들어) 싸우다(str)]

동 **투쟁하다, 몸부림치다**
struggle for independence 독립을 위해 투쟁하다

명 **투쟁, 분투**
a struggle for freedom 자유를 위한 투쟁

어법
struggle for + 명
~을 위해 투쟁하다
struggle to V
~하기 위한 투쟁

---

stride
★☆☆
[straid]

[싸우러(str) 나가다]

동 **성큼성큼 걷다**
stride toward her 그녀를 향해 성큼성큼 걸어가다

명 **① 큰 걸음 ② 발전**
take a stride 큰 걸음을 걷다
make great strides 장족의 발전을 이루다

숙어 take ~ in stride ~에 침착하게 대처하다

주제
⦿ 「걷다」 총정리
wander 돌아다니다
stroll = saunter 거닐다
roam 배회하다
rove 방랑하다
strut 으스대며 걷다
trudge 터벅터벅 걷다
trample 짓밟다

---

180 | sting, stinc, stim : 찌르다(sting)

distinguish
★★☆
[distíŋgwiʃ]
사회복지9급 15

[따로(dis) 찔러서(sting) 표시해두다]

동 **구별하다**
distinguish good from evil 선과 악을 구별하다
distinguish oneself 이름을 날리다

형 **distinguished 유명한, 성공한**

동의어
discern 구별하다
discriminate ① 구별하다
② 차별하다
differentiate 구별하다

---

distinct
★★☆
[distíŋkt]
법원서기보 00
지방직9급 13

[따로(dis) 찔러서(stin) 표시해둔]

형 **① 구별되는, 분명한 ② 다른, 별개의**
a distinct difference 분명한 차이
three distinct meanings 세 개의 다른 의미

명 **distinction 차이, 구분**

비교
distinctive 독특한
a **distinctive** walk
독특한 걸음걸이

---

extinguish
★★☆
[ikstíŋgwiʃ]
법원직 01

[(원래) 찔러서((s)ting) 밖으로(ex) 빼내다]

동 **(불을) 끄다, 소화하다**
extinguish the fire 불을 끄다

명 **extinguisher 소화기**

동의어
quench ① (불을) 끄다
② (갈증을) 풀다
put out (불을) 끄다

---

extinct
★★☆
[ikstíŋkt]

[찔러(stinc) 밖으로(ex) 빼낸]

형 **멸종된 ↔ extant 현존하는**
an extinct animal 멸종된 동물

명 **extinction 멸종**

활용
be on brink of **extinction**
멸종 직전에 있다

---

stimulate
★★☆
[stímjulèit]

[(~하도록) 쿡쿡 찌르다(stim)]

동 **자극하다, 활발하게 하다**
stimulate economic growth 경제 성장을 자극하다

명 **stimulation 자극** 명 **stimulus 자극제**

활용
stimulate demand
수요를 자극하다
stimulate him **to** succeed
그가 성공하도록 자극하다

추가어휘

sting [stiŋ]	동 (곤충·가시 등이) 쏘다, 찌르다　명 (곤충의) 침, 가시	[찌르다(sting)]
instinct [ínstiŋkt]	명 본능, 본성	[(마음) 안에서(in) 찔러대는(sting) 것]
instigate [ínstəgèit]	동 부추기다, 선동하다	[(~하도록) ~를(in) (쿡쿡) 찌르(stig)다]

어원

181　stri, stra : 팽팽하게 당기다 [묶다] (draw tight)

★★☆

stringent
[stríndʒənt]

선관위9급 02
중앙인사9급 05

[팽팽하게 당겨진(stri)]

형 (법·규칙이) 엄격한
enact a stringent law 엄격한 법을 제정하다

동의어
strict 엄격한
stern 엄중한
rigid 엄격한

day 17

★★☆

strain
[strein]

[팽팽히 당겨진(strai) 상태]

명 압박, 부담
put a strain on him 그에게 압박을 가하다

동 ① 세게 잡아당기다, 무리를 주다 ② 안간힘을 쓰다
strain a muscle 근육에 무리를 주다
strain to open the jar 병을 여느라고 안간힘을 쓰다

동의어
burden 짐, 부담
load 짐, 화물, 부담
stress 압박, 스트레스
pressure 압박, 압력

★★☆

constrain
[kənstréin]

국회8급 04

[(못 움직이도록) 단단히(con) 묶어두다(strai)]

동 제약하다, 제한하다
constrain the plant's growth 식물의 성장을 제약하다

명 constraint 제약, 제한

활용
be constrained by a
lack of funds
자금 부족으로 제약받다

기출문제

1. Babies as young as one and two months of age have the capacity to <u>discriminate</u> speech sounds.
[사회복지9급 15]

① distinguish　　② dislocate
③ disturb　　　　④ distribute

2. Glue is to separate what fire is to _____. [법원직 01]

① consume　　② employ
③ burn　　　　④ extinguish

3. An animal species is extant if it is not _____.

① strict　　② defunct
③ extinct　　④ distinct

4. That teacher's demands are <u>stringent</u> — she wants the homework typed in her favorite font, on special paper, and each essay must be exactly 45 lines!

① rigid　　　② opaque
③ jaunty　　④ exemplary

1. ① 2. ④ 3. ③ 4. ①

constrict
★★☆
[kənstríkt]

[세게(con) 당기다(stri)]

동 ① 수축되다, 조이다 ② 위축시키다, 제약하다
constrict blood vessels 혈관을 수축시키다
Poverty constricts a life. 가난은 삶을 위축시킨다.

활용
constrict job opportunities
취업 기회를 위축시키다

restrain
★★☆
[ristréin]
국회8급 07

[뒤에(re) 묶어두다(strai)]

동 ① 막다, 제지하다 ② 억누르다, 억제하다
restrain the dog from attacking
개가 공격하지 못하게 막다
restrain one's anger 화를 억누르다

명 restraint 규제, 제한

유의어
constrain 제약하다
constrict 위축시키다
restrain 억누르다
restrict 제한하다

restrict
★★☆
[ristríkt]

[뒤에(re) 묶어두다(stri)]

동 제한하다, 한정하다
restrict access 접근을 제한하다

명 restriction 제한, 제약

활용
restrict the time to 30 minutes
시간을 30분으로 제한하다

distress
★★☆
[distrés]

[심한(dis) 압박(stress)]

명 (정신적) 고통, 괴로움
suffer distress 고통을 겪다

형 distressful 괴로운

동의어
anguish 괴로움, 고통
affliction 고통
agony (극심한) 고통
pang (갑작스런) 고통

strait
★★☆
[streit]
경기교육9급 04

[팽팽히 당겨져(stri) 좁아진 것]

명 ① 해협 ② (경제적) 곤경, 궁핍
go through the narrow strait 좁은 해협을 통과하다
be in a dire strait 극심한 곤경에 처해있다

동의어
difficulty 어려움
hardship 어려움, 곤란
dilemma 딜레마, 진퇴양난

추가어휘
strict [strikt]
stress [stres]
district [dístrikt]
prestige [prestíːʒ]

형 엄격한, 엄한 = rigid, stern
명 스트레스, 긴장 동 강조하다
명 (행정상의) 지역, 구역 = precinct
명 명성, 명망 형 prestigious 명망 높은

어원
[팽팽하게 당겨진(stri)]
[(신경이) 팽팽히 당겨진(stre) 상태]
[따로따로(dis) 묶은(stri) 것]
[(시선을) 미리(pre) 묶어두는(stig) 것]

---

182 | struct, stroy : 짓다, 세우다(build), 쌓다(pile)

construct
★★☆
[kənstrʌkt]

[(갖추어) 함께(con) 짓다(struct)]

동 ① 건설하다 ② 구성하다
construct a bridge 다리를 건설하다
a well-constructed movie 구성이 잘 된 영화

명 construction 건설

형 constructive 건설적인

관련
architecture 건축
equipment 장비, 장치
a groundbreaking ceremony
기공식

construe
★★☆
[kənstrúː]

[(글을) 함께(con) 짓다(struct)]

동 **해석하다, 이해하다** ↔ misconstrue 오해하다
construe her silence as a refusal
그녀의 침묵을 거절로 이해하다

비교
translate A into B
A를 B로 번역하다

---

instruct
★★★
[instrʌ́kt]
법원서기보 00

[(지식을 머리) 속에(in) 쌓아주다(struct)]

동 ① **가르치다** ② **지시하다**
instruct him in English 그에게 영어를 가르치다
instruct him to cancel the meeting
그에게 회의를 취소하라고 지시하다

명 **instruct**ion 지도, 지침   형 **instruct**ive 유익한

동의어
teaching 가르침
direction 지시
guidance 지도, 안내
tutelage 지도, 교육

day 17

---

destroy
★★★
[distrɔ́i]
행자부9급 00, 서울시9급 07

[지어진 것을(stroy) 아래로(de) 무너뜨리다]

동 **파괴하다**
destroy the environment 환경을 파괴하다
명 **destruct**ion 파괴   형 **destruct**ive 파괴적인

동의어
raze 완전히 파괴하다
wipe out 완전히 파괴하다
pull down 허물다
tear down 허물다

---

industry
★★☆
[índəstri]
법원서기보 00

[(노력을 통해) 내면에(indu) 형성된 것(stry)]

명 ① **근면** ② **산업**
praise him for his industry
근면함에 대해 그를 칭찬하다
the automobile industry 자동차 산업

파생어
industrial 산업의
Industrial Revolution
산업혁명

industrious 근면한
an industrious worker
근면한 일꾼

---

obstruct
★★☆
[əbstrʌ́kt]

[거슬러(ob) 세우다(struct)]

동 **막다, 방해하다**
obstruct traffic of the road 그 도로의 교통을 방해하다
명 **obstruct**ion 방해   형 **obstruct**ive 방해하는

관련
block 막다, 차단하다
barrier 장벽
deadlock 교착상태
impasse 막다름, 난국

추가어휘
structure [strʌ́ktʃər]
infrastructure [ínfrəstrʌ̀ktʃə(r)]
reconstruction [rìːkənstrʌ́kʃn]

명 구조(물)   동 조직하다, 구성하다
명 공공 기반 시설, 인프라
명 재건, 복원

어원
[(만들어) 세운(struct) 것]
[아래를(infra) 떠받치는 구조물(structure)]
[다시(re) 건설하는 것(construction)]

기출문제

1. If all the dorms are overbooked for the fall semester and the off-campus apartments are all rented, you might find yourself in dire <u>straits</u>.

   ① flaw   ② stigma
   ③ anguish   ④ adversity

2. He suffered severe emotional <u>distress</u> as a result of the terrible accident.

   ① tension   ② plight
   ③ hurdle   ④ turmoil

3. We must overcome an _____ to economic progress.
   [국가직 응용]

   ① antibiotic   ② withdrawal
   ③ obstacle   ④ disorder

4. That fast food tower being built next to your beach house will <u>obstruct</u> your lovely ocean vistas.

   ① surmount   ② block
   ③ iron out   ④ inundate

1. ④ 2. ③ 3. ③ 4. ②

183 | sal, sul, sil : 뛰어오르다(leap)

---

salient
★★☆
[séiliənt]

[뛰어오르(sal)는]

형 **가장 두드러진, 현저한**
the salient feature 가장 두드러진 특징

동의어
conspicuous 눈에 잘 띄는
prominent 눈에 잘 띄는

---

as**saul**t
★★★
[əsɔ́ːlt]
서울시9급 04
국회8급 05

[~에게(as) 달려드는(saul) 것]

명 **폭행, 공격**   동 **폭행하다**
be charged with assault 폭행죄로 고발당하다
숙어 under assault 공격받고 있는

활용
a case of assault 폭행 사건
sexual assault 성폭행

---

as**sail**ant
★★☆
[əséilənt]
경찰 10

[~에게(as) 달려든(sail) 사람(ant)]

명 **폭행범, 공격자**
arrest the assailant 그 폭행범을 체포하다

활용
■ -ant : 사람
assistant 조수, 보조
defendant 피고
accountant 회계사

---

de**sul**tory
★☆☆
[désəltɔ̀ːri]

[(정신없이) 여기저기(de) 뛰어다니(sul)는]

형 **두서없는, 종잡을 수 없는**
a desultory conversation 두서없는 대화

동의어
aimless 목적이 없는
discursive 두서없는

---

ex**ul**t
★☆☆
[igzʌlt]

[기뻐하며(ex) 팔짝팔짝 뛰다(sul)]

동 **몹시 기뻐하다**
exult in the victory 승리에 몹시 기뻐하다
형 exultant 몹시 기뻐하는

동의어
rejoice 크게 기뻐하다
exhilarate 기쁘게 하다

---

in**sul**t
★★☆
[insʌlt]
서울시9급 06

[(원래) ~에게(in) 달려들다(sul)]

동 **모욕을 주다**
be insulted by his rudeness
그의 무례함에 모욕을 당하다
명 **모욕**
shout insults at him 그에게 모욕적인 말들을 퍼붓다
형 insulting 모욕적인

동의어
shame 창피. 수치
disgrace 수치, 불명예
affront 모욕(을 주다)
indignity 모욕, 치욕

---

re**sil**ient
★★☆
[rizíljənt]

[다시(re) 뛰어오르(sil)는]

형 **회복이 빠른**
resilient young people 회복이 빠른 젊은이들

비교
elastic 신축성 있는, 탄력 있는
elastic fabric 신축성 있는 천

★★★

re**sul**t

[rizʌlt]

숙어

result in (결과적으로) ~을 낳다 [야기하다]
result from (결과가) ~에서 생기다

[(원인이 결과로) 다시 (re) 뛰어오르(sul)다]

동 **(~의 결과로) 발생하다 [생기다]**
problems resulting from errors
오류로 인해 생기는 문제들

명 **결과**
the result of the vote 투표 결과

형 re**sul**tant 그 결과로 생긴, 그에 따른

---

184 | sum : 꼭대기 (peak)

day 18

★★☆

summit

[sʌmit]

[꼭대기 (sum)]

명 **① 정상, 절정 ② 정상 회담**
the summit of the mountain 그 산의 정상
hold a summit 정상 회담을 개최하다

동의어

peak 절정, 정점
zenith 절정, 정점
acme 절정

추가어휘

sum [sʌm]
summary [sʌməri]

명 ① 합, 합계 ② 액수 – a lump sum 일시불
명 요약 형 요약된, 간략한

어원

[(다 합쳐진) 꼭대기 (sum)의 수]
[(가장 중요한) 꼭대기 (sum)에 있는 것을 모음]

기출문제

1. Among Joe's <u>salient</u> features is his square jaw.

   ① noticeable ② ugly
   ③ strange ④ attractive

2. In a world of info-glut, we are constantly _____ by often contradictory claims about many of the items we buy and use.

   ① confirmed ② appreciated
   ③ assaulted ④ embellished

3.
   > ⊙ Using what I learned in Taekwondo class, I was able to defend myself from the _____ by giving him a swift kick in the belly.
   > ⊙ The dirty _____ who tried to steal the old woman's purse found himself stunned by 10,000 volts of electricity from her Taser.

   [경찰 10]

   ① corpse ② karma
   ③ assailant ④ bucket

4. Placing a high value on material possession is called materialism, but this is a word that most Americans find offensive. To say that a person is materialistic is _____ because this means that he or she values material possession above all.

   ① an insult ② a praise
   ③ a compliment ④ an honor

1. ① 2. ③ 3. ③ 4. ①

185 | sum : 잡다, 취하다(take)

★★☆
assume
[əsú:m]

[(생각/일/모습)을(as) 취하다(sum)]

 동의어

동 ① 생각 [추측] 하다 ② (일·책임을)맡다, (모습을)띠다
assume the suspect to be guilty
그 용의자가 유죄라고 생각하다
assume responsibility for ~에 대한 책임을 맡다
명 assumption ① 추정 ② 인수

inference 추론
supposition 추정
conjecture 추측
hypothesis 가설

★★★
consume
[kənsú:m]

법원서기보 00
안행부9급 13

[(물건을) 완전히(con) 다 취하다(sum)]

 활용

동 ① 소비하다, 소모하다 ② 먹다, 마시다
③ (불이 건물을) 태우다
consume much electricity 많은 전기를 소모하다
consume a lot of beer 맥주를 많이 마시다
Fire consumed the forest. 불이 숲을 다 태웠다.
명 consumption 소비, 소모
명 consumer 소비자

time-consuming
시간이 많이 걸리는
energy-consuming
에너지를 많이 소모하는

★★☆
presume
[prizú:m]

[(생각/행동을) 미리(pre) 취하다(sum)]

 파생어

동 ① 생각하다, 추측하다 ② 주제넘게 굴다
be presumed dead 죽었다고 추정되다
presume to tell him what to do
주제넘게 그에게 무엇을 해야 할지 말하다

presumption ① 추정 ② 건방짐
presumptive 추정상의
presumptuous 건방진

추가어휘
resume [rizú:m]

명 재개하다   비교 resume [rézumèi] 이력서

[(중단한 것을) 다시(re) 취하다(sum)]

186 | surg, sur, sour : 솟아오르다(spring up), 일어나다(rise)

★★★
surge
[səːrdʒ]

서울시9급 12
기상직 12
국회8급 07

[솟아오르(surg)다]

 주제

동 ① 급등하다, 급증하다 ② (갑자기) 확 움직이다
The stock price has surged. 주가가 급등했다.
surge toward the door 문 쪽으로 확 움직이다
명 ① 급등, 급증 ② (갑자기 확) 몰려듦
enjoy a surge in popularity 급증하는 인기를 누리다
a surge of immigrants 몰려드는 이민자들
형 surging 급등[급증]하는

◉ 급등
soar 급등하다
hike 급등, 대폭 인상

◉ 급락
plummet 급락하다
plunge 급락하다
tumble 폭락하다

★★☆
insurrection
[insərékʃən]

[(반대하여) 완전히(in) 일어(sur)남]

 동의어

명 반란, 내란
an armed insurrection 무장 반란
명 insurgent 반란자

rebellion 반란
revolt 반란
uprising 반란

resurgent ★☆☆
[risə́:rdʒənt]

[(죽었다가) 다시(re) 일어나(surg)는]

형 **부활하는, 다시 살아나는**
a resurgent stock market 다시 살아나는 주식시장

관련
revival 부활, 회복
resurrection 부활

추가어휘
source [sɔːrs]
resource [ríːsɔːrs]
resurrection [rèzərékʃən]

명 ① 근원, 원천 ② (자료의) 출처, (정보를 주는) 소식통
명 《-s》 자원
명 부활 = revival

어원
[솟아오르는(sour) 것]
[자꾸만(re) 솟아오르는(sour) 것]
[다시(re) 일어(sur)남]

---

187 tac, tag, tang : 손대다, 접촉하다 (touch)

tactic ★★☆
[tǽktik]

[만지는[다루는] (tac) 것]

명 ① 전술, 작전 ②《-s》 (군대의) 전술, 용병술
use delaying tactics 지연작전을 쓰다
a specialist in naval tactics 해군 전술의 전문가

형 **tac**tical 전술의, 작전의
명 **tac**tician 책략가, 모사

접미어
■ -ian : 사람
musician 음악가
magician 마술사
guardian 보호자

tangible ★★☆
[tǽndʒəbl]
서울시9급 05

[만질(tang) 수 있는(ible)]

형 ① 만질 수 있는, 유형의 ② 구체적인
the company's tangible assets 그 회사의 유형 자산들
obtain tangible evidence 구체적 증거를 입수하다

반 in**tang**ible 무형의

동의어
touchable 만질 수 있는
palpable 뚜렷한
concrete 구체적인

기출문제

1. It's most <u>presumptuous</u> to believe we already know all the answers and will never get any more big surprises.

① intrepid   ② fastidious
③ arrogant   ④ insidious

2. The sudden <u>surge</u> of crime can be attributed to worsening economic conditions.

① frequency   ② lessening
③ increase   ④ hardening

3. An <u>insurrection</u> can lead to revolution, but it is just as likely to be put down.

① anarchy   ② rebellion
③ embargo   ④ autocracy

4. In some ways, material possessions were to seem not only as <u>tangible</u> evidence of people's work but also of their abilities. [서울 05]

① real   ② relevant
③ fertile   ④ abundant

1. ③ 2. ③ 3. ② 4. ①

attack
★★★
[ətǽk]

[~에(at) 확 달라붙다(tac)]

동 **공격하다**
attack a castle 성을 공격하다

명 **① 공격, 폭행 ② (병의) 발병**
make an attack on the city 그 도시를 공격하다
die of a heart attack 심장마비로 죽다

명 attacker 공격[폭행]한 사람

동의어
assault 폭행, 공격
aggression 공격
incursion 급습
onslaught 맹공격
charge 공격하다

attach
★★☆
[ətǽtʃ]
행자부9급 02
행안부 13

[~에(at) 붙이다(tac)]

동 **① 붙이다 ② (의미·중요성 등을) ~에 두다**
attach a photograph to an application form
사진을 신청서에 붙이다
attach great importance to appearance
외모에 큰 중요성을 두다

명 attachment ① 애착 ② (이메일의) 첨부 파일

활용
the baby's **attachment to** his mother
엄마에 대한 아기의 애착

send the document as an **attachment**
그 문서를 첨부 파일로 보내다

contact
★★☆
[kántækt]

[서로(con) 접촉(tac)하다]

동 **~에게 연락하다**
Contact us for further information.
자세한 정보가 필요하시면 저희에게 연락하세요.

명 **접촉, 연락**
come into contact with ~와 접촉하다

활용
keep **contact** with
~와 연락을 유지하다
lose **contact** with
~와 연락이 끊기다

detach
★★☆
[ditǽtʃ]

[붙어 있는 것을(tac) 떼어내다(de)]

동 **떼다, 분리하다**
detach the hood from the jacket
재킷에서 모자를 떼다

형 detached ① 떨어진 ② 공정한

활용
make a **detached** judgment
공정하게 판단하다

contagious
★★☆
[kəntéidʒəs]

[서로(con) 접촉하여(tag) 옮기는]

형 **전염되는, 전염성의**
a contagious disease 전염병

명 contagion 전염(병)

동의어
infectious 전염성의
communicable 전염성의
transmittable 전염성의

contiguous
★★☆
[kəntígjuəs]

[서로(con) 접촉해(tig) 있는]

형 **인접한**
the area contiguous to the border
국경에 인접한 지역

동의어
nearby 인근의
neighboring 이웃의
adjacent 인접한

contingent
★☆☆
[kəntíndʒənt]

[(~에) 함께(con) 닿아(ting) 있는]

형 **~에 달려있는**
be contingent on the result 그 결과에 달려있다

동의어
dependent on
~에 달려있는
subject to
~에 영향을 받는

contaminate
★★☆
[kəntǽmənèit]

[(여러 사람들이) 함께(con) 손대다(tam)]

동 **오염시키다**
contaminate the river with chemicals
화학물질들로 강을 오염시키다

명 contamination 오염 명 contaminant 오염 물질

동의어
pollute 오염시키다
defile 더럽히다
taint 더럽히다

★☆☆
en**tang**le
[intǽngl]

[(정돈된 것을 엉키게) 만져 (tang) 놓다(en)]

형 **엉키게 [얽히게] 하다** ↔ disentangle 엉킨 것을 풀다
get entangled in the net 그물에 엉키게 되다

get **entangled** with him
그와 얽히게 되다

★★☆
in**tac**t
[intǽkt]

[(아무도) 건드리지 (tac) 않은(in)]

접두어

명 **온전한** = undamaged
The temple survived intact.
그 사원은 온전히 남아 있었다.

■ in-³ : 부정
inevitable 피할 수 없는
immoral 부도덕한
impersonal 비개인적인

★★☆
in**teg**rate
[íntəgrèit]

[건드리지 (teg) 않은(in) 완전한 상태로 만들다]

활용

동 **통합하다** [되다]
integrate art and technology 예술과 기술을 통합하다

명 integration 통합   명 integrity ① 완전함 ② 진실성

형 integral 필수적인

■ in-⁴ : 부정
illegal 불법적인
irrelevant 관련없는
irresponsible 무책임한

day 18

추가어휘
tact [tækt]
tactile [tǽktil]
at**tain** [ətéin]
con**ting**ency [kəntíndʒənsi]
in**tang**ible [intǽndʒəbl]

명 요령, 재치 = wit
형 촉각의 – a **tactile** organ 촉각 기관
동 ① 달성하다 ② 도달하다
명 만일의 사태
형 무형의 – an intangible asset 무형 자산

어 원

[(사람들에게 잘) 접촉 (tac)함]
[만지는 (tac) 것의]
[(목표)에 (at) 닿다(tain)]
[(큰 사건에) 함께 (con) 닿아 (ting) 있는 일]
[만질 (tang) 수 없는 (in)]

기출문제

1. Wilkins was quiet <u>detached</u> in judging his son's merit for the post in the company of which Wilkins was the manager. He rightly felt his son was not among the best of the candidates.

   ① exuberant   ② fervid
   ③ disinterested   ④ gratified

2. There is certainly a chance that we could have as many dying from <u>communicable</u> diseases as from the tsunami.

   ① adjustable   ② contagious
   ③ dangerous   ④ incurable

3. Doctors say there is no way to fully explain how the boy survived, much less how his brain remained relatively <u>intact</u>.

   ① heinous   ② capacious
   ③ scathing   ④ undamaged

4. Time is like art – mysterious, _____, and precious.
   [서울시9급 08]

   ① inflammable   ② imprudent
   ③ impenitent   ④ inedible
   ⑤ intangible

5. Dalai Lama's government in exile remains unrecognized by any government. Beijing remains adamant that Tibet is an <u>integral</u> part of China.
   [경남 06]

   ① redundant   ② essential
   ③ incorporeal   ④ independent

1. ③ 2. ② 3. ④ 4. ⑤ 5. ②

188 | tail : 자르다(cut)

★★☆

en**tail**
[intéil]

[(땅을 물려주기 위해) 잘라(tail) 놓다(en) → 이미 정해놓다]

동 **수반하다**
Success entails a lot of effort.
성공은 많은 노력을 수반한다.

동의어
need 필요로 하다
require 필요로 하다
call for 필요로 하다

★☆☆

re**tail**
[rí:teil]

[(전체에서) 자꾸만(re) 잘라다(tail) 팔다]

동 **소매로 팔다 [팔리다]**
retail clothing 옷을 소매로 팔다

명 **소매 ↔ wholesale 도매**
a retail shop 소매점

형 부 **소매의, 소매로**
the retail price 소매가

명 re**tail**er 소매업자, 소매상

주제
⊙ **가격 관련 형용사**
cheap 싼, 싸구려의
expensive 비싼
costly 많은 돈이 드는
reasonable 합리적인
affordable 알맞은
economical 경제적인

추가어휘
tailor [téilər]
de**tail** [ditéil]

명 재단사, 양복장이   동 (목적·사람에) 맞추다
명 ① 세부 사항 ② 《주로 -s》 상세 정보

어원
[(천을) 자르는(tail) 사람(or)]
[완전히(de) 잘게 자른(tail) 것]

189 | ten, tin, tain : 잡고 있다(hold)

★☆☆

tenet
[ténit]

[(사실로) 잡고 있는(ten) 것]

명 **주의, 교리**
the tenets of a religion 종교의 교리들

동의어
doctrine 교리, 신조
creed 교리

★★☆

tenable
[ténəbl]

[(자기 의견을) 잡고 있을(ten) 수 있는]

형 **(이치에 맞아) 방어할 수 있는**
a tenable argument 방어할 수 있는 주장

동의어
defensible 방어할 수 있는
justifiable 정당한

★★☆

tenacious
[tənéiʃəs]

[(자기 생각을 꽉) 잡고(ten) 있는]

형 **완강한, 집요한**
make a tenacious effort 집요하게 노력하다

동의어
persistent 끈질긴, 집요한
pertinacious 완강한
dogged 완강한

★★☆

ab**stain**
[æbstéin]

[(~에서) 떨어뜨려(abs) 잡고 있다(tain)]

동 ① **삼가다, 절제하다** ② **기권하다**
abstain from alcohol 술을 자제하다
decide to abstain 기권하기로 결정하다

형 ab**stin**ent 자제하는

동의어
refrain 삼가다
curb 억제하다
do without ~없이 지내다

con**tain**
[kəntéin]
★★☆

[(~안에) 함께(con) 잡고 있다(tain)]

동의어

동 ① ~이 들어있다, 함유하다 ② (감정·불을) 억누르다
contain useful information 유용한 정보가 들어있다
contain one's anger 화를 억제하다

명 con**tain**er 그릇, 용기

명 con**tain**ment 억제, 방지

include 포함하다
involve 포함하다
incorporate 포함하다

con**ten**t¹
[kántent]
★★☆

[함께(con) 잡고 있는(ten) 것]

동의어

명 ① 내용(물), 목차 ② 함유량
the contents of the book 그 책의 내용
the fat content of food 음식의 지방 함유량

satisfy 만족시키다
gratify 만족시키다
meet 충족시키다
hit the spot
(원하던) 딱 그것이다

con**ten**t²
[kəntént]
국회8급 04·05

형 만족하는
be content with a good meal 좋은 식사에 만족하다

동 만족시키다
content the children 아이들을 만족시키다

명 con**ten**tment 만족

day 18

de**tain**
[ditéin]
★★☆
국회8급 07

[(못 가도록) 완전히(de) 붙잡고 있다(tain)]

활용

동 억류하다, 구금하다
detain the suspect 그 용의자를 구금하다

명 de**ten**tion 구금, 구류 **명** de**tain**ee 억류자

illegal detention
불법 구금
indefinite detention
무기한 구금

기출문제

1. "The show must go on." is the oldest <u>tenet</u> of show business; every true performer lives by that creed.

   ① euphemism   ② doctrine
   ③ allegory   ④ corroboration

2. The more pesticides are used, the more <u>pertinacious</u> the insects become. [전의경 09]

   ① tenuous   ② tenacious
   ③ tender   ④ petulant

3. They agreed to <u>abstain</u> from any actions that might endanger the peace process.

   ① support   ② refrain
   ③ resist   ④ interfere

4. The _____ of a suspect is the process of keeping a person who has been arrested in custody, prior to a trial, conviction or sentencing.

   ① contention   ② detention
   ③ pretension   ④ retention

5. Freedom of conscience <u>entails</u> more dangers than authority and despotism.

   ① hold back   ② deal with
   ③ refer to   ④ lead to

1. ② 2. ② 3. ② 4. ② 5. ④

★★☆

entertain
[èntərtéin]

[(사람들의/마음속의) 중간에서(enter) 잡고 있다(tain)]

동의어

동 ① 접대하다 ② 즐겁게 해 주다 ③ (감정을) 품다
entertain many guests 많은 손님들을 접대하다
entertain us with interesting stories
재미있는 이야기들로 우리를 즐겁게 해 주다
entertain hopes 희망을 품다

명 entertainment ① 오락, 즐거움 ② 접대

delight 즐겁게 하다
please 기쁘게 하다
amuse 즐겁게 하다

★★☆

obtain
[əbtéin]

사회복지9급 12

[~을(ob) 잡고 있다(tain)]

동의어

동 (노력해서) 얻다, 입수하다
obtain a doctor's degree 박사 학위를 취득하다

형 obtainable 입수할 수 있는

acquire 얻다, 획득하다
secure (힘들게) 얻다, 획득하다
come by 얻다

★★☆

pertinent
[pə́ːrtənənt]

[(다른 것)에 꽉(per) 붙잡혀(tin) 있는]

동의어

형 적절한, 관련 있는
a pertinent question 적절한 질문

동 pertain 《to》 ~에 속하다, 관련되다

relevant 관련 있는
suitable 적절한

★☆☆

impertinent
[impə́ːrtənənt]

[(행동이) 적절하지 (pertinent) 않은(im)]

동의어

형 무례한
an impertinent student 무례한 학생

rude 무례한
insolent 무례한
impudent 무례한

★★★

retain
[ritéin]

국회8급 07
중앙인사9급 07
행자부9급 07

[뒤로(re) 잡고 있다(tain)]

동의어

동 유지하다, 간직하다
retain popularity 인기를 유지하다

명 retention 유지, 보유

형 retentive 기억력이 좋은

keep 유지하다
hold 유지하다
maintain 유지하다

★★☆

sustain
[səstéin]

[아래에서(sus) 잡고 있다(tain)]

활용

동 ① 떠받치다, 지탱하다 ② (피해를) 입다, 받다
sustain economic growth 경제 성장을 떠받치다
sustain serious injuries 심각한 부상을 입다

명 sustenance (생존에 필요한) 양식, 자양물

형 sustainable 지속 가능한

sustain damage
피해를 입다
sustain losses
손실을 입다
sustain a defeat
패배를 당하다
sustain a wound
부상을 당하다

추가어휘

tenant [ténənt]
tenure [ténjər]
countenance [káuntənəns]

명 세입자, 임차인 ↔ landlord 주인, 임대인
명 재임 (기간)
명 얼굴, 표정 동 승인하다, 받아들이다

어원

[(사용 권리를) 잡고 있는(ten) 사람(ant)]
[잡고 [차지하고] 있는(ten) 것]
[(속마음을) 담고 있는(counten=contain) 것]

190 | temper : 적절히 섞다 (mix properly)

★★☆

temper
[témpər]

[적절히 섞다(temper)]

동 **누그러뜨리다, 완화하다**
temper the heat 더위를 누그러뜨리다

명 **① 기분 ② 침착, 평정 ③ 화, 욱하는 성질**
be in a pleasant temper 기분이 좋다
lose one's temper (평정을 잃고) 화를 내다
fly into a temper 버럭 화를 내다

be in a foul temper
기분이 더럽다
keep one's temper
화를 참다

★★☆

temperate
[témpərət]

중앙인사9급 07
지방직9급 12

[적절히 섞여(temer)진]

형 **① (행동이) 차분한, 절제된 ② (기후가) 온화한**
a temperate professor 차분한 교수
a temperate climate 온화한 기후

명 temperance 절제, 금주

동의어
mild 부드러운, 온화한
modest 적당한
moderate 적당한

day 18

★☆☆

temperament
[témpərəmənt]

[(4가지 체액이) 적절히 섞인(temper) 상태]

명 **기질, 성격**
have a nervous temperament 신경질적인 기질이다

형 temperamental 신경질적인

동의어
disposition 기질, 성격
personality 성격, 개성
character (특징적) 성격, 기질

추가어휘
temperature [témpərətʃər]

명 **① 온도 ② 체온, (고)열** = fever

어원
[(더위·추위가) 적절히 섞인(temper) 상태]

기출문제

1. Britain's trading company, the Hudson Bay Company, wanted to <u>secure</u> a foothold in Alaska's fur-trade market.
   ① lock   ② obtain
   ③ tighten   ④ keep

2. That is an interesting point, but it is not <u>germane</u> to our discussion.
   ① incompatible   ② extraneous
   ③ incongruous   ④ pertinent

3. The teacher, who refused to tolerate <u>insolent</u> behavior, sent the pupil to the principal's office for taking back in class.
   ① chaotic   ② genteel
   ③ impertinent   ④ anonymous

4. [반의어] China dishes <u>retain</u> heat for longer than metal dishes. [국회8급 07]
   ① preserve   ② restrain
   ③ contain   ④ detain
   ⑤ lose

5. _____ agriculture refers to the ability of a farm to produce food indefinitely, without causing severe or irreversible damage to ecosystem health.
   ① Detrimental   ② Moneymaking
   ③ Productive   ④ Sustainable

1. ② 2. ④ 3. ③ 4. ⑤ 5. ④

191 tempor : 시간(time)

★★☆

temporary
[témpərèri]

[(잠시 동안의) 시간(tempor)의]

형 일시적인, 임시의
a temporary job 임시직

부 **tempor**arily 일시적으로, 임시로

동의어
transitory 일시적인
transient 일시적인
provisional 임시의

★★☆

con**tempor**ary
[kəntémpərèri]
국회8급 05

[같은 시대(tempor)의]

형 ① 동시대의, 당시의 ② 현대의, 당대의
contemporary records of the war
그 전쟁 당시의 기록들
contemporary music 현대 음악

명 동시대인

동의어
modern 현대의
of one's time 당시의
up-to-date 최신의

★★☆

ex**tempor**aneous
[ekstèmpəréiniəs]

[(준비) 시간이(tempor) 없는(ex)]

형 즉석의
an extemporaneous speech 즉석 연설

동의어
immediate 즉각적인
prompt 즉각적인
impromptu 즉석으로 한

192 tend, tens, tent : 뻗다(stretch)

★☆☆

tender
[téndər]

[(손을) 뻗어서(tend) 내다 / 뻗어져(tend) 얇아진]

동 제출하다
tender a resignation 사직서를 제출하다

형 ① 연약한, 여린 ② 다정한, 부드러운
tender young plants 연약한 어린 나무들
give a tender look 다정한 눈길을 보내다

동의어
submit 제출하다
present 제시[제출]하다
hand in 제출하다

★★☆

tension
[ténʃən]
국가직9급 09

[뻗어져(tens) 팽팽해진 상태]

명 긴장 (상태), 불안
political tensions in the region
그 지역의 정치적 긴장 상태

형 tense 긴장한

동의어
pressure 압박
stress 스트레스, 압박
strain 압박
nerves 긴장, 불안

★★☆

at**tend**
[əténd]

[(발걸음/손길을) ~로(at) 뻗다(tend)]

동 ① 참석하다, 출석하다 ② (학교·교회 등에) 다니다
③ 돌보다, 처리하다
attend a meeting 회의에 참석하다
attend college/church 대학/교회에 다니다
attend to some business 몇 가지 일을 처리하다

파생어
attention 주의, 주목
attendance 출석, 참석
attendant 직원, 안내원
attentive 주의하는

★★☆
con**tend**
[kənténd]
서울직9급 05

[(생각을) 강하게(con) 뻗다(tend)]

동 ① 주장하다 ② 다투다, 경쟁하다
contend that he has the right to the land
그가 그 땅에 대한 권리가 있다고 주장하다
contend for power 권력을 차지하기 위해 다투다

명 conten**tion** ① 주장 ② 논쟁

형 conten**tious** 논쟁이 되는

동의어
controversial
논란이 많은
debatable
논란의 여지가 있는
disputable
논란의 여지가 있는
questionable
의심스러운

★★☆
ex**tend**
[iksténd]

[밖으로(ex) 뻗다(tend)]

동 ① 뻗다, 뻗치다 ② 확장하다, 연장하다
③ (도움·환영 등을) 베풀다, 주다
extend one's hand 손을 뻗다
extend a period 기간을 연장하다
extend an invitation 초대하다

명 ex**tension** ① 확대, 연장 ② 내선, 구내전화

명 ex**tent** 정도, 크기, 규모

형 ex**tensive** 대규모의, 광범위한

동의어
distend 팽창하다
expand ① 팽창하다
② 확장[확대]하다
enlarge 확장[확대]하다
broaden 넓히다, 넓어지다

day 19

★★☆
in**tend**
[inténd]

[(생각을) ~로(in) 뻗다(tend)]

동 의도하다, (~할) 생각하다
intend to stay here 이곳에 머무를 생각이다

파생어
intention 의도, 목적
intentional 의도적인
intentionally 의도적으로

기 출 문 제

1. This is a <u>makeshift</u> plan until we decided what to do.

① a temporary ② an urgent
③ an ignoble ④ an outrageous

2. His _____ speeches are more effective, less elaborate and more easily understood than his prepared speeches.

① tentative ② simultaneous
③ extemporaneous ④ interminable

3. Linking an individual's temperament to achievement is, of course, a much more <u>contentious</u> matter.
[서울직 05]

① imperative ② pressing
③ constructive ④ quarrelsome
⑤ serious

4. 다음 밑줄 친 단어와 뜻이 통하지 않는 단어는?
Regular aerobic exercise is highly recommended to reduce <u>tension</u> and to help prevent migraines.
[국가직9급 09]

① strain ② anxiety
③ calmness ④ nervousness

1. ① 2. ③ 3. ④ 4. ③

★★☆
in**ten**se
[inténs]

행안부9급 02·12

[강하게(in) 뻗치(tens)는]

형 **극심한, 강렬한**
intense heat/pain 폭염/극심한 고통
동 inten**si**fy 심해지다, 강화하다
명 inten**si**ty ① 강렬함 ② 강도, 세기
비교 inten**si**ve 집중적인

동의어
extreme 극도의
severe 극심한
drastic 극단적인
harsh 가혹한, 혹독한

★★★
pre**tend**
[priténd]

행자부9급 00
법원서기보 03
경기교육9급 04

[(슬쩍) 앞으로(pre) 뻗다(tend)]

동 **~인 척하다, 가장하다**
pretend to believe him 그를 믿는 척하다
명 pre**tense** 가식
형 pre**tent**ious 가식적인

동의어
feign 가장하다
simulate ~인 체하다

★☆☆
os**tent**atious
[àstəntéiʃəs]

행안부7급 11

[(남)에게(os) 뻗어서(tent) 보여주려는]

형 **과시하는**
an ostentatious display of wealth 부의 과시

관련
brag 자랑하다
boast 자랑하다
show off 자랑하다

★☆☆
os**tens**ible
[asténsəbl]

[앞에(os) 뻗어져(tens) 보이는]

형 **표면상의, 겉으로의**
the ostensible reason for his resignation
그가 사임한 표면상의 이유
부 os**tens**ibly 표면적으로는

동의어
specious 겉만 그럴듯한
seeming 외견상의
superficial 피상적인

추가어휘
tendency [téndənsi]
dis**tend** [disténd]
por**tent** [pɔ́:rtent]

명 경향, 추세 = trend, inclination
동 팽창하다
명 (불길한) 전조

어원
[(특정 방향으로) 뻗치는(tend) 것]
[(원래 상태에서) 떨어져(dis) 뻗치다(tend)]
[앞서(por) 뻗치는 것(tent)]

---

193 | term(in) : 끝(end)

★★★
term
[tə:rm]

행자부9급 03
지방직9급 13

[(시간의/의미의/약정에 정해진) 끝(term)]

명 **① 기간 ② 용어, 말 ③《-s》조건, 관계**
a president's term of office 대통령의 임기
computer terms 컴퓨터 용어들
the terms of the contract 계약 조건
be on good terms with ~와 좋은 관계에 있다

동 **~을 ~라고 부르다[칭하다]**
The movie was termed a success.
그 영화는 성공작으로 불렸다.

숙어 in terms of ~면에서, ~에 관하여

활용
◉ 「기간」 관련 명사
period 기간, 시기
duration 지속 기간
tenure 재임 기간
reign 통치 기간

determine
★★☆

[ditə́:rmin]

[끝(termin)을 정하다]

통 ① 결정하다, 결론을 내리다 ② 결심하다
determine a price 가격을 결정하다
determine to leave 떠나기로 결심하다

명 determination ① 결정 ② 결심

명 determinant 결정 요인

동의어

decide 결정하다
resolve 결심하다
make up one's mind 결심하다

추가어휘

terminal [tə́:rmənl]
terminate [tə́:rmənèit]
interminable [intə́:rmənəbl]

형 말기의, 마지막의   명 종착역, 터미널
동 끝나다, 종결시키다 = end
형 (지겨울 정도로) 끝없이 계속되는

어원

[끝(termin)의]
[끝(termin)내다]
[끝(termin)나지 않는(in)]

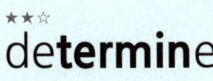

day 19

194 test : 증언하다 (witness)

testify
★★☆

[téstəfài]

101단 01

[증언(test)하다]

통 ① 증언하다 ② 증명하다
testify for the defense 피고를 위해 증언하다
the empty shops that testify to the recession
불황을 증명하는 빈 가게들

명 testimony ① 증언 ② 증거

관련

◉ 「증언」 관련 어휘

witness 목격자, 증인
take an oath 선서하다
testimony 증언
perjury 위증

기출문제

1. That sort of <u>ostentatious</u> patriotism is the behavior of newly assembled nations that fear that the bonds that holds them together are weak and must be reinforced. [행안부7급 11]

① bellicose ② stubborn
③ lukewarm ④ pretentious

2. His <u>ostensible</u> motives concealed his real one.

① feeble ② expressive
③ pretended ④ immoral

3. If you accidentally spill a cup of hot coffee on yourself, you'll probably feel <u>intense</u> heat.

① extreme ② casual
③ ubiquitous ④ concentrated

4. She tried her best, but she knew that her efforts to <u>feign</u> cheerfulness weren't convincing.

① pretend ② dodge
③ surrender ④ boost

5. If you are witness, you will _____ in court. [101단 01]

① testify ② shrink
③ guide ④ dispute

1. ④ 2. ③ 3. ① 4. ① 5. ①

attest
★★☆
[ətést]

[~을 증언(test)하다]

동 **증명하다, 입증하다**
attest to the truth 사실임을 증명하다
attest the certificate 자격증이 진짜임을 증명하다

명 at**test**ation 증명, 입증

동의어
prove 증명하다
substantiate 입증하다
corroborate 확증하다
bear witness to ~을 증명하다

contest
★☆☆
[kántest]

[(원고측·피고측이) 서로(con) 증언(test)하다]

동 **① 이의를 제기하다 ② 경쟁하다, 다투다**
contest the result 결과에 이의를 제기하다
contest a seat in Congress
국회의원에 되기 위해 경쟁하다

명 **① 경쟁 ② (경연) 대회, 콘테스트**

동의어
challenge 이의를 제기하다
dispute 이의를 제기하다
impugn 의심을 제기하다
cast doubt on ~을 의심하다

detest
★☆☆
[ditést]

[(상대를) 깎아내리며(de) 증언(test)하다]

동 **혐오하다, 질색하다**
They detest each other. 그들은 서로를 혐오한다.

명 de**test**ation 혐오

동의어
abhor 혐오하다
abominate 혐오하다
loathe 혐오하다

protest
★★☆
[próutest]

[(사람들) 앞에 나가(pro) 증언하다(test)]

동 **① 항의하다, 시위하다 ② (사실이라고) 주장하다**
protest against the decision 그 결정에 항의하다
protest one's innocence 결백하다고 주장하다

명 **항의, 시위**
a protest march 시위행진

명 pro**test**or 항의자 　　명 pro**test**ation 주장, 항변

동의어
demonstrate 시위운동하다
complain 불평[항의]하다

---

195 tle, text : (실을) 짜다 (weave)

subtle
★★☆
[sʌtl]

법원서기보 00
행안부9급 10

[작게 [얇게] (sub) 짜여진(tle)]

형 **① 미묘한 ② (진실을 숨기고) 교묘한, 영리한**
a subtle difference 미묘한 차이
take a subtle approach 교묘하게 접근하다

명 **subtle**ty ① 미묘함 ② 교묘함

활용
subtle flavor/smell
감지하기 힘든 맛/냄새
a **subtle** plan
교묘한 계획

추가어휘
text [tekst]
texture [tékstʃər]
context [kántekst]

명 ① (책·잡지의) 본문, 글 ② 교재, 서적
명 촉감, 질감 　참고 textile 직물, 옷감
명 ① (글의) 문맥 ② (일의) 정황, 맥락

어원
[(이야기를) 짜낸 것(text)]
[(천이) 짜여진(text) 상태]
[함께(con) 엮어 짠 것(text)]

196 ton, tun : ① 소리(sound) ② 천둥소리(thunder)

★★☆
mono**ton**ous
[mənátənəs]
선관위9급 02

[하나의(mono) 음조(ton)인]

형 **단조로운, 지루한**
a monotonous task 단조로운 일

명 mono**ton**y 단조로움, 지루함

 접두어

■ **mono-** : 하나의
monorch 군주, 제왕
monopoly 독점 (권)
monologue 독백

★☆☆
as**ton**ish
[əstániʃ]

[밖에서(as) 천둥소리(ton)가 나다]

동 **깜짝 놀라게 하다**
be astonished by the news 그 소식에 깜짝 놀라다

명 as**ton**ishment 깜짝 놀람

동의어

surprise 놀라게 하다
amaze (감탄) 놀라게 하다
be taken aback by
~에 깜짝 놀라다

day 19

★★☆
s**tun**
[stʌn]
지방직9급 09

[(astonish의 축약으로) 깜짝 놀라게 하다(stun)]

동 **경악하게 하다, 기절시키다**
The news stunned them.
그 소식이 그들을 경악하게 만들었다.

형 s**tun**ning 깜짝 놀랄, 굉장한

동의어

shock 충격을 주다
astound 경악시키다
startle 깜짝 놀라게 하다

추가어휘

tone [toun]

명 ① 음조 ② 어조 ③ 색조 ④ 분위기
숙어 set the tone for ~에 대한 분위기를 조성하다

어원

[(음이 유지되는) 소리(tone)]

tune [tjuːn]

명 곡(조), 선율   동 ① 조율하다 ② (주파수를) 맞추다
숙어 out of tune ① 음이 안 맞는 ② 부조화한

[(음악의) 소리(tune)]

기출문제

1. Blackmail and kidnapping are the things we all <u>detest</u>.

① abhor   ② adore
③ desire   ④ disguise

2. Factory workers are paid more than office workers because their work is more <u>monotonous</u>.

① insanitary   ② lucrative
③ dull   ④ praise-worthy

3. The number of children who have recovered from the fatal disease as a result of his treatment <u>attests to</u> his competence as a doctor.

① takes over   ② turns down
③ bears witness to   ④ sets aside

4. If you plan to <u>astonish</u> someone, you might say before hand, "Wait until you see this. It's going to knock your socks off."

① amaze   ② arrange
③ ransack   ④ penetrate

5. Wherever Susan went, her <u>stunning</u> beauty aroused the passion of the young men there, but she rejected their amorous moves.

① precocious   ② dazzling
③ venerable   ④ sensuous

1. ① 2. ③ 3. ③ 4. ① 5. ②

197 | tort, tor : 비틀다(twist)

★☆☆
con**tort**
[kəntɔ́ːrt]

[함께(con) 비틀다(tort)]

동 **뒤틀다, 일그러뜨리다**
His body contorted with 그의 몸이 고통으로 뒤틀렸다.

형 con**tort**ed 뒤틀린, 일그러진

동의어
twist 비틀다
writhe 온몸을 비틀다

★★☆
dis**tort**
[distɔ́ːrt]

국회8급 08
기상직9급 12

[완전히(dis) 비틀다(tort)]

동 ① (모양을) **비틀다** ② (사실을) **왜곡하다**
Her face was distorted by pain.
그녀의 얼굴이 고통으로 일그러졌다.
distort the fact 그 사실을 왜곡하다

명 dis**tort**ion ① 뒤틀림 ② 왜곡

동의어
pervert 왜곡하다
mislead 현혹시키다

★☆☆
ex**tort**
[ikstɔ́ːrt]

[(강제로) 비틀어(tort) 끄집어내다(ex)]

동 **강탈하다**
extort money from teenagers
십대들에게 돈을 강탈하다

명 ex**tort**ion 강탈

동의어
rob 털다, 강탈하다
mug (노상) 강도짓을 하다
hold up (은행·상점을) 털다

★☆☆
re**tort**
[ritɔ́ːrt]

[(상대의 말을) 다시(re) 비틀어(tort) 보내다]

동 **대꾸하다, 쏘아붙이다**
'It's not my fault!' he retorted.
'그건 내 잘못이 아니야!' 그가 쏘아붙였다.

동의어
rebut 반박하다
refute 반박하다
contradict 반박하다
controvert 반박하다

추가어휘
torture [tɔ́ːrtʃər]
torment [tɔːrmént]
torch [tɔːrtʃ]
tornado [tɔːrnéidou]

명 고문 동 고문하다
명 (심한) 고통 동 고통을 주다
명 ① 횃불 ②《英》손전등
명 회오리바람, 토네이도
참고 storm 폭풍(우), hurricane = typhoon = cyclone (엄청난) 태풍

어원
[(몸을) 비트는(tort) 것]
[(고문으로) 비트는(tor) 것]
[(불을 붙여두기 위해 천을) 뒤틀어(tor) 놓은 것]
[(바람이) 도는(torn) 것]

198 | tra, trac(t), treat : 끌다(draw)

★★☆
at**tract**
[ətrǽkt]

[~쪽으로(at) 끌다(tract)]

동 **끌다, 끌어들이다**
attract many tourists 많은 관광객들을 끌어들이다

명 at**tract**ion ① 매력 ② (관광) 명소

형 at**tract**ive 매력적인

활용
attract attention
관심을 끌다

attract foreign capital
외자를 유치하다

★★☆
abs**tract**
[æbstrǽkt]

[떨어뜨려(ab) 끌어(tract) 낸] 활용

형 **추상적인** ↔ concrete 구체적인
an abstract word 추상적인 단어

동 **발췌하다, 요약하다**
abstract the main points 요점들을 요약하다

명 abstraction ① 추상적 개념 ② 발췌

abstract concept
추상적 개념
an **abstract** painting
추상화

★★☆
con**tract**
[kántrækt]
경찰 09

[(둘이)함께(con) 끌어내다(tract) / 완전히(con) 끌어당기다(tract)] 활용

명 **계약(서)**
break the contract 계약을 어기다

동 **① 계약하다 ② 수축하다 ③ (병에) 걸리다**
contract the player 그 선수와 계약하다
contract a muscle 근육을 수축시키다
contract food poisoning 식중독에 걸리다

명 contraction ① 수축 ② (출산의) 진통

make a **contract**
계약하다
draw up a **contract**
계약서를 작성하다
sign a **contract**
계약서에 서명하다

day 19

★☆☆
de**tract**
[ditrǽkt]

[아래로(de) 끌어(tract)내리다] 동의어

동 **(가치·가능성을) 떨어뜨리다**
detract from the chance of success
성공의 가능성을 떨어뜨리다

depreciate
가치를 떨어뜨리다
derogate 폄하하다
belittle 하찮게 여기다

★★★
dis**tract**
[distrǽkt]
선관위9급 04
서울시9급 06
중앙인사9급 07

[(주의를 다른 데로) 멀리(dis) 끌다(tract)] 활용

동 **산만하게 하다**
be distracted by a loud noise
시끄러운 소리에 산만해지다

명 distraction ① 산만하게 하는 것 ② 기분 전환

형 distraught 제정신이 아닌, (몹시) 심란한

distract attention **from**
관심을 다른 데로 돌리게 하다
a good **distraction**
좋은 기분 전환거리

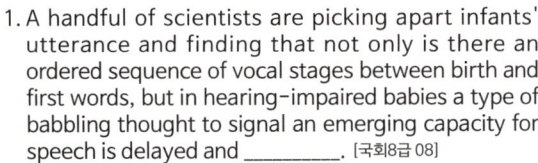

기 출 문 제

1. A handful of scientists are picking apart infants' utterance and finding that not only is there an ordered sequence of vocal stages between birth and first words, but in hearing-impaired babies a type of babbling thought to signal an emerging capacity for speech is delayed and _____. [국회8급 08]

① prompted ② emitted
③ distorted ④ conferred
⑤ fortified

2. The minimum amount of time you should spend exercising in a day is 20 minutes. There are more than 400 muscles that attach to your skeleton. A good exercise routine should _____ and _____ all these muscles and this simply cannot be done with four of five or ten minutes. [경찰 09]

① contract - stretch ② harden - soften
③ fit - unfit ④ contact - relax

3. My wife drives me crazy when she's got a problem or is talking about what she intends to do that day. She talks out loud about all her options. It's so _____ that I can't concentrate on anything.
[중앙인사9급 07]

① desperate ② distracting
③ illegible ④ nervous

4. The university is augmenting the amounts of fellowships and assistantships to _____ the more talented students.

① attract ② contract
③ detract ④ retract

1. ③ 2. ① 3. ② 4. ①

★★☆
ex**tract**
[ikstrǽkt]

[밖으로(ex) 끌어(tract)내다]

동 ① 뽑아내다, 추출하다 ② 발췌하다

extract the oil from the plants
식물들로부터 오일을 추출하다

extract a few lines from the poem
그 시에서 몇 줄을 발췌하다

명 ① 추출물 ② 발췌

명 ex**tract**ion 추출, 뽑아냄

활용

extract a tooth
이를 뽑다
extract a promise
약속을 받아내다
extract juice
즙을 짜내다

★★☆
por**tra**y
[pɔːrtréi]

[(특징을) 앞으로(por) 끌어내(tra)다]

동 (그림·글로) 그리다, 묘사하다

portray the soldier as a hero
그 군인을 영웅으로 묘사하다

명 por**trait** ① 초상화, 인물사진 ② (자세한) 묘사

동의어

describe 설명[묘사]하다
depict 서술하다
illustrate 설명하다

★★☆
re**tract**
[ritrǽkt]

[뒤로(re) 끌다(tract)]

동 취소하다, 철회하다

retract one's statement 자신의 발언을 취소하다

동의어

revoke (공식) 취소하다
recant 철회하다
invalidate 무효화하다

★★☆
sub**tract**
[səbtrǽkt]

[(수를) 아래로(sub) 끌어(tract)내리다]

동 빼다

subtract the expenses from the income
수입에서 비용을 빼다

명 sub**tract**ion 빼기, 공제

주제

◉ **4칙 연산**

add 더하다
subtract 빼다
multiply 곱하다
divide 나누다

★★★
treat
[triːt]

중앙인사9급 06

[(사람/환자를) 이끌어가다(treat)]

동 ① 대하다, 취급하다 ② 대접하다 ③ 치료하다

treat a wife like a queen 아내를 여왕처럼 대하다
treat him to dinner 그에게 저녁을 대접하다
treat a patient 환자를 치료하다

명 한턱, 특별 선물

a special treat for you 널 위한 특별 선물

명 **treat**ment ① 대우 ② 처리, 치료

활용

receive special **treatment**
특별 대우를 받다

receive **treatment** for cancer
암 치료를 받다

★★☆
en**treat**
[intríːt]

[(~해달라고) 잡아끌다(treat)]

동 간청하다, 애원하다

entreat him to help me 그에게 도와달라고 간청하다

명 en**treat**y 간청, 애원

동의어

implore 애원하다
plead 애원하다
solicit 간청하다

★★☆
re**treat**
[ritríːt]

[(군대를) 뒤로(re) 끌다(treat)]

동 후퇴하다 = withdraw

command the troops to retreat
병력들에게 후퇴하라고 명령하다

명 후퇴

made a hasty retreat 급히 후퇴하다

접두어

▣ re- : 뒤로

remain 여전히 ~이다
reluctant 꺼리는
refrain 삼가다, 절제하다
relic 유물, 유적

★☆☆ **tract**able [trǽktəbl]	[다룰(tract) 수 있는] 형 **다루기 쉬운, 순한** ↔ intractable 다루기 힘든 a tractable horse 다루기 쉬운 말	활용 a **tractable** child 다루기 쉬운 아이 a **tractable** issue 다루기 쉬운 문제
★☆☆ **tra**it [treit]	[(굵게 또는 가늘게) 그은(tra) 선] 명 **(성격상의) 특성, 특징** feminine traits 여성의 특징들	활용 genetic **traits** 유전적 특징들
★★☆ **treat**y [tríːti]	[(상대 국가를) 다루는(treat) 것] 명 **(국가 간의) 조약, 협정** sign a peace treaty 평화 조약에 서명하다	동의어 agreement 협정, 합의 pact 협정, 조약

day 19

추가어휘
track [træk]
trace [treis]
trail [treil]
pro**tract**ed [proutrǽktid]

명 ① (발)자국 ② (산·숲) 길 ③ 선로, 트랙   동 추적하다
명 자취, 흔적   동 추적하다
명 ① 자국 ② 오솔길   동 ① 추적하다 ② 끌다, (뒤에) 끌리다
형 (예상보다) 오래 끈, 오래 계속된

어원
[(발이 땅에) 끌린(trac) 것]
[(땅에) 끌려서(trac) 생긴 것]
[(땅에) 끌려서(tra) 생긴 것]
[(시간이) 앞으로(pro) 길게 끌(tract)린]

기 출 문 제

1. Simpson has <u>retracted</u> many of the changes he originally proposed, including the one that technology firms feared most. [국가직9급 응용]

   ① underscored ② withdrawn
   ③ maintained ④ protected

2. Even newspapers and magazines have sections where the editors can <u>retract</u> something written that was incorrect.

   ① mitigate ② vacillate
   ③ revoke ④ persevere

3. He <u>entreated</u> the king to spare his life.

   ① implored ② insinuated
   ③ frightened ④ debunked

4. Unprecedented technological capabilities combined with unlimited human creativity have given us tremendous power to take on <u>intractable</u> problems like poverty, disease, unemployment, and environmental degradation.

   ① discrete ② streamlined
   ③ amenable ④ stubborn

1. ② 2. ③ 3. ① 4. ④

199 tribute : 주다, 바치다(give)

★★☆ at**tribute**
[ətríbju:t]

[(~을) ~에게(at) 주다(tribut)]

동 ① (원인을) ~로 돌리다 ② (~을) ~의 것이라 여기다
attribute one's success to good luck
성공을 행운의 덕으로 돌리다

명 《-s》 자질, 속성 = property
the attributes of a leader 리더의 자질

활용

attribute his health problem **to** a lack of exercise
그의 건강 문제의 원인을
운동 부족의 탓으로 돌리다

★★☆ con**tribute**
[kəntríbju:t]

[(돈/도움/글을) 완전히(con) 주다(tribut)]

동 ① 기부하다 ② 기여하다 ③ 기고하다
contribute money to the charity
자선단체에 돈을 기부하다
Heavy drinking contributed to her death.
지나친 과음이 그녀의 죽음에 한 원인이 되었다.

명 con**tribut**ion ① 기부(금) ② 기여 ③ 기고

기본

◉ article
① (신문·잡지의) 글, 기사
② 물품, 물건

a newspaper **article**
신문 기사

household **articles**
가정용품

★★☆ dis**tribute**
[distríbju:t]
서울시9급 04

[따로따로(dis) (나누어) 주다(tribut)]

동 ① 분배하다 ② (상품을) 유통시키다 ③ 분포시키다
distribute food and clothing 음식과 옷을 나누어주다
distribute goods to stores 제품을 상점들에 유통시키다

명 dis**tribut**ion ① 분배 ② 유통 ③ 분포
명 dis**tribut**or 유통회사, 배급업자

동의어

allot 할당하다
apportion 할당하다
dispense 나누어주다
hand out 나누어주다
give away (공짜 로) 주다

★☆☆ re**tribut**ion
[rètrəbjú:ʃən]

[(당한 것을) 되돌려(re) 주는(tribut) 것]

동 보복, 응징
retribution for the enemy's attack
적의 공격에 대한 보복

동의어

avenge 복수하다
revenge 복수, 보복
vengeance 복수
get even with 복수하다

추가어휘
tribute [tríbju:t]

명 ① 공물, 조공 ② 찬사, 헌정

어원

[바치는(tribut) 것]

200 trud, trus : 밀치다(thrust)

★☆☆ in**trud**e
[intrú:d]

[안으로(in) 밀고(trud) 들어오다]

동 (함부로) 침범하다, 방해하다
intrude into her private life
그녀의 사생활을 침범하다

명 in**trus**ion 침범, 침입

동의어

infringe 침해하다
encroach (서서히) 침해하다
invade 침입[침범]하다

obtrude
★★☆
[əbtrúːd]

[~로(ob) 밀고(trud) 들어가다]

동 **(함부로) 끼어들다, 끼어들게 하다**
obtrude on their conversation 그들의 대화에 끼어들다

형 **obtrus**ive 눈에 거슬리는

동의어
interfere 참견하다
meddle 간섭하다
butt in (불쑥) 끼어들다

thrust
★★☆
[θrʌst]

[(거칠게) 밀다(thrus)]

동 ① **(거칠게) 밀다, 찔러 넣다** ② (바늘 등을) **찌르다, 꽂다**
thrust his hands into his pockets
그의 손을 주머니에 찔러 넣다
thrust the needle into the patient's arm
환자의 팔에 주사바늘을 꽂다

명 ① **(세게) 밀치기, 찌름** ② **요점, 취지**
the thrust of the theory 그 이론의 요점

동의어
shove (거칠게) 밀다
jostle (거칠게) 밀치다
hustle (거칠게) 떠밀다

stick 찌르다, 박다
prick 찌르다
pierce 뚫다, 박다

threaten
★★☆
[θrétn]
경기교육9급 04

[(거칠게) 밀어붙이다(threat)]

동 **협박하다, 위협하다**
threaten to kill him 그를 죽이겠다고 협박하다

명 **threat** 협박, 위협

동의어
scare 무섭게 하다
frighten 겁먹게 하다
menace 위협하다

day 20

abstruse
★★☆
[æbstrúːs]

[(따로 떼어) 멀리(ab(s)) 밀쳐(trus) 숨겨둔]

형 **난해한**
an abstruse theory 난해한 이론

동의어
recondite 난해한
profound 심오한

추가어휘
extrude [ikstrúːd]
protrude [proutrúːd]

동 밀어내다
동 튀어나오다 = stick out

어원
[밖으로(ex) 밀어내다(trud)]
[앞으로(pro) 밀고나오다(trud)]

기출문제

1. The disappointed man falsely _____ his failure to the lack of loyalty among his friends. [지방고시]

① effaced ② attributed
③ contributed ④ evinced
⑤ extricated

2. He has many attributes of a good local government official. [인천시9급 07]

① properties ② celebrities
③ varieties ④ popularities
⑤ difficulties

3. The roots of my neighbor's tree began to intrude upon my property.

① preserve ② contain
③ trespass ④ negotiate

4. The professor's abstruse lecture was impossible to figure out.

① arbitrary ② flippant
③ impassive ④ recondite

1. ② 2. ① 3. ③ 4. ④

201 | turb, turm : 혼란스럽게 하다, 어지럽히다(confuse)

★★☆
trouble
[trʌbl]

[혼란스럽게 하는(troub) 것]

명 ① 문제, 어려움 ② 병, 통증 ③ 애, 수고
go into financial trouble 재정적 어려움에 빠지다
suffer from back trouble 요통으로 고생하다
take trouble to fix the car 차를 고치느라 애쓰다

동 괴롭히다 = bother
be troubled by his strange behavior
그의 이상한 행동 때문에 골치가 아프다

접미어

■ -some : ~을 낳는
troublesome 골치 아픈
quarrelsome 다투기 좋아하는
burdensome 부담스러운, 힘든

★★★
dis**turb**
[distə́:rb]

행자부9급 02
전북9급 04

[완전히(dis) 어지럽히다(turb)]

동 ① 방해하다 ② 불안하게 하다
disturb concentration 집중을 방해하다
be disturbed by his behavior 그의 행동에 불안해지다

명 disturbance ① 방해 ② 소란 ③ 장애

형 disturbed ① 매우 불안해하는 ② (정신적) 장애가 있는

활용

suffer from
sleep **disturbances**
수면 장애를 앓다

emotionally **disturbed**
children
정서적 장애아동들

★★☆
per**turb**
[pərtə́:rb]

[완전히(per) 혼란스럽게 하다(turb)]

동 불안하게 하다
be perturbed by the news 그 소식에 불안해지다

동의어

agitate 동요시키다
disconcert 불안하게 하다
unsettle 불안하게 하다

★☆☆
imper**turb**able
[ìmpərtə́:rbəbl]

[불안해하지(perturbable) 않는(in)]

형 차분한, 침착한
an imperturbable disposition 차분한 성격

동의어

composed 침착한
collected 침착한
self-possessed 침착한

★★☆
turmoil
[tə́:rmɔil]

[혼란(turm)스러움]

명 혼란, 소란
a period of political turmoil 정치적 혼란기

동의어

commotion 소란, 소동
tumult 소란, 소동

추가어휘
turbid [tə́:rbid]
turbulent [tə́:rbjulənt]

형 탁한, 흐린
형 ① 격렬한, 휘몰아치는 ② 격동[격변]의

어원

[(이것저것 혼합되어) 뒤섞인(turb)]
[혼란스럽게(turb) 만드는]

202 | und : 흐르다(flow), 물결치다(wave)

★★☆

ab**und**ant
[əbʌ́ndənt]

[~에서(ab) 흘러(und)넘치는]

형 **풍부한, 많은**
an abundant supply of water 물의 풍부한 공급

명 ab**und**ance 풍부

동 abo**und** 《in/with》 ~이 풍부하다

동의어
rich 풍부한
bountiful 풍부한
plentiful 풍부한
luxuriant 풍성한

★★☆

red**und**ant
[ridʌ́ndənt]

[자꾸(re) 넘쳐흐르는(und)]

형 **불필요한, 과잉의**
remove redundant information
불필요한 정보를 없애다

명 red**und**ancy ① 불필요한 중복 ② 정리 해고

동의어
needless 불필요한
unnecessary 불필요한
superfluous 불필요한

day 20

★★☆

in**und**ate
[ínəndèit]

[~안으로(in) 흘러(und)들다]

동 ① **물에 잠기게 하다, 침수시키다** ② **쇄도하다**
the inundated village 침수된 마을
be inundated with calls 전화가 쇄도하다

명 in**und**ation 범람, 침수

동의어
flood 물에 잠기게 하다
deluge 물에 잠기게 하다
drown 익사시키다

★☆☆

undulating
[ʌ́ndʒulèit]

[물결(und)치는]

형 **파도 모양의, 기복을 이루는**
undulating hills 기복을 이루는 언덕들

비교
fluctuating
(가격이) 오르내리는
fluctuating oil prices
오르내리는 유가

기출문제

1. Their conversation was _____ by the noise of something falling down.

   ① confused   ② dwindled
   ③ disturbed   ④ tarnished

2. To see the imperturbable face of her husband was a great relief to her. She was going to die in a few hours from cancer and he was facing the situation with all calmness and balance.

   ① decrepit   ② composed
   ③ immutable   ④ stupendous

3. The turmoil in the city following the earthquake brought out all the fire-fighters and police.

   ① terror   ② liberation
   ③ commotion   ④ emergency

4. And as this turbulent summer for the market draws to a close, it will be interesting to see on an almost real-time basis what insiders are doing.

   ① initial   ② prosperous
   ③ wild   ④ lackluster

5. The style of the book is married by redundant expressions. The writer has used on a number of occasions words of the same meaning side by side.

   ① tenuous   ② adverse
   ③ copious   ④ superfluous

1. ③ 2. ② 3. ③ 4. ③ 5. ④

203 | use, uti : 쓰다, 이용하다(use)

★★☆
used
[ju:st]
경찰 15

[사용(use)되어 진(d)]

형 ① 중고의 ② 익숙한
a used car 중고차
get used to + (동)명사 ~에 익숙해지다
be used to + (동)명사 ~에 익숙하다

숙어 It is no use (of) ~ing ~해봐야 소용없다

활용
◉ 조동사 used to V
: (과거에) ~하곤 했다
used to smoke
과거에 담배를 피우곤 했다
used to attend church
교회에 다니곤 했다

★★☆
utilize
[jú:təlàiz]

[이용(uti)하다]

동 활용하다, 이용하다
utilize our resources 우리의 자원들을 활용하다

명 utilization 활용, 이용
명 utility ① 유용성 ②《-ties》(수도·전기 등의) 공공서비스

동의어
make use of
~을 이용하다
take advantage of
~을 이용하다

★☆☆
usurp
[ju:sə́:rp]

[(자기가) 쓰려고(usu) 빼앗다(r(a)p)]

동 (왕위를) 빼앗다, 찬탈하다
usurp his throne 그의 왕위를 찬탈하다

동의어
extort 강탈하다
appropriate 제멋대로 쓰다
hold up (은행·상점을) 털다

★★☆
ab**use**
[əbjú:z]

[(본래 목적에서 떨어져) 잘못(ab) 사용하다(use)]

명 ① 남용 ② 학대 ③ 욕설
drug abuse 약물 남용
child abuse 아동학대
hurl abuse at ~에게 욕설을 퍼붓다

동 ① 남용하다 ② 학대하다 = maltreat
abuse a privilege 특권을 남용하다
abuse a prisoner 재소자를 학대하다

활용
human right abuses
인권 남용
power abuse 권력 남용
verbal abuse 욕설, 악담
sexual abuse 성적 학대

★☆☆
per**use**
[pərú:z]

[(책의 글자를) 다(per) 사용하다[읽다] (use)]

동 정독하다, 꼼꼼히 읽다
peruse the Bible 성경을 정독하다

명 perusal 정독

비교
browse
둘러보다, 훑어보다
browse the Internet
인터넷을 둘러보다
browse in a bookstore
서점을 둘러보다

추가어휘
utensil [ju:ténsəl]

명 (주방·요리) 기구

어원
[쓰는(ute) 것]

204 | vac(u), van, vas : 비어있는(empty)

★★☆
vacant
[véikənt]

[비어(vac)있는]

형 (방·자리 등이) 비어있는
a vacant room/position 빈방/공석인 자리

명 vacancy ① (호텔 등의) 빈 방 ② 결원, 공석

비교
empty
(안이) 텅 빈, 비어있는
an empty bottle 빈병
an empty street
텅 빈 거리

★★☆

vain
[vein]

[(알맹이가 없이) 빈(va(i)n)]

형 헛된, 소용없는
make a vain attempt 헛된 시도를 하다

명 vanity ① 허영심 ② 허무함

숙어 in vain 헛되이, 허사가 되어

useless 소용없는
futile 헛된, 소용없는
fruitless 결실 없는

★★☆

vanish
[vǽniʃ]

[(자리를) 비우고(van) 없어지다]

동의어

동 사라지다, 없어지다
vanish from sight 시야에서 사라지다

명 vanishment 소멸

disappear 사라지다
die out 사라지다, 멸종되다

★☆☆

evanescent
[èvənésnt]

[밖으로(e) 사라지(vanesc)는]

동의어

형 쉽게 사라지는, 덧없는
evanescent fame and popularity 덧없는 명성과 인기

ephemeral 단명하는
fleeting 잠깐 동안의

day 20

★★★

avoid
[əvɔ́id]

[밖으로(a) 비우고(void) 나가다]

동의어

동 피하다, 회피하다
avoid going out at night 밤에 나가는 것을 피하다

형 avoidable 피할 수 있는 ↔ unavoidable 불가피한

명 avoidance 회피

avert 돌리다, 피하다
circumvent 피하다
shun 피하다
eschew 피하다

기출문제

1. Though not the heir to the throne, he _____ the throne. He had the legal successor killed and occupied the throne unjustly.

   ① clogged   ② held up
   ③ stifled   ④ usurped

2. Within the next twenty or thirty years, most glaciers in Africa and South America will vanish completely.

   ① freeze   ② activate
   ③ disappear   ④ infringe

3. In difficult times I'm deep in thought at night remembering the evanescent joys of childhood, the memories of which are eternal.

   ① perpetual   ② ephemeral
   ③ interminable   ④ indescribable
   ⑤ sublimina

4. You can avoid a certain dangerous neighborhood in your city by taking a different route when you're walking home.

   ① wipe out   ② cut off
   ③ get around   ④ set about

1. ④ 2. ③ 3. ② 4. ③

★★☆
devoid
[divɔ́id]
행자부9급 02

[완전히(de) 비어있는(void)]

형 **~이 없는**
be devoid of humor 유머가 없다

free from ~이 없는
destitute of ~이 없는

★★☆
devastate
[dévəstèit]

[완전히(de) 비어있게(vas) 하다]

동 **① 황폐화시키다 ② 엄청난 충격을 주다**
The hurricane devastated the town.
그 도시를 완전히 파괴시켰다.
be devastated by his death
그의 죽음에 엄청난 충격을 받다

명 devastation 황폐화

형 devastating 황폐화시키는

동의어
destroy 파괴하다
demolish 파괴하다
shatter 산산이 부수다
crumble 부스러지다
wreak havoc on
~을 황폐화시키다

★★☆
evacuate
[ivǽkjuèit]

[내보내서(e) 비우(vacu)다]

동 **① (위험한 곳을) 떠나다 ② 대피시키다**
evacuate the dangerous zone 위험구역을 떠나다
evacuate children to a safe place
아이들을 안전한 곳으로 대피시키다

명 evacuation 대피, 피난

비교
excavate 발굴하다
excavate the ancient city
그 고대 도시를 발굴하다

추가어휘
vacuum [vǽkjuəm]
void [vɔ́id]

명 ① 진공 ② 공허함, 공백   동 진공청소기로 청소하다
형 무효인 = invalid

어원
[비어있는(vacu) 공간]
[비어있는(void)]

---

205 | vad, vas : 가다(go)

★★☆
invade
[invéid]

[안으로(in) 쳐들어가다(vad)]

동 **침략하다, 침입하다**
invade the country 그 나라를 침략하다

명 invasion 침입, 침략

명 invader 침략[침입]자

관련
harry (계속)공격하다
plunder 약탈하다
loot 약탈하다

★★☆
evade
[ivéid]

[밖으로(e) 빠져나가다(vad)]

동 **회피하다, 모면하다**
manage to evade the police
가까스로 경찰을 피해 다니다

명 evasion 회피, 모면

형 evasive 얼버무리는

활용
tax evasion 탈세
an evasive answer
얼버무리는 답

★★☆
pervade
[pərvéid]
행자부9급 04
서울시9급 11

[끝까지(per) 가다(vad)]

동 **만연하다, (전체에) 배어들다**
A feeling of sadness pervaded the country.
슬픔의 감정이 그 나라 전체에 배어들었다.

형 pervasive 만연하는, 팽배한

동의어
widespread 널리 퍼진
prevalent 널리 퍼진
rampant 만연하는

206 | vag : 떠돌다 (wander)

★★☆
vague
[veig]

[떠돌아다니(vag)는]

형 ① 희미한 ② 모호한
a vague figure in the mist 안개 속의 희미한 형체
give a vague answer 모호하게 대답하다

명 **vag**ueness 막연함, 분명치 않음

동의어

faint 희미한
ambiguous 애매한
equivocal 모호한
blurred 흐릿한, 희미한
hazy 흐릿한, 모호한

★★☆
extra**vag**ant
[ikstrǽvəgənt]

[(한도를 넘어) 밖으로(extra) 떠도(vag)는]

형 ① 지나친 ② 낭비하는, 사치스러운
make an extravagant demand 지나친 요구를 하다
be extravagant with money 돈을 낭비하다

명 extra**vag**ance 낭비, 사치

접미어

■ **extra-** : 밖의
extra 추가의; 추가로
extracurricular 교과과정 이외의
extraterrestrial 외계의

day 20

207 | val, vail : 강한 (strong), 가치 (worth)

★★☆
value
[vǽlju:]

동 가치
the value of the antique 그 골동품의 가치

동 ① 평가하다 ② 가치 있게 생각하다
value the estate 그 부동산의 가치를 평가하다
value his advice 그의 충고를 가치 있게 생각하다

명 형 **val**uable 가치 있는; 《-s》 귀중품

형 in**val**uable 대단히 귀중한

반의어

valuable 가치 있는
invaluable = priceless
대단히 귀중한
↔ valueless = worthless
가치 없는

기출문제

1. The terrorists were utterly <u>devoid</u> of any human feelings and killed two of the hostages, one of them a newly married young man on honeymoon.

① empirical   ② flimsy
③ destitute   ④ sumptuous

2. The <u>extravagant</u> expenditure of public money is an evil not to be measured by the value of that money to the people who are taxed for it.

① sinister   ② hefty
③ prodigious   ④ profligate

3. The material in the unconscious is not forgotten or dormant. It has been repressed because of anxiety producing nature, but its influence on behavior is <u>pervasive</u>. The unconscious constitutes personality. Much of our behavior is acting out our unconscious fantasies. [행자부 04]

① widespread   ② persuasive
③ perverse   ④ negligible

4. As soon as the mountain fire started, everyone was ordered to _____ the town.

① evacuate   ② vanish
③ petrify   ④ inhabit

1. ③ 2. ④ 3. ① 4. ①

valiant
★☆☆
[vǽljənt]

[강(val)한]

형 **용감한**
a valiant soldier 용감한 군인

명 **val**or 용감함, 용맹

동의어
brave 용감한
bold 용감한
courageous 용감한

---

valid
★★☆
[vǽlid]

[(말/법에 힘이 있어) 강(val)한]

형 ① **타당한, 근거 있는** ② (법적으로) **유효한**
a valid argument 타당한 주장
a valid passport 유효 여권

명 **val**idity ① 타당성 ② 유효함 동 **val**idate 입증하다

동의어
legitimate 정당한, 타당한
well-founded
충분한 근거가 있는

---

in**val**id
★★☆
[ínvəlid]

[강하지(val) 않은(in)]

형 **무효인, 근거 없는** = void
The contract was invalid. 그 계약서는 무효였다.

형 **병약자**
become an invalid 병약자가 되다

동 in**val**idate 무효화하다

동의어
void 무효의
ill-founded 근거 없는

---

e**val**uate
★★☆
[ivǽljuèit]

[가치를(valu) 평가해내다(e)]

동 **평가하다**
evaluate a job candidate 입사 지원자를 평가하다

명 e**val**uation 평가

동의어
appraise 평가하다
assess 평가하다
gauge 측정하다
size up 평가하다

---

ambi**val**ent
★★☆
[æmbívələnt]

[두 가지(ambi) 가치(val)가 같이 있는]

형 **(두 감정이) 양립하는, 상반되는**
have an ambivalent attitude toward religion
종교에 대해 양립된 태도를 갖다

명 ambi**val**ence 상반된 감정의 병존

동의어
conflicting 상충되는
contradictory 모순되는
inconsistent 모순되는

---

con**val**esce
★☆☆
[kànvəlés]

[(아팠다가) 확실히(con) 강(val)해지다]

동 **(병에서) 회복하다**
be convalescing after the surgery 수술 후 회복중이다

형 con**val**escent 회복의, 요양 중인

동의어
recover 회복하다
restore 회복하게 하다
recuperate 회복하다

---

pre**vail**
★★☆
[privéil]

중앙인사9급 06
경찰 13

[강함(vail)에서 앞서다(pre)]

동 ① **이기다** ② **널리 퍼지다, 보편적이다**
prevail over the champion 챔피언을 이기다
prevail among teenagers 십대들에게 보편적이다

형 pre**val**ent 널리 퍼진, 일반적인

동의어
widespread 널리 퍼진
pervasive 만연하는
rampant 만연하는

---

208 | ven, vent : 오다(come)

ad**vent**
★★☆
[ǽdvent]

[~로(ad) 온(ven) 것]

명 **도래, 출현**
the advent of spring 봄의 도래

동의어
the **advent** of the computer
컴퓨터의 출현

★★☆ con**ven**tion
[kənvénʃən]

[(사람들이) 함께(con) 온(ven) 것]

 동의어

명 ① (대규모) 대회 ② 조약, 협약 ③ 관습, 전통
hold the National Convention 전당대회를 개최하다
an international convention 국제 협약
follow a social convention 사회 관습을 따르다

동 con**ven**e 모이다, 소집하다

형 con**ven**tional 전통적인, 재래식의

congress
(대규모) 회의, 대회
conference
(대규모) 학회, 회담

★☆☆ co**ven**ant
[kʌvənənt]

[함께(con) 와서(ven) 한 것]

 동의어

명 약속, 서약
a covenant with God 하나님과 한 약속

pledge (굳은) 약속, 서약
oath 맹세, 선서
vow 맹세, 서약

★★☆ circum**ven**t
[sə̀ːrkəmvént]
서울시9급 15

[돌아서(circum) 오다(ven)]

 동의어

동 피하다
circumvent the tax law 세법을 피하다

명 circum**ven**tion 회피

get around 피하다
steer clear of 피하다
give a wide berth to 피하다

★★☆ contra**ven**e
[kàntrəvíːn]

[반대로(contra) 오다(come)]

 동의어

동 위반하다
contravene safety regulations 안전 규정들을 위반하다

명 contra**ven**tion 위반

violate 위반하다
infringe 위반하다
transgress 위반하다
breach 위반, 파기

★★☆ inter**ven**e
[ìntərvíːn]

[(양쪽) 사이에(inter) 들어오다(ven)]

비교

동 (중재하기 위해) 개입하다
intervene in the dispute 그 분쟁에 개입하다

명 inter**ven**tion 개입

interfere in ~에 참견하다
meddle in ~에 간섭하다

day 20

기출문제

1. Instructors who speak _____ may cause their students to feel confused.

   ① ambivalently   ② carefully
   ③ indisputably   ④ insignificantly

2. Before the <u>advent</u> of a spider-silk marketplace, human web weavers must close the technology gap on their arachnid counterparts.

   ① appearance   ② surge
   ③ peak   ④ close

3. Perhaps because the West is historically new, <u>conventional</u> morality is still felt to be less important than rock-bottom truths.

   ① sociable   ② rigorous
   ③ changeable   ④ traditional

4. One involves understanding the police personality and its effect on performance. Another involves police officers' use of discretion and how it can be controlled. Women and minority officers probably will become more <u>prevalent</u> in police departments, and their worth must be more fully appreciated by rank-and-file patrol officers. [경찰 13]

   ① widespread   ② requested
   ③ uncommon   ④ valuable

5. Lawmakers in Nevada, New Mexico, Texas and Utah are trying to pass bills that would allow the states to <u>circumvent</u> daylight saving time laws. [서울시9급 15]

   ① cramp   ② maintain
   ③ codify   ④ reestablish

   1. ① 2. ① 3. ④ 4. ① 5. ①

★★★
prevent
[privént]

지방직9급 09
서울시9급 09

[(나쁜 일을 예상하고) 먼저(pre) 와(ven)있다]

동 (미리) **막다, 방지하다**
Bad weather prevented us from leaving.
악천후 때문에 우리는 출발하지 못했다.
명 preven**tion** 예방, 방지

동의어

frustrate 좌절시키다
discourage 단념시키다
dissuade 단념시키다, 만류하다
preclude 미리 막다

★★☆
revenue
[révənjùː]

지방직9급 10

[되돌아(re) 오는(ven) 것]

명 ① (정부의) **세입** ② **수입, 수익**
a decrease tax revenue (정부) 세수의 감소
look for another source of revenue
또 다른 수입원을 찾다

동의어

profit 수익
gain 이익, 이득
earnings 수입, 소득
income 수입, 소득
turnover (총)매출액

추가어휘

ven**ue** [vénju:]
a**venue** [ǽvənjùː]
con**ven**ient [kənvíːnjənt]
in**vent** [invént]
sou**ven**ir [sùːvəníər]

명 (행사) 장소
명 ① 대로, (도로명의) ~가 ② 방법, 수단 = way, method
형 ① 가까운 ② 편리한
동 ① 발명하다 ② 지어내다   형 inventive 창의적인
명 기념품

어 원

[(사람들이) 오는(ven) 곳]
[~로(a(d)) 이르는(ven) 길]
[함께(con) 오기에(ven) 좋은]
[(새로운 것) 안으로(in) 들어오다(ven)]
[(마음속) 아래에서(sub) 떠오르게(ven) 하는 것]

---

day 21

209 | ver : 진실한, 사실인(true)

★★☆
verify
[vérəfài]

행안부9급 12·13

[사실로(ver) 하다(ify)]

동 (사실인지) **확인하다**
verify the rumor 그 소문이 사실인지 확인하다
명 veri**fication** 확인

동의어

authenticate
(진품임을) 확인하다
identify
(신원을) 확인하다

★☆☆
verdict
[vɔ́ːrdikt]

[진실을(ver) 말하는(dic) 것]

명 ① **평결** ② **판단, 의견**
reach a guilty verdict 유죄 평결을 내리다
the critic's verdict about his novel
그의 소설에 대한 그 비평가의 의견

관련

◉ 「재판」 관련 어휘

jury 배심원단
convict 유죄를 선고하다
sentence (형을) 선고하다
acquit 무죄를 선고하다

★★☆
aver
[əvɔ́ːr]

지방직9급 08

[~을(a(d)) 사실이라고(ver) 하다]

동 (사실이라고) **주장하다, 단언하다**
aver his innocence 그의 결백을 주장하다

동의어

avow 맹세[공언]하다
assert (강하게) 주장하다

추가어휘

veracity [vərǽsəti]

명 진실성   형 veracious 진실한, 정직한

어 원

[진실(ver)함]

210 | verg : 휘다, 굽다(bend)

★☆☆
verge
[vəːrdʒ]

[(다른 방향으로) 휘는(verg) 부분]

명 **가장자리**
be on the verge of going bankrupt 부도나기 직전이다

동의어

edge 가장자리, 모서리
margin 가장자리, 끝
brink 끝, 직전

★☆☆
con**verg**e
[kənvə́ːrdʒ]

[(한 곳으로) 함께(con) 휘다(verg)]

동 **모여들다, 집중되다**
converge on the accident scene 사고 현장에 모여들다
명 con**verg**ence 집합, 융합

동의어

gather 모이다, 모으다
assemble 모이다, 모으다
congregate (무리지어) 모이다
get together 모이다

★☆☆
di**verg**e
[daivə́ːrdʒ]

[따로따로(di) 휘다(verg)]

동 **갈라지다, 분기하다**
Their opinions diverge. 그들의 의견이 나뉜다.
명 di**verg**ence 분기, 갈라짐

동의어

divide 나누다, 나뉘다
separate 분리하다
split 쪼개(지)다

day 21

기 출 문 제

1. The factory lost <u>revenue</u> because of the strike by the workers.

   ① wage   ② advent
   ③ reward   ④ profit

2. To create a "safe space" for yourself, allow yourself to think <u>divergently</u>.

   ① differently   ② sincerely
   ③ diligently   ④ communally

3. The insurgents also bombed a strategic bridge across the river, <u>preventing</u> Afghan forces from resupplying their comrades.

   ① overtaking   ② discouraging
   ③ undermining   ④ extricating

4. _____ is independent procedures that are used together for checking that a product, service, or system meets requirements and specifications and that it fulfills its intended purpose.

   ① Verdict   ② Variation
   ③ Verification   ④ Veracity

1. ④ 2. ① 3. ② 4. ③

211 | vert, vers, verg : 돌다, 바뀌다(turn)

★★☆

versatile
[və́ːrsətl]
서울시9급 06

[(능력이 여러 가지로) 잘 변하(vers)는]

동의어

형 ① 다재다능한 ② 다용도의
a versatile actor 다재다능한 배우
a versatile tool 다용도의 도구

명 **vers**atility 다재다능함

all-around 만능의
multi-purpose 다목적의
functional 기능[실용]적인

★★☆

a**vert**
[əvə́ːrt]
국회8급 11

[~에서(a(b)) 다른 데로 돌리다(vert)]

동의어

동 ① (눈을) 돌리다 ② 피하다, 방지하다
avert one's eyes from the terrible scene
그 끔찍한 장면에서 눈을 돌리다
avert the accident 사고를 피하다

명 a**vers**ion 혐오   형 a**vers**e 싫어하는

avoid 피하다
deflect 피하다, 막다
circumvent 피하다
preclude 막다

★★☆

ad**vers**ary
[ǽdvərsèri]

[(내) 쪽으로(ad) 방향을 돌린(vers) 자(ary)]

동의어

명 상대방, 적수
his political adversaries 그의 정적들

opponent 상대, 반대자
rival 경쟁자
competitor 경쟁 상대

★★☆

ad**vers**ity
[ædvə́ːrsəti]

[(내) 쪽으로(ad) 방향을 돌린(vers) 상황]

동의어

명 역경, 불운
show courage in the face of adversity
역경에 맞서 용기를 보이다

형 ad**vers**e 불리한, 부정적인

misfortune 불운, 불행
mishap 작은 사고 [불행]
jinx 징크스

★★☆

con**vert**
[kənvə́ːrt]
선관위9급 04
국가직9급 11

[완전히(con) 바꾸다(vert)]

활용

동 ① 전환하다 ② 개종하다
convert the stocks to cash 주식을 현금으로 전환하다
convert him to Christianity 그를 기독교로 개종시키다

명 con**vers**ion ① 전환 ② 개종

형 명 con**vert**ible 전환 가능한; (차 지붕이 열리는) 컨버터블

convert light to energy
빛을 에너지로 전환하다

convert miles to meters
마일을 미터로 전환하다

★★☆

con**vers**e
[kənvə́ːrs]

[(방향이) 완전히(con) 바뀐(vers)/(마주보고) 함께(con) 돌다(vers)]

동의어

형 반대의, 역의
a converse effect 역효과

명 《the -》 정반대
I need his help, but the converse is also true.
내가 그의 도움이 필요하지만 그 반대의 경우도 마찬가지다.

동 대화하다
converse with friends 친구들과 대화하다

명 con**vers**ation 대화

opposite 반대의
contrary 반대되는
counter 반대의
reverse 반대의, 역의
inverse 반대의, 역의
conflicting 상충되는

★☆☆
con**vers**ant
[kənvə́ːrsənt]

[(일·주제를) 완전히(con) 돌려(vers)본]

형 **~을 아는, 친숙한**
be conversant with the fact 그 사실을 알고 있다

동의어

familiar 친숙한
acquainted 알고 있는

★★★
contro**vers**ial
[kɑ̀ntrəvə́ːrʃəl]

서울시9급 07
국가직9급 11

[(의견에) 반대로(contro) 도(vers)는]

형 **논란이 많은**
a controversial issue 논란이 많은 문제

통 contro**vert** 반박하다

명 contro**vers**y 논란

동의어

debatable
논란의 여지가 있는

disputable
논란의 여지가 있는

contentious
논쟁이 되는

★★☆
di**vert**
[divə́ːrt]

[~에서 다른 데로(di(s)) 돌리다(vert)]

동 **(방향·관심을) 다른 데로 돌리다**
divert attention from the issue
그 문제에서 관심을 다른 데로 돌리다

명 di**vers**ion (방향의) 전환

활용

divert resources into research
자원을 연구 활동에 투입하다

day 21

★★★
di**vers**e
[divə́ːrs]

서울시9급 04·06
지방직9급 10
안행부9급 13

[~에서(di(s)) 바뀌어(vers) 나온]

형 **다양한** = various
people with diverse interests
다양한 관심들을 가진 사람들

명 di**vers**ity 다양성

동 di**vers**ify 다양화하다

활용

a diversity of interests
다양한 관심들

diversify the investments
투자를 다각화하다

기출문제

1. The White House and congressional leaders worked Monday to align lawmakers from both parties behind their formula for _____ a financial meltdown and halting the government's prolific spending habits. [국회8급 11]

   ① averting   ② replicating
   ③ precipitating   ④ contriving
   ⑤ fortifying

2. As sunlight hits a cell, the light is <u>converted</u> to electricity. [국가직9급 11]

   ① changed   ② maintained
   ③ consumed   ④ applied

3. It is <u>debatable</u> whether nuclear weapons actually prevent war. [국가직9급 11]

   ① contradictory   ② reconcilable
   ③ augmentative   ④ controversial

4. If your class mixes kids from all over the world, you could call it a <u>diverse</u>.

   ① putative   ② various
   ③ prosaic   ④ devout

5. Scarves are _____. For example, on a cold day, they keep you warm around your neck. Or when walking past the particularly smelly area or when a gust of dust blows your way, snuggle your nose into your scarf to protect yourself from unwanted odors and grit in your nasal passages. You can also tie your scarf onto your bag to look chic.

   ① versatile   ② obsolete
   ③ antique   ④ hygienic

1. ① 2. ① 3. ④ 4. ② 5. ①

inadvertent
★★☆
[ìnədvə́:rtnt]
서울시9급 09

[(관심을) ~로(ad) 돌리지(vert) 않은(in)]

형 우연한, 무심코 한
make an inadvertent error 무심코 실수를 저지르다
부 inadvertently 우연히, 무심코

동의어
casual 우연한
accidental 우연한
fortuitous 우연한

pervert
★★☆
[pərvə́:rt]

[완전히(per) 바꾸다(vert)]

동 ① 왜곡하다 ② 타락시키다
pervert the truth 진실을 왜곡하다
pervert the minds of children
아이들의 마음을 삐뚤어지게 하다
명 성도착자, 변태
형 perverse (태도가) 삐뚤어진, 삐딱한

동의어
twist 왜곡하다
distort 왜곡하다

debase 저하시키다
degrade 저하시키다

revert
★☆☆
[rivə́:rt]

[뒤로(re) 돌다(vert)]

동 되돌아가다
revert to normal 정상으로 되돌아가다
명 reversion 회귀, 복귀

동의어
return 돌아오다[가다]
turn back 되돌아오다[가다]

reverse
★★☆
[rivə́:rs]

[뒤로(re) 도는(vers)]

형 반대의, 역의
announce the winners in reverse order
우승자들을 역순으로 발표하다
동 뒤바꾸다, 반전시키다
reverse the result 결과를 뒤바꾸다
형 irreversible 되돌릴 수 없는

동의어
contrary 반대되는
opposite 반대의
adverse 역의, 반대의
inverse 역의, 반대의

subvert
★★☆
[səbvə́:rt]

[(세워진 것을) 아래로(sub) 돌리다(vert)]

동 (제체를) 전복시키다
subvert the government 정부를 전복하다
명 subversion 전복
형 subversive 전복시키려는

동의어
overthrow 전복시키다
topple 쓰러뜨리다, 타도하다

universal
★★☆
[jù:nəvə́:rsəl]

[하나가 되어(uni) 돌아가(vers)는]

형 일반적인, 보편적인
a topic of universal interest
보편적으로 관심을 갖는 주제
명 universality 보편성

동의어
catholic 폭이 넓은
comprehensive 포괄적인
extensive 광범위한

추가어휘

		어원
verse [və:rs]	명 ① 운문 ② (시의) 연, (성경의) 절	[(운율에 맞게 행을) 바꿔(vers) 쓴 것]
version [vó:rʒən]	명 ① (바뀐) -판, 버전 ② 설명, 견해	[(기존 것에서) 바뀐(vers) 것]
vertical [vó:rtikəl]	형 수직의, 세로의 ↔ horizontal 수평의, 가로의	[(가로에서 방향이) 바뀐(vers)는]
vertigo [vó:rtigòu]	명 현기증 = dizziness	[(머리가 핑) 도는(vert) 상태]
advertise [ǽdvərtàiz]	동 광고하다 명 advertiser 광고주	[(관심을) ~로(ad) 돌리다(vert)]
divorce [divó:rs]	명 이혼 동 ① 이혼하다 ② 분리하다	[각각 따로(di(s)) 도는(vorc) 것]
inverted [invə́:rtid]	형 역의, 반대의	[반대로(in) 바뀐(vert)]
introvert [íntrəvə̀:rt]	명 내성적인 사람 ↔ extrovert 외향적인 사람	[(방향을 자기 안으로(intro) 돌리(vert)는]

212 | vi(a), vey, voy : 길(way)

★★☆
con**vey**
[kənvéi]

[(물건·사람과) 함께(con) 길을(vey) 가다]

동 ① 운반하다, 수송하다 ② (생각·감정 등을) 전달하다
convey the goods by ship 상품들을 배로 수송하다
convey a message 메시지를 전달하다

명 con**vey**ance ① 운송(수단) ② (의사) 전달

비교 con**voy** 호송[수송]대

동의어
transport 수송하다
ship (배로) 수송하다
transit 수송, 배송

★★☆
de**vi**ate
[díːvièit]

[(정상적인) 길(vi)에서 벗어(de)나다]

동 이탈하다, 벗어나다
deviate from the norm 기준에서 벗어나다

형 de**vi**ant (정상에서) 벗어난 **형** de**vi**ous 부정한

동의어
swerve 빗나가다, 벗어나다
stray (제 길에서) 벗어나다
diverge 갈라지다, 분기되다
derail 탈선시키다

day 21

★★☆
imper**vi**ous
[impə́ːrviəs]

[못(im) 통과하는(per) 길(vi)인]

형 ① 통과되지 않는 ② 영향 받지 않는
a substance impervious to light
빛이 통과되지 않는 물질
seem impervious to criticism
비난에 영향 받지 않는 것처럼 보이다

동의어
impenetrable
들어갈[통과할] 수 없는
unaffected 영향받지 않는

★★★
ob**vi**ous
[ábviəs]
서울시·전북9급 04
대구시9급 05

[길(vi) 위에 마주하고(ob) 있는]

형 분명한, 명백한
an obvious advantage 분명한 이점

부 ob**vi**ously 분명히

동의어
apparent 분명한
plain 분명한
clear-cut 명백한

기출문제

1. You are much less likely to give an _____ reply, if you think before you speak. [서울시9급 09]

① inadvertent ② advisable
③ adverse ④ inalterable
⑤ informative

2. It is best not to <u>stray</u> from the original plan when you are uncertain about the best course of action.
[국가직7급 06]

① desire ② decry
③ decline ④ deviate

3. This is not just a local idea; it's <u>catholic</u>.

① bounded ② official
③ religious ④ universal

4. When Mary was caught in a sudden downpour during her hike, she discovered that her supposedly waterproof-jacket was not actually _____ to water.

① dank ② impervious
③ preventable ④ unreliable

1. ① 2. ④ 3. ④ 4. ②

★★☆
trivial
[tríviəl]

[(이사람 저사람 다 모이는) 삼(tri)거리(vi)의]

형 **사소한, 하찮은**
a trivial matter 사소한 문제
명 **trivi**ality 사소한 문제, 시시함

동의어
trifling 하찮은
petty 사소한
negligible 얼마 안 되는

추가어휘
voyage [vɔ́iidʒ]
via [váiə]

명 (바다·우주로의) 긴 여행
전 ~를 거쳐, 경유하여

어원
[(먼) 길(voy)을 떠남]
[~의 길(via)을 지나]

213 vict, vinc, vanqu : 이기다, 정복하다(conquer)

★★☆
con**vict**
[kənvíkt]
행자부9급 00
국회8급 07

[(법정 공방에서) 완전히(con) 이기다(vict)]

동 **유죄를 선고[판결]하다**
a convicted criminal 유죄판결 받은 범죄자
명 **죄수, 재소자**
명 con**vict**ion 유죄 판결

주제
◉ **유죄 vs. 무죄**
convict 유죄 선고하다
acquit 무죄 선고하다
guilty of ~에 유죄인
innocent of ~에 무죄인

★★★
con**vinc**e
[kənvíns]
행자부9급 04

[(논쟁에서) 완전히(con) 이기다(vinc)]

동 ① **확신시키다** ② **설득하다**
convince us of his guilt
우리에게 그의 유죄를 확신시키다
convince her to change her mind
그녀에게 마음을 바꾸라고 설득하다
명 con**vict**ion 확신, 신념

활용
try to avoid **conviction**
유죄 판결을 피하려고 하다
speak with **conviction**
확신을 갖고 말하다

★★☆
e**vict**
[ivíkt]
국회8급 11

[이겨서(vict) 쫓아내다(e)]

동 **쫓아내다, 퇴거시키다**
They were evicted from their home.
그들은 집에서 쫓겨났다.
명 e**vict**ion 쫓아냄

동의어
dismiss 해고하다
discharge 해고하다
expel 추방하다
eject 내쫓다
oust 축출하다

★★☆
in**vinc**ible
[invínsəbl]

[이길(vinc) 수 없는(in)]

형 **이길 수 없는, 천하무적의**
an invincible army 천하무적의 군대
명 in**vinc**ibility 무적

동의어
unbeatable 무적의
impregnable 난공불락

★★☆
vanquish
[vǽŋkwiʃ]
국가직9급 14

[정복(vanqu)하다]

동 **정복하다, 패배시키다**
vanquish the enemy 적을 격파하다

동의어
conquer 정복하다
defeat 패배시키다

추가어휘
pro**vinc**e [právins]
e**vinc**e [ivíns]

명 ① (행정 단위로) ~주, ~도 ② 분야, 영역
동 (감정을) 분명히 나타내다

어원
[앞서(pro) 정복한(vinc) 땅]
[(논쟁에서 상대를) 이겨서(vinc) 쫓아내다(e)]

214 vid, vis, view, veil : 보다(see)

vision [víʒən] ★★☆

[보는(vis) 것]

명 ① 시력, 시야 ② 환상, 상상력 ③ (미래에 대한) 비전
have normal vision 정상 시력이다
have a clear vision for the future 미래에 대한 명확한 비전이 있다

파생어
visual 시각의
visible 볼 수 있는
↔ invisible 볼 수 없는
visionary 예지력 있는
envision 상상하다

advise [ædváiz] ★★☆

[(길·방법을) ~에게(ad) 보여주다(vis)]

동 충고하다
advise her to exercise 그녀에게 운동하라고 충고하다
명 advice 충고   형 advisory 자문의

동의어
urge 재촉[촉구]하다
admonish 충고하다
counsel 상담을 하다

evident [évədənt] ★★☆

[밖으로(e) 드러나 보이(vid)는]

형 분명한, 명백한
an evident conclusion 분명한 결론
명 evidence 증거

동의어
unmistakable 명백한
self-evident 자명한
undeniable 부인할 수 없는

provide [prəváid] ★★★
행자부9급 01

[앞을(pro) 내다보다(vid) / 앞에(pro) 갖다 보이다(vid)]

자 대비하다
provide for the future 미래에 대비하다
타 ① 공급하다 ② 규정하다
provide the city with water 그 도시에 물을 공급하다
provide that the deadline must be met
마감시한을 맞춰야 한다고 규정하다

파생어
provision ① 대비 ② 공급
provident 대비하는
providence (신의) 섭리
provided (만약) ~라면
= providing

기출문제

1. He made a trivial remark that had nothing to do with the issue at hand.
   ① tremendous ② trifling
   ③ trying ④ transitory

2. After a brief economic bonanza in the early 1990s that filled Buenos Aires with glitz, the most severe economic crisis in Argentina's history pushed half the population below the poverty level. Yet even as they struggled to pay their utility bills or avoid eviction, many people found new meaning in a music that was neither easy nor frivolous. [국회8급 11]
   ① conflict ② expulsion ③ obscurity
   ④ delay ⑤ fluctuation

3. [반의어]The man was convicted of fraud and sentenced.
   ① penalized ② restricted
   ③ acquitted ④ executed

4. Body type was useless as a predictor of how the men would fare in life. So was birth order or political affiliation. Even social class had a limited effect. But having a warm childhood was powerful. It's not that the men who flourished had perfect childhoods. Rather, as Vaillant goes wrong." The positive effect of one loving relative, mentor or friend can _____ the negative effects of the bad things that happen. [국가직9급 14]
   ① augment ② convene
   ③ vanquish ④ reinforce

1. ② 2. ② 3. ③ 4. ③

day 21

MO 243 - MEMORY DOCTOR

provisional
★☆☆
[prəvíʒənl]

[(얼마 동안을) 내다(pro)보고(vis) 하는]

형 **임시의, 일시적인**
a provisional government 임시 정부

동의어
interim 임시의
ad hoc 임시의

---

prudent
★★☆
[prú:dnt]

[앞을(pr) 내다보고(ud) 하는]

형 **신중한** ↔ imprudent 경솔한
make a prudent decision 신중한 결정을 내리다

명 prudence 신중함

동의어
careful 조심하는
heedful 주의 깊은
discreet 신중한

---

improvise
★★☆
[ímprəvàiz]

[미리(pro) 봐두지(vis) 않다(im)]

동 **즉석으로 하다 [만들다]**
improvise a song 즉석으로 노래를 만들다

명 improvisation 즉석으로 하기

활용
improvise a speech
즉석으로 연설하다
improvise a meal
즉석으로 식사를 차리다

---

revise
★★☆
[riváiz]

[다시(re) 보다(vis)]

동 ① **수정하다** ② 《英》 **복습하다** = brush up on
revise our plans 우리의 계획들을 수정하다
revise for the exam 시험을 위해 복습하다

명 revision 수정, 개정

동의어
correct 바로잡다
rectify 바로잡다
modify 변경하다
amend (법을) 개정하다

---

supervise
★★☆
[sú:pərvàiz]
법원서기보 03

[위에서(super) 내려다보다(vis)]

동 **감독하다, 관리하다**
supervise the construction of the building
그 건물의 건축을 감독하다

명 supervision 감독, 관리   명 supervisor 관리자

동의어
manage 관리하다
oversee 감독하다

---

survey
★★★
[sərvéi]
전북9급 04
안행부9급 13

[위에서(sur) (찬찬히) 보다(vey)]

동 ① **살피다, 점검하다** ② **설문 조사하다**
survey the damage 피해가 얼마인지 살피다
survey smokers 흡연자들을 설문 조사하다

동 ① **점검, 측량** ② **설문 조사** ③ **개관, 조망**
have a survey of the land 그 땅을 측량하다
conduct a survey 설문 조사를 실시하다
a survey of Chinese history 중국 역사에 대한 개관

접두어
■ **sur-** : 위로
surface 표면
surmount 극복하다
surround 둘러싸다

---

surveillance
★★☆
[sərvéiləns]
경찰 13

[위에서(sur) 지켜보는(vei) 것]

명 **감시**
keep him under surveillance 그를 감시하다

활용
a **surveillance** camera
감시 카메라

---

envy
★★☆
[énvi]

[(계속) 쳐다보다(vy)]

동 **부러워하다**
envy his success 그의 성공을 부러워하다

명 **부러움, 선망**
an object of envy 선망의 대상

형 envious 부러워하는   형 enviable 부러운

활용
be **envious of** his success
성공을 부러워하다

have the **enviable** position
부러워할 만한 지위에 있다

추가어휘 | 어원

preview [príːvjùː] 명 ① 시사회 ② (영화·드라마의) 예고편 = trailer | [미리(pre) 보기(view)]
review [rivjúː] 명 비평, 논평 동 ① 재검토하다, 논평하다 ② 복습하다 | [다시(re) 보기(view)]

215 | vid, vis : 나누다(separate)

★★☆
divide
[diváid]
국회8급 10

[따로(di(s)) 나누다(vid)]

동 **나누다, 나뉘다**
divide the class into three groups
학급을 세 그룹으로 나누다

명 **divis**ion ① 분할 ② 부서   명 **divid**end 배당금

명 **divis**ive 분열을 초래하는

동의어
department 부서
agency (정부) 부서
branch 지점

★★☆
devise
[diváiz]
국회8급 06

[(생각을) 여러 번(de) 나누어(vis)하다]

동 **고안하다**
devise a new method 새로운 방법을 고안하다

명 **device** ① (고안된) 장치 ② 폭발물

파생어
invent 발명하다
contrive 고안하다

★★☆
in**divid**ual
[ìndəvídʒuəl]

[(더 이상) 나눌(divid) 수 없는(in)]

형 ① **각각의, 개인의** ② **독특한**
individual freedom 개인의 자유
an individual style of writing 독특한 문체

명 **개인**

부 in**divid**ually 개별적으로, 각각 따로

활용
an **individual** right
개인의 권리

individual attention
개개인에 대한 관심

day 21

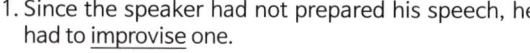
기출문제

1. Since the speaker had not prepared his speech, he had to <u>improvise</u> one.

  ① provide   ② duplicate
  ③ extemporize   ④ visualize

2. Police officers are responsible for maintaining law and order, collecting evidence and information, and conducting investigations and <u>surveillance</u>. [경찰 13]

  ① supervision   ② superiority
  ③ superstition   ④ superficiality

3. To meet the demands of massive meat consumption, newer and more efficient methods for mass killing of cattle were <u>devised</u> throughout the industrialized world. [국회8급 06]

  ① prevented   ② devoted
  ③ contrived   ④ contracted
  ⑤ departed

4. The Korean War was a result of the political division of Korea by agreement of the victorious Allies at the conclusion of the Pacific War. In 1945, following the surrender of Japan, American administrators ___(A)___ the peninsular along the 38th parallel which increasingly became a political border between the two Koreas. Although reunification talks continued in the months ___(B)___ the war, tension deepened, and the North Korean forces invaded South Korea on June 25th, 1950. It was the first significant armed conflict of the Cold War. [국회8급 10]

  ① ruled — facing   ② shared — foregoing
  ③ divided — preceding   ④ marched — starting
  ⑤ separated — following

1. ③ 2. ① 3. ③ 4. ③

216 viv, vi(t) : 살다(live), 생명(life)

★★☆
vivid
[vívid]
중앙인사9급 07

[살아(viv)있는]

형 **생생한**
　a vivid description 생생한 묘사
명 **viv**idity 생생함

동의어
picturesque
그림 같은, 생생한
expressive
표현력이 있는

★★☆
viable
[váiəbl]
경찰 08
행안부9급 11

[살아(vi)갈 수 있는(able)]

형 **① 생존 가능한 ② 실행 가능한**
　viable seeds 생존 가능한 씨앗들
　a viable solution 실행 가능한 해결책
명 **vi**ability ① 생존 가능성 ② 실행 가능성

동의어
feasible 실현 가능한
practicable 실행 가능한
doable (일을) 할 수 있는

★☆☆
vivacious
[vivéiʃəs]

[활력(viv)을 갖고 있는]

형 **명랑한, 쾌활한**
　a vivacious personality 쾌활한 성격

동의어
lively 활기 넘치는
jovial 명랑한, 유쾌한

★☆☆
convivial
[kənvíviəl]

[함께(con) 살아(viv)가는]

형 **명랑한, 유쾌한**
　a convivial atmosphere 유쾌한 분위기

동의어
cheerful 쾌활한
vigorous 활기찬

★★☆
revive
[riváiv]
경찰 09

[다시(re) 살아나게(viv) 하다]

동 **되살리다, 회복하다**
　revive the patient 그 환자를 되살리다
명 **reviv**al 부활, 회복

동의어
refresh
생기를 되찾게 하다
rejuvenate
활기를 되찾게 하다
resuscitate 소생시키다

★★☆
survive
[sərváiv]

[~보다 더(sur) 오래 살다(viv)]

동 **① ~보다 오래 살다 ② 생존하다, 살아남다**
　He survived his wife. 그는 아내보다 오래 살았다.
　survive the war 그 전쟁에서 살아남다

파생어
survival 생존
survivor 생존자
surviving 남아 있는

추가어휘
vital [váitl]

형 **필수적인, 중요한** = indispensable

어원
[생명(vit)의]

217 voc, vok, vow : 부르다, 말하다(call)

★★☆
advocate
[ǽdvəkèit]

[~을 위해(ad) 말하는(voc) 사람]

명 **옹호자, 지지자**
　an advocate of natural childbirth 자연 분만의 옹호자
동 **옹호하다, 지지하다**
　advocate abolishing the death penalty
　사형제도 폐지를 옹호하다
명 **advoc**acy 옹호, 지지

동의어
support 지지자, 팬
proponent 지지자
exponent 주창자
sponsor 후원자

★☆☆
avow
[əváu]

[~을(a(d)) 확실히 말하다(vow)]

동 **맹세하다, 공언하다**
avow one's innocence 자신의 결백을 공언하다

assert 주장하다
aver 단언하다

★☆☆
convoke
[kənvóuk]

[(사람들을) 함께(con) 부르다(vok)]

동 **소집하다**
convoke a meeting 회의를 소집하다

동의어
convene 소집하다
muster 소집하다

★☆☆
invoke
[invóuk]

[~에(in) 불러내다(vok)]

동 ① **불러내다, 언급하다** ② **빌다, 호소하다**
invoke the law 그 법을 언급하다
invoke God's mercy 신의 자비를 기원하다

동의어
pray 빌다, 기도하다
appeal 호소하다
beg 애원[간청]하다

★★☆
evoke
[ivóuk]

[(기억을) 밖으로(ex) 불러내다(vok)]

동 **(감정·기억을) 불러일으키다**
evoke memories of one's childhood
어린 시절의 기억들을 불러일으키다

형 **evocative** (좋은 생각을) 떠오르게 하는

활용
evoke sympathy
동정심을 불러일으키다
evoke a response
반응을 일으키다

★★☆
provoke
[prəvóuk]

[앞으로(pro) 불러내다(vok)]

동 ① **유발하다, 일으키다** ② **화나게 하다**
provoke allergic reactions 알레르기 반응을 유발하다
his rude remarks that provokes me
나를 화나게 하는 그의 무례한 말들

명 **provocation** 도발, 자극
형 **provocative** 도발적인

활용
provoke a fight
싸움을 일으키다
provoke a debate
논쟁을 일으키다

day 21

기출문제

1. Most nations agreed with the proposal to cut down on pollution. However, some participants wondered about the _____ of such a proposal. [경찰 08]

① conjecture ② curtailment
③ viability ④ reservation

2. "It really makes sense to pay off smaller debts first," says an assistant professor of marketing. The professor strongly _____ eliminating smaller debts first even if they have a lower interest rate.

① affiliates ② advocates
③ criticizes ④ contradicts

3. Dairy products may _____ allergic reactions in some people.

① invoke ② evoke
③ provoke ④ revoke

4. The couples had a great time dancing to such vivacious music.

① tired ② gloomy
③ lively ④ somber

5.
- There is a movement to _____ old plays for modern audience.
- The nurses tried to _____ the heart attack victim.
- Committees are trying to _____ interest in population increase. [경찰 09]

① migrate ② persist
③ store ④ revive

1. ③ 2. ② 3. ③ 4. ③ 5. ④

★★☆

revoke
[rivóuk]

[(했던) 말을(vok) 뒤로(re)하다]

동 취소하다, 철회하다
revoke his driving license 그의 운전면허를 취소하다

형 irrevocable 취소할 수 없는

cancel 취소하다
call off 취소하다
eat one's words 취소하다

★☆☆

vociferous
[vousífərəs]

[목소리(voci)를 옮기(fer)는]

형 (주장이) 강한, 시끄러운
a vociferous debate 시끄러운 토론

동의어

loud (소리가) 큰
noisy 시끄러운
clamorous 시끄러운

추가어휘

vocation [voukéiʃən]
vouch [vautʃ]

명 ① 소명 ② 천직, 직업
동 《for》 보증[보장]하다　**명** voucher 상품권

어원

[(신의) 부름(voc)]
[(힘주어) 말하다(vouch)]

---

218 | vol : 의지(will)

★★☆

voluntary
[váləntèri]
행자부9급 00

[의지(vol)를 갖고 하는]

형 ① 자발적인 ② 자원 봉사의
a voluntary donation 자발적인 기부
voluntary workers 자원봉사자들

부 voluntarily 자발적으로, 자원해서
명 동 volunteer 자원봉사자; 자원하다

비교

spontaneous 즉흥적인
a spontaneous decision
즉흥적인 결정

★☆☆

benevolent
[bənévələnt]

[좋은(bene) 의지(vol)의]

형 자비로운, 자선을 베푸는
a benevolent donor 자선을 베푸는 기부자

명 benevolence 자비, 자선

접두어

▪ bene- : 좋은
benefactor 후원자
benign 상냥한

★☆☆

malevolent
[məlévələnt]

[나쁜(male) 의지(vol)의]

형 악의 있는, 악의적인
spread a malevolent rumor 악의적인 소문을 퍼트리다

명 malevolence 악의

접두어

▪ mal(e)- : 나쁜
malady 병폐, 심각한 문제
malign 해로운; 비방하다
malice 악의, 원한
maltreat 학대하다

추가어휘

volition [voulíʃən]
voluptuous [vəlʌptʃuəs]

명 의지 = will
형 관능적인, 육감적인 = sensual

어원

[(하고자) 의지(vol) 하는 것]
[(성적) 의지(vol)를 불러일으키는]

219 vol(v), volt : 구르다(roll)

volume
[váljuːm]

[(옛날에 글 쓴 양피지를) 돌돌 말아놓은(vol) 것]

활용

명 ① (책의) 권 ② 양 ③ 음량, 볼륨
the novel in three volumes 세 권으로 된 소설
a high volume of sale 높은 판매량
turn the volume up 볼륨을 높이다

형 voluminous 아주 큰, 방대한

the second volume
of the series
그 연재물의 제 2권

traffic volume 교통량

evolve
[iválv]

[밖으로(e) 돌돌 말린 것을(volv) 펴내다]

동의어

동 ① 발전하다 ② 진화하다
evolve from a hobby into a business
취미에서 사업으로 발전하다
evolve from dinosaurs 공룡들로부터 진화하다

명 evolution ① 발전 ② 진화

develop 발달 [개발] 하다
flourish 번창하다
thrive 번창하다
prosper 번성하다

day 21

involve
[inválv]

중앙인사9급 06
대구시 06

[안으로(in) 돌돌 말아(volv) 넣다]

활용

동 ① 포함하다, 수반하다 ② 참여시키다, 연루시키다
involve an element of risk 위험 요소를 수반하다
involve all the children in the game
모든 아이들을 그 게임에 참여시키다

명 involvement 개입, 연루

deny involvement
in the crime
범죄에 연루된 것을 부인하다

their romantic involvement
그들의 연인 관계

revolt
[riváult]

선관위9급 06

[(맞서서) 뒤로(re) 도는(vol) 것]

동의어

명 반란
the revolt by the slaves 노예들의 반란

동 ① 반란을 일으키다 ② 혐오감을 주다
revolt against the king
그 왕에 대항해 반란을 일으키다
be revolted by the stink 악취에 역겨워지다

형 revolting 혐오스러운, 역겨운

repel 불쾌감을 주다
repulse 구역질 나게 하다
disgust 역겹게 하다
nauseate 역겹게 하다
turn off 흥미를 잃게 하다

기출문제

1. His driver's license was _____ since he had too many accidents.

   ① revolted
   ② resolved
   ③ revoked
   ④ retained

2. Because of the large underlined{involuntary} element in writing, works of literature can't be treated as embodiments of conscious will.

   ① deliberate
   ② absurd
   ③ unintentional
   ④ inspirational

3. His stare was malevolent, his mouth a thin line, but his eyes bright and glittering.

   ① violent
   ② friendly
   ③ scary
   ④ wicked

4. The whirlwinds of _____ will continue to shake the foundations of our nation until the bright day of justice emerges. [선관위 06]

   ① repose
   ② revolt
   ③ inscription
   ④ vision

1. ③ 2. ③ 3. ④ 4. ②

★★☆

revolution
[rèvəlúːʃən]

[(행성이) 계속(re) 도는(vol) 것]

명 ① 공전 ② 혁명
the period of revolution of the Earth
지구의 공전 주기
the French Revolution 프랑스 혁명

파생어

revolutionary 혁명적인
revolutionist 혁명가
revolve (축을 중심으로) 돌다, 회전하다

추가어휘
voluble [váluəbl]
devolve [diválv]

형 말이 많은, 열변을 토하는
동 (권한을) 양도하다, 이양하다

어원

[(공이 구르듯) 말이 잘 나오(vol)는]
[아래로(de) 굴려주다(volv)]

---

220 | ward, war : 지켜보다(watch), 지키다(protect)

★★☆

aware
[əwɛ́ər]
국회8급 08

[~을(a(d)) 지켜보고(war) 있는]

형 알고 있는, 의식하고 있는 ↔ unaware 모르는
be aware of the danger 위험을 알고 있다

명 awareness 의식, 인식

동의어

conscious 의식하는
cognizant 인식하고 있는
mindful 염두에 두는

★★☆

reward
[riwɔ́ːrd]

[확실히(re) 지켜본(war) 후 주는 것]

명 보상
offer a reward to ~에게 보상하다

동 보상하다
He was rewarded for his effort.
그는 노력에 대해 보상받았다.

형 rewarding ① 수익성 있는 ② 보람 있는

비교

⊙ award vs. reward
award (잘해서 주는) 상
reward (금전적) 보상

★★☆

warrant
[wɔ́ːrənt]
경찰 14

[(책임으로부터) 지켜주는(war) 것]

명 ① 영장 ② 근거, 이유
issue a warrant 영장을 발부하다
There is no warrant for such behavior.
그러한 행동에 대한 어떠한 근거도 없다.

동 정당하게 만들다, ~을 받을 만하다
the subject that warrants attention
관심을 기울일만한 주제

명 warranty (제품의) 품질 보증서

동의어

cause 원인, 이유
reason ① 이유 ② 이성
ground ① 땅 ② 근거, 이유
foundation ① 토대, 근거 ② 재단

추가어휘
warn [wɔːrn]
award [əwɔ́ːrd]
ward [wɔːrd]
warden [wɔ́ːrdn]

동 경고하다, 주의를 주다 = caution
명 동 ① 상(을 주다) ②《법》지급 판결을 내리다
동 피하다, 막다 명 (병원 내) 병동
명 관리인, 교도소장 = caretaker

어원

[(위험한 지) 지켜보다(war)]
[~을(a(d)) 지켜본(war) 후 주는 것]
[(공격으로부터) 지키다(ward)]
[지키는(ward) 사람(en)]

기출문제

1. A good way of ridding yourself of certain kinds of dogmatism is _____ opinions held in social circle different from your own. [국회8급 08]

   ① to be opposed to   ② to be distanced from
   ③ to stand clear of   ④ to become aware of
   ⑤ to become suspicious of

2. He will not take the job even if the <u>remuneration</u> is generous.

   ① employer   ② promotion
   ③ fund   ④ reward

3. 다음 설명에 해당하는 단어를 고르시오. [경찰 14]

   | 설명: a commission or document giving authority to do something |
   | 예문: The police had a _____ for his arrest. |

   ① bail   ② custody
   ③ warrant   ④ restraint

1. ④ 2. ④ 3. ③

PART 02
주제별 (1-32)

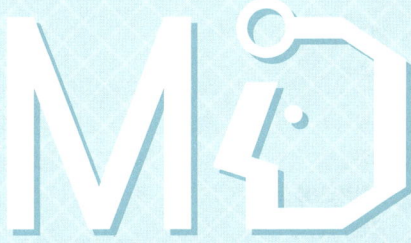

나라와 정치

■ 국가와 통치

nation	명	① 국가 ② 국민
country	명	① 국가, 나라 ② 시골
government	명	정부
administer	동	① 관리하다 ② 투약하다
Congress	명	(미국의) 국회
parliament	명	(영국의) 의회 = assembly
session	명	회기
bicameral	형	(의회가 상하) 양원제의
Cabinet	명	내각
reshuffle	명	개각 = shake-up (대폭의) 개각
authority	명	① 권한 ② 《-ties》 당국
bureaucratic	형	관료적인
senator	명	상원 의원
representative	명	하원 의원
policymaker	명	정책 입안자
secretary	명	① 비서 ② 《S-》 장관
minister	명	장관, 각료
governor	명	주지사
civic	형	① 시의 ② 시민의
municipal	형	시의
national anthem	명	애국가

■ 정치 체제

democracy	명	민주주의
republic	명	공화국
independence	명	독립
autonomy	명	자치
neutral	형	중립적인, 중간의
isolationism	명	고립주의
communism	명	공산주의
socialism	명	사회주의
anarchy	명	무정부주의
autocracy	명	독재 정치

동의어 dictatorship, tyranny = despotism (폭정)

■ 정치 시스템

political	형	정치의, 정치적인
regime	명	정권
reign	명	통치 기간
election	명	선거
candidate	명	후보자
run for	숙어	출마하다
canvass	동	(선거) 유세를 하다
suffrage	명	투표권, 참정권 = franchise
referendum	명	국민 투표
inauguration	명	취임(식)
incumbent	형	① 《on》 ~의 의무인 ② 재직 중인
ruling party	명	여당 ↔ opposition party 야당
dominate	동	지배하다, 우세하다
faction	명	당파, 파벌
standoff	명	대립, 대치
ideology	명	이념, 이데올로기
coalition	명	연합 = alliance
reform	동	개혁[개선]하다
revamp	동	개혁[개선]하다
revolution	명	혁명
amnesty	명	사면

■ 군주와 외교

throne	명	왕위, 왕좌
enthrone	동	즉위시키다 ↔ dethrone 퇴위시키다
abdicate	동	퇴위하다
usurp	동	(왕위를) 찬탈하다
empire	명	제국
imperial	형	제국의, 황제의
imperialism	명	제국주의
monarchy	명	군주제
dynasty	명	왕조
hierarchy	명	① 고위층 ② 계급 조직
diplomacy	명	① 외교 ② 수완
ambassador	명	대사　참고 consul 영사
territory	명	영토
border	명	국경, 경계
boundary	명	경계

적중 어휘 심화 학습

★★☆
administer
[ədmínistər]
중앙인사9급 07

[(임무 맡아) ~의(ad) 하인(minister)으로 일하다]

동 ① **관리하다, 운영하다** ② (법을) **집행하다** ③ (약을) **투약하다**
administer a charity 자선 단체를 운영하다
administer justice 법을 집행하다, 재판하다
administer a painkiller 진통제를 투약하다

명 administration ① 관리 ②《A-》행정부
the Obama Administration 오바마 행정부(= 미국 정부)

명 administrator 관리자

★★☆
authority
[əθɔ́:rəti]
전북9급 04

[권한을 가진 자(author)에서 유래]

명 ① **권한** ②《-ties》 **당국**
have the authority to grant permission 허가할 수 있는 권한이 있다
the military/health authorities 군/보건 당국

동 authorize ~에게 권한을 주다

형 authoritative ① 권위 있는 ② 권위적인

★☆☆
bureaucratic
[bjùərəkrǽtik]
국회8급 05

[집무실(bureau)에 앉아 통치(crat)하는]

형 **관료적인**
a bureaucratic organization 관료적인 조직

명 bureaucracy 관료주의, 복잡한 절차

★☆☆
coalition
[kòuəlíʃən]

[함께(co) 동맹(ali)하는 것]

명 **연합**
form a coalition 연합을 형성하다

동 coalesce (큰 덩어리로) 합치다

기 출 문 제

1. President Bush knows that a <u>coalition</u> is critical for a military response. [행자부 02]

  ① strong power   ② temporary union
  ③ quick retaliation   ④ sufficient resource

2. The prison sentence was introduced in the eighteenth century as a _____, a milder substitute for the _____ penalties of death, torture, mutilation, and exile. [서울시9급 11]

  ① supplement - irreversible ② sequel - redundant
  ③ reform - harsh   ④ suggestion - corrective
  ⑤ catchall - revised

3. As its name suggests, 'formalistic' criticism has for its sole object the discovery and explanation of form in the literary work. This approach assumes the _____ of the work itself and thus the relative unimportance of extraliterary considerations — the author's life: his times : sociological, political, economic, or psychological implications. [국회8급 08]

  ① background   ② autonomy
  ③ reputation   ④ advantage
  ⑤ history

1. ② 2. ③ 3. ②

day 22
02

MD 공무원 VOCA 주제별
법과 재판

➡ 법과 관련된 어휘

legislate	동 제정하다 = enact
codify	동 (법률 등을) 성문화하다
lay down	동 (법·규칙을) 정하다
enforce	동 ① 강요하다 ② (법을) 시행하다
institute	동 (법·제도를) 시행하다, 설립하다
amend	동 (법을) 개정하다
conform	동 《to》 ~에 따르다, 순응하다
abide by	동 (법을) 따르다, 지키다
uphold	동 (법을) 지키다, 옹호하다
abolish	동 폐지하다
	동의어 abrogate, rescind, annul = nullify(무효화하다)
criterion	명 기준 　복수 criteria 기준들
constitutional	형 헌법의, 입헌적인
statutory	형 법에 명시된
motion	명 (법안의) 발의
decree	동 법령
	동의어 statute, ordinance, edict (칙령)
illegal	형 불법적인
	동의어 illicit, illegitimate (불법의)
restriction	명 제한, 규제
embargo	명 (무역의) 금지
prohibit	동 금지하다
	동의어 ban, proscribe, forbid (금하다, 못하게 하다)
strict	형 엄격한
	동의어 stern, rigid, rigorous, stringent
invalid	형 ① 무효인 ② 병약한
loophole	명 (법률의) 허점

➡ 재판과 관련된 어휘

court	명 법원, 법정 　참고 Supreme Court 대법원
	동 ~에게 구애하다
tribunal	명 재판소, 법원
trial	명 ① 시험 ② 재판 ③ 시련
litigation	명 소송 = suit
appeal	동 ① 호소하다 ② 항소하다
judge	동 ① 판사 ② 심판 　동 판단하다
jury	명 배심원단 　명 juror 배심원
verdict	명 ① (배심원의) 평결 ② 결정

attorney	명 변호사
client	명 (변호사 등의) 의뢰인, 고객
defendant	명 피고 ↔ plaintiff 원고
witness	명 목격자, 증인 　동 ① 목격하다 ② 증명하다
testimony	명 ① 증언 ② 증거
clue	명 단서, 실마리
perjury	명 위증죄
take the Fifth	숙어 묵비권을 행사하다
summon	동 ① 소환하다 ② (용기·힘을) 내다
accuse	동 고발하다
	동의어 charge, indict, prosecute, file a suit against (~을 상대로 소송을 걸다)
adjourn	동 (재판·회의 등을) 휴회하다, 휴정하다
fine	형 ① 좋은, 훌륭한 ② 가는
	명 동 벌금(을 부과하다)

➡ 유·무죄의 판결

rule	동 ① 통치하다 ② 판결을 내리다
sentence	명 ① (형의) 선고 ② 문장 　동 형을 선고하다
convict	동 유죄를 선고하다
guilty	형 ① 《of》 유죄인 ② 죄책감이 드는
penalize	동 처벌하다 = punish
imprison	동 투옥하다, 감금하다 = incarcerate
execute	동 ① 실행하다 ② 처형하다
death penalty	명 사형 = capital punishment
acquit	동 무죄를 선고하다
	동의어 absolve, exculpate, exonerate, vindicate
innocent	형 ① 순진한 ② 《of》 무죄인, 결백한
impunity	명 처벌받지 않음
get away with	숙어 벌 받지 않고 ~하다
extenuate	동 (죄를) 경감하다
remission	명 ① (형의) 감형 ② 감면, 면제
probation	명 ① 집행유예 ② 수습 (기간)
reprieve	명 (집행) 유예, 연기
lenient	형 (처벌이) 관대한
override	동 기각하다, 무효화하다
overrule	동 기각하다
quash	동 ① 진압하다 ② 기각하다

적중 어휘 심화 학습

★★☆
amend
[əménd]
국회8급 05

[잘못된 부분(mend)을 빼내다(a)]
동 **(법을) 개정하다**
amend a law 법을 개정하다
명 amendment 개정

★★☆
guilty
[gílti]

형 **① 유죄인 ② 죄책감이 드는**
be guilty of murder 살인에 대해 유죄다
be guilty about telling a lie 거짓말하는 것에 대해 죄책감을 느끼다
명 guilt ① 유죄 ② 죄책감

★★★
lenient
[líːniənt]
국회8급 07
국가직9급 13

[부드러(leni)운(ent)]
형 **(처벌이) 관대한**
a lenient sentence 관대한 선고

day 22

★★☆
forbid
[fərbíd]

[(~에서) 떨어지라고(for) 말하다(bid)]
동 **금(지)하다, 못하게 하다**
forbid me to smoke 나를 담배피우지 못하게 하다
시제변화 forbid - forbade - forbidden

★★☆
sentence
[séntəns]

[느낌(sent)을 표현한 것(ence)]
명 **① (형의) 선고 ② 문장**
a life sentence 종신형
a complete sentence 완전한 문장
동 **형을 선고하다**
be sentenced to death 사형 선고받다

★★☆
witness
[wítnis]

[(보고) 아는(wit) 사람(ness)]
명 **목격자, 증인**
an accident witness 사고 목격자
동 **① 목격하다 ② 증명하다**
witness the accident 그 사고를 목격하다
witness (to) an interest 관심이 있음을 증명하다
숙어 bear witness to ~을 입증하다

기출문제

1. The Constitution was <u>amended</u> to give women the right to vote. [행자부7급 03]

   ① passed   ② agreed
   ③ changed   ④ celebrated

2. The complexity of their work means that educational psychologists have to undergo a <u>rigorous</u> professional training. [서울시9급 08]

   ① high-level   ② delicate
   ③ harsh   ④ trifling
   ⑤ individual

3. Given our awesome capacities for rationalization and self-deception, most of us are going to measure ourselves _____: I was honest with that blind passenger because I'm a wonder person. I cheated the sighted one because she probably has too much money anyway. [국가직9급 13]

   ① harshly   ② leniently
   ③ honestly   ④ thankfully

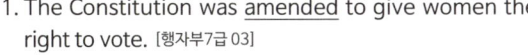

1. ③ 2. ③ 3. ②

day 22
03 MD 공무원 VOCA 주제별
범죄

▶ 범죄와 비행

crime 동 범죄
관련 felony 중범죄, misdemeanor 경범죄, sin (도덕상의) 죄, tort 불법 행위

criminal 명 범인
관련 culprit 범인, accomplice 공범, villain 악인, malefactor 악인, rogue 악당, juvenile delinquent 소년범, 비행 청소년

commit 동 (나쁜 일을) 저지르다
perpetrate 동 (범죄를) 저지르다
offend 동 ① 범죄를 저지르다 ② 기분 상하게 하다

victim 명 피해자, 희생자
implicate 동 (범죄에) 연루됨을 보여주다
attempted 형 (범행이) 미수에 그친

violate 동 ① 위반하다 ② 침해하다
infringe 동 ① 위반하다 ② 침해하다
동의어 contravene = transgress = breach (위반하다), encroach (침해하다), flout ((법을) 어기다)

collude 동 공모하다
동의어 conspire, intrigue = hatch (음모를 꾸미다)

appropriate 동 제멋대로 쓰다, 유용하다 형 적당한
embezzle 동 횡령하다

bribe 명 뇌물 동 뇌물을 주다, 매수하다
corrupt 형 부패한

malfeasance 명 (공무원의) 위법 행위, 비리
malpractice 명 ① 부정행위 ② 의료 과실
misconduct 명 불법 행위

plunder 동 약탈하다 = loot
defraud 동 사취하다
hold up 숙어 ~을 털다, 강탈하다

smuggle 동 밀수하다
contraband 명 밀수품
traffic in 숙어 (밀수품을) 밀매하다

▶ 체포와 수사

police 명 경찰
detective 명 탐정, 형사
patrol 명 순찰 동 순찰을 돌다
reconnaissance 명 정찰
crack down on 숙어 ~을 단속하다
= clamp down on

apprehend 동 체포하다 = arrest
capture 동 ① 포획하다 ② 점령하다

warrant 명 ① 영장 ② 근거, 이유
동의어 writ, subpoena (소환장)

injunction 명 (법원의) 명령

suspect 동 (~이 맞다고) 의심하다 명 용의자
detain 동 구금하다, 억류하다
custody 명 ① 양육권 ② 유치, 구금

investigate 동 수사하다, 조사하다
inspect 동 ① 조사하다, 검사하다 ② 검열하다
scrutinize 동 정밀히 조사하다
overhaul 동 점검[정비]하다

probe 동 《into》 캐내다, 조사하다 명 (철저한) 조사
pry 동 《into》 캐내다
delve 동 《into》 캐내다

profiler 명 범죄 심리 분석가, 프로파일러

▶ 범죄명 정리

murder 명 살인
관련 homicide 살인, assassination 암살, carnage 학살, genocide 대량 학살

rape 명 강간(하다)
관련 sexual harassment 성희롱, sexual attack 성폭행, sexual abuse 성적 학대, molest (아동을) 성추행하다

abduction 명 유괴, 납치
hostage 명 인질
ransom 명 몸값

assault 명 공격, 폭행
robbery 명 강도
관련 larceny 절도, burglary 빈집털이, pickpocket 소매치기, pilfer 좀도둑질 하다, shoplift 가게 물건을 훔치다

fraud 명 사기
swindler 명 사기꾼
동의어 imposter, charlatan, con man, quack (돌팔이 의사)

plagiarism 명 표절
pirate 동 불법 복제하다
poach 동 도용하다

gambling 명 도박
arson 명 방화 관련 ignite 불을 붙이다, 점화하다
hit-and-run 형 뺑소니의 참고 jaywalk 무단횡단하다, speeding 과속

적중 어휘 심화 학습

★☆☆
custody
[kʌ́stədi]

[덮어서 보호(cust)하는 것(ody)]

명 ① (자녀에 대한) **양육권** ② (재판 전) **유치, 구금**
a custody battle 양육권 분쟁
hold the suspect in custody 용의자를 구금하다

명 custodian 관리인, 경비원 = caretaker

★★☆
investigate
[invéstəgèit]
서울시9급 14

[~안으로(in) 흔적(vestig)을 쫓아가다(ate)]

동 **수사하다, 조사하다**
investigate the murder 그 살인 사건을 수사하다

명 investigation 수사, 조사

★★★
violate
[váiəlèit]
국회8급 04

[거칠게 밀고(viol)나가다(ate)]

동 ① **위반하다** ② **침해하다**
violate criminal law 형법을 위반하다
violate human rights 인권을 침해하다

명 violation ① 위반 ② 침해

형 violent 격렬한, 폭력적인 ↔ non-violent 비폭력적인

명 violence 폭행, 폭력 – domestic violence 가정 폭력

day 22

기출문제

1. Authorities are to tighten control of _____ software applications. [여경 04]

   ① ignored
   ② multiplied
   ③ pirated
   ④ brewed

2. 다음 중 뜻이 틀린 것은? [경찰 00]

   ① rape – 강간
   ② warrant of arrest – 구속영장
   ③ smuggling – 사기꾼
   ④ fingerprints – 지문

3.
   | 설명: a commission or document giving authority to do something |
   | 예문: The police had a _____ for his arrest. |

   [경찰 14]

   ① bail
   ② custody
   ③ warrant
   ④ restraint

4. The scientists <u>scrutinized</u> thousands of pages of computer printouts, looking for a clue to why the rocket had exploded.

   ① examined
   ② corrected
   ③ read
   ④ graded

   1. ③ 2. ③ 3. ③ 4. ①

day 23
04
MD 공무원 VOCA 주제별
돈과 경제 `day 23`

▪ 돈의 종류와 흐름

finance	명	① 자금 ② 재무, 금융
	관련	fund 기금, budget 예산, capital 자본
fiscal	형	재정의
pecuniary	형	금전상의
monetary	형	통화의
cost	명	① 비용 ② 희생, 손실
	동	① (비용이) ~들다 ② (~에게) ~을 잃게 하다
	관련	overheads 고정비, labor cost 인건비, rent 집세, 임차료
loan	명	대출(금)
	관련	collateral 담보물, mortgage 담보 대출 (받기), debtor 채무자 ↔ creditor 채권자
audit	명	회계 감사
treasurer	명	회계담당자 참고 accountant 회계사
liquidity	명	유동성
asset	명	자산, 재산
levy	동	(세금을) 부과[징수]하다
impose	동	(세금·벌금을) 부과[징수]하다
charge	동	(요금을) 청구하다
cap	동	(액수의) 한도를 정하다
deposit	동	예금하다 ↔ withdraw 인출하다
transfer	동	이체하다
remit	동	① 송금하다 = wire ② 면제해 주다

▪ 경제 활동

economy	명	① 경제 ② 절약
commerce	명	상업, 무역
transaction	명	거래
barter	동	물물교환하다
boost	동	북돋우다, 부양시키다
earn	동	① (돈을) 벌다 ② (자격·명성 등을) 얻다
wage	명	임금, 급료 동 (전쟁을) 벌이다, 치르다
turnover	명	매출액
remuneration	명	보수
livelihood	명	생계 참고 make a living 생계비를 벌다
invest	동	① 투자하다 ② (권한을) 부여하다
accumulate	동	누적하다, 축적하다
	동의어	amass, hoard (비축하다)
purchase	동	구입하다, 구매하다
vendor	명	① 행상인 ② 판매 회사
monopoly	명	독점
tycoon	명	(재계의) 거물
tariff	동	관세
	관련	tax (일반적) 세금, duty 수입세, excise 물품세
merge	동	합병하다, 합치다
annex	동	(영토를) 합병하다

affiliate	동	제휴하다
amalgamation	명	합병 = merger
lucrative	형	수익성이 좋은 = profitable
remunerative	형	돈벌이가 되는
windfall	명	뜻밖의 횡재
materialism	명	물질만능주의

▪ 호황과 불황

boom	명	호황
buoyant	형	활황인
flourish	동	번창하다, 잘 자라다
	동의어	thrive (번영하다), prosper (번성하다)
depression	명	① 우울증 ② 불황
	동의어	recession (경기 후퇴), stagnation (경기 침체)
meltdown	명	붕괴, 폭락
austerity	명	긴축, 내핍 상태
liability	명	① 책임, 부담 ② 《-ties》 부채
default	명	채무불이행
moratorium	명	활동 중단, 지불 유예
liquidate	동	청산하다, 매각하다
out of work	숙어	실직한 = unemployed
broke	형	무일푼의
indebted	형	① 부채가 있는 ② (도움을 입어) 고마워하는
destitute	형	① 빈곤한 ② 《of》 ~이 없는
	동의어	impoverished, impecunious, needy, indigent (궁핍한)
squander	동	낭비하다 = waste
extravagant	형	낭비하는
	동의어	prodigal, profligate, wasteful

▪ 상품과 가격

product	명	제품, 상품
	동의어	commodity, merchandise, goods
	관련	cash cow (효자상품) / flagship (주력 상품)
inventory	명	물품 목록, 재고
auction	명	경매
exorbitant	형	(가격이) 터무니없는
prohibitive	형	엄청나게 비싼
affordable	형	(가격이) 알맞은
reasonable	형	(가격이) 합리적인, 적정한
soar	동	급등하다
	관련	surge = bulge = hike (급등)
plummet	동	급락하다 = tumble
plunge	동	① 거꾸러지다 ② 급락하다
pay an arm and a leg	숙어	돈이 많이 들다, 엄청난 대가를 치르다

적중 어휘 심화 학습

asset
★☆☆
[金set]

[(돈이 되기)에 (as) 충분한 것 (set)]

명 **자산, 재산**
assets and liabilities 자산과 부채

---

accumulate
★★☆
[əkjúːmjulèit]
행자부9급 07

[~을 (ac) 쌓아 (cumul) 올리다 (ate)]

동 **축적하다, 누적하다**
accumulate a fortune 큰 재산을 축적하다

명 accumulation 축적

형 accumulative 누적되는

---

boost
★★☆
[buːst]
서울시9급 04
중앙인사9급 07

[밀어 올리 (boos) 다 (t)]

동 **북돋우다, 부양시키다**
boost the economy 경제를 부양시키다

---

economy
★★★
[ikánəmi]
대구시9급 05
안행부 13

[집 (eco)을 관리 (nom)하는 것]

명 ① **경제** ② **절약**
boost the economy 경제를 부양하다
improve fuel economy 연료 절약을 향상시키다

형 economic 경제의

형 economical 경제적인, 절약하는

day 23

---

exorbitant
★★☆
[igzɔ́ːrbətənt]
국회8급 07

[(정상) 궤도 (orbit)를 벗어 (ex)난 (ant)]

형 **(가격이) 터무니없는**
an exorbitant price 터무니없는 가격

---

lucrative
★★★
[lúːkrətiv]
법원서기보00
서울시9급 04

[이익 (lucra)이 나는 (ive)]

형 **수익성이 좋은**
a lucrative business 수익성이 좋은 사업

기 출 문 제

1. In a nod to <u>austerity</u>, Richard Nixon decreed that the national Christmas tree would go unlit. [국회8급 08]

   ① economic difficulties
   ② threats by Arab states
   ③ the dilemma of U.S. policymakers
   ④ comments by U.S. journalists
   ⑤ the recovery of oil markets

2. A recent law gives employers a strong push toward part-time employment by <u>levying</u> a significant fee per full-time employee. [서울시7급 13]

   ① imposing   ② abrogating
   ③ precluding   ④ hampering
   ⑤ declaiming

3. They made a fortune from the <u>lucrative</u> arms deal.
   [여경 03]
   ① profitable   ② hideous
   ③ notorious   ④ surreptitious

1. ① 2. ① 3. ①

day 23
05

MD 공무원 VOCA 주제별

건강과 의학

질병

disease	명 질병
	관련 ailment (가벼운) 질병, epidemic 유행병, plague 전염병, pandemic (광범위한) 전염병, complication 합병증
ache	명 아픔, 통증 동 (몸이) 아프다
sore	형 (몸의 어디가) 아픈
under the weather	숙어 몸이 좀 안 좋은 = out of sorts
suffer	동 ① (어려움을) 겪다, 당하다 ②《from》고통 받다
debilitate	동 (몸을) 쇠약하게 하다
germ	명 세균, 미생물
	관련 virus 바이러스, bacteria 박테리아, 세균
infection	명 감염 = contagion
inflammation	명 염증
chronic	형 만성적인 ↔ acute 급성의
congenital	형 선천적인 ↔ acquired 후천적인
contagious	형 전염성의 = infectious
malignant	형 악성의 ↔ benign 양성의
virulent	형 ① 악성의 ② 악의 있는
incurable	형 불치의
latent	형 잠재하는, 잠복해 있는
lethal	형 치명적인
	동의어 fatal, deadly, mortal
symptom	명 증세
syndrome	명 증후군
paralyze	동 마비시키다
bruise	명 멍, 타박상
quarantine	동 (질병 확산을 막기 위해) 격리하다

치료와 의학

treat	동 ① 취급하다 ② 대접하다 ③ 치료하다
	관련 remedy 치료, therapy 치료, 요법, clinic 치료소
doctor	명 ① 의사 ② 박사
	관련 surgeon 외과 의사, physician 내과 의사, dentist 치과 의사, dermatologist 피부과 의사, psychiatrist 정신과 의사, veterinarian 수의사

medical	형 의학의
medicine	명 ① 의학, 의료 ② (액체로 된) 약
	관련 pill 알약, tablet 정제, painkiller 진통제, sedative 진정제, dose (약의) 복용량, overdose 과다 복용
pharmacy	명 ① 약학 ② 약국, 조제실
pharmaceutical	형 약학의, 제약의
diagnose	동 진단하다
screen	동 (병이 있는지) 검진하다
prescribe	동 ① 규정하다 ② 처방하다
rehabilitate	동 재활 치료를 하다, 회복시키다
recuperate	동 회복하다 = convalesce

치료 방법

injection	명 주사
surgery	명 수술 = operation
acupuncture	명 침술
immunize	동 면역력을 갖게 하다
vaccinate	동 면역력을 갖게 하다
inoculate	동 예방접종하다
immune	형 ①《to》면역된 ②《from》면제된
antibiotic	명 항생제 참고 antibody 항체
antidote	명 해독제
anesthetic	명 마취제
medication	명 ① 약, 약물 ② 약물 치료
ointment	명 연고
anaesthesia	명 마취
anatomy	명 해부
transplant	동 이식하다
panacea	명 만병통치약 = cure-all
placebo	명 위약
palliative	명 일시적 처방
hospice	명 호스피스 : 말기 환자들을 위한 병원

병의 종류

Alzheimer's (disease)	노인성 치매	arthritis	관절염	dystrophy	영양실조	measles	홍역
amnesia	기억상실증	asthma	천식	hepatitis	간염	pneumonia	폐렴
autism	자폐증	cancer	암	leukemia	백혈병	polio	소아마비
anemia	빈혈	cholera	콜레라	insomnia	불면증	rheumatism	류머티즘
migraine	편두통	diabetes	당뇨	malaria	말라리아	stroke	뇌졸중

적중 어휘 심화 학습

immune
[imjúːn]
★☆☆

[의무(mun)가 없는(im)]

[형] ① 면제된 ② 면역된
be immune from punishment 처벌에서 면제되다
be immune to the epidemic 그 전염병에 면역되다

[명] immunity ① 면제 ② 면역
[동] immunize 면역력을 갖게 하다

lethal
[líːθəl]
서울시9급 04
★★☆

[저승으로 가는 레테강(Lethe)의]

[동] 치명적인
suffer a lethal wound 치명상을 입다

paralyze
[pǽrəlàiz]
★★☆

[(몸의 힘이) 옆으로(para) 풀리다(lyz)]

[동] 마비시키다
paralyze the city's traffic 그 도시의 교통을 마비시키다

[명] paralysis 마비
sleep paralysis 수면 마비, 가위눌림

symptom
[símptəm]
경기교육9급 04
지방직9급 13
★★★

[(병과) 함께(sym) 떨어진 것(ptom)]

[명] 증상, 증세
a symptom of depression 우울증 증상

remedy
[rémədi]
★★☆

[확실히(re) 고치는(med) 것(y)]

[명] ① 치료 ② 해결책
a remedy for fever 열병 치료
the remedy for traffic congestion 교통 혼잡에 대한 해결책

[동] 해결하다
remedy a problem 문제를 해결하다
[형] remedial 치료하는, 교정하는

기 출 문 제

1. A(n) _____ is a substance which can counteract a form of poisoning.
   ① placebo   ② antidote
   ③ anatomy   ④ immunity

2. The rabbit regained consciousness during an experimental surgery due to the inadequate amount of _____ being administered. [경찰 08]
   ① euthanasia   ② anesthetic
   ③ euphoria   ④ moisture

3. Many people will receive lethal doses of radiation at the first stage.
   ① prescribed dosages   ② horrendous quantities
   ③ deadly amounts   ④ analyzed outcomes

4. "Oh pelase, don't ask me to cook today, I'm a bit under the weather".
   ① out of order   ② out of stock
   ③ out of the blue   ④ out of sorts

1. ② 2. ② 3. ③ 4. ④

day 23
06 MD 공무원 VOCA 주제별
인체와 몸

■ 몸을 이루는 것들

visage	명	얼굴 = face
organ	명	(인체의) 장기, 기관
flesh	명	① 살(고기) ②《the -》육체
muscle	명	① 근육 ② 힘, 영향력
abdominal	형	배의, 복부의
pulse	명 맥박 동 맥박이 뛰다 = throb
vein	명	정맥 ↔ artery 동맥
blood vessel	명	혈관
chromosome	명	염색체
neural	명	신경(계)의 참고 neuron 뉴런, 신경 세포

■ 오감과 관련된 것들

overlook	동	① (경치를) 내려다보다 ② 간과하다 ③ 눈감아주다
observe	동	① 관찰하다 ② 지키다, 준수하다
blink	동	눈을 깜빡이다
eavesdrop	동	엿듣다
overhear	동	우연히 듣다
ocular	형	눈의 = optic
auditory	형	청각의 비교 audible 들을 수 있는
olfactory	형	후각의
oral	형	입의, 구두의
tactile	형	촉각의
fragrance	명	향기 = scent
odor	명	냄새
stink	명	악취 = malodor, putrid (악취가 나는)
dumb	형	① 벙어리의 ② 멍청한
numb	형	① 감각이 없는 ② 망연자실한
stolid	형	둔감한, 무신경한

■ 몸의 상태

obese	형	비만의
	관련	corpulent 뚱뚱한, overweight 과체중의, plump 통통한, chubby 토실토실한
slender	형	① 날씬한 ② 약간의, 근소한 = slight
naked	형	벌거벗은, 나체의 = nude
voluptuous	형	관능적인, 육감적인 = sensual
fever	명	① (고)열 ② 열기, 열풍 = craze
cramp	명	(근육에 생기는)경련, 쥐
	동	(발달을) 막다, 방해하다
itch	동	가렵다, 근질거리다 명 ① 근질거림 ② 욕구
pimple	명	여드름, 뽀루지
vomit	동	(구)토하다

■ 몸을 이루는 것들 (계속)

drowsy	형	졸리는 = sleepy
dormant	형	잠자는, 휴면의
somnolent	형	① (꾸벅꾸벅) 조는 ② 졸리는
weary	형 지친, 싫증난 동 지치게 하다
pale	형	창백한 = pallid
tremble	동	(몸을) 떨다, 떨리다
	동의어 shiver = quiver (가볍게) 떨다
wholesome	형	① 건전한 ② 건강에 좋은
invigorate	동	기운 나게 하다, 활기를 북돋우다

■ 몸의 동작

grasp	동	① 꽉 잡다 ② 파악하다
seize	동	① 꽉 붙잡다 ② 장악하다 ③ 압수하다
snatch	동	와락 붙잡다, 잡아채다 = grab
slam	동	(문을) 쾅 닫다
slap	동	찰싹 때리다 명 찰싹 때리기
fling	동	(세게) 내던지다, 내팽개치다 = hurl
stir	동	① (휘)젓다 ② 마음을 흔들다, 자극하다
weave	동	① (실·천을) 짜다, 엮다 ② (이야기 등을) 지어내다, 만들어내다
stumble	동	① 헛디디다 ② (말을) 더듬거리다
skip	동	① 깡충깡충 뛰다 ② 건너뛰다, 생략하다
shrug	동	(어깨를) 으쓱하다
lean	동	기대다, 기울다
writhe	동	(고통으로) 온몸을 비틀다
creep	동	① 기다 = crawl ② 살금살금 움직이다
scrape	동	① 긁다 = scratch ② (긁어서) 상처를 내다, 까지다
agile	형	민첩한
nimble	형	날렵한, (몸이) 빠른
headlong	부	① (머리부터) 거꾸로, 곤두박질쳐 ② 저돌적으로, 성급하게

■ 얼굴 표정

laugh	동	(소리 내어) 웃다
	관련	smile 미소 짓다, laugh at ~을 비웃다, grin 활짝 웃다, giggle = snicker 낄낄대다, chuckle 빙그레 웃다, guffaw 박장대소하다, burst into laughter 폭소를 터뜨리다
weep	동	울다
	관련	wail 통곡하다, whimper 훌쩍이다, sob 흐느끼다, burst out crying 울음을 터뜨리다, shed tears 눈물을 흘리다
blush	동 얼굴이 빨개지다 = flush 명 얼굴이 빨개짐, 홍조
make a face	숙어 얼굴을 찌푸리다 = frown

적중 어휘 심화 학습

★★★
grasp
[græsp]
행자부9급 04
중앙인사9급 07

['꽉 붙잡다(grab)'의 스펠링 변형]
동 ① 꽉 잡다 ② (완전히) 이해하다
　grasp his wrist 그의 손목을 꽉 잡다
　grasp the significance 중요성을 이해하다
명 ① 꽉 붙잡음 ② 이해, 파악

★★☆
seize
[siːz]

['찾다, 구하다(seek)'의 스펠링 변형]
동 ① 꽉 붙잡다 ② 장악하다 ③ 압수하다
　seize the power of the government 정부 권력을 장악하다
　seize the illegal weapons 불법 무기들을 압수하다
명 seizure ① 장악 ② 압수

★★☆
overlook
[óuvərluk]
기상직9급 14

[위에서(over) 내려다보다(look)]
동 ① (경치를) 내려다보다 ② 간과하다 ③ 눈감아주다
　a hotel that overlooks the lake 호수가 내려다보이는 호텔
　overlook an important clue 중요한 단서를 간과하다
　overlook his mistake 그의 실수를 눈감아주다

★★☆
dormant
[dɔ́ːrmənt]
행자부9급 04

[잠(dorm)자는(ant)]
형 잠자는, 휴면의
　a dormant volcano 휴화산

★★☆
invigorate
[invígərèit]
국회8급 07

[안으로(in) 활기(vigor)를 넣어주다(ate)]
동 활기를 불어넣다
　invigorate the economy 경제에 활기를 불어 넣다
형 invigorating 활기를 불어넣는

★☆☆
wholesome
[hóulsəm]

[(도덕적·신체적으로) 건강(whole)한(some)]
형 ① 건전한 ② 건강에 좋은
　a wholesome game 건전한 게임
　well-balanced wholesome meals 균형 잡힌 건강식

day 23

기출문제

1. I have an _____ to write after I have a fantastic experience. [경찰 06]
   ① empathy　　　② impact
   ③ admiration　　④ itch

2. The most important high-tech threat to privacy is the computer, which permits <u>nimble</u> feats of data manipulation, including retrieval and matching of records that were almost impossible with paper stored in file cabinets. [지방직9급 13]
   ① speedy　　　② distinctive
   ③ efficient　　　④ impressive

3. He had an extremely <u>obese</u> girl friend who was constantly obsessed with the thought of losing weight. [세무사 05]
   ① thin　　　　② ugly
   ③ charming　　④ corpulent
   ⑤ hysteric

4. Because of his <u>somnolent</u> voice, the students find it difficult to concentrate in his classes. [지방직7급 10]
   ① creaky　　　② drowsy
   ③ husky　　　④ rough

1. ④ 2. ① 3. ④ 4. ②

MD 공무원 VOCA 주제별
시간과 공간

■ 과거의 시간

primitive	형	원시의, 원시적인 = primeval
prehistoric	형	선사 시대의
medieval	형	중세의
obsolete	형	낡은, 구식의
	동의어	antiquated, outdated, outmoded, old-fashioned, archaic (아주 오래된), antediluvian (아주 구식인), out of date (구식의) ↔ up to date (최신의)
bygone	형	지나간, 과거의
former	형	이전의, 과거의
previous	형	이전의, 먼젓번의
anachronistic	형	시대착오적인
defunct	형	현존하지 않는
overdue	형	기한이 지난
conventional	형	전통적인 = traditional
antique	명 형	골동품(인)

■ 시간의 흐름

span	명	(지속되는) 기간, 시간
duration	명	지속(기간)
era	명	(역사상의) 시대
epoch	명	(새로운) 시대
epoch-making	형	획기적인 = groundbreaking
antecedent	형	앞서는, 선행하는
preliminary	형	예비의
premature	형	너무 이른, 시기상조의
initial	형	시작의, 초기의
	동의어	nascent, embryonic, incipient (막 시작된), inchoate (시작 단계인)
upcoming	형	곧 있을 = forthcoming
opportune	형	시기적절한 = timely
eventual	형	궁극적인, 최종적인
ultimate	형	궁극적인, 최후의
ultimatum	명	최후통첩
elapse	동	(시간이) 경과하다
hiatus	명	(활동) 중단
temporal	형	① 시간의 ② 속세의
be on the verge of = be on the brink of	숙어	~하기 직전이다

■ '빠름'과 '느림'

prompt	형 신속한 동 촉진시키다	
accelerate	동	가속화하다 ↔ decelerate 속도를 늦추다
retard	동	지연시키다, 지체시키다
slacken	동	늦춰지다, 느슨하게 하다

procrastinate	동	질질 끌다, 지체하다
tardy	형	느린, 늦은
dilatory	형	지연시키는
in no time	숙어	곧, 당장에
at short notice	숙어	예고 없이, 촉박하게
out of the blue	숙어	갑자기, 청천벽력같이
by leaps and bounds	숙어	급속도로

■ 시간의 빈도와 지속

interval	명	(시간상의) 사이, 간격
provisional	형	임시의 = interim
makeshift	형	임시변통의 숙어 make do with ~로 때우다
temporary	형	일시적인
	동의어	transitory, transient, evanescent (쉽사리 사라지는), ephemeral (수명이 짧은), fleeting (잠깐 동안의)
sporadic	형	산발적인
intermittent	형	간헐적인
incessant	형	끊임없는 = endless
linger	동	(오래) 남다, 계속되다
persistent	형	끈질긴, 지속되는
	동의어	perennial, abiding, interminable (끝없이 계속되는)
eternal	형	영원한
	동의어	everlasting, permanent, perpetual (끊임없는), for good (영원히)
simultaneous	형	동시의
tentative	형	잠정적인
occasionally	부	가끔
	동의어	sometimes, from time to time, once in a while, once in a blue moon (아주 드물게)

■ 공간과 거리

breadth	명	폭, 너비
	관련	width 너비, length 길이, depth 깊이, distance 거리, altitude 고도
expand	동	커지다, 확장하다
dilate	동	① 넓히다 ② 자세히 설명하다
adjacent	형	인접한
	동의어	contiguous, nearby (인근의)
proximity	명	가까움, 근접
	비교	approximation 근사치
vicinity	명	부근, 근처
abreast	부	나란히
ubiquitous	형	어디에나 있는, 아주 흔한 = omnipresent
disperse	동	흩어지다, 흩어지게 하다 = scatter
dissipate	동	① 흩어지다 ② 낭비하다

적중 어휘 심화 학습

★☆☆
intermittent
[ìntərmítnt]

[중간 중간에(inter) 보내(mit)는(ent)]

형 **간헐적인**
intermittent rains 간헐적으로 내리는 비

명 intermission 중지, 휴식 시간

★★☆
obsolete
[àbsəlíːt]
지방직9급 13

[(신식과는) 떨어져(ob) 익숙(sol)해진(ete)]

형 **구식의, 한물간**
obsolete technology 구식 기술

★★☆
premature
[prìːmətʃúər]

[(제 시기보다) 먼저(pre) 익어버린(mature)]

형 **너무 이른, 시기상조의**
a premature birth 조산

★★☆
disperse
[dispə́ːrs]

[각각(dis) 흩어지게 하다(sperse)]

동 **흩어지다, 흩어지게 하다**
The crowd dispersed. 군중이 흩어졌다.

★☆☆
sporadic
[spərǽdik]

[(곳곳에 퍼지는) 홀씨(spore)같은]

형 **산발적인**
sporadic fighting 산발적인 전투

부 sporadically 산발적으로

★★☆
ubiquitous
[juːbíkwətəs]

[어디에나(ubiqui) 있는]

형 **어디에나 있는, 아주 흔한**
ubiquitous coffee shops 어디에나 있는 커피숍들

day 23

기 출 문 제

1. Every street or every store is now filled with cell phone users, ranging in age from eight to eighty. However, if we consider rapidly developing technology, an alternative apparatus might replace cell phone soon and make it _____. [지방직9급 13]

   ① obsolete
   ② extensive
   ③ prevalent
   ④ competent

2. No society can make a perpetual constitution, or even a perpetual law. [국가직7급]

   ① impecunious
   ② deciduous
   ③ perpendicular
   ④ everlasting

3. The time it takes a planet to make on orbit is related to its proximity to the sun. [법원직9급 08]

   ① closeness to
   ② attachment to
   ③ variance from
   ④ reflection from

4. By measuring the directions to planets at different parts of their orbits, the Greeks were able to give fair _____ of the ratios of distances to the sun and planets. [행안부7급 11]

   ① destinations
   ② maximization
   ③ multiplication
   ④ approximations

1. ① 2. ④ 3. ① 4. ④

day 24
08 MD 공무원 VOCA 주제별
여러 가지 문제 `day 24`

▶ 문제와 곤경

trouble	명 문제, 어려움	동 괴롭히다
issue	명 문제	동 발행하다
matter	명 문제, 일	동 중요하다
malady	명 (심각한) 문제, 병폐	
jeopardy	명 위험	

동의어 risk, danger, hazard, peril, pitfall

crisis	명 위기
plight	명 곤경

동의어 hardship, predicament, impasse (난국), dilemma (딜레마)
quandary (진퇴양난), deadlock = stalemate (교착상태)

adversity	명 불운, 역경
ordeal	명 시련
fiasco	명 낭패, 대실패 = debacle
trials and tribulations	명 시련과 고난

eclipse	명 ① (해·달의) 식 ② (명예·인기의) 실추	
stigma	명 오명	동 stigmatize 오명을 씌우다
nemesis	명 (피할 수 없는) 벌, 천벌	
spoil	명 망치다	

동의어 ruin, screw up, impair (손상시키다)

aggravate	동 가중시키다
exacerbate	동 악화시키다
deteriorate	동 악화되다, 더 나빠지다
strand	동 오도 가도 못 하게 하다
intricate	형 복잡한, 뒤엉킨

동의어 complicated, knotty

turbulent	형 격동의, 격변의
missing	형 실종된, 없어진

▶ 문제가 되는 것들

burden	명 짐, 부담	동 짐[부담]을 지우다
flaw	명 결함, 흠	

동의어 defect, drawback (결점), shortcoming (결점),
glitch (고장), blemish ((피부 등의) 티, 흠)

fault	명 잘못, 책임
blunder	명 (어리석은) 실수
out of tune	숙어 조화가 안 되어

barrier	명 장벽
hurdle	명 허들, 장애물 = obstacle
setback	명 차질
out of order	숙어 고장난
commotion	명 소란, 소동

동의어 tumult, turmoil, uproar

tension	명 긴장
attrition	명 소모
wear down	숙어 마모되다

luxury	명 사치, 호화로움
decadence	명 타락, 퇴폐
addiction	명 중독
alcoholic	명 알코올 중독자
harmful	형 해로운, 유해한

동의어 damaging, detrimental, deleterious, baneful, noxious,
pernicious (치명적인), toxic (유독성의), venomous (독이 있는)

hypocrisy	명 위선
abortion	명 낙태

참고 pro-life 낙태에 반대하는 ↔ pro-choice 낙태에 찬성하는

claustrophobia	명 밀실 공포증
pose	동 (문제를) 제기하다
lurk	동 숨어 있다, 도사리다
loom	동 어렴풋이 보이다
tamper	동 (문제가 생기게) 함부로 만지다 [변경하다]
snowball	동 (문제가) 눈덩이처럼 커지다

▶ 다툼과 갈등

quarrel	명 말다툼, 언쟁	
brawl	명 (몸)싸움, 소동	
bicker	동 (사소한 일로) 다투다	
haggle	명 (값을 두고) 흥정을 하다	

conflict	명 갈등	동 상충되다
strife	명 갈등, 불화	
friction	명 마찰	

collide	동 충돌하다
clash	명 (물리적) 충돌
skirmish	동 ① (소규모) 충돌 ② 언쟁
strike	명 파업

▶ 고통과 괴롭힘

distress	명 고통	동 괴롭히다
agony	명 (심한) 고통	
torment	명 (극심한) 고통	

bother	동 ① 괴롭히다 ② 《부정문에서》 애써 ~하다	
bully	명 괴롭히는 사람	동 괴롭히다
hound	동 (따라다니며) 괴롭히다	명 사냥개
afflict	동 괴롭히다, 피해를 입히다	

oppress	동 탄압하다, 억압하다	
persecute	동 박해하다	
torture	명 고문	동 고문하다
inflict	동 (괴로움·해를) 가하다, 안기다	

ostracize	동 외면하다, 배척하다
segregate	동 분리하다, 차별하다
outcast	명 따돌림 받는 사람, 왕따 = pariah
racism	명 인종 차별

관련 sexism (성차별), ageism (노인 차별)

적중 어휘 심화 학습

★★☆
dilemma
[dilémə]

[(불리한 상황에서) 둘 중 하나를 취해야 함]
명 딜레마, 진퇴양난
fall into a dilemma 딜레마에 빠지다

★★☆
distress
[distrés]

[심한(dis) 압박(stress)]
명 (정신적) 고통, 괴로움
suffer distress 고통을 겪다
동 괴롭히다, 고통을 주다
Don't distress yourself. 자신을 괴롭히지 마.
형 distressful 괴로운

★★☆
impasse
[ímpæs]

[통과(pass)하지 못하는(im) 상태]
명 난국, 교착상태
break the impasse 난국을 타개하다

★★★
injury
[índʒəri]
서울시9급 06
중앙인사9급 06

[(몸이) 올바르지 (jur) 못해(in) 잘못된 상태]
명 부상, 피해
suffer serious injury 심각한 부상을 당하다
형 injurious 해로운   동 injure 부상을 입히다, 손상을 주다

★★☆
impair
[impéər]
행안부9급 10

[~을(im) 나빠지게(pair) 하다]
동 손상시키다, 해치다
impair health 건강을 손상시키다
명 impairment 장애

day 24

기 출 문 제

1. She enjoyed the <u>lassitude</u> of convalescence in which time, hurry and doing did not exist. [경찰 06]
   ① excitation   ② languor
   ③ lascivious   ④ appeasement

2. The dark outline of another ship <u>loomed</u> through the fog. [경북 07]
   ① appeared   ② moved out of sight
   ③ sailed   ④ passed by

3. She _____ her children, if she gives them whatever they want. [강원 05]
   ① hunts   ② ruins
   ③ spoils   ④ damages

4. I don't yet need a cane, but I have a feeling that my table manners have <u>deteriorated</u>.
   ① become worse   ② been respected
   ③ made easy   ④ made uncontrollable

1. ② 2. ① 3. ③ 4. ①

day 24

09

MD 공무원 VOCA 주제별

사고와 해결

▪ 사고와 재난

incident	몡 사건
accident	몡 사고
	동의어 crash ((충돌·추락) 사고), mishap ((작은) 사고), contingency (만일의 사태)
calamity	몡 재앙, 재난 = disaster
catastrophe	몡 큰 재해
drought	몡 가뭄
flood	몡 ① 홍수 ② 쇄도, 폭주
deluge	몡 ① 폭우 ② 쇄도, 폭주
tsunami	몡 쓰나미
inundate	동 침수시키다
hurricane	몡 태풍
earthquake	몡 지진
landslide	몡 ① 산사태 ② (선거에서의) 압승
avalanche	몡 눈[산] 사태
erupt	동 (화산이) 분출하다
blaze	몡 (활활 타는) 불, 화재
conflagration	몡 대화재
casualty	몡 사상자
fatality	몡 사망자 = death toll
mortality	몡 사망자 수, 사망률
toll	몡 ① 통행료 ② 사상자 수

▪ 신체적·물리적 문제

harm	몡 해, 피해　동 해치다, 손상시키다
damage	몡 손상, 피해　동 피해를 주다
injury	몡 부상, 피해
wound	몡 부상　동 부상을 입히다
disorder	몡 ① 무질서, 혼란 ② (신체의) 장애, 이상
discomfort	몡 불편
handicap	몡 ① 불리한 조건, 핸디캡 ② (신체·정신적) 장애
disabled	혱 장애를 가진
breakdown	몡 ① 고장 ② 신경쇠약
fatigue	몡 피로
lassitude	몡 나른함, 노곤함
limp	혱 힘 빠진, 축 처진　동 절뚝거리다
coma	몡 혼수상태
hangover	몡 ① 숙취 ② 유물
undergo	동 (안 좋은 일을) 겪다, 받다
go through	숙어 (어려움을) 겪다

▪ 문제의 해결

resolve	동 ① 해결하다 ② 결심하다
settle	동 ① 정착하다 ② 해결하다 ③ 진정시키다
iron out	숙어 해결하다
disentangle	동 (얽힌 것에서) 풀어주다
decipher	동 (암호를) 해독하다 = decode
get over	숙어 극복하다 = tide over
surmount	동 극복하다
overcome	동 ① 극복하다 ② (감정에) 휩싸이다
console	동 위로하다, 위안을 주다
solace	몡 위로, 위안
rescue	동 구조[구출]하다　몡 구출, 구조
salvage	동 구조하다, 인양하다
evacuate	동 대피[철수]시키다
emancipate	동 해방시키다 = liberate
measures	몡 대책, 조치
alternative	몡 대안
precaution	몡 예방책
breakthrough	몡 돌파구
counteract	동 (문제에) 대응하다
tackle	동 (문제에) 달려들다, 씨름하다
grapple with	숙어 ~을 해결하려고 노력하다
mediate	동 중재하다
arbitrate	동 중재하다
intervene	동 《in》 개입하다
ameliorate	동 개선하다 = improve
enhance	동 향상시키다
streamline	동 능률적으로 만들다

▪ 경감[완화]시키다, 달래다

alleviate	동 (고통을) 경감시키다, 완화하다
relieve	동 (어려움을) 덜어주다, 완화시키다
mitigate	동 완화시키다
defuse	동 (긴장을) 완화시키다
soothe	동 달래다, 진정시키다
appease	동 달래다
assuage	동 누그러뜨리다
allay	동 (감정을) 가라앉히다, 누그러뜨리다
moderate	동 누그러뜨리다　혱 적당한
pacify	동 (화를) 진정시키다
placate	동 (화를) 달래다
mollify	동 달래다, 진정시키다

적중 어휘 심화 학습

★☆☆
allay
[əléi]

[(걱정·근심을) 내려(al) 놓다(lay)]

동 **(감정을) 가라앉히다, 누그러뜨리다**
allay the public's concern 대중의 우려를 가라앉히다

★★☆
soothe
[su:ð]

[(격한 마음을) 부드럽게(sooth) 해주다(e)]

동 **달래다, 진정시키다**
soothe a crying baby 우는 아기를 달래다

형 soothing 달래는, 진정시키는

★★☆
mitigate
[mítəgèit]
서울시9급 06
지방직9급 12

[부드럽게(mit) 만들(ig)다(ate)]

동 **완화시키다**
mitigate a patient's suffering 환자의 고통을 완화시키다

명 mitigation 완화

★★☆
ameliorate
[əmí:ljərèit]

[~을(ad) 나아지게(melior) 하다(ate)]

동 **개선하다**
ameliorate the situation 그 상황을 개선하다

명 amelioration 개선

day 24

★★☆
salvage
[sǽlvidʒ]
국회8급 05

[구해내는(salv) 것(age)]

명 **구조, 인양**
make a salvage attempt 구조 시도를 하다

동 **구조하다, 인양하다**
salvage a sunken ship 침몰선을 인양하다

명 salvation 구조, 구원

기 출 문 제

1. In the autumn, the mountain are <u>ablaze</u> with shades of red, yellow, and orange. [서울직 04]

   ① abloom　　　　　② inaccessible
   ③ feasible　　　　 ④ radiant
   ⑤ unbounded

2. When the team stopped for lunch, our coach _____ the need for the waiter to bring separate checks when she offered to pay for all of us as a gesture of congratulations for our victory. [국회 8급 09]

   ① evoked　　　　　② alleviated
   ③ consolidated　　④ aggrandized
   ⑤ premeditated

3. "I didn't mean to upset you." Agnew said in a <u>placating</u> voice. [사시 99]

   ① dissenting　　　② heartening
   ③ appeasing　　　 ④ offensive
   ⑤ typical

4. The function of the historian is neither to love the past nor to <u>emancipate</u> himself from the past, but to master and understand it as the key to the understanding of the present. [국가직9급 09]

   ① free　　　　　　② please
   ③ invoke　　　　　④ emulate

   1. ④ 2. ② 3. ③ 4. ①

성격과 감정

➡ 사람의 성격

temper	명 ① 기분 ② 침착 ③ 화
personality	명 ① 성격, 개성 ② 유명인 = celebrity
	동의어 disposition, character, temperament (기질)
sociable	형 사교적인
	동의어 gregarious, outgoing (외향적인), extrovert (외향적인 사람)
amiable	형 상냥한, 쾌활한
	동의어 cheerful, affable, genial, benign, vivacious, jovial, jaunty, jocund, hospitable (환대하는), convivial (유쾌한)
easygoing	형 태평한, 마음 편한
blithe	형 태평스러운
whimsical	형 엉뚱한
off-the-wall	형 이상한, 엉뚱한
shy	형 수줍어하는
	동의어 coy, timid = diffident (소심한), reserved (내성적인)

➡ 좋아하는 감정

liking	명 좋아함, 애호
penchant	명 애호
affinity	명 친밀감
adore	동 아주 좋아하다
favorable	형 호의적인
zeal	명 열의, 열성 = enthusiasm
zest	명 ① 열의, 열정 ② 묘미
enthusiastic	형 열렬한, 열광적인
	동의어 passionate, ardent, fervid
crave	동 열망하다
	동의어 aspire, yearn, long for
gratify	동 만족시키다 = satisfy
meet	동 충족시키다
be content with	숙어 ~에 만족하다
marvel	동 《at》감탄하다 = admire

➡ 감정, 태도 기타

surprise	명 놀라움 동 놀라다
	동의어 amaze ((감탄하며) 놀라게 하다), astonish = startle (깜짝 놀라게 하다), astound (경악시키다), aghast (경악한)
compassion	명 동정심
	동의어 sympathy, pity (연민), empathy (감정이입, 공감)
homesick	형 향수병을 앓는
nostalgia	명 향수(鄕愁)
stance	명 입장
posture	명 ① 자세 ② 태도
sensitive	형 민감한
touchy	형 ① 과민한 ② (주제가) 민감한
sentimental	형 감상적인
reluctant	형 싫어하는, 꺼리는 = unwilling
responsive	형 즉각 반응하는
impressionable	형 쉽게 영향을 받는
rapt	형 완전히 몰입한, 넋이 빠진
venturesome	형 모험적인

➡ 기쁨, 황홀, 환희

glad	형 기쁜
jubilant	형 (아주) 기뻐하는
elated	형 너무 행복해하는
ecstatic	형 황홀해하는
hilarious	형 아주 웃기는[재미있는] = funny
humorous	형 재미있는, 유머러스한
rapture	명 황홀(감)
	동의어 bliss = felicity (큰 행복), euphoria (행복감)
amuse	동 즐겁게 하다
exhilarate	동 아주 기쁘게 하다
exult	동 몹시 기뻐하다
rejoice	동 크게 기뻐하다

적중 어휘 심화 학습

★★☆
amaze
[əméiz]

[~를 완전히(a) 혼란스럽게 하다(maze)]

동 (깜짝) **놀라게 하다**
be amazed by her beauty 그녀의 미모에 깜짝 놀라다

형 amazing 놀라운

명 amazement 놀라움

★★☆
crave
[kreiv]

[(얻고자 열심히) 구하(crav)다]

동 **열망하다**
crave fame and fortune 명성과 부를 열망하다

★☆☆
felicity
[filísəti]

[결실(felic)을 맺음(ity)]

명 **큰 행복**
enjoy domestic felicity 가정의 큰 행복을 누리다

형 felicitous 아주 적절한

★★☆
hilarious
[hiléəriəs]

[즐거움(hilar)이 있는]

형 **아주 우스운 [재미있는]**
a hilarious story 아주 재미있는 이야기

관련 exhilarate 아주 기쁘게 하다

day 24

★★★
reluctant
[rilʌ́ktənt]

대구시9급 05
선관위9급 06

[대항해(re) 싸우(luct)는(ant)]

형 **꺼리는, 내키지 않는**
be reluctant to lend me money 나에게 돈 빌려주기를 꺼려하다

명 reluctance 꺼림, 내키지 않음

부 reluctantly 마지못해서

기 출 문 제

1. Edgar Stevens is 80 years old, but he still steps along with the jaunty air had at 40. [경기 06]

① looking upon something
② shaking with a rapid motion
③ having a self-confident manner
④ reserved and serious in manner

2. Even as an adolescent bookkeeper in a trading house in Cleveland, Rockefeller minutely recorded his charitable donations in ledgers, which conform that from an early age he had a penchant for giving money no less than for making it. [노무사 07]

① repugnance
② abomination
③ fondness
④ reluctance
⑤ penance

3. Many people in southern India have dark skins, but scientists have been _____ to classify them with black Africans because of their Caucasoid facial features and hair forms. [서울시9급 13]

① reluctant
② welcome
③ diffident
④ willing
⑤ sensible

1. ③ 2. ③ 3. ①

MD 공무원 VOCA 주제별
좋은 태도

▬ 좋은 태도

active	형 활동적인
	동의어 energetic, vigorous, exuberant
assiduous	형 근면한
	동의어 diligent, industrious, earnest (성실한)
candid	형 솔직한
	동의어 frank, forthright, outspoken (직설적인)
sincere	형 진실한, 진정한 ↔ insincere 진실하지 않은
	동의어 veracious, wholehearted (전적인), integrity (진실성), probity = rectitude (정직)
humble	형 겸손한 = modest
docile	형 유순한, 순종적인
	동의어 compliant, submissive, amenable, meek, pliant
deliberate	형 ① 신중한 ② 고의적인
	동의어 prudent, prudential, discreet, discretion (신중함, 재량)
provident	형 장래를 준비하는
ambitious	형 야심 있는, 야망에 찬
elaborate	형 공들인, 정성들인
sedulous	형 공들인, 정성들인
meticulous	형 꼼꼼한, 세심한
	동의어 punctilious, scrupulous (① 양심적인 ② 세심한), fastidious (① 까다로운 ② 꼼꼼한)
chaste	형 순결한
thoughtful	형 ① 생각에 잠긴 ② 사려 깊은
sanguine	형 낙관적인
optimistic	형 낙관적인 ↔ pessimistic 비관적인
upbeat	형 낙관적인 ↔ downbeat 비관적인
voluntary	형 자발적인
spontaneous	형 (말·행동이) 즉흥적인, 즉석의
audacious	형 대담한, 용감한
	동의어 courageous, intrepid, dauntless, gallant, valiant
fortitude	명 용기
endurance	명 인내 = patience
persevere	동 인내하며 계속하다
phlegmatic	형 침착한, 냉정한
nonchalant	형 태연한, 차분한
composure	명 침착
	동의어 equanimity, equilibrium, aplomb
austere	형 ① 소박한 ② 금욕적인
ascetic	형 금욕적인 ↔ hedonic 쾌락의
frugal	형 검소한, 절약하는
	동의어 thrifty, economical (경제적인, 알뜰한)

abstain	동 《from》 삼가다, 절제하다
refrain	동 《from》 삼가다, 절제하다
tolerate	동 참다, 견디다 = endure
hold back	숙어 억제하다, 저지하다
hold one's horses	숙어 서두르지 않다

▬ 남에게 좋은 태도

altruistic	형 이타적인 ↔ selfish 이기적인
gratitude	명 감사
virtue	명 ① 선, 선행 ② 미덕, 장점
welfare	명 복지, 후생
charity	명 ① 자선 ② 자선 단체
philanthropy	명 자선 활동, 박애
humorous	형 유머러스한 = jocular
generous	형 후한, 너그러운
	동의어 lavish, munificent, liberal (① 후한 ② 진보적인)
tolerant	형 관대한, 너그러운 = generous
magnanimous	형 도량이 넓은
lenient	형 (처벌이) 관대한
courtesy	명 예의
	동의어 manners, civility, decorum, propriety
dignity	명 위엄, 품위
gracious	형 ① 정중한 ② 품위 있는 = elegant
impartial	형 공정한
	동의어 detached, equitable, nonpartisan
objective	형 객관적인 ↔ subjective 주관적인
	동의어 disinterested, dispassionate (냉정한), unbiased = unprejudiced (편견 없는)
stimulate	동 자극하다
motivate	동 동기부여하다
reassuring	형 안심시키는

▬ 좋은 분위기

cordial	형 화기애애한, 다정한
compatible	형 ① 양립할 수 있는 ② 호환되는
moving	형 감동적인 = touching
conciliatory	형 회유적인 = propitiatory

적중 어휘 심화 학습

★★☆
elaborate
[ilǽbərət]
법원서기보 00
행안부9급 08

[힘들게 일해서(labor) 밖으로(e) 만들어 낸(ate)]

형 **정성들인, 공들인**
make elaborate preparations for ~을 정성들여 준비하다

동 **자세히 설명하다**
elaborate on the subject 그 주제에 대해 자세히 설명하다

형 elaboration 정성, 공들임

★★☆
frugal
[frúːɡəl]
지방직9급 10

[결실(frug)을 맺는(al)]

형 **검소한, 절약하는**
be frugal with money 돈을 절약하다

명 frugality 절약

★★☆
deliberate
[dilíbərèit]
중앙인사9급 05

[확실히(de) 무게를 달아(liber) 따져 보다]

동 **숙고하다, 신중히 생각하다**
deliberate whether or not to accept the job offer
그 일자리 제의를 받아들일지 말지 신중히 생각하다

형 **① 신중한 ② 고의적인**
a deliberate decision 신중한 결정
a deliberate attempt to trick people 사람들을 속이려는 고의적 시도

부 deliberately ① 신중하게 ② 고의로

★★☆
meticulous
[mətíkjuləs]
국가직9급 15

[(잘못될까봐 하는) 두려움(metcul)이 가득한(ous)]

형 **꼼꼼한, 세심한**
do meticulous work 꼼꼼하게 일하다

★☆☆
sanguine
[sǽŋgwin]

[피가 잘 돌아(sanguin) 건강한]

형 **낙관적인**
have a sanguine temperament 낙관적인 기질이 있다

day 24

기 출 문 제

1. Sarah frequently hurts others when she criticizes their work because she is so <u>outspoken</u>. [국가직9급 10]

① reserved
② wordy
③ retrospective
④ candid

2. Please _____ from smoking in the restaurant, as it disturbs other people. [경찰 14]

① refrain
② remove
③ convert
④ exclude

3. Q : When praised, Koreans often insist they did nothing deserving of praise. Why do you do this instead of accepting the praise and saying Thank you?
A : This is done out of _____; in other words, we feel like we are not deserving of so much praise. However, don't think that Koreans really dislike being praised. Even though we react this way, we very much appreciate the compliment.

[지방직9급 09]

① responsibility
② modesty
③ condemnation
④ confidence

1. ④ 2. ① 3. ②

12 나쁜 감정 day 25
MD 공무원 VOCA 주제별

■ 싫어하는 감정

abhor	동	혐오하다
	동의어	abominate, detest, loathe, aversion (혐오)
antipathy	명	반감
	동의어	hostility, animosity, enmity, rancor (원한)
cynical	형	냉소적인
sarcastic	형	빈정대는, 비꼬는 = sardonic
satiric	형	풍자적인, 비꼬는
invidious	형	비위에 거슬리는
discontent	명	불만
complain	동	불평하다
grumble	동	투덜거리다
grudge	명	원한 동 ① 아까워하다 ② 배 아파하다
grouchy	형	불평이 많은
	동의어	querulous, disgruntled, dissatisfied

■ 화, 짜증

anger	명	화
rage	명	격노
	동의어	outrage, fury, indignation, wrath
resent	동	~에 화나다, 분개하다
enrage	동	격분시키다
	동의어	infuriate, incense, exasperate
annoying	형	짜증나는 = bothersome
irritating	형	짜증나는
irksome	형	짜증나는
nuisance	명	짜증나는 것 [사람]
irritate	동	짜증나게 하다
vex	동	짜증나게 하다
irascible	형	화를 잘 내는
fractious	형	성 [짜증] 을 잘 내는
choleric	형	화를 잘 내는
tantrum	명	(아이가 부리는) 짜증, 떼
provocative	형	도발적인, 화나게 하는
tantalizing	형	감질나게 하는
unbearable	형	참을 수 없는 = intolerable
hit the ceiling	숙어	(몹시 화가 나서) 길길이 뛰다

■ 슬픔, 우울

grieve	동	(몹시) 슬퍼하다
	동의어	lament, mourn (애도하다), deplore (개탄하다)
sorrow	명	(큰) 슬픔, 비애
condolence	명	애도, 조의
doleful	형	애절한, 슬픈
	동의어	plaintive (구슬픈), poignant (가슴 아픈)
gloomy	형	우울한, 음울한
	동의어	dreary, dismal, somber, melancholy, bleak (암울한)
sullen	형	시무룩한
	동의어	dour, morose, moody (침울한)
have a long face	숙어	우울한 얼굴을 하다

■ 무서움, 두려움, 불안감

dread	동 두려워하다 명 두려움, 공포
fear	명	공포, 두려움
	동의어	fright, trepidation, panic (극심한 공포), trauma (큰 충격, 트라우마), phobia (공포증)
scare	동	겁주다, 무섭게 하다
petrify	동	겁에 질리게 하다
coerce	동	(협박하여) 강요하다
threaten	동	협박하다, 위협하다
	동의어	frighten, terrify, intimidate, menace (위협 (하다))
alarm	명	① 불안, 공포 ② 경보, 알람
anxiety	명	걱정, 불안
	동의어	concern, apprehension, misgivings, uneasiness
nervous	형	불안한, 초조한
	동의어	fretful, fidgety, on edge
grim	형	① 무서운 ② 암울한
horrible	형	끔찍한, 소름끼치는
	동의어	terrible, appalling, awful, ghastly (무시무시한)

적중 어휘 심화 학습

★★☆
grudge
[grʌdʒ]
서울시9급 06

[(궁시렁 궁시렁) '투덜'대는 소리(grudge)]

명 **원한**
bear a grudge against him 그에 대해 원한을 품다

동 **① 아까워하다 ② 배 아파하다**
grudge paying for poor service 형편없는 서비스에 돈 내는 것을 아까워하다
grudge him his success 그의 성공을 배 아파하다

형 grudging 마지못해 하는

★★☆
dismal
[dízməl]

[(운이) 나쁜(mal) 날(dis=day)인]

형 **우울한, 음울한**
dismal weather 음울한 날씨

★☆☆
sullen
[sʌlən]

[혼자(sul) 남겨진]

형 **시무룩한**
wear a sullen look 시무룩한 표정을 짓다

★★★
intimidate
[intímədèit]
서울시9급10
지방직9급 12

[~을(in) 겁먹게(timid) 하다(ate)]

동 **겁을 주다, 위협하다**
attempts to intimidate him 그를 겁주려는 시도들

명 intimidation 위협

★★☆
scorn
[skɔːrn]

[(위엄의 상징인) 뿔(corn) 밖으로(s⟨ex⟩ 뽑아냄]

명 **경멸, 멸시**
pour scorn on his idea 그의 생각을 경멸하다

동 **경멸하다, 멸시하다**
scorn his mean action 그의 비열한 행동을 경멸하다

형 scornful 경멸하는

day 25

기 출 문 제

1. Everything that elevates an individual above the herd and <u>intimidates</u> the neighbor is henceforth called evil. [법원 04]

   ① inverts
   ② disapproves
   ③ disbelieves
   ④ threatens
   ⑤ discharges

2. A sanguine attitude at a critical time such as this is not justified by the <u>somber</u> news reaching us from the war front.
   ① gloomy
   ② optimistic
   ③ wholesome
   ④ ignoble

3. A powerful orator, Jim is, in fact, less <u>dour</u> than he's made out to be.

   ① strong
   ② faithful
   ③ sullen
   ④ calm

4. Hiding under furniture while your life is in mortal danger from aerial bombardment is a <u>petrifying</u> experience.

   ① paralyzed
   ② exhilarating
   ③ terrifying
   ④ impressionable
   ⑤ long-lasting

1. ④ 2. ① 3. ③ 4. ③

13

MD 공무원 VOCA 주제별

나쁜 기분, 태도, 행동

▶ 나쁜 기분

chagrin 　명 분함, 원통함
offensive 　형 불쾌한
　　동의어 distasteful, repellent, repulsive, repugnant, obnoxious, disgusting = nauseating (역겨운)

desperate 　형 ① 절망적인 ② 필사적인
despondent 　형 낙담한, 실의에 빠진
　　동의어 dejected, depressed, dispirited, downcast

shameful 　형 창피한, 수치스러운
　　동의어 disgraceful, ignominious, humiliating

desolate 　형 외로운, 적막한
　　동의어 lonely, forlorn, isolated (고립된)

▶ 나쁜 태도

indifferent 　형 무관심한
　　동의어 apathetic, callous, aloof, impassive (무감정의)

stubborn 　형 완고한, 고집스러운
　　동의어 obstinate, tenacious = pertinacious (완강한)

dogmatic 　형 독단적인
　　동의어 doctrinaire, peremptory, opinionated (독선적인)

arbitrary 　형 제멋대로인
　　동의어 unruly = intractable = wayward (다루기 힘든), unbridled (억제되지 않은)

flippant 　형 경솔한
　　동의어 frivolous, rash, imprudent, facetious (경박한)

arrogant 　형 거만한
　　동의어 haughty, pompous, supercilious, insolent (무례한), imperious = high-handed (고압적인)

idle 　형 ① 게으른 ② (기계 등이) 가동되지 않는, 놀고 있는
indolent 　형 나태한 = lazy

careless 　형 부주의한
　　동의어 heedless, negligent, inadvertent

hasty 　형 서두른, 성급한
　　동의어 reckless = foolhardy (무모한), headlong (① 곤두박질쳐 ② 성급하게)

snobbish 　형 속물적인
mercenary 　형 돈 버는 데만 관심이 있는
stingy 　형 인색한
　　동의어 miserly, niggardly, tight-fisted

biased 　형 편견이 있는, 편향된
　　동의어 prejudiced, slanted, bigoted (편견이 심한), insular (편협한), jaundiced ((시각이) 삐뚤어진)

dishonest 　형 정직하지 못한
　　동의어 crooked, devious, pretentious (가식적인)

sly 　형 교활한, 음흉한
　　동의어 guileful, wily, crafty, cunning, artful

myopic 　형 근시안적인 = nearsighted
infantile 　형 어린애 같은, 유치한 = childish

credulous 　형 잘 믿는[속는]
gullible 　형 잘 믿는[속는]
vacuous 　형 멍청한, 얼빠진

lethargic 　형 무기력한
　　동의어 listless, torpid, languid (나른한), sluggish (느릿느릿한, 부진한)

lukewarm 　형 미지근한 = half-hearted
tepid 　형 미지근한
lackluster 　형 활기 없는

haphazard 　형 무계획적인, 되는 대로의 = random
obtuse 　형 둔한, 둔감한 = stolid

cowardly 　형 비겁한, 겁쟁이의 = craven
subservient 　형 ① 굴종하는 ② 부차적인
immoral 　형 부도덕한
unashamedly 　부 염치없이
impenitent 　뉘우치지 않는

superficial 　형 피상적인
　　동의어 cursory (대충 하는), perfunctory (형식적인), sloppy (엉성한)

unreasonable 　형 불합리한, 부당한
irrational 　형 비이성적인
pedantic 　형 지나치게 따지고 드는, 현학적인
iniquitous 　형 (대단히) 부당한
abandon 　동 버리다, 포기하다
　　동의어 renounce, relinquish, forgo, waive

▶ 잘못된 행동

upset 　동 ① (기분을) 상하게 하다 ② (일을) 망치다
　　동의어 spoil = ruin = screw up (망치다), mess (엉망으로 만들다)

neglect 　동 방치하다, 소홀히 하다
dawdle 　동 꾸물거리다 = dally
hesitate 　동 주저하다, 망설이다 = hang back
　　동의어 waver, vacillate ((마음이) 흔들리다), oscillate (오락가락하다)

flatter 　동 ① 아첨하다 ② (실물보다) 더 낫게 하다
fawn 　동 알랑거리다
obsequious 　형 아부하는

ostentatious 　형 과시하는 　　비교 ostensible 표면적으로는
boast 　동 자랑하다
　　동의어 brag, show off, blow one's own trumpet (자화자찬하다)

bluff 　명 허세, 엄포 　동 허세를 부리다
vulgar 　형 저속한, 천박한 = coarse
obfuscate 　동 본질을 흐리다, 혼란스럽게 하다

적중 어휘 심화 학습

★★☆
arbitrary
[ɑ́ːrbətrèri]

[(마음대로) 중재(arbitr)하는(ary)]
형 **제멋대로인**
make arbitrary judgment 제멋대로 판단하다

★☆☆
lethargic
[ləθɑ́ːrdʒik]

[죽은 듯(letharg)한(ic)]
형 **무기력한**
a lethargic patient 무기력한 환자

★☆☆
reckless
[réklis]

[주의(reck)하지 않는(less)]
형 **무모한, 난폭한**
get a ticket for reckless driving 난폭 운전으로 딱지를 끊다
명 recklessness 무모함

★★☆
flatter
[flǽtər]

[(몸을) 평평하게(flat(t)) 하다(er)]
동 ① **아첨하다** ② (실물보다) **더 낫게 하다**
try to flatter him 그에게 아첨하려고 하다 / I'm flattered. 과찬이십니다.
This photo flatters you. 이 사진 잘 나왔다.
명 flattery 아첨

day 25

★★☆
upset
[ʌpsét]

[(아래 부분을) 위로(up) 뒤집어 놓다(set)]
동 ① (기분을) **상하게 하다** ② (일을) **망치다**
the rumor that upsets her 그녀의 기분을 상하게 하는 소문
His mistake upset our plan. 그의 실수가 우리 계획을 망쳤다.
형 ① **화난, 기분이 상한** ② (배) **탈난**
feel upset by the result 결과에 기분이 상하다
have an upset stomach 배탈 나다

기 출 문 제

1. <u>Lukewarm</u> acceptance is much more bewildering than outright rejection. [외시]

   ① resentful
   ② judicious
   ③ insulting
   ④ tepid
   ⑤ eligible

2. The <u>supercilious</u> party guest frequently made others feel inadequate by hogging conversations and making sarcastic remarks when others tried to speak. [감평사 07]

   ① amiable
   ② haughty
   ③ royal
   ④ elegant
   ⑤ gallant

3. In ancient Greece athletic festivals were very important and had strong religious associations. The Olympic athletic festival, held every four years in honour of Zeus, eventually lost its local character, became first a national event, and then, after the rules against foreign competitors had been <u>waived</u>, international.

   ① abolished
   ② accepted
   ③ recognized
   ④ displayed

1. ④ 2. ② 3. ①

day 25

14

MD 공무원 VOCA 주제별

남에 대한 나쁜 행동

■ 남을 해치는 행동

cruel	형	잔인한
	동의어	violent (난폭한), savage = fierce = ferocious (사나운)
heinous	형	악랄한, 극악한
	동의어	outrageous, flagrant, egregious, brutal (잔혹한)
vicious	형	악의적인
	동의어	evil = wicked = nefarious (사악한), malicious (악의 있는)
indiscriminate	형	무차별의, 가리지 않는
ruthless	형	무자비한
	동의어	merciless, pitiless, scathing (가차 없는)
maltreat	동	학대하다 = abuse
atrocity	명	잔혹행위
subversive	형	전복하는, 타도하는
divisive	형	분열을 초래하는

■ 남에 대한 나쁜 행동

ignore	동	무시하다
	동의어	disregard, snub, disdain (업신여기다)
ridicule	동	비웃다, 조롱하다
	동의어	laugh at, scoff at, sneer at, deride, mock (흉내 내며 놀리다), make fun of = pull one's leg (놀리다)
scorn	명	경멸, 멸시 동 경멸하다, 멸시하다
contempt	명	경멸, 멸시
despise	동	경멸하다
look down on	동	~를 얕보다, 깔보다
insult	명	모욕 동 모욕을 주다
	동의어	affront (모욕(을 주다)), mortify = humiliate (굴욕감을 주다), indignity (모욕)
frustrate	동	좌절시키다, 낙담시키다 = discourage
disappoint	동	실망시키다
	동의어	let down, dishearten, dismay (실망, 경악)
insolent	형	무례한
	동의어	rude, impudent, impertinent, discourteous
officious	형	거들먹거리는
	동의어	condescending, patronizing, domineering (군림하려 드는)
notorious	형	악명 높은
infamous	형	악명 높은
abrasive	형	(태도가) 거친, 거슬리는
blunt	형	① 무딘, 뭉툭한 ② 직설적인
intransigent	형	비타협적인 = uncompromising

defy	동	① 반항하다 ② 거부하다, 불가능하게 하다
naughty	형	① (아이가) 버릇없는, 못된 ② 야한
mischievous	형	① 짓궂은 ② 해를 주는
jealous	형	《of》 질투하는, 시샘하는

■ 방해하다, 간섭하다

hinder	동	방해 [저해] 하다
hamper	동	방해하다
obstruct	동	방해하다
impede	동	방해하다
disturb	동	① 방해하다 ② 불안하게 하다
disrupt	동	방해하다, 지장을 주다
encumber	동	방해하다, 지장을 주다
interrupt	동	방해하다, 중단시키다
intercept	동	가로채다
stunt	동	(성장을) 방해해다
stymie	동	방해하다, 좌절시키다
thwart	동	방해하다, 좌절시키다
interfere	동	《in》 간섭하다, 참견하다
meddle	동	《in》 간섭하다, 참견하다
intrude	동	(함부로) 끼어들다, 침범하다

■ 욕심과 허영

desire	명	욕구 동 바라다
lust	명	욕망 동 열망하다
indulge	동	《in》 (욕망 등에) 빠지다, ~에 탐닉하다
envy	명	부러움 동 부러워하다
greedy	형	탐욕스러운
	동의어	acquisitive, avaricious, rapacious, unquenchable, insatiable (만족할 줄 모르는)
vanity	명	자만심, 허영
conceit	명	자만
vainglorious	형	자만심이 강한

적중 어휘 심화 학습

★★☆
blunt
[blʌnt]
법원서기보 00
경기교육9급 04

[눈이 멀어(blunt) 감각이 무뎌진]
형 ① 무딘, 뭉툭한 ② 직설적인
a blunt knife 무딘 칼, 잘 안 드는 칼
His blunt words hurt her. 그의 직설적인 말이 그녀에게 상처를 주었다.

부 bluntly 직설적으로

숙어 To be blunt 직설적으로 말하면, 딱 잘라 말하면

★★☆
fierce
[fiərs]

[야생(fier)의]
형 사나운, 격렬한
a fierce tiger/battle 사나운 호랑이 / 격렬한 전투
부 fiercely 사납게, 격렬하게

★★☆
frustrate
[frʌstreit]
중앙인사9급 07

[해(frust)를 주어 못하게 하다]
동 좌절시키다, 낙담시키다
The rescue work was frustrated by bad weather.
구조 작업이 악천후로 인해 좌절되었다.

명 frustration 좌절   형 frustrating 좌절시키는

day 25

★☆☆
naughty
[nɔ́ːti]

[(좋은 게) 아무 것도(naught) 없는]
형 ① (아이가) 버릇없는, 못된 ② 야한
a naughty boy 버릇없는 남자아이
a naughty joke 야한 농담

명 naughtiness 무례, 못됨

★★☆
hinder
[híndər]

[(앞으로 못 나가게) 뒤에(hind) 두다(er)]
동 방해하다, 저해하다
An injury hindered him from playing his best.
부상으로 인해 그는 최고의 기량을 낼 수 없었다.

명 hindrance 방해, 장애물

기출문제

1. Electric cars also are a key part of China's efforts to curb its <u>unquenchable</u> appetite for imported oil and gas, which communist leaders see as a strategic weakness. [지방직9급 14]

① infallible   ② aesthetic
③ adolescent   ④ insatiable

2. The more pesticides are used, the more resistant the insects become. As a result, more pesticides have to be used. It is a _____ circle . [사시]

① peevish   ② ravaged
③ vicious   ④ vicarious
⑤ beneficial

3. Japan's Justice Ministry says juvenile delinquency cases have gradually risen since 1996, and more knives are being used in crimes such as murder and attempted   murder. The ministry notes in a report that juvenile crimes are becoming ___(A)___ with weapons used in 83 percent of attempted murder ___(B)___ .

[경찰 10]

	(A)	(B)		(A)	(B)
①	reduced	situations	②	useless	courts
③	violent	cases	④	safe	incidents

1. ④ 2. ③ 3. ③

day 26
15 생각과 정신 · day 26
MD 공무원 VOCA 주제별

■ 생각과 정신

mental	형	정신의, 정신적인 = spiritual
mindful	형	《of》 ~을 염두에 두는
pensive	형	수심에 잠긴
reckon	동	① 계산하다 ② (~라고) 생각하다
deem	동	~로 여기다 [생각하다]
estimate	동	추산하다, 추정하다
contrive	동	고안하다
devise	동	창안하다
come up with	숙어	~을 생각해내다

■ 생각나게 하는 것들

stir up	숙어	(감정을) 일으키다
arouse	동	(감정을) 불러일으키다
	비교	arise (일이) 발생하다
imbue	동	(생각·정신을) 불어넣다
	동의어	infuse, instill ((생각을) 서서히 주입시키다)
redolent	형	《of》 생각나게 하는
reminiscent	형	《of》 연상시키는
indelible	형	잊을 수 없는
memorable	형	기억할 만한한
retrospective	형	과거를 회상하는
cross one's mind	숙어	생각이 나다
regret	명 후회 동 후회하다	
remorse	명	회한, 양심의 가책
	동의어	penitence = repentance = contrition (뉘우침), penance (속죄)
haunt	동	① 유령이 나타나다 ② (생각·문제 등이) 떠나지 않다
keep[bear] in mind	숙어	명심하다
cherish	동	소중히 여기다, 간직하다
prize	동 소중히 여기다 명 상, 상품	

■ 주의와 집중

wary	형	《of》 경계하는, 조심하는
alert	형	경계하는, 정신을 바짝 차리는
vigilant	형	경계하는, 방심하지 않는
on the ball	숙어	빈틈없는, 주의를 기울이는
engross	동	몰두하게 하다
immerse	동	몰두하게 하다

■ 혼란과 당황

chaos	명	혼돈, 혼란
confuse	동	① 혼란스럽게 하다 ② 혼동하다
unimaginable	형	상상도 할 수 없는
embarrass	동	당황하게 하다
	동의어	perplex, baffle, disconcert, bewilder = puzzle =confound (어리둥절하게 하다)

■ 좋은 생각, 바른 정신

confidence	명	자신감, 믿음
fidelity	명	충실함
conscience	명	양심
scruple	명	양심, 가책
compunction	명	양심의 가책
moral	형	도덕적인
ethical	형	윤리적인
sensible	형	분별 있는, 합리적인
reasonable	형	합리적인
rational	형	합리적인
respect	동	존경하다
	동의어	admire, esteem, revere, venerate (공경하다), worship (숭배하다)
patriotism	명	애국심
morale	명	사기, 의욕
sane	형	제정신의
sober	형	① (술에 안 취해) 맨 정신인 ② 진지한, 냉철한

■ 정신이 어지러움

frantic	형	미친 듯한, 제정신이 아닌
lunatic	명	미치광이, 정신병자
out of one's mind	숙어	제정신이 아닌
beside oneself	숙어	제정신이 아닌
distract	동	산만하게 하다
intoxicate	동	(술·마약 등에) 취하게 하다
inebriated	형	술에 취한 = drunk
fallacy	명	오류, 오해
obsession	명	강박 관념, 집착 = preoccupation
oblivion	명	망각
hypnosis	명 최면 (상태) 동 hypnotize 최면을 걸다	
illusion	명	환상 ↔ disillusion 환상을 깨뜨리다
delusion	명	망상

적중 어휘 심화 학습

★★☆
embarrass
[imbǽrəs]

[(못 들어가게) 안에(em) 막대기 [빗장] (bar)을 치다(ass)]

동 **당황하게 하다**
His unexpected question embarrassed her.
그의 뜻밖의 질문이 그녀를 당황하게 했다.

형 embarrassing 당황하게 만드는
형 embarrassed 쑥스러운

★★☆
perplex
[pərpléks]

[(생각을) 완전히(per) 얽히게 하다(plex)]

동 **당혹스럽게 하다**
her strange response perplexing me 나를 당혹스럽게 하는 그녀의 이상한 반응

형 perplexed 당황한, 당혹스러운

★★☆
esteem
[istíːm]

[가치를 두다(esteem)]

동 **존경하다**
esteem him for his honesty 정직함에 대해 그를 존경하다

명 **존경**

명 self-esteem 자부심, 자존감

★★☆
fallacy
[fǽləsi]

[(이해하는 데) 실패(fall)한 것(cy)]

명 **오류, 오해**
popular fallacies about medicine 의학에 대한 대중적인 오해들

형 fallacious 잘못된, 틀린

★☆☆
oblivion
[əblíviən]

[(생각이) ~로(ob) 미끄러지듯(livi) 흘러감(on)]

명 **망각**
fall into oblivion 잊혀 지다

형 oblivious 의식하지 못하는

★★☆
vigilant
[vídʒələnt]

[(잠을 안자고) 깨어(vigil)있는(ant)]

형 **경계하는, 방심하지 않는**
remain vigilant against the enemy's attack
적의 공격에 대해 방심하지 않다

day 26

기 출 문 제

1. The wise men predicted that people's behavior would deteriorate and that unacceptable behavior would be displayed openly without remorse.
[국가직7급 10]

① penitence
② interference
③ remonstrance
④ hesitance

2. It was _____ of you to get his offer in writing.
[전의경 09]

① sensory
② sensible
③ sensitive
④ sensuous

3. (It) means more than holding your hand over your heart during the national anthem. It means more than walking into a voting booth every two or four years. It is a love and a duty, a love of country expressed in good citizenship. [서울시9급 10]

① Democracy
② Socialism
③ Capitalism
④ Patriotism
⑤ Monarchy

1. ① 2. ② 3. ④

day 26
16

MD 공무원 VOCA 주제별
생각의 종류

➤ 숙고하다, 고려하다

consider	동 ① 숙고하다 ② 간주하다
reflect	동 ① 비추다, 반사하다 ② 반영하다 ③ 숙고하다
contemplate	동 숙고하다
ponder	동 숙고하다
pore	동 《over》 숙고하다
mull	동 숙고하다
muse	동 숙고하다
meditate	동 ① 명상하다 ② 숙고하다
brood	동 골똘히 생각하다
ruminate	동 심사숙고하다
think over	숙어 숙고하다
dwell on	숙어 숙고하다
weigh up	숙어 살펴보다, 따져보다
take ~ into account	숙어 ~을 고려하다
make allowance for	숙어 참작하다, 고려하다

➤ 추측과 예측

speculate	동 ① 추측하다 ② 투기하다
assume	동 ① 추측하다 ② (일·책임을) 맡다, (모습을) 띠다
suppose	동 추측하다

동의어 surmise, conjecture, postulate (가정하다)

deduce	동 추론하다 = infer
putative	형 추정상의
predict	동 예측하다

동의어 forecast, anticipate, foretell, foresee

| premonition | 명 예감 |

동의어 foreboding, hunch, prognosis (예상), foresight (예지력)

harbinger	명 (나쁜 일의) 조짐 = omen
herald	동 ~을 예고하다 명 전조 = bellwether
presage	동 ~의 전조가 되다

➤ 판단, 분별, 평가

appraise	동 평가하다
assess	동 평가하다
evaluate	동 평가하다
size up	숙어 ~에 대해 평가하다

fathom	동 헤아리다, 가늠하다
plumb	동 헤아리다, 파헤치다
discern	동 알아보다, 구별하다
discrimination	동 ① 구별 ② 차별
overestimate	동 과대평가하다
overrate	동 과대평가하다
underestimate	동 과소평가하다

동의어 underrate, undervalue

➤ 알다, 알리다

recognize	동 ① 인식하다 ② 인정하다
perceive	동 인지하다, 감지하다
aware	형 《of》 알고 있는
conscious	형 ① 의식이 있는 ② 《of》 의식하는
cognizant	형 《of》 인식하고 있는
erudite	형 학식 있는, 박식한
omniscient	형 전지의, 박식한
clairvoyant	형 통찰력 있는
insight	명 《into》 통찰력
intuition	명 직관력
notice	명 ① 공지 ② 주목 동 알아차리다
apprise	동 알리다, 통지하다

동의어 inform, notify, acquaint

| reputation | 명 평판 |

동의어 prestige, renown (명성)

➤ 의견과 확신

opinion	명 의견 = view
suggest	동 ① 제안하다 ② 암시하다
propose	동 제안하다
move	동 제안하다
exponent	명 (사상·학설의) 주창자
disseminate	동 (사상·소식을) 퍼뜨리다, 널리 알리다
propagate	동 (사상·정보를) 전파하다, 퍼뜨리다
paradigm	명 사고 체계, 패러다임
convince	동 ① 확신 [납득] 시키다 ② 설득하다
adamant	형 단호한

동의어 resolute, staunch, steadfast

적중 어휘 심화 학습

★★☆
contemplate
[kántəmplèit]
국회8급 05

[(신의 뜻을) 깊이(com) 신전에서(temple) 생각하다(ate)]

동 **심사숙고하다, 고려하다**
contemplate resigning and moving to the country
사직하고 시골로 이사 가는 것을 숙고하다

명 contemplation 심사숙고

★★☆
meditate
[médətèit]
행자부9급 03
선관위9급 06

[(마음속으로) 재(medi) 보다(ate)]

동 ① **숙고하다** ② **명상하다**
meditate on the purpose of life 삶의 목적에 대해 숙고하다
meditate for an hour every morning 매일 아침 한 시간씩 명상하다

명 meditation 명상

참고 premeditate 미리 계획하다

★★☆
insight
[ínsàit]
경기교육9급 04

[안을(in) 들여다보는 것(sight)]

명 **통찰력**
have insight into the economy 경제에 대한 통찰력이 있다

형 insightful 통찰력 있는

★☆☆
adamant
[ǽdəmənt]

[(다른 생각에) 안(a) 길드(dam)는(ant)]

형 **단호한**
an adamant refusal 단호한 거절

★★☆
staunch
[stɔ:ntʃ]
전북9급 04

[(흔들리지 않고) 서있(staun)는(ch)]

형 **확고한, 충실한**
a staunch supporter 확고한 지지자

★★☆
disseminate
[disémənèit]
행안부9급 10

[곳곳에(dis) 씨를(semin) 뿌리다(ate)]

동 (사상·소식을) **널리 알리다, 전파하다**
disseminate health information 건강 정보를 널리 알리다

명 dissemination 전파

---

day 26

기 출 문 제

1. He was too <u>adamant</u> to admit he had been wrong.
[행정고시]

   ① proud   ② selfish
   ③ absorbed   ④ obstinate

2. Before asking for money for car repairs, we must first <u>assess</u> the damage that the accident caused.
[입법고시 02]

   ① appraise   ② clean
   ③ fix   ④ remove

3. I was told to let Jim <u>pore over</u> computer printouts.
[2014 9급 국가직]

   ① examine   ② distribute
   ③ discard   ④ correct

1. ④ 2. ① 3. ①

day 26
17 MD 공무원 VOCA 주제별
종교

▬ 종교와 신

religion	명	종교
faith	명	믿음, 신앙
providence	명	(신의) 섭리
oracle	명	신탁
divine	형	신의, 신성한
worship	명 동	숭배(하다)
idolize	동	숭배하다, 우상화하다
altar	명	제단
dedicate	동	바치다, 헌신하다 = devote
consecrate	동	신성하게 하다, 봉헌하다
sacrifice	명 희생 동 희생시키다	
scapegoat	명	희생양
pilgrimage	명	순례
martyr	명	순교자
theology	명	신학
denomination	명	(종교의) 종파
doctrine	명	교리, 신조

동의어 creed, credo, tenet, dogma (독단적 신조)

paradise	명	천국, 낙원 = heaven
redemption	명	구원 = salvation

▬ 종교의 분위기

pious	형	경건한, 독실한
holy	형	신성한
sacred	형	신성한 ↔ profane 불경스러운
devout	형	독실한
religious	형	① 종교의 ② 독실한
egalitarian	형	평등주의의
ideal	형	이상적인

▬ 성직자와 종교 의식

priest	명	목사

참고 missionary 선교사, evangelist 전도사

mission	명	① 전도 ② 임무
zealot	명	광신도 = fanatic

preach	동	① 설교하다 ② 역설하다
sermon	명	설교
discipline	명 훈육, 규율 동 징계하다 = punish
temple	명	절, 신전
cathedral	명	대성당
shrine	명	성지(聖地)
ritual	명	(종교) 의식, 제례
ceremony	명	의식, –식
haven	명	피난처, 안식처
shelter	명	피신처, 보호소
catholic	형	① 카톨릭의 ② 폭이 넓은 = universal
ecclesiastical	형	교회의, 교회에 관한

▬ 의심과 불신

doubt	동	(~가 아니라고) 생각하다, 의심하다
dubious	형	의심하는 = doubtful
suspect	동	(~가 맞다고) 생각하다, 수상하게 여기다
suspicious	형	《of》 수상한, 수상해 하는
distrust	명 동	불신(하다)
discredit	동	~의 신뢰를 떨어뜨리다
implausible	형	믿기 어려운
far-fetched	형	억지스런, 믿음이 안 가는
skeptical	형	회의적인
atheist	명	무신론자
infidel	명	불신자
agnostic	명	불가지론자
heresy	명	이단
pagan	명	이교도
superstition	명	미신
devil	명	악마, 악령 = demon
mundane	형	일상적인, 재미없는
secular	형	세속적인
worldly	형	세속적인, 속세의

적중 어휘 심화 학습

★☆☆
divine
[diváin]

[신(div)의]

형 **신의, 신성한**
divine love/will 신의 사랑/뜻

명 divinity ① 신, 신성 ② 신학

★☆☆
devout
[diváut]

[(삶이 신께) 바쳐진(devout)]

형 **독실한**
lead a devout life 독실한 삶을 살다

★★☆
shelter
[ʃéltər]

[shield '방패'의 변형 → 막아주는(shelt) 것(er)]

명 **피신처, 보호소**
a homeless shelter 노숙자 보호소

동 **피신처를 제공하다, (몸을) 피하다**
shelter oneself from the sudden rain 갑작스런 비에 몸을 피하다

★☆☆
secular
[sékjulər]

[세상(secul) 것의(ar)]

형 **세속적인**
a secular society 세속적인 사회

day 26

★★☆
skeptical
[sképtikəl]
서울시9급 10

[(의심을 갖고) 보(skept)는(ical)]

형 **회의적인**
be skeptical about his claim 그의 주장에 대해 회의적이다

명 skeptic 회의론자

명 skepticism 회의(론)

기출문제

1. Pushed by Occidental standards for scientific proof, Chinese historians studied their ancient records with increased <u>skepticism</u>. [세무사 05]

① certainty　　　② wisdom
③ doubt　　　　④ insight
⑤ significance

2. George insists he is _____, but in private he prays when faced with a serious problem. [지방고시]

① an atheist　　　② a pedant
③ a referee　　　④ iconoclast
⑤ a pilgrim

3. They didn't want to be bothered with <u>mundane</u> concerns like doing the dishes while on vacation.
[서울시9급 13]

① embarrassing　　② everyday
③ deep　　　　　④ annoying
⑤ troublesome

4. Her explanation seemed entirely <u>plausible</u> to me, but then again I could be wrong. [경찰 08]

① acceptable　　　② ridiculous
③ incorrect　　　④ arbitrary

1. ③ 2. ① 3. ② 4. ①

day 27
18

MD 공무원 VOCA 주제별

일의 시작과 끝 day 27

■ 일의 시작

inception	명 시작, 개시 = onset
undertake	동 (일을) 맡다, 착수하다
launch	동 ① 발사하다 ② 시작하다, 출시하다
	동의어 initiate, commence, mount, set about, embark on, enter into, shake a leg ((서둘러) 빨리 시작하다)
trigger	동 유발하다, 촉발시키다
	동의어 cause, engender, bring about, generate (발생시키다)
induce	동 ① 유발하다 ② 설득 [유도] 하다
precipitate	동 ① 촉발시키다 ② 치닫게 하다
set off	동 ① 떠나다, 출발하다 ② (일·사건을) 유발하다
catalyst	명 촉매, 기폭제
galvanize	동 (갑자기) 활기 띠게 하다, 자극을 주다 = spur
turn over a new leaf	숙어 새사람이 되다

■ 일의 처리와 실행

perform	동 ① (일·의무 등을) 수행하다 ② 공연하다
conduct	동 ① (조사 등을) 실시하다 ② (사람들) 안내 [지휘] 하다
	동의어 fulfill, implement, carry out
feasible	형 실행할 수 있는
viable	형 ① 생존 가능한 ② 실행 가능한
odds	명 (일이 일어날) 가능성, 공산
deal with	숙어 (일을) 다루다, 처리하다
cope with	숙어 ~에 대처하다
expedite	동 더 신속히 처리하다
ongoing	형 진행 중인
be bent on	숙어 ~에 열심이다
hectic	형 몹시 바쁜
on the go	숙어 몹시 바쁜
overwork	동 과로하다
compromise	명 타협, 절충
	동 ① 타협하다 ② 위태롭게 하다
negotiation	형 협상 = parley
tact	명 재치, 요령
knack	명 재주, 요령
finesse	명 (일 처리의) 수완, 재주
prowess	명 (절묘한) 기량, 솜씨
get the hang of	숙어 ~의 요령을 알다
know the ropes	숙어 요령을 터득하다
oversee	동 감독하다 = supervise
take turns	동 교대로 ~ 하다

analyze	동 분석하다
classify	동 분류하다 = assort

■ 일을 맡김과 완성

appoint	동 ① (약속을) 정하다 ② 임명하다
nominate	동 지명 [임명] 하다 = designate
ordain	동 (공식적으로) 정하다
delegate	동 (권한을) 위임하다 명 대표 = representative
entrust	동 (믿고) 맡기다
empower	동 권한을 주다 = authorize
deputy	명 부대표
wrap up	숙어 마무리 하다 = wind up
get through with	숙어 ~을 완수하다

■ 일과 관련

occupation	명 직업
	동의어 calling 천직, vocation 천직, side job 부업
challenge	명 도전, 난제 동 ~에 이의를 제기하다
toil	명 힘든 일, 고역
arduous	형 힘든
	동의어 laborious, strenuous, onerous, tricky (다루기 힘든), touchy ((주제가) 민감한)
drudgery	명 힘들고 단조로운 일
chore	명 허드렛일
routine	명 ① (정해진) 방법 ② (판에 박힌) 틀, 일
practical	형 실제적인 ↔ impractical 비현실적인
pragmatic	형 실용적인
down-to-earth	형 현실적인, 실제적인
overall	형 전반적인, 종합적인
sweeping	형 전면적인 = outright
unilateral	형 일방적인
	관련 bilateral (양자간의), multilateral (다자간의)
fortuitous	형 우연한 = casual
of one's own accord	숙어 자발적으로 = voluntarily
imperative	형 긴급한, 중요한
competent	형 능력 있는, 유능한
awry	형 (일이) 틀어진, 잘못된
scheme	명 ① (운영) 계획, 제도 ② 계략
take place	숙어 (일이) 일어나다, 개최되다
patent	명 특허 형 ① 특허의 ② 명백한

적중 어휘 심화 학습

★★☆
launch
[lɔ:ntʃ]
국회8급 05

[(창을 던지듯) 발사하다]
동 ① 발사하다 ② 시작하다, 출시하다
launch an attack 공격을 시작하다
launch a new product 신제품을 출시하다

★★☆
trigger
[trígər]
행자부9급 00
국회8급 07

[(총에서) 잡아당기는(trig(g)) 부분(er)]
명 방아쇠
pull the trigger 방아쇠를 당기다
동 유발하다, 촉발시키다
trigger a riot 폭동을 촉발시키다

★★☆
feasible
[fí:zəbl]
서울시9급 04
지방직9급 10

[(실제로) 할(feas) 수 있는(ible)]
형 실행 가능한
make a feasible plan 실행 가능한 계획을 세우다
명 feasibility 실행 가능성

★★★
compromise
[kámprəmàiz]
중앙인사9급 06
서울시9급 07

[(~하기로) 함께(com) 약속하다(promise)]
명 타협, 절충
make a political compromise 정치적으로 타협하다
동 ① 타협하다 ② 위태롭게 하다, 손상시키다
compromise on the issue 그 문제에 대해 타협하다
compromise oneself by accepting bribes 뇌물을 받아 스스로를 위태롭게 하다
형 compromising 체면을 손상시키는, 남부끄러운
형 uncompromising 비타협적인

day 27

★★☆
spontaneous
[spantéiniəs]

[자유 의지(sponta)로 하는]
형 (순간 마음이 생겨 하는) 즉흥적인
a spontaneous decision 즉흥적인 결정
명 spontaneity 즉흥적임
비교 voluntary (계획된 의지를 갖고 하는) 자발적인

기 출 문 제

1. A warrior of legendary <u>prowess</u> in battle, and the hero of Homer's lid, he was essential to the Greek war effort against Troy. [국가직7급 00]

① exceptional valor　② extraordinary generosity
③ measureless brutality　④ uncommon haughtiness

2. Deserts in the Southwestern United States are areas of extreme heat and dryness, just as most of us envision them. More scientifically, deserts, also called arid regions' character is typically receive less than 10 inches of _____ a year. [강원 05]

① precipitation　② percipience
③ perspiration　④ perforation

3. In those private moments of play, something <u>ordained</u> my future and sealed my fate. As a boy, I dreamed of being either an actor or a classical guitarist; I grew up instead to become a political journalist, a job I worked hard at for a while before having the good fortune to become a golf writer. More important, at several particularly difficult moments in my life, when I drifted away from the game and even seemed to lose sight of my life's purpose, my father was always there to shepherd me back to golf, and myself. [국회사무8급 13]

① darkened　　　② improved
③ brightened　　④ determined
⑤ intimidated

1. ① 2. ① 3. ④

19

MD 공무원 VOCA 주제별
교육과 예술

■ 교육

instruct	동 ① 가르치다 ② 지시하다
edify	동 교화시키다
upbringing	명 (가정) 교육, 양육
pedagogical	형 교육(학)의 = educational
tutor	명 가정교사
tutelage	명 (개인) 지도
drill	명 훈련 = training
pupil	명 ① 학생 ② 동공
disciple	명 제자

■ 학교에서

academic	형 ① 학업의 ② (사람이) 학구적인
aptitude	명 소질, 적성
major in	동 ~을 전공하다
scholarship	명 장학금
hypothesis	명 가설
thesis	명 논문 = dissertation
theory	명 이론
theoretical	형 이론의, 이론적인
degree	명 ① (온도·각도의) 도, 정도 ② 학위
	관련 bachelor 학사, master's degree 석사학위, doctor 박사
drop out	숙어 중퇴하다

■ 예술과 문화

civilization	명 문명
vogue	명 유행 = fashion
commemorate	동 기념하다 = celebrate

■

carve	명 조각하다, 새기다
sculpture	명 조각(품)
inscribe	동 (글자를) 새기다 = engrave
embellish	동 장식하다 = decorate
adorn	동 장식하다
ornate	형 화려하게 장식된
ornament	명 장식(물)
theme	명 주제, 테마
genre	명 장르
category	명 범주, 부류 = sort
aesthetic	형 심미적인, 미학의
picturesque	형 ① 그림 같은 ② 생생한 = vivid
masterpiece	명 걸작
hue	명 색조, 빛깔
characteristic	형 특유의 명 특징 = feature
dramatic	형 극적인
release	동 ① 석방하다 ② 배출하다 ③ 개봉 [발표] 하다

■ 예술계 종사자

artisan	명 장인
director	명 영화감독
curator	명 (미술관·박물관의) 큐레이터, 관장
connoisseur	명 감식가, 감정인
conductor	명 지휘자
composer	명 작곡가
virtuoso	명 (음악의) 거장, 명연주자
maestro	명 거장, 마에스트로
patron	명 ① (예술계의) 후원자 ② 손님, 고객

■ 학문명

science	과학	agriculture	농학	archaeology	고고학	economics	경제학
biology	생물학	zoology	동물학	anthropology	인류학	business administration	경영학
ecology	생태학	botany	식물학	geography	지리학	architecture	건축학
anatomy	해부학	medicine	의학	astronomy	천문학	linguistics	언어학
mathematics	수학(= math)	pharmacy	약학	astrology	점성술	genetic engineering	유전 공학
statistics	통계학	physiology	생리학	sociology	사회학	electronic engineering	전자 공학
physics	물리학	philosophy	철학	criminology	범죄학	mechanical engineering	기계 공학
chemistry	화학	psychology	심리학	political science	정치학		

적중 어휘 심화 학습

★★☆
decorate
[dékərèit]

[(아무 것도 없는 것을) 적당하게(decor) 만들다]
동 ① 장식하다 ② (메달·훈장을) 수여하다
decorate the room with flowers 그 방을 꽃으로 장식하다
decorate the solder for bravery 용감한 행동에 대해 그 군인에게 훈장을 수여하다
명 decoration 장식(품)

★★☆
ornament
[ɔ́ːrnəmənt]
중앙인사9급 06

[(예쁘게) 정돈해(orn) 놓음(ment)]
명 장식(물)
Christmas ornaments (트리에 다는) 크리스마스 장식물들

★☆☆
edify
[édəfài]

[(지식을) 쌓아(ed)주다(ify)]
동 교화시키다
the book edifying readers 독자들을 교화시키는 책

★☆☆
patron
[péitrən]

[(보호해주는) 아버지(patr)같은 사람(on)]
명 ① (예술계의) 후원자 ② 손님, 고객
a patron of musicians 음악가들의 후원자
a number of patrons of the restaurant 그 식당의 손님들

day 27

★☆☆
hypothesis
[haipáθəsis]

[(주장의) 아래에(hypo) 깔아 놓은 것(thesis)]
명 가설, 가정
formulatea hypothesis 가설을 세우다

★★☆
philosophy
[filásəfi]

[지혜(sophy)에 대한 사랑(philo)]
명 철학
a professor of philosophy 철학 교수
명 philosopher 철학자   형 philosophical 철학의

기출문제

1. My thesis is that all men are not equal. [101단 01]
   ① defiance   ② proposition
   ③ rebuttal   ④ trace

2. In _____, a scale of magnitude from one to six denotes the brightness of a star. [사법고시]
   ① astronomy   ② astrology
   ③ seismology   ④ dichotomy

3. Lage, who recently _____ his first CD, Sounding Point, started playing guitar at five. [경찰 14]
   ① dropped   ② contained
   ③ obsessed   ④ released

1. ② 2. ① 3. ④

day 27
20
MD 공무원 VOCA 주제별
말과 언어

■ 말(하다)

remark	명 동 발언, 말(하다)
comment	명 동 언급(하다), 견해를 밝히다
utter	동 말하다 형 (나쁜 쪽으로) 완전한
chat	동 잡담하다, 수다 떨다
enumerate	동 열거하다
enunciate	동 발음하다, 말하다
narrate	동 이야기를 들려주다
unfold	동 (사건·이야기가) 펼쳐지다, 전개되다
address	명 ① 주소 ② 연설
discourse	명 담화, 강연
whisper	동 속삭이다
talk through one's hat	숙어 허튼 소리를 하다

■ 말로 전달하는 것

counsel	동 조언하다 = advise
consult	동 ① 상담 받다 ② 상의하다
caution	명 주의, 경고 동 (~하지 말라고) 주의시키다
swear	동 ① 맹세하다 ② 《at》 욕하다
oath	명 맹세, 선서
declare	동 ① 선언하다 ② (소득·수입품을) 신고하다
pronounce	동 ① 발표하다 ② 발음하다
	동의어 announce, proclaim, promulgate (공포하다), profess (공언하다)
reveal	동 (비밀을) 드러내다, 폭로하다
disclose	동 폭로하다
divulge	동 누설하다
confess	동 자백하다
own up to	동 (잘못을) 자백하다
make a clean breast of	숙어 (잘못을) 다 털어놓다
urge	동 재촉하다 명 (강한) 욕구, 충동
exhort	동 (열심히) 재촉하다, 촉구하다
implore	동 애원하다, 간청하다
	동의어 plead, entreat, solicit, beseech
allude	동 《to》 암시하다
intimate	동 암시하다
insinuate	동 넌지시 말하다
circumlocution	명 우회적인 말
euphemism	명 완곡어법
recapitulate	동 개요를 말하다, (핵심을) 요약하다

■ 말에 관련된 수식어

verbal	형 말의, 구두의
verbatim	부 말[글자] 그대로
colloquial	형 구어체의, 대화체의
bilingual	형 두 나라 말을 하는
fluent	형 유창한, 능숙한
eloquent	형 말을 잘하는
idiomatic	형 (말의 연결이) 자연스러운
glib	형 언변이 좋은
cogent	형 설득력 있는 = persuasive
loquacious	형 수다스러운
	동의어 talkative, garrulous, wordy (말이 많은), verbose (장황한)
taciturn	형 과묵한
	동의어 reticent, laconic, tacit (암묵적인), uncommunicative (말이 별로 없는)
concise	형 간결한
	동의어 brief, succinct, terse
articulate	형 명료한, 발음이 똑똑한 동 분명히 표현하다
inarticulate	형 (발음이) 불분명한
ironic	형 ① 반어적인, 비꼬는 ② 모순된, 아이러니컬한
paradoxical	형 역설적인
telling	형 효과적인, 강력한
didactic	형 교훈적인

■ 말의 종류

slang	명 속어
argot	명 은어
dialect	명 방언, 사투리
jargon	명 전문용어
lexicon	명 (전문 분야의) 어휘
vernacular	명 일상적인 말
coinage	명 신조어 = neologism
thesaurus	명 유의어 사전
proverb	명 속담 = saying
maxim	명 격언, 경구
aphorism	명 경구
motto	명 좌우명
enigma	명 수수께끼 = riddle
echo	명 (소리의) 울림, 메아리
resounding	형 ① 울려 퍼지는 ② 굉장한, 완전한
monologue	명 독백 = soliloquy

적중 어휘 심화 학습

★★☆

caution
[kɔ́:ʃən]

명 **주의, 경고**
exercise [use] caution against the risks 위험들에 대해 주의하다

동 **(~하지 말라고) 주의[경고]를 주다**
caution me against walking alone at night
나에게 밤에 혼자 걷지 말라고 주의를 주다

형 cautious 조심스러운, 신중한
참고 precaution 예방(책)

★★★

reveal
[rivíːl]
중앙인사9급 06
기상직9급 15

[가려둔 천을(veal) 뒤로(re) 하다]

동 **(비밀 등을) 드러내다, 폭로하다**
reveal the secret 비밀을 폭로하다

명 revelation 폭로

★★★

urge
[əːrdʒ]
국회8급 07
서울시9급 12
기상직9급 12

[(~하도록) 밀다(urg)]

동 **재촉하다, 촉구하다**
urge the people to vote 국민들에게 투표하도록 촉구하다

명 **(강한) 욕구, 충동**
sexual urges 성적 욕구

형 urgent 긴급한

★★☆

ironic
[airάnik]
행자부9급 00
국회8급 04

형 **① 반어적인, 비꼬는 ② 모순된, 아이러니컬한**
an ironic remark 비꼬는 말
an ironic situation 모순된 상황

명 irony 모순된 상황, 아이러니
부 ironically 반어적으로, 얄궂게도

★★☆

taciturn
[tǽsətə̀:rn]
중앙인사9급 05

[침묵(tac(it))하는(urn)]

형 **말수가 적은**
a taciturn young man 말수가 적은 젊은 남자

day 27

기 출 문 제

1. Will Roger's <u>laconic</u> comments on the news made him world-famous. [경찰 06]

   ① eloquent and powerful   ② unfallible
   ③ paradoxical   ④ brief and to the point

2. She proved to be quite <u>garrulous</u>, regaling the warden with stories of her pathetic youth and her personal relationship with the prisoner who had been like a father to her. [국회8급 09]

   ① cheerful   ② talkative
   ③ arrogant   ④ depressed
   ⑤ enthusiastic

3. As soon as the board of elections <u>promulgate</u> the list of candidates, a ballot is prepared. [국회8급 06]

   ① critically review   ② quickly contact
   ③ informally discuss   ④ legally accredit
   ⑤ officially declare

1. ④ 2. ② 3. ⑤

day 27
21 MD 공무원 VOCA 주제별
토론과 말

➡ 토론과 논쟁

discussion	명	토론, 논의
debate	명	(주제에 대한) 토의
agenda	명	안건, 의제
premise	명	전제, 가정
foundation	명	① 기초 ② 근거 = grounds
groundless	형	근거 없는 = unwarranted
inquire	동	묻다, 문의하다
interrogation	명	심문
prove	동	① 증명하다 ② ~로 판명되다
turn out	숙어	~로 판명되다, 밝혀지다
substantiate	동	(구체적으로) 입증하다

동의어 verify, certify, attest, testify to, bear witness to, demonstrate (실증하다), corroborate (확증하다)

disprove	동	틀렸음을 입증하다
belie	동	거짓임을 보여주다
debunk	동	틀렸음을 밝히다
argue	동	① 다투다 ② 주장하다
quarrel	명	말다툼, 언쟁

동의어 argument, contention, altercation, wrangle, polemic (격론)

contradict	동	반박하다, 모순되다
controversial	형	논란이 많은
contentious	형	논쟁이 되는
debatable	형	논란의 여지가 있는
disputable	형	논란의 여지가 있는
indisputable	형	논쟁의 여지가 없는

동의어 incontrovertible, undebatable, irrefutable, undeniable, unquestionable (의심할 여지없는), undoubtedly (의심할 여지없이)

➡ 주장하다

insist	동	주장하다
claim	동	① 주장하다 ② 요구 [청구] 하다
contend	동	① 다투다, 겨루다 ② 주장하다
maintain	동	① 유지하다 ② 부양하다 ③ 주장하다
affirm	동	단언하다, 확언하다
aver	동	단언하다
assert	동	(강하게) 주장하다
allege	동	(근거 없이) 주장하다

allegedly	부	전해지는 바에 따르면
purportedly	부	소문에 의하면
reportedly	부	전해지는 바에 따르면

➡ 말과 의미

define	동	정의하다
interpret	동	해석하다 = construe
translate	동	번역하다
describe	동	서술하다, 묘사하다

동의어 depict, delineate, portray

cite	동	① 인용하다 = quote ② (증거·예를) 들다 ③ 소환하다
excerpt	명	발췌, 인용구
emphasize	동	강조하다

동의어 stress, underline, underscore, lay emphasis on

connote	동	(의미를) 함축하다 = imply
denote	동	~을 나타내다

동의어 represent, indicate, stand for, refer to

➡ 나쁜 말

curse	명 욕, 저주 동 저주하다	
malediction	명	악담 = verbal abuse
call one names	숙어	~를 욕하다
incite	동	선동하다, 조장하다

동의어 instigate, foment, abet (부추기다)

incendiary	형	① 방화의 ② 선동적인
inflammatory	형	선동적인
seditious	형	선동적인
cajole	동	꼬드기다
coax	동	(말로) 구슬리다
inveigle	동	감언이설로 구슬리다
exaggerate	동	과장하다

동의어 bombastic (과장된), grandiloquent (과장하는), hyperbole (과장 (법)), tall tales (과장된 이야기), tout ((좋다고) 떠벌리다)

distort	동	비틀다, 왜곡하다 = pervert
skewed	형	왜곡된, 편향된
digressive	형	주제를 벗어나는
nag	동	잔소리하다
cut in	숙어	(말·대화에) 끼어들다
cut off	숙어	(말을) 중단시키다
pull one's leg	숙어	놀리다

allege ★★☆
[əlédʒ]

[(한 쪽이 일방적으로) ~을(al) 법에(leg) 입각해 말하다]

동 (증거 없이) **혐의를 주장하다**
allege his guilt 그가 유죄라고 주장하다

명 allegation (주장된) 혐의
부 allegedly 주장된 바에 따르면

connote ★☆☆
[kənóut]

[함께(con) 표시(not)해두다]

동 (의미를) **함축하다**
The word "childlike" connotes innocence.
"아이 같은"이란 단어는 천진함을 함축한다.

명 connotation 함축(된 의미)

denote ★★☆
[dinóut]
지방직9급 09

[확실히(de) 표시(not)해두다]

동 **~을 나타내다**
Crosses on the map denote churches.
지도의 십자 표시들은 교회를 나타낸다.

exaggerate ★★★
[igzǽdʒərèit]
법원서기보 01
경기교육9급 04

[(본래보다 더) 크게(ex) 쌓아올리(agger)다(ate)]

동 **과장하다**
tend to exaggerate one's achievements
자신이 성취한 것들을 과장하는 경향이 있다

명 exaggeration 과장

incite ★★☆
[insáit]

[(생각을 마음) 속에(in) 불러일으키다(cite)]

동 **선동하다, 조장하다**
incite a riot 폭동을 선동하다

명 incitement 선동

day 27

기 출 문 제

1. If you make a <u>rebuttal</u> of a charge that has been made against you, you make a statement which gives reasons why the accusation is untrue.
[중앙인사7급 07]

① retraction
② refutation
③ compromise
④ rebuke

2. The other children <u>called him names</u>.

① swore at him
② spoke to him
③ shouted at him
④ called him up

3. A controversial political figure, Asachi endorsed the Imperial Russian presence in Moldavia. He came to clash with representatives of the liberal current, and opposed both the Moldavian revolution of 1848 and the country's union with Wallachia. Engaged in a long <u>polemic</u> with the liberal Mihail Kogǎlniceanu, he involved in the unsuccessful attempt to block the unionist project through the means of an electoral fraud. [지방직7급 11]

① political campaign
② heated debate
③ solid cooperation
④ bitter rivalry

1. ② 2. ① 3. ②

22 칭찬과 비난 & 찬성과 반대 day 28

MD 공무원 VOCA 주제별

■ 칭찬하다

praise	동	칭찬하다
laud	동	칭찬하다
compliment	명 동	칭찬 (하다)
commend	동	① 칭찬하다 ② 추천하다
exalt	동	① 높이다, 격상시키다 ② 칭찬하다
extol	동	극찬하다
eulogize	동	칭송하다

acclaim	명	환호 (하다) = hail
applaud	동	박수갈채하다 = clap
recommend	동	추천하다, 권장하다

■ 비난하다, 꾸짖다

blame	동	~을 탓하다, ~에게 책임을 돌리다
criticize	동	비난하다, 비판하다
	동의어	denounce, condemn, deprecate, reproach, vilify, revile, rebuke = reprimand (질책하다), fulminate (맹렬히 비난하다)
slander	명	비방, 명예 훼손
	동의어	aspersion (중상), stricture (혹평), libel (명예 훼손), censure (질책)
scold	동	꾸짖다, 야단치다
	동의어	chide, reprove, tell off, upbraid, reprehend, admonish (훈계하다)
chasten	동	잘못을 깨닫게 하다
chastise	동	꾸짖다
castigate	동	크게 책망하다
impeach	동	탄핵하다
brand	동	낙인찍다
disparage	동	폄하하다
	동의어	derogate, denigrate, degrade (비하하다)
acrimonious	형	격양된, 신랄한
	동의어	pungent, mordant, caustic, trenchant (통렬한)
culpable	형	비난받을 만한
blameworthy	형	탓할 만한
reprehensible	형	비난받을 만한
find fault with	숙어	~의 흠을 잡다, 비난하다
come under fire	숙어	비난을 받다

■ 찬성하다, 동의하다

agree	동	동의하다
	동의어	concur, fall in with, assent (찬성하다), consent (동의[허락]하다)
accede	동	① (제안에) 응하다 ② 취임하다
accord	동	① 일치하다 ② (지위·가치 등을) 부여하다
acquiesce	동	묵인하다
connive	동	(나쁜 일을) 묵인하다
approve	동	승인하다
grant	동	~을 주다, 승인하다
endorse	동	승인하다
sanction	명 동	① 승인 (하다) ② 《-s》 제재
ratify	동	비준하다
give the green light	숙어	정식으로 허가하다
espouse	동	옹호하다, 지지하다 = advocate
champion	동	옹호하다, 지키다 명 챔피언
consensus	명	의견 일치, 합의
unanimous	형	만장 일치의
back up	숙어	지원하다
stand up for	숙어	~을 옹호하다

■ 반대하다

oppose	동	반대하다
	동의어	dissent, object to, disagree (의견이 다르다)
deny	동	부인하다
disclaim	동	부인하다
veto	동	거부하다 명 거부권
turn down	숙어	거절하다
	동의어	reject, refuse, repudiate, spurn = rebuff (퇴짜 놓다), give ~ the cold shoulder (냉대하다)
riot	명	폭동
rebellion	명	반란
	동의어	revolt, insurgence, mutiny, insurrection (내란 사태)
protest	명 동	항의 (하다)
demonstrate	동	시위운동하다
pros and cons	숙어	찬반양론
contrast	동	대조하다, 대비되다
contrary	형	《to》 ~와 다른, 반대의

적중 어휘 심화 학습

★★☆ blame
[bleim]

동 ~을 탓하다, ~에게 책임을 돌리다
blame him for the failure 그에게 그 실패에 대한 책임을 돌리다
= blame the failure on him

명 (잘못에 대한) 책임
put the blame on him 그에게 책임을 돌리다

형 blameworthy 비난받을 만한

★☆☆ reproach
[ripróutʃ]

[(나쁜 것에) 가까이 가지(proach) 못하게(re) 함]

명 비난, 나무람
his behavior above reproach 나무랄 데 없는 그의 행동

동 비난하다, 나무라다
reproach her daughter for her selfishness
이기적인 행동에 대해 딸을 나무라다

★★☆ slander
[slǽndər]

[나쁜 소문(sland)을 퍼트리는(er) 것]

명 비방, 중상
be sued for slander 비방한 것으로 고발당하다

동 비방하다
slander one's boss 사장을 비방하다

형 slanderous 비방하는

day 28

★★☆ endorse
[indɔ́ːrs]
서울시9급 04

[(문서의) 뒤에(dors) 서명하다(en)]

동 ① (수표에) 이서하다 ② 지지하다, 승인하다
endorse a check 수표를 이서하다
endorse the decision 그 결정을 지지하다

명 endorsement 지지, 승인

★★☆ ratify
[rǽtəfài]
국회8급 04
지방직9급 14

[(이해득실을) 계산하여(rat) 정하다(ify)]

동 비준하다, 인가하다
ratify the treaty 그 조약을 비준하다

명 ratification 비준

기 출 문 제

1. Agnes _____ her son for driving too fast and getting a speeding ticket. [사시]

① let　② revoked
③ reprimanded　④ forfeited
⑤ deteriorates

2. The whirlwinds of _____ will continue to shake the foundations of our nation until the bright day of justice emerges. [선관위 06]

① repose　② revolt
③ inscription　④ vision

3. The offer was so impractical that the lawyer <u>turned down</u> the case. [행자부 03]

① acknowledged　② generated
③ rejected　④ resigned

4. The student was <u>censured</u> for his indiscreet act.

① praised　② blamed
③ realized　④ welcomed

1. ③ 2. ② 3. ③ 4. ②

day 28
23 MD 공무원 VOCA 주제별
글 & 진실과 거짓

▶ 글 관련 명사

author	명	저자
manuscript	명	(책·악보 등의) 원고
draft	명	① 원고, 초안 ② 징병, 선수선발
copyright	명	저작권
context	명	① (글의) 문맥 ② (일의) 정황, 맥락
plot	명	① (한 구획의) 땅, 터 ② 줄거리 ③ 음모
gist	명	(말·글의) 핵심, 요지
	동의어	core, kernel, pith
simile	명	직유
metaphor	명	은유
rhetoric	명	수사법
preface	명	서문 = foreword
prologue	명	도입부 ↔ epilogue 끝맺는 말
autograph	명	(유명인의) 사인 / 비교 signature 서명
archive	명	기록 보관소
shorthand	명	① 속기 = stenography ② 약칭
catalog(ue)	명	(상품·자료의) 목록, 카탈로그
	관련	brochure 안내 책자, pamphlet 소책자, handout 인쇄물, leaflet 전단지

▶ 글 관련 형용사 & 동사

literal	형	글자 그대로의
figurative	형	비유적인
illegible	형	(글자가) 읽기 어려운
illiterate	형	무식한, 문맹의
abbreviate	동	(글자 수를) 축약하다
abridge	동	(내용을) 요약하다
condense	동	① 응결되다; 농축시키다 ② (글을) 요약하다
summarize	동	요약하다
efface	동	지우다, 삭제하다
expunge	동	삭제하다
obliterate	동	(흔적을) 지우다, 없애다
revise	동	수정하다, 개정하다
compile	동	편찬하다
register	명	기록부 / 동 등록하다 = enroll
correspond	동	① 편지를 주고받다 ② 《with》 일치하다
perspicuous	형	(문체가) 명료한

▶ 글의 종류

novel	명	소설 / 형 새로운, 참신한
fiction	명	소설, 허구 ↔ nonfiction 실화
fairy tale	명	동화
mythology	명	① 신화 ② 근거 없는 믿음
biography	명	전기
autobiography	명	자서전
anecdote	명	일화
article	명	① (신문·잡지의) 글, 기사 ② 물품, 물건
editorial	명	(신문의) 사설
memoir	명	회고록, 전기
encyclopedia	명	백과사전
comedy	명	희극
tragedy	명	비극
epic	명	서사시
prose	명	산문
satire	명	풍자
lampoon	명	풍자 / 동 풍자하다

▶ 진실과 거짓

genuine	형	진짜인
authentic	형	진품인, 진짜인
bona fide	형	진실된, 진짜의
veracity	명	진실성
factual	형	사실에 입각한
false	형	① 틀린 ② 가짜의
fake	형	가짜의, 거짓의
	동의어	bogus, phony, counterfeit (위조의), sham (허위의), spurious (거짓된)
forge	동	① 구축하다 ② 위조하다
	동의어	falsify (위조하다), fabricate = concoct (날조하다)
camouflage	명 동	위장(하다)
hoax	명	거짓말, 장난질
specious	형	(겉만) 그럴듯한

★★☆
article
[ɑ́ːrtikl]
행자부9급 00
지방직9급 08

[명] ① (신문·잡지의) 글, 기사 ② 물품, 물건
a newspaper article 신문 기사
household articles 가정용품
/ an article of clothing/furniture 옷/가구 한 점
[형][동] articulate (말이) 분명한; 분명히 표현하다

★☆☆
condense
[kəndéns]

[(기체·액체·글을) 확실히 (con) 밀집 (dense)시키다]
[동] ① 응결되다; 농축시키다 ② (글을) 요약하다
the gas to condense into a liquid 액체로 응결되는 기체
condense the book into several sentences
그 책을 몇 문장으로 요약하다
[명] condensation ① 응결, 물방울 ② 요약(집)
[어법] condense A into B A를 B로 요약하다

★★☆
forge
[fɔːrdʒ]
경찰 15

[만들(forg)어 내다]
[동] ① 구축하다 ② 위조하다
forge a relationship 관계를 구축하다
forge a check 수표를 위조하다
[명] forgery (문서) 위조

★★☆
illegible
[iléʤəbl]
행안부9급 09

[(글자를 막 써서) 읽을 (leg) 수 없는 (il)]
[형] 읽을 수 없는
his illegible handwriting 읽을 수 없는 그의 글씨
[비교] illiterate 문맹의

★★☆
satire
[sǽtaiər]
행자부9급 01

[(빗대는 말로) 가득 찬 (sati) 것 (re)]
[명] 풍자
a political satire 정치 풍자
[형] satirical 풍자적인

day 28

기출문제

1. Sherry began to devise <u>spurious</u> reasons for spending evenings without Chris, so that she could attend parties with other single people. [서울시7급 14]

① servile ② sardonic
③ strident ④ fake
⑤ insistent

2. Alison was shocked and annoyed because all of her friend _____ her thought out the evening. [경기 05]

① stipulated ② lampooned
③ underscored ④ advocated

3. Politicians are primarily concerned with issues of immediate concern; artists are concerned with revealing <u>veracity</u>. [국가직7급]

① truth ② cognition
③ desire ④ beauty

4. He'd telephone with some <u>phony</u> excuse she didn't believe for a minute.

① sham ② plausible
③ ridiculous ④ superficial

1. ④ 2. ② 3. ① 4. ①

day 28
24 MD 공무원 VOCA 주제별
자연과 동식물

▶ 자연과 지형

phenomenon	명	현상
celestial	형	하늘의, 천체의
climate	명	① 기후 ② 분위기, 풍조
atmosphere	명	① 대기 ② 분위기

관련 oxygen 산소, hydrogen 수소, fume (불쾌한) 가스, breeze 산들바람, gust 돌풍, whirlwind 회오리바람, blizzard 눈보라

moisture	명	수분, 습기
evaporate	동	증발시키다
ray	명	(한 줄기) 빛, 광선

관련 radiation 방사선, irradiate 방사능 처리하다

cliff	명	절벽, 벼랑 = precipice
slope	명	경사, 경사지 [면]
steep	형	① (경사가) 가파른 ② 급격한 ③ 너무 비싼
burrow	명	(동물이 파놓은) 굴

volcano	명	화산
mineral	명	광물(질), 미네랄
peninsula	명	반도 명 isle (작은) 섬
strait	명	① 해협 ② 곤경
marine	형	바다의, 해양의 명 해병대

freeze	동	① 얼다 ② 동결시키다 명 (임금) 동결
iceberg	명	빙산 참고 glacier 빙하

▶ 날씨를 나타내요

meteorological	형	기상(학)의
precipitation	명	강수량
misty	형	안개가 낀 = hazy

tropical	형	열대의, 열대 지방의
humid	형	습한
muggy	형	후덥지근한
sultry	형	무더운, 후덥지근한
suffocating	형	숨 막히는 = stifling
arid	형	건조한 = dry

frigid	형	몹시 추운, 혹한의
inclement	명	날씨가 궂은
inhospitable	형	① (환경이) 사람이 살기 힘든 ② 불친절한

▶ 동물

livestock	명	가축 참고 wildlife 야생 동물
fowl	명	가금 : 닭, 오리, 칠면조 등의 집에서 키우는 새들

organism	명	유기체, 생물
species	명	(생물 분류상의) 종(種)
amphibian	명	양서류

관련 mammal 포유동물, reptile 파충류, primate 영장류

flock	명	떼, 무리

관련 herd (큰 동물의) 떼, swarm (곤충의) 떼, school (물고기의) 떼

breed	동	① 번식하다 ② 기르다, 키우다 명 품종
reproduce	동	① 번식하다 ② 복사 [복제] 하다
habitat	명	서식지

hibernation	명	동면
evolution	명	진화, 발전

bait	명	미끼 동 미끼를 놓다
prey	명	먹이, 사냥감
predator	명	포식자, 포식 동물

bark	동	(개가) 짖다
roar	동	① 포효하다 ② 고함치다, 함성을 지르다

▶ 식물

bloom	명	① (활짝 핀) 꽃, 개화 ② 한창 때 동 꽃이 피다
blossom	동	꽃이 피다, 꽃을 피우다
photosynthesis	명	광합성
wither	동	시들다
deciduous	형	낙엽성의

trunk	명	① (나무·사람의) 몸통 ② (여행용) 큰 가방, (자동차의) 트렁크
bush	명	수풀, 덤불
shrub	명	관목
pasture	명	초원, 목초지

동의어 meadow, prairie (대초원), ranch (목장)

graze	동	(가축이) 풀을 뜯다
weed out	숙어	(불필요한 것을) 없애다, 제거하다

▶ 삶과 죽음

longevity	명	장수
life span	명	수명
survive	동	① ~보다 오래 살다 ② 생존하다

perish	동	죽다, 소멸되다
decease	명	사망
demise	명	죽음, 종말
doom	명	죽음, 파멸 동 불행한 운명을 맞게 하다

pass away	숙어	돌아가시다 = die
kick the bucket	숙어	죽다
funeral	명	장례식
bereaved	형	(가족과) 사별한

euthanasia	명	안락사
extinct	형	멸종한
posthumous	형	사후의

적중 어휘 심화 학습

★★★
phenomenon
[finámənàn]
법원서기보 00
서울시9급 04
국회8급 04

[나타나 보이는(phenom(en)) 것(on)]

명 **현상** 《복수》 phenomena 현상들
natural phenomena like lightning and earthquakes
번개와 지진과 같은 자연 현상들

형 **phenomenal** 경이적인, 놀라운

★★☆
frigid
[frídʒid]
행안부9급 11

[(얼어버릴 정도로) 추(frig)운(id)]

형 **몹시 추운**
the frigid weather 몹시 추운 날씨

★★☆
breed
[briːd]

['brood (새끼·알을) 품다'에서 '새끼를 낳다(breed)']

동 ① **새끼를 낳다, 번식하다** ② **키우다, 기르다**
breed cattle 소를 기르다

명 ① **품종** ② **(사람의) 유형**

형 **well-bred** 가정교육이 잘 된, 예절바른 ↔ ill-bred 버릇없는

★★☆
arid
[ǽrid]

[(다) 타(ar)버린(id)]

형 ① **건조한** ② **무미건조한, 재미없는**
an arid desert 건조한 사막
an arid story 무미건조한 이야기

명 **aridity** 건조함

day 28

★☆☆
wither
[wíðər]

[비바람(weather)에 노출되다]

동 **시들다**
The plants withered and died. 그 식물들이 시들어 죽었다.

★☆☆
perish
[périʃ]

[(세상에서) 완전히(per) 가버리다(ish)]

동 **죽다, 소멸하다**
Many civilizations have perished. 많은 문명들이 소멸되었다.

형 **perishable** 소멸될 수 있는

기 출 문 제

1. Most members of the camel family are found in <u>arid</u> habitats. [여경 04]

① dirty　　　　② dry
③ arable　　　④ harsh

2. Like many other reformers, Alice Paul, author of the Equal Rights Amendment introduced in Congress in 1923, received little honor in her lifetime but has gained considerable fame _____. [국회8급 05]

① previously　　　② prematurely
③ anonymously　　④ righteously
⑤ posthumously

3. The Babylonians were the first literate civilization, and produced an enormous body of written documents from the earliest periods onwards. All their literature was written on clay tablets, so much more of it has survived than on Egypt s papyrus scrolls, which are more _____. [서울시7급 14]

① amenable　　　② vociferous
③ perishable　　　④ ambiguous
⑤ innate

1. ② 2. ⑤ 3. ③

day 28
25 MD 공무원 VOCA 주제별
지구와 여행

➥ 지구와 우주

earth	명 ① 흙, 땅 ② 《the ~》 지구
axis	명 (중심) 축
Antarctic	명 형 남극(의) ↔ arctic 북극(의)
latitude	명 ① 위도 ↔ longitude 경도 ② (선택·행동의) 자유
hemisphere	명 반구
gravity	명 중력
planet	명 행성
	참고 asteroid 소행성, meteor 유성, comet 혜성
astronaut	명 우주 비행사
constellation	명 별자리
galaxy	명 은하계, 은하수
satellite	명 ① 위성 ② 인공위성
orbit	명 궤도
revolve	동 돌다, 회전하다
	비교 hover (허공을) 맴돌다

➥ 환경

environment	명 환경
ecosystem	명 생태계
ecological	형 생태학적인
eco-friendly	형 친환경적인
conserve	동 아껴 쓰다, 보호하다
contaminate	동 오염시키다 = pollute
pollutant	명 오염물질
carbon dioxide	명 이산화탄소
fossil fuel	명 화석 연료
smog	명 스모그
ozone layer	명 오존층
global warming	명 지구온난화
greenhouse effect	명 온실효과
acid rain	명 산성비
litter	명 쓰레기 동 ① (쓰레기를) 버리다 ② 어지럽게 뒤덮다
	동의어 trash, garbage, rubbish, wastes (폐기물)

➥ 여행

abroad	부 외국에서, 외국으로
	비교 aboard 탑승한
itinerary	명 여행일정표
travel	명 동 (장거리를) 여행(하다)
	관련 tour 관광, sightseeing 관광, trip = excursion (짧은) 여행 journey (장거리) 여행, voyage (긴) 여행

aviation	동 항공, 비행
navigate	명 ① 항해하다, 조종하다 ② 길을 찾다
scenery	명 경치, 풍경
departure	명 출발(지) ↔ destination 도착지
take off	숙어 이륙하다
land	동 ① 착륙하다 ② 차지 [획득]하다
jet lag	숙어 시차로 인한 피로
migrate	동 이주하다, 이동하다
	관련 immigrant (타국에서 온) 이민자, emigrant (타국으로 간) 이민자
baggage	명 (여행용) 짐, 수하물 = luggage
cargo	명 화물
freight	명 화물
inn	명 (시골의) 숙소
sojourn	명 체류
souvenir	명 기념품
exotic	형 이국적인
explore	동 탐험하다
pioneer	명 개척자 = pathfinder

➥ 교통

vehicle	명 ① 차량, 탈것 ② (전달) 수단, 매개체
automobile	명 자동차
aircraft	명 항공기
craft	명 ① 기술 ② 공예(품) ③ (작은) 배, 비행기
barge	명 (화물을 수송하는 배인) 바지선
fuel	명 연료 동 (비유적으로) 기름을 붓다
fare	명 운임, 요금
airfare	명 항공료
toll	명 ① 통행료 ② 사상자 [희생자] 수 숙어 take a toll 큰 피해를 주다
crew	명 승무원
bound	형 《for》 ~행인
transfer	명 갈아타다, 환승하다
convey	동 ① 운반하다, 수송하다 ② (생각·감정 등을) 전달하다
transport	동 수송하다
transit	명 수송, 배송
shipment	명 선적, 수송
thoroughfare	명 간선 도로
sidewalk	명 인도, 보도 = pavement
shortcut	명 지름길 ↔ detour (돌아가는) 우회로
	표현 take a shortcut 지름길로 가다

적중 어휘 심화 학습

★★☆
ecological
[ìːkəládʒikəl]

[환경(eco)에 관한 학문(logi)인(cal)]
형 **생태학적인**
an ecological disaster 생태학적 재난
명 ecology 생태학
부 ecologically 생태학적으로

★★★
vehicle
[víːhikl]

행자부9급 00·01
선관위 02
법원서기보 03
국회8급 04

[(위치를) 옮겨다(vehi) 주는 것(cle)]
명 ① **차량, 탈것** ② (전달) **수단, 매개체**
road vehicles 도로를 달리는 차량들
a vehicle for self-expression 자기표현 수단

★★☆
immigrant
[ímigrənt]

[(타국에서) 이주해(migr) 들어 온(im) 사람(ant)]
명 (타국에서 온) **이민자, 이주자**
an illegal immigrant 불법 이민자
통 immigrate 이민 오다, 이주해 오다

★★☆
sojourn
[sóudʒəːrn]

[며칠(journ) 동안(so) 있는 것]
명 **체류**
a brief sojourn 짧은 체류

day 28

★★☆
pioneer
[pàiəníər]

행자부9급 04

[(처음으로) 발을(pion) 내딛는 사람(eer)]
명 **개척자**
a bold pioneer 용감한 개척자
동 **개척하다**
pioneer a new route 새로운 길을 개척하다
형 pioneering 개척하는, 선구적인

기 출 문 제

1. A short stay is a _____. [경찰]

  ① sojourn   ② habitation
  ③ solace   ④ applause

2. The factory was fined for the <u>contamination</u> of the river.

  ① pollution   ② potential
  ③ pledge   ④ promise

3. During the winter, while the village was empty, several American families and <u>itinerant</u> lead miners had occupied the village and begun planting.

  ① nonlinear   ② nonchalant
  ③ undaunted   ④ unsettled

4. The year 1927 marked the first solo transatlantic flight in _____ history. [중앙인사7급 04]

  ① aviation   ② astronomy
  ③ automobile   ④ anthropology

1. ① 2. ① 3. ④ 4. ①

26 의식주와 농사 day 29

MD 공무원 VOCA 주제별

➟ 의(依) : 입는 것

clothes	명 옷

관련 cloth (천, 옷감), clothe (옷을 입히다), clothing ((특정한) 옷)

apparel	명 의류, -복
attire	명 의복, 복장
costume	명 (특정 시대의) 의상, 복장
suit	명 정장
fabric	명 직물, 천

➟ 식(食) : 먹는 것

appetite	명 ① 식욕 ② 욕구
appetizer	명 식욕을 돋우는 것, 애피타이저

edible	형 먹을 수 있는 ↔ inedible 먹을 수 없는
potable	형 마실 수 있는
palatable	형 맛있는, 입에 맞는 ↔ unpalatable 입에 맞지 않는

cuisine	명 요리
culinary	형 요리의
recipe	명 요리법, 조리법

taste	명 (일반적으로) 맛 동 ~한 맛이 나다
flavor	명 (풍기는) 맛, 풍미
savor	명 (좋은) 맛

seasoning	명 양념 = condiment, spice
spicy	형 ① 양념 맛이 강한, 매운 ② 흥미로운
luscious	형 감미로운, 달콤한
gourmet	명 미식가 = epicure
vegetarian	명 채식주의자

beverage	명 음료, 마실 것
nectar	명 ① 신주(神酒) ② (진한) 과즙
liquor	명 (독한) 술

junk food	명 불량식품, 정크푸드
leftovers	명 남은 음식

succulent	형 즙이 많은 = juicy
desiccated	형 (음식을) 건조시킨, 말린

devour	동 게걸스럽게 먹다
voracious	형 게걸스러운

carnivorous	형 육식성의
herbivorous	형 초식성의
omnivorous	형 잡식성의

ingredient	명 (요리의) 재료, 성분
nutrition	명 영양 = nourishment

관련 nutrient 영양소, nurture 양육하다, malnutrition 영양실조

cater	동 (행사에) 음식을 공급하다
cater to	숙어 ~의 요구 [취향]에 맞추다
anorexia	명 식욕 부진증, 거식증

➟ 주(住) : 거주하는 것

dwell	동 ① 《in》 살다, 거주하다 ② 《on》 숙고하다
resident	명 거주자, 주민 = inhabitant
residence	명 주택, 거주지

cottage	명 (시골에 있는) 작은 집

관련 hut = lodge 오두막, cabin ① 오두막집 ② 선실

cradle	명 ① 요람, 아기 침대 ② 발상지
snug	형 포근한, 아늑한
cozy	형 아늑한
ceiling	명 천장

food, clothing, and shelter	의식주

➟ 농사, 농업

agriculture	명 농업
peasant	명 (가난한) 농부, 소작농
cultivate	동 ① 경작하다 ② (관계·능력을) 기르다, 구축하다
agrarian	형 농업의

arable	형 경작 가능한
fertile	형 비옥한 = fecund
prolific	형 다산의, 다작의
productive	형 생산적인, 비옥한
organic	형 유기농의

barren	형 불모의
sterile	형 ① 불모의, 불임의 ② 살균한, 소독한
sterilize	동 살균하다, 소독하다 = disinfect

rural	형 시골의

동의어 rustic (시골의), bucolic (전원의), pastoral = idyllic (목가적인)

nomadic	형 유목의, 방랑의
vagrant	명 방랑자, 부랑자 = vagabond, tramp

irrigation	명 (물을 대는) 관개
plow	명 (밭을 가는) 쟁기 동 (밭을) 갈다, 경작하다
reap	동 거두다, 수확하다 = harvest
staple	형 주된 명 주식, 주산물

적중 어휘 심화 학습

apparel
[əpǽrəl]
★☆☆

[~에(ap) 맞추어(par) 입는 것(el)]
명 의류, -복
sell ladies' apparel 여성복을 팔다

devour
[diváuər]
★☆☆

[마구(de) 먹어치우다(vour)]
동 게걸스럽게 먹다
devour the prey 먹잇감을 게걸스럽게 먹다

cultivate
[kʌltəvèit]
★★☆

[(밭을) 갈(cult(iv))다(ate)]
동 ① 경작하다, 재배하다 ② (관계·능력을) 기르다, 구축하다
cultivate land 토지를 경작하다
cultivate a good image 좋은 이미지를 구축하다
명 cultivation ① 경작, 재배 ② 함양
형 cultivated ① 경작[재배]된 ② 세련된

arable
[ǽrəbl]
★☆☆

[경작(ar)할 수 있는(able)]
형 경작 가능한
buy arable land 경작 가능한 땅을 사다

prolific
[prəlífik]
★★☆

[앞으로(pro) 자라나게((a)l) 만드는(fic)]
형 다산의, 다작의
a prolific author 다작의 작가

barren
[bǽrən]
★★☆

[(경작이) 막혀(bar(r)) 있는(en)]
형 불모의
a barren desert 불모의 사막

day 29

기출문제

1. The meat looked red and <u>succulent</u> when it was taken from the refrigerator. [국가직7급]
① hefty ② juicy
③ raw ④ rotten

2. Sometimes using <u>desiccated</u> garlic is more convenient when cooking at home. [국회8급 10]
① stripped ② soaked
③ dry ④ chopped
⑤ sliced

3. Land refers to all natural resources that are usable in the production process: <u>arable</u> land, forest, mineral and oil deposits.
① dry ② fertile
③ developed ④ damp

4. Hans Island is a <u>barren</u> chunk of rock measuring less than 1.5 square kilometers.
① puny ② infertile
③ legendary ④ precious

1. ② 2. ③ 3. ② 4. ②

day 29
27 MD 공무원 VOCA 추제별
전쟁과 파괴

▪ 싸움과 전쟁

war	명	전쟁
warfare	명	(특정 방식의) 전쟁, 전투
wage	동	(전쟁을) 치르다, 벌이다
battle	명	전투 = combat
bloodshed	명	유혈 사태
duel	명	결투, 싸움
army	명	① 군대 ② 육군

관련 arms 무기, armament 군비 확충 ↔ disarmament 군비 축소, armada 함대

troop	명	(대규모) 병력, 부대
warrior	명	전사(戰士)
sniper	명	저격수, 스나이퍼
recruit	명	신병 동 (신병·신입사원을) 모집하다
command	동	① 명령하다 ② (관심·존경을) 받다 ③ (높은) 위치에 있다
strategy	명	전략
tactics	명	전술
enemy	명	적 = foe
resist	동	저항하다
beat	동	① 치다, 때리다 ② 이기다, 물리치다
batter	동	(연속으로) 때리다, 난타하다
defeat	동	물리치다, 패배시키다 명 패배
conquer	동	① 정복하다 = vanquish ② 극복하다
quell	동	(반란을) 진압하다, (감정을) 가라앉히다
subdue	동	① 진압하다 ② (감정을) 억누르다
subjugate	동	복종시키다, 지배하다
triumph	명	(큰) 승리 = victory
colony	명	① 식민지 ② (같은 종류의) 집단, 무리
bomb	명	폭탄 동 폭격하다
explode	동	폭발하다, 터뜨리다
blow up	숙어	폭파하다
nuclear weapon	명	핵무기

▪ 공격과 수비

attack	명 동	① 공격(하다) ② (병의) 발병

동의어 aggression, incursion (급습), raid (습격), invasion (침략), assault (폭행), counterattack (반격)

reprisal	명	복수, 보복

동의어 revenge, vengeance, retaliation, retribution, avenge (복수하다), get even with (~에 복수하다)

belligerent	형	호전적인, 적대적인 = bellicose
antagonistic	형	적대적인 = hostile
invincible	형	천하무적의, 이길 수 없는

동의어 invulnerable (해 입지 않는), impregnable (난공불락의), insurmountable (극복할 수 없는), unbeatable

defend	동	① 방어하다 ② 옹호하다
fend off	숙어	~을 막다, 물리치다
forestall	동	미연에 방지하다

▪ 건설과 파괴

construct	동	건설하다
architecture	명	① 건축(술) ② 건축학
destroy	동	파괴하다

동의어 demolish, raze, pull down = tear down (허물다)

devastate	동	완전히 파괴하다

동의어 wipe out, wreak havoc on, ravage (황폐하게 하다)

dilapidated	형	황폐한
run-down	형	황폐한
derelict	형	(건물이) 버려진
collapse	동	① 붕괴되다 ② 폭락하다
crumble	동	허물어지다, 부스러지다
shatter	동	산산이 부수다 [부서지다]
dismantle	동	분해하다, 해체하다
crush	동	① 으스러뜨리다, 빻다 ② 진압하다, 짓밟다
wreck	명	난파선, 잔해 동 파괴하다
debris	명	잔해
sabotage	명	고의적 기물 파괴
vandalism	명	공공 기물 파괴

▪ 변화를 나타내는 것들

alter	동	바꾸다, 변경하다
transform	동	변형시키다
modify	동	(알맞게) 변경하다
convert	동	① 전환하다 ② 개종하다
divert	동	~의 방향을 바꾸다
veer	동	방향을 홱 틀다 [바꾸다] = swerve
innovation	명	혁신, 쇄신
renovation	명	(건물의) 개조, 보수
variation	명	변화, 변이
upheaval	명	격변, 대변동
maelstrom	명	대혼란, 소용돌이
various	형	다양한

동의어 diverse, multifarious

immutable	형	불변의
invariable	형	변함없는

적중 어휘 심화 학습

★★☆
defeat
[difíːt]

[(상대의 공격을) 원상태로(de) 하다(feat)]
동 **물리치다, 패배시키다**
 defeat the enemy 적을 물리치다
명 **패배**

★★☆
demolish
[dimáliʃ]

[아래로(de) 지어진 것(mol)을 내리다(ish)]
동 **허물다, 무너뜨리다**
 demolish a building 건물을 허물다
명 demolition 파괴, 철거

★★☆
devastate
[dévəstèit]

[완전히(de) 버려(vast)놓다(ate)]
동 ① **완전히 파괴하다** ② **큰 충격을 주다**
 The bombing devastated the city.
 폭격이 그 도시를 완전히 파괴했다.
 be devastated by his death 그의 죽음에 큰 충격을 받다
명 devastation 대대적인 파괴
형 devastating ① 대단히 파괴적인 ② 엄청난 충격을 주는

★★★
collapse
[kəlǽps]

선관위9급 06
지방직9급 13

[완전히(col) 떨어(lap)지다(se)]
동 ① **붕괴되다, 무너지다** ② **폭락하다**
 The building collapsed. 그 건물이 붕괴되었다.
 Oil prices had collapsed. 유가가 폭락했다.
명 ① **붕괴, 폭락** ② **(몸이 아파) 쓰러짐**

★★☆
crush
[krʌʃ]

[crash '박살내다'의 변형으로 '으스러뜨리다']
동 ① **으스러뜨리다, 빻다** ② **진압하다, 짓밟다**
 crush the rebellion 반란을 진압하다
명 **(강렬한) 짝사랑, 홀딱 반함**
 have a crush on her 그녀에게 홀딱 반하다

day 29

기 출 문 제

1. She is rather <u>antagonistic</u> to the church members.
   [경찰 05]
   ① in favor of   ② ignorant
   ③ curious   ④ opposed

2. The Supreme Court on Tuesday adopted a broad reading of two federal civil rights laws to protect employees from <u>retaliation</u> when they complain about discrimination in the workplace. [감평사 08]
   ① nurturing   ② deity
   ③ obscurity   ④ arrogance
   ⑤ reprisal

3. There is an upside to this <u>upheaval</u>. The leading fast-food chains have been forced to concentrate more than other businesses on designing their jobs and training programs with an eye toward quickly adapting large numbers of raw recruits. [국회8급 08]
   ① advantage   ② disruption
   ③ low salary   ④ eye-opener
   ⑤ recruit

1. ④ 2. ⑤ 3. ②

day 29
28 사람과 사회

➡ 함께 하는 사회

society	명 사회
community	명 지역 사회, 공동체
custom	명 ① 관습 ② 《-s》 세관, 관세
stratify	동 계층화하다　명 stratum (사회) 계층
festival	명 축제
feast	명 잔치, 연회
banquet	명 연회
entertain	동 ① 접대하다 ② 즐겁게 해 주다 ③ (생각·감정을) 품다
contact	명 접촉, 연락　동 ~에게 연락하다
interact	동 소통하다, 교류하다
interdependent	형 상호의존적인
intimate	형 (아주) 친한　동 넌지시 알리다
assimilate	동 동화하다
alienate	동 (사람을) 멀어지게 하다
estrange	동 (사이를) 멀어지게 하다
divorce	명 이혼
recluse	명 은둔자

➡ 한 집안 사람들

lineage	명 혈통, 가계
racial	형 인종의
ethnic	형 민족의
kinship	명 친족
ancestor	명 조상, 선조 = forefather
descendant	명 자손
progeny	명 자손
posterity	명 후세
domestic	형 ① 가정의 ② 국내의
spouse	명 배우자
conjugal	형 부부의
	동의어 matrimonial, connubial, marital (결혼의)
offspring	명 자식, (동물의) 새끼
sibling	명 형제자매
fraternal	형 형제의 ↔ sororal 자매의
adolescent	명 청소년
juvenile	형 청소년의
gender	명 성별
feminine	형 여성의, 여성스러운 = female
masculine	형 남성의, 남자다운

➡ 물려주고 물려받기

genetic	형 유전의, 유전학의
hereditary	형 유전적인, 세습적인
heir	명 상속인
inherit	동 물려받다, 상속받다
heritage	명 유산
	동의어 legacy, inheritance, patrimony (세습 재산)
bequeath	동 물려주다, 유증하다
hand down	숙어 물려주다
	비교 hands down 손쉽게, 수월하게

➡ 함께하는 것

accompany	동 동행하다
assemble	동 ① 모으다, 모이다 ② 조립하다 = put together
converge	동 모여들다, 집중되다 ↔ diverge 갈라지다. 분기되다
rally	동 ① 결집하다, 단결시키다 ② 회복하다
mingle	동 섞다, 섞이다 = mix
combine	동 결합하다
consolidate	동 ① (하나로) 합치다 ② 굳히다, 강화하다
coalesce	동 합쳐지다, 연합하다
compound	명 복합체　동 ① 혼합하다 ② 악화시키다
collaborate	동 《with》 협력하다
cooperate	동 《with》 협력하다
mutual	형 상호간의
reciprocal	형 상호간의
mass	명 ① 덩어리 ② 다수 ③ 《the masses》 대중, 무리
throng	명 군중, 인파
	동의어 crowd, multitude, legion

➡ 관계, 관련

relationship	명 관계
rapport	명 (친밀한) 관계
correlation	명 연관성, 상관관계
concerned	형 ①《with》 관계된, 관심이 있는 ②《about》 걱정하는
pertinent	형 《to》 (주제와) 관련된, 적절한
	동의어 proper, apposite, felicitous ((말이) 적절한), germane (밀접한 관련이 있는)
irrelevant	형 《to》 ~와 관계없는
extraneous	형 《to》 ~에 관련 없는

적중 어휘 심화 학습

★★☆
accompany
[əkʌ́mpəni]

[~와(ac) 동행(company)하다]
동 ① **동행하다, 동반하다** ② **반주 해주다**
accompany him to the station 그와 역까지 동행하다
accompany her on the piano 피아노로 그녀의 노래에 반주 해주다
명 accompaniment ① 반주 ② 안주

★☆☆
conjugal
[kúndʒugəl]

[(남녀가 하나로) 함께(con) 연결(jug)되어 합쳐진(al)]
형 **부부의**
conjugal love 부부애

★★☆
domestic
[dəméstik]

[집(dome)의((s)tic)]
형 ① **가정의** ② **국내의** ↔ foreign 외국의
domestic violence 가정 폭력
domestic consumption 국내 소비, 내수
동 domesticate 길들이다

★☆☆
offspring
[ɔ́fspriŋ]

[(어미의 몸에서) 튀어(spring)나온(off) 존재]
명 **자식, (동물의) 새끼**
produce/raise offspring 자식을 낳다/키우다

★★☆
reciprocal
[risíprəkəl]
행안부9급 11

[reci(뒤) pro(앞)으로 주고받는]
형 **상호간의**
a reciprocal trade agreement 상호 무역 협정
동 reciprocate (서로) 화답하다

★★☆
bequeath
[bikwíːθ]
행자부9급 03
국회8급 07

[(유언으로) 말(queath)하다(be)]
동 **물려주다, 유증하다** ↔ inherit 물려받다, 상속하다
bequeath a fortune to him 그에게 많은 돈을 물려주다
명 bequest 유증

day 29

기 출 문 제

1. They all agreed that the <u>legacy</u> of the corrupt corporation was chaos, bankruptcy and despair. [국회 07]
① penance ② bequest
③ sequence ④ outcome
⑤ punishment

2. It is through his <u>progeny</u> that his name shall live on. [국회8급 05]
① genius ② student
③ achievement ④ offspring
⑤ invention

3. In recent years his relatives tried repeatedly to persuade him to give up his trial. He angrily rebuffed the pleas. Just as his <u>siblings</u> lamented his narrow mind, he certainly despised their ideas. [국가직9급 04]
① friend ② parents
③ riot ④ brother and sister

4. They remained _____ friends throughout their lives.
① intimate ② material
③ mutual ④ purposeful

1. ② 2. ④ 3. ④ 4. ①

day 29
29

MD 공무원 VOCA 주제별
서로 반대되는 것들

◼ 크고 작음

huge	형 엄청난 = vast
immense	형 엄청난, 어마어마한
enormous	형 거대한, 막대한
colossal	형 거대한
	동의어 gigantic, prodigious, massive, staggering, tremendous, stupendous
copious	형 엄청난, 방대한
bulky	형 부피가 큰
sizable	형 꽤 큰, 상당히 큰
hefty	형 크고 무거운
compact	형 소형의, 간편한
tiny	형 아주 작은
infinitesimal	형 극소의
	동의어 diminutive, minute, minuscule
trivial	형 사소한, 하찮은
	동의어 trifling, negligible, petty, paltry (보잘 것 없는)

◼ 증가와 감소

increment	명 증가 = increase
augment	동 증가시키다
accrue	동 (저절로) 증가하다
burgeon	동 급증하다
mushroom	동 급증하다
proliferate	동 급증하다, 확산되다
reduce	동 줄이다, 축소하다
	동의어 lessen, diminish, shrink = dwindle (줄어들다) abate (약해지다, 줄이다)
curtail	동 삭감하다, 단축하다
retrench	동 삭감하다, 긴축하다
cut back	숙어 줄이다, 삭감하다
wane	동 약해지다, 줄어들다

◼ 양이 많고 적음

abundant	형 풍부한
numerous	형 많은　비교 numerical 수의, 숫자로 나타낸
profuse	형 많은, 다량의
teem	동 《with》 ~로 가득 차다
innumerable	형 셀 수 없이 많은
	동의어 countless, incalculable, myriad (무수히 많음)
substantial	형 상당한
considerable	형 상당한
ample	형 충분한, 넉넉한

lavish	형 후한, 풍성한
generous	형 후한, 너그러운
scanty	형 부족한, 빈약한
deficient	형 부족한
insufficient	형 불충분한
meager	형 불충분한, 빈약한
tenuous	형 미약한, 보잘것없는
negligible	형 얼마 안 되는, 사소한
lack	명 부족, 결핍
	동의어 dearth, scarcity, paucity

◼ 강하고 약함

robust	형 튼튼한, 견고한
sturdy	형 튼튼한
hardy	형 강인한
overwhelming	형 압도적인
superiority	명 우월감 ↔ inferiority 열등감
brittle	형 부서지기 쉬운
fragile	형 부서지기 쉬운, 약한
frail	형 노쇠한, 허약한
	동의어 feeble (허약한), infirm (병약한), decrepit (노후한)
vulnerable	형 《to》 취약한 ↔ invulnerable 해칠[물리칠] 수 없는
susceptible	형 《to》 (~에) 약한, 영향 받기 쉬운
faint	형 ① 희미한, 약한 ② (가능성이) 아주 적은
	동 기절하다, 실신하다 = pass out

◼ 깨끗함과 더러움

neat	형 단정한, 깔끔한 = tidy
hygienic	형 위생적인 = sanitary
pristine	형 오염되지 않은, 아주 깨끗한 = unpolluted
antiseptic	형 살균의, 소독의
disinfect	동 소독하다, 살균하다 = sterilize
slimy	형 (더럽고) 끈적끈적한, 점액질의
foul	형 더러운, 불결한
	동의어 nasty, filthy, impure (불순한), sordid = squalid = slovenly = messy (지저분한)
defile	형 더럽히다
stain	동 얼룩지게 하다, 더럽히다
smudge	명 얼룩　동 번지게 하다, 더럽히다
tarnish	동 ① 변색되다 ② (평판을) 더럽히다

적중 어휘 심화 학습

★★☆ curtail [kəːrtéil]

[짧아지게(curt) 하다]

동 **삭감하다, 단축하다**

curtail a budget 예산을 삭감하다

★★☆ diminish [dimíniʃ]

[완전히(di) 작아지게(mini) 하다]

동 **줄(이)다, 약화시키다**

the illness that diminishes his strength 그의 힘을 약화시키는 병

명 diminution 감소, 축소

형 diminutive 아주 작은

★★☆ dwindle [dwíndl]

[죽어(dwi)나가다]

동 **(점점) 줄어들다** = wane

The population is dwindling. 인구가 줄고 있다.

★★☆ robust [roubʌst]

[강(rob)한]

형 **튼튼한, 견고한**

robust furniture 튼튼한 가구 / a robust economy 튼튼한 경제

★★★ vulnerable [vʌlnərəbl]

행자부9급 03

[상처(vulner) 입을 수 있는(able)]

형 **취약한, 연약한**

be vulnerable to attack/disease 공격/질병에 취약하다

명 vulnerability 상처받기 쉬움, 취약성

★★☆ faint [feint]

[(세기·정도가) 약(fain)한(t)]

형 **① 희미한, 약한 ② (가능성이) 아주 적은**

a faint noise 희미한 소리

a faint hope 실낱같은 희망

동 **기절하다, 실신하다** = pass out

faint from the pain 고통으로 실신하다

day 29

기출문제

1. Rather than leaving immediately, they waited for the storm to _____. [서울 지방직 06]

① abate ② abjure
③ abridge ④ abrade
⑤ abolish

2. Because of its incredibly _____ natural resources, the United States appeared to be a "land of plenty" where millions come to seek their fortunes.
[중앙인사9급 07]

① forged ② abundant
③ stagnant ④ hazardous

3. Because malignant cells _____, early detection of cancer is absolutely crucial to successful cure. [경기 07]

① diminish ② adjourn
③ proliferate ④ aggravate

4. They not only ate healthy foods, but engaged in robust physical activity. [서울직 05]

① delicate ② trained
③ strong ④ systematic
⑤ restorative

1. ① 2. ② 3. ③ 4. ③

day 30
30
MD 공무원 VOCA 주제별
공필 명사　day 30

▶ 사물을 나타내는 명사

steel	명 강철　동 (~에 대비해) 마음을 단단히 먹다 = brace
spur	명 박차, 자극제　동 박차를 가하다, 자극하다
trap	명 덫, 함정　동 함정에 빠뜨리다
poison	명 독(약)　동 ① 독살하다 ② 오염시키다, 해치다
tool	명 도구
equipment	명 장비, 장치
device	명 장치, 기구
mechanism	명 ① 기계 장치 ② 방법, 메커니즘
instrument	명 ① (정밀) 기구 ② 악기
implement	명 (작업용) 도구
gadget	명 (작고 유용한) 도구, 장치
gear	명 (특정) 장치
appliance	명 (가정용) 기기, 가전제품
apparatus	명 기구, 장치
utensil	명 (요리·주방) 기구
pottery	명 도자기 = ceramics
gauge	명 측정기, 게이지
stretcher	명 (부상자를 나르는) 들것
cutting-edge	형 최첨단의
	참고 state-of-the-art (최신의), top-of-the-line (최고급의)

▶ 장소를 나타내는 명사

region	명 ① 지방, 지역 ② (인체의) 부위
province	명 ① (행정 단위로) -주, -도 ② 분야
precinct	명 구역, 지구
terrain	명 지형, 지역
hub	명 중심지, 중추
suburb	명 교외
venue	명 (행사) 장소, 개최지
spot	명 ① (작은) 점, 얼룩 ② 지점, 장소
milestone	명 ① 이정표 ② 획기적인 사건
landmark	명 ① 대표적 건물 [구조물] ② 획기적인 사건
skyscraper	명 초고층 건물, 마천루

▶ 여러 부류의 사람들

adversary	명 (언쟁·전투에서) 상대방, 적수 = opponent
athlete	명 운동선수
mechanic	명 기계공

sovereign	명 군주, 국왕 = monarch
sage	명 현자, 현명한 사람
pundit	명 전문가, 권위자 = guru
veteran	명 베테랑, 전문가 = expert
old hand	명 노련한 사람
protagonist	명 ① 주인공 ② 주창자
vanguard	명 선봉, 선두
usher	명 (좌석) 안내원　동 안내하다
barbarian	명 야만인　형 barbarous 잔혹한
orphan	명 고아
proxy	명 대리(인)

▶ 추가 중요 명사

worth	명 가치　전 ~의 가치가 있는
endeavor	명 노력　동 노력하다
epitome	명 본보기, 전형　동 epitomize ~을 전형적으로 보여주다
emblem	명 상징 = symbol
cue	명 (~ 하라는) 신호
censorship	명 검열
census	명 인구 조사
poll	명 여론 조사
necessity	명 ① 필요(성) ② 필수품
content	명 내용(물)　형 《with》 만족하는
cluster	명 (작은 것들의) 무리　동 무리를 이루다
	동의어 bunch (다발), bundle (묶음), chunk (덩어리), loaf ((빵의) 한 덩이)
watershed	명 분수령 = turning point
drift	명 ① (점진적) 이동, 추이 ② 취지, 요지
velocity	명 속도 = speed
vestige	명 자취, 흔적
facet	명 측면, 양상 = aspect
function	명 ① 기능 ② 행사, 의식
junk	명 폐물, 쓸모없는 물건
perforation	명 (작게 뚫린) 구멍
ventilation	명 통풍, 환기
impact	명 ① 충돌 ② (강한) 충격, 영향
	숙어 have an impact on ~에 영향을 주다
clout	명 영향력 = influence
curfew	명 통행금지
antithesis	명 반대 (되는 것)
cacophony	명 불협화음
inharmony	명 부조화, 불화

적중 어휘 심화 학습

★☆☆
discrepancy
[diskrépənsi]

[(원래 하나였던 것에서) 갈라져(dis) 쪼개진(crep) 것]

명 **차이, 불일치**
the discrepancy between their accounts of the accident
그 사고에 대한 그들의 설명상의 차이

★★☆
impact
[ímpækt]

[~안에(im) 처박다(pact)]

동 **~에 충격[영향]을 주다**
impact the country's economy 그 나라의 경제에 충격을 주다

명 **① 충돌, 충격 ② (강력한) 영향**
the impact of the two cars 두 차량의 충돌
have an impact on health 건강에 영향을 주다

★★☆
spur
[spəːr]
서울시9급 15

[(말 옆구리를) 차는 것(spur)]

명 **박차, 자극제**
provide a spur to greater work 더 열심히 일하도록 자극하다

동 **박차를 가하다, 자극하다**
spur economic growth 경제 성장에 박차를 가하다

숙어 on the spur of the moment 순간적인 충동에서

★☆☆
cutting-edge
[kʌtiŋ-edʒ]

[(뾰족해지도록) 끝을(edge)을 계속 자르는(cutting) *뾰족한 끝이 가장 앞(선두)를 뜻함]

형 **최첨단의**
use cutting-edge technology 최첨단 기술을 사용하다

★★★
worth
[wəːrθ]
행자부9급 04

명 **가치** = value

전 **~의 가치가 있는**
a jewel worth 5,000 dollars 5천 달러의 가치가 있는 보석
/ be not worth reading 읽을 가치가 없다

형 worthy 가치 있는 – be worthy of respect 존경할 만하다

형 worthwhile 가치 있는 – a worthwhile investment 가치 있는 투자

day 30

기 출 문 제

1. The Western people use <u>utensils</u> to show a high degree of prestige and sophistication on the table.
[국가직9급 99]

① tools used for mending ② tools used for eating
③ tools used for clothing ④ tools used for painting

2. From the moment he set up the sop on Avenue K, Stanley Kaplan was a <u>pariah</u> in the educational world.
[국회8급 08]

① an outcast ② a king
③ an expert ④ a movie
⑤ a creator

3. Her first performance at the Metropolitan Opera House was a <u>milestone</u> in American music.

① windmill ② landmark
③ skyscraper ④ stepping stone

4. Just as China's economic boom fueled a roaring demand for raw materials across the world, so too did it _____ a frenzy for recyclable paper, plastic and metals.

① exceed ② contain
③ spur ④ extinguish

1. ② 2. ① 3. ② 4. ③

day 30
31 | MD 공무원 VOCA 주제별
공필 동사

▶ 행동·동작을 나타내는 동사

trim	동 다듬다, 손질하다
arrange	동 ① 정리하다 ② 마련 [준비] 하다
heap	동 쌓아올리다
hoist	동 (밧줄·기계로) 들어올리다
grind	동 (잘게) 갈다, 빻다
sever	동 절단하다
shed	동 ① 없애다, 버리다 ② (눈물을) 흘리다 ③ (빛을) 비추다
desert	동 버리다
	동의어 forsake, discard (불필요한 것을) 버리다
wander	동 거닐다, 돌아다니다
	동의어 roam, rove (방랑하다)
bustle	동 바삐 움직이다, 서두르다
rush	동 급히 움직이다, 서두르다 = dash
abscond	동 도주하다 = flee
extricate	동 탈출시키다, 빠져나오게 하다
isolate	동 격리하다, 고립시키다
insulate	동 ① 격리 [차단] 하다 ② 절연 [단열] 시키다
soak	동 ① 흠뻑 적시다 ② 바가지요금을 씌우다
stuff	동 (빽빽이) 채워 [쑤셔] 넣다 = cram
clutter	동 (마구) 집어넣다 명 어수선함, 잡동사니
bury	동 묻다, 매장하다 명 burial 매장
rummage	동 (여기저기) 뒤지다
	동의어 ransack, scour = comb (샅샅이 뒤지다)
cling	동 꼭 붙잡다, 달라붙다
beseige	동 포위하다, 에워싸다 명 siege 포위공격
bounce	동 (공이) 튀다, (공을) 튀기다
emulate	동 모방하다, 흉내 내다
	동의어 imitate (모방하다), mimic (흉내내다)

▶ 긍정적 의미의 동사

engage	동 ① (관심을) 끌다 ② 고용하다 ③ 약혼하다
bolster	동 북돋우다, 강화하다
prop up	동 지원하다, 받쳐 주다 = buttress
foster	동 조성하다, 발전시키다
entrench	동 (기반을) 확고하게 하다
guarantee	동 보장하다 명 품질보증서 = warranty
	동의어 assure, vouch for
harness	동 (동력으로) 이용하다
shield	동 (가려서) 보호하다
safeguard	동 보호하다 명 안전장치

▶ 부정적 의미의 동사

exhaust	동 ① (완전) 지치게 하다 ② 고갈시키다
drain	동 ① (물을) 빼내다, 빠지다 ② (자원을) 고갈시키다
undermine	동 (기반을) 약화시키다
	동의어 attenuate, enfeeble, sap, dilute (희석하다), erode ① 침식하다 ② 약화시키다)
infest	동 (쥐·해충 등이) 들끓다, 우글거리다 = overrun
stifle	동 ① 질식시키다 ② (감정 등을) 억누르다, 억압하다
	동의어 choke (질식시키다), suffocate (질식사하다)
clog	동 막다, 막히다
deter	동 단념시키다, 그만두게 하다 = discourage
disguise	동 위장하다, 변장하다
betray	동 ① 배반하다 ② (비밀을) 넘겨주다
adulterate	동 불순물을 섞다
fade	동 ① (색이) 바래다, 희미해지다 ② 점차 사라지다
confiscate	동 압수하다, 몰수하다
forfeit	동 몰수 [박탈] 당하다

▶ 중요 공필 동사

elicit	동 (정보·반응을) 끌어내다
procure	동 (어렵게) 구하다, 입수하다
retrieve	동 되찾아오다, 회수하다
derive	동 ① 《from》 ~에서 유래되다 ② ~을 얻다
stem	동 ① 《from》 ~에서 유래되다 ② 막다, 저지하다
yield	동 ① (결과를) 내다, 산출하다 ② 《to》 양보 [굴복] 하다
offset	동 상쇄하다
neutralize	동 무효화시키다 = negate
outweigh	동 (가치·중요성이) ~보다 더 크다
exercise	동 (권력·능력 등을) 행사하다, 발휘하다 = exert
wield	동 (무기·권력을) 휘두르다
penetrate	동 ① 관통하다, 침투하다 ② 간파하다
infiltrate	동 침투시키다, 스며들다
permeate	동 스며들다
overtake	동 ① 따라잡다, 추월하다 ② (나쁜 일이) 닥치다, 덮치다
withdraw	동 ① 후퇴 [철수] 하다 ② 철회하다 ③ 인출하다
identify	동 ① (신원을) 확인하다 ② (원인을) 발견하다 ③ 동화되다
furnish	동 ① (가구를) 비치하다 ② 제공 [공급] 하다
distill	동 증류하다
withhold	동 주지 않다, 보류하다
warp	동 ① 휘다, 틀어지다 ② 삐뚤어지게 하다

적중 어휘 심화 학습

★★☆
engage
[ingéidʒ]

[담보(gage)를 잡아 맺어두다(en)]
동 ① (관심을) 끌다 ② 고용하다 ③ 약혼하다 ④ 교전하다
The toy engaged the child. 그 장난감이 그 아이의 관심을 끌었다.
engage a tutor 가정교사를 고용하다
be engaged to a beautiful woman 아름다운 여자와 약혼하다
engage (with) the enemy 적과 교전하다
명 engagement ① 약혼 ② 약속 형 engaging 매력적인
숙어 engage in ~을 하다, ~에 종사하다

★★★
exhaust
[igzɔ́:st]
전북9급 04

[(힘을) 밖으로(ex) 다 끌어내다(haust)]
동 ① (완전) 지치게 하다 ② 고갈시키다
the difficult task exhausting me 나를 완전히 지치게 하는 힘든 일
exhaust a fortune in gambling 도박으로 많은 돈을 다 써버리다
명 exhaustion ① 기진맥진, 탈진 ② 고갈
형 exhausting 지치게 하는 형 exhaustive 철저한

★★★
identify
[aidéntəfài]
국회8급 04
행안부9급 13

[같은(ident)지를 보다]
동 ① (신원을) 확인하다 ② (원인을) 찾다, 발견하다 ③ 동화되다, 동일시하다
identify the body as the criminal 그 시체가 그 범인임을 확인하다
identify the cause of the problem 그 문제의 원인을 찾다
identify with the main character in the movie 그 영화의 주인공과 동화되다
명 identification ① 신원 확인 ② 신분증 ③ 동질감
형 identical 동일한, 똑같은 명 identity 신원, 정체(성)

day 30

★★☆
yield
[ji:ld]

[(결과·길을) 내주다(yield)]
동 ① (결과를) 내다, 산출하다 ② 양보하다, 굴복하다
yield good crops 많은 농작물을 산출하다(풍년이다)
yield to the enemy 적에게 항복하다
명 산출, 수확(량)
give a high yield 수확이 좋다

기 출 문 제

1. At that time, it was so difficult for construction companies to <u>procure</u> raw materials. [지방직9급 12]
   ① obtain ② proclaim
   ③ resolve ④ grind

2. Searchers <u>scouring</u> the Indian Ocean for the missing aircraft's debris rule out four orange items as old fishing gear, and officials revise the last words of the cockpit crew to air traffic control. [서울시7급 14]
   ① discard ② ransack
   ③ enjoin ④ stray
   ⑤ provoke

3. Language purists wish to _____ change in language or dialect differentiation because of their false belief that some languages are better than others, or that change leads to corruption. [경찰 07]
   ① stem ② promote
   ③ condone ④ follow

1. ① 2. ② 3. ①

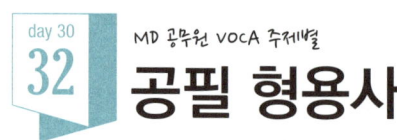

day 30
32 공필 형용사
MD 공무원 VOCA 주제별

■ 좋은 뜻 형용사

splendid	형 아주 멋진, 훌륭한
	동의어 supreme = paramount (최고의), brilliant (눈부신), magnificent (웅장한), sublime (아주 훌륭한)
unparalleled	형 비길 [견줄] 데 없는
	동의어 unequalled, peerless, second to none
promising	형 유망한, 촉망되는 = up-and-coming
exemplary	형 모범적인
exceptional	형 특출난, 매우 뛰어난
singular	형 뛰어난, 독보적인
extraordinary	형 비범한, 대단한
sophisticated	형 ① 세련된 ② 정교한
urbane	형 세련된, 품위 있는
lofty	형 ① 아주 높은 ② 고귀한 = noble
comely	형 예쁜, 아름다운
personable	형 (사람이) 매력적인
inviting	형 매력적인
	동의어 engaging, riveting, beguiling (묘한 매력이 있는)
infallible	형 절대 확실한 = foolproof
impeccable	형 흠 잡을 데 없는 = flawless
immaculate	형 티 없이 깨끗한
exhaustive	형 철저한 = thorough
astute	형 예리한, 날카로운 = acute
keen	형 ① 날카로운, 예리한 ② 《on》 아주 좋아하는
avid	형 ① 열심인 ② 열망하는 = eager
indefatigable	형 지칠 줄 모르는 = unflagging
shrewd	형 (행동·판단이) 빠른, 기민한
supple	형 유연한 = lithe
precocious	형 조숙한
seasoned	형 경험 많은, 노련한 = experienced
auspicious	형 길조의
propitious	형 (시기가) 좋은, 유리한
decent	형 ① 적당한, 괜찮은 ② 예의 바른, 품위 있는
handy	형 편리한, 가까이 있는
salutary	형 유익한, 이로운 = beneficial
quaint	형 예스러운, 진기해서 멋진
venerable	형 존경할만한, 유서 깊은
opulent	형 호화로운, 부유한
	동의어 sumptuous, luxurious, flamboyant (화려한)

■ 나쁜 뜻 형용사

tame	형 ① 길들여진 ② 재미없는
	동의어 dull = tedious (지루한), flat = vapid (김빠진), monotonous = bland (단조로운), insipid (싱거운), prosaic (따분한)

shabby	형 낡은, 허름한
wornout	형 닳아 해진
lousy	형 형편없는, 엉망인
flimsy	형 조잡한, 엉성한
marginal	형 미미한, 중요하지 않은 = peripheral
eerie	형 괴상한, 으스스한
bizarre	형 기이한
hideous	형 흉측한
precarious	형 불안정한 = unstable, insecure
volatile	형 ① 변덕스러운 ② 불안정한
ominous	형 불길한
sinister	형 불길한
dire	형 대단히 심각한, 엄청난
relentless	형 누그러지지 않는 = unrelenting
stark	형 ① 삭막한 ② 냉혹한, 거친
wretched	형 ① 비참한 ② (기분·몸이) 몹시 안 좋은
strident	형 귀에 거슬리는, 거친
raucous	형 요란한, 시끌벅적한
boisterous	형 시끌벅적한, 활기 넘치는
awkward	형 ① 어색한, 어설픈 ② (처리하기) 곤란한
clumsy	형 서투른
	동의어 maladroit, all thumbs (손재주가 없는)
quixotic	형 비현실적인 = unrealistic
preposterous	형 앞뒤가 뒤바뀐, 터무니 없는
banal	형 진부한
	동의어 hackneyed, trite, stereotyped
cumbersome	형 크고 무거운, 다루기 힘든
	동의어 intractable, unwieldy
lean	형 ① 야윈, 마른 ② 수확이 적은
delicate	형 연약한, 여린 = sensitive
blatant	형 노골적인, 뻔한
toxic	형 유독성의 = poisonous

■ 추가 중요 형용사

crucial	형 결정적인, 중대한
pivotal	형 중추적인
drastic	형 극단적인, 급격한
formidable	형 가공할, 어마어마한 = redoubtable

inevitable	형 피할 수 없는 = unavoidable	available	형 ① 이용할[구할] 수 있는 ② 시간이[여유가] 있는
irreparable	형 회복할 수 없는	sheer	형 순전한 = downright
	동의어 irreplaceable (대체할 수 없는), irrevocable (취소할 수 없는), irretrievable (돌이킬 수 없는), irreversible (되돌릴 수 없는)	virtual	형 ① 사실상의 ② (컴퓨터를 이용한) 가상의
dense	형 빽빽한, 밀집한 ↔ sparse 드문드문한, 듬성듬성한	solitary	형 혼자 하는[있는] 명 solitude 고독
creaky	형 삐걱거리는	solemn	형 엄숙한, 진지한
damp	형 축축한, (물에) 젖은 = dank	gross	형 ① (다 합쳐) 총- ② 심각한 ③ 무례한, 역겨운
		inscrutable	형 불가해한 = mysterious
empirical	형 경험적인	oblique	형 ① 비스듬한 ② 간접적인 = indirect
heuristic	형 체험적인	ancillary	형 보조적인, 부수적인 = subsidiary
idiosyncratic	형 특이한, 특유의	homogeneous	형 동종의, 동질의 ↔ heterogeneous 여러 종류로 이뤄진

적중 어휘 심화 학습

★★☆
salutary
[sǽljutèri]
행자부9급 00

[건강(salut)에 좋은(ary)]
형 **유익한, 이로운**
　　a salutary lesson 유익한 교훈

★★☆
shrewd
[ʃruːd]

[뾰족뒤쥐(shrew)처럼 재빠른]
형 **(행동·판단이) 빠른, 기민한**
　　a shrewd businessman 상황 판단이 빠른 사업가

★★☆
crucial
[krúːʃəl]

[십자 모양의 갈림길(cruc)에 있는(ial)]
형 **결정적인, 중대한**
　　play a crucial role 중대한 역할을 하다

★★★
volatile
[válətil]

[날아가기(volat) 쉬운(ile)]
형 **① 변덕스러운 ② 불안정한**
　　a volatile woman 변덕스러운 여자
　　the volatile stock market 불안정한 주식 시장
명 volatility 변덕, 급변성

★★☆
virtual
[vɔ́ːrtʃuəl]

[(실제는 아니지만) 장점(virtu)이 있는(al)]
형 **① 사실상의 ② (컴퓨터를 이용한) 가상의**
　　be a virtual impossibility 사실상 불가능하다
　　virtual reality 가상현실
명 virtue ① 선행, 미덕 ② 장점

day 30

기 출 문 제

1. Humankind plays a <u>pivotal</u> role in everything.
[국가직9급 09]

　① important　　② worst
　③ aggravate　　④ emotional

2. After leaving a particularly <u>raucous</u> concert, some rock music fans complain about ringing in their ears known as "tinnitus." [서울시9급 09]

　① enigmatic　　② fractious
　③ flamboyant　　④ loud
　⑤ irretrievable

1. ① 2. ④

PART 03
숙어 & 숙어문제

A-Z 공무원 필수 숙어 총정리
공무원 숙어 기출문제

A

abide by	(법·규칙을) 따르다
account for	① 설명하다 ② ~의 원인이 되다 ③ 차지하다
a backseat driver	참견하기 좋아하는 사람
a cash cow	효자 상품
	비교 flagship 주력 상품
a close call	위기일발, 구사일생 = a narrow escape
a hot potato	뜨거운 감자, 난감한 문제
a hard nut to crack	어려운 문제, 난제
a long shot	승산이 없는 일
a peeping Tom	관음증 환자
a silver lining	(불행 속의) 한 가닥 희망
a tough call	어려운 결정
across the board	전면적으로
all but	거의 = almost
	비교 anything but 결코, nothing but 단지 ~일 뿐
as deep as a well	우물처럼 깊은, 심오한
ask for	~을 부탁하다
at a loss	어쩔 줄을 모르는 = at one's wits' end
at all costs	어떤 희생을 치르더라도
at best	잘해야, 기껏해야 ↔ at least 적어도, 못해도
at large	범인이 안 잡힌
at one's fingertips	① ~에 정통하여 ② 즉시 이용할 수 있는
at stake	위험에 처한
	동의어 at risk, on the line, candle in the wind (풍전등화)
at the eleventh hour	마지막 기회에, 막판에
at the expense of	~의 희생으로
at the mercy of	~에 좌우되어

B

be about to V	막 ~하려고 하다
be acquainted with	~을 잘 알다
be all ears	귀를 기울이다
be all thumbs	손재주가 없다
be apt to V	~하기 쉽다 = be prone to V
be at odds over	~에 대해 의견이 다르다, 다투다

be badly off	가난하다, 돈이 없다 = broke
be bound for + 장소	(기차·비행기가) ~행이다
be bound to V	반드시 ~하다, ~할 가능성이 높다
be concerned about	~에 대해 걱정하다
be concerned with	~와 관계가 있다; 관심이 있다
be cut out for	~에 적합하다
be fed up with	~에 질리다
be in the way	방해되다
be liable for	~에 대해 책임이 이다
be liable to V	~할 것 같다 = be likely to V
be lost in	~에 몰두하다
be made up of	~로 구성되다 = consist of
be on good terms with	~와 사이가 좋다
be on pins and needles	몹시 불안해하다
	동의어 have ants in one's pants, have butterflies in one's stomach
be sick of	~에 넌더리가 나다
be taken in by	~에 속다
bear witness to	~을 입증하다
beat around the bush	말을 빙빙 돌리다
beef up	~을 강화하다 = reinforce
behind bars	감옥에 갇힌, 수감되어 있는 = imprisoned
behind the eight ball	곤경에 처한
beside oneself	제정신이 아닌
bite the bullet	이를 악물고 하다
black out	의식을 잃다
blow up	폭발하다, 폭파시키다 = explode
boil down to	~로 요약되다, 핵심은 ~이다
Bottom up!	한 잔 쭉 들이켜!
bottom line	가장 중요한 것, 최종 결과
break a leg	행운을 빌다 = keep one's fingers crossed
break down	① 고장 나다 ② 나누다 = divide
break in	① 침입하다 ② 길들이다 = domesticate
break out	(전쟁·질병이) 발발하다, 발생하다
break the ice	어색한 분위기를 깨다
break through	~을 돌파하다, 뚫고 나가다
bring an end to	~을 끝내다
bring about	유발하다, 초래하다 = incur, trigger

bring up	① (아이를) 키우다 ② (화제를) 꺼내다
bury one's head in the sand	현실을 회피하다
by a hair's breadth	간발의 차이로 = by the skin of one's teeth
by leaps and bounds	비약적으로, 급속하게

C

call a spade a spade	(자기 생각을) 사실 그대로 말하다, 숨김없이 말하다
call for	요구하다, 필요로 하다 = require
call it a day	(일과를) 그만하다, 오늘은 여기까지 하다
call off	취소하다 = cancel
call the roll	출석을 부르다
call one names	~를 욕하다 = swear at
care for	돌보다, 보살피다
carrot and stick	당근과 채찍
carry out	수행하다, 이행하다 = fulfill, implement
castles in the air	공중누각, 허황된 꿈
Cat got your tongue?	(다그치며..) 너 왜 입 다물고 있어?, 너 왜 말을 못해?
catch on	① 인기를 얻다 ② 《to》 ~을 이해하다
catch ~ red-handed	(범인을) 범행 현장에서 체포하다
catch up with	~을 따라잡다 = overtake
come across	~을 우연히 발견하다 = run across
come by	① ~을 얻다 ② ~에 들르다 = stop by
come down with	(병에) 걸리다 = contract
come into one's own	제 실력을 발휘하다
come to the point	요점에 맞다
come up against	~에 직면하다
come up with	~을 생각해내다
cope with	~에 대처하다
crack down on	~을 강력히 단속하다 = clamp down on
crocodile tears	거짓 눈물
crop up	불쑥 나타나다, 갑자기 발생하다
cut a fine figure	두각을 나타내다
cut in line	새치기하다
cut off	중단하다, 차단하다

D

deal with	~을 다루다, 처리하다
depend on	~에 의지 [의존] 하다
	동의어 rely on, count on, bank on, hinge on, fall back on
dispense with	~없이 지내다, ~을 없애다 = do without

dispose of	~을 처분하다, 없애다
do away with	~을 없애다 = get rid of
draw up	(계약서를) 작성하다
drive ~ up the wall	~를 미치게 [화나게] 하다
drop ~ a line	~에게 (짧은) 편지를 쓰다
drop off	① 잠들다 ② (차에서) 내려주다
drop out of	(학교에서) 중퇴하다
dwell on	~을 숙고하다, 고민하다

E

enter into	~을 시작하다 = embark on
eat one's words	(했던 말을) 취소하다, (잘못을) 인정하다

F

face the music	비난을 받다, 벌을 받다
fall out with	~와 다투다 ↔ fall in with ~에 동의하다
fall short of	~에 못 미치다
fall through	무산되다
fall to pieces	부서지다, 망가지다
far from	결코 ~이 아닌
few and far between	흔치 않은
figure out	이해하다
	동의어 get the picture, make sense of, make head of tail of
fill in	① (신청서를) 작성하다 = fill out ② (정보를) ~에게 알리다
find fault with	~의 흠을 잡다, 비난하다
for good measure	추가로 = extra
for nothing	① 공짜로 ② 헛되이 = in vain
from scratch	처음부터, 아무 것도 없이
from time to time	가끔
	동의어 once in a while, now and then, once in a blue moon (아주 드물게)
full of beans	원기 왕성한, 에너지가 넘치는

G

get around	~을 피해가다 = avoid
get away with	벌 받지 않고 ~하다
get cold feet	겁을 먹다
get even with	~에 복수하다
get on one's nerves	~의 신경을 건드리다
get one's back up	~를 화나게 하다
get one's pink slip	해고되다 = get the axe [sack]

get over	극복하다 = overcome
get the better of	~을 이기다 = beat
get the hang of	~의 요령을 터득하다 = know the ropes
get to the bottom of	~의 진상을 규명하다
give a second thought	다시 생각해보다
give a wide berth to	~를 피하다, 충분한 거리를 두다
give in	① 제출하다 ② 《to》 ~에 굴복하다
give off	(냄새·빛을) 내다, 발하다 = emit
give rise to	~을 일으키다, 낳다
give ~ the cold shoulder	~를 냉대하다, 푸대접하다 = trifle with
give ~ the green light	~에게 허가를 내주다
give up	포기하다

참고 give oneself up to the police 경찰에 자수하다

give vent to	(감정을) 배출하다, 터뜨리다
glass ceiling	유리 천장 : 조직 내 여성 승진의 한계
go off	(폭탄이) 터지다, (경보가) 울리다
go out with	~와 사귀다
go over	(자세히) 검토 [점검] 하다
go through	① (고통을) 겪다, 경험하다 ② (법안이) 통과되다

H

hand down	물려주다
hand in	제출하다

동의어 give in, turn in, submit

hang back	주저하다, 망설이다 = hesitate
hang in the balance	불안정한 상태다, 불확실하다
hang over	(걱정이) ~의 뇌리를 떠나지 않다
hang up	(전화를) 끊다 ↔ hold on (전화를 끊지 않고) 기다리다
have a ball	신나게 즐기다
have a big mouth	수다스럽다, 입이 가볍다
have a long face	우울한 얼굴을 하다
have an itch to V	~하고 싶어 못 견디다
have something to do with	~와 관계가 있다 ↔ have nothing to do with ~와 관계가 없다
have words with	~와 다투다, 논쟁하다
head off	막다, 차단하다
Help yourself.	마음껏 드세요.
hit the ceiling	격노하다, 길길이 뛰다
hit (up)on	(불현듯) ~을 생각해내다
hit the nail on the head	핵심 [정곡] 을 찌르다
hold back	저지하다

hold out	저항하다, 버티다
hold up	(은행을) 털다

I

in case of	~에 대비해서 = in the event of
in no time	곧, 즉시, 당장

동의어 at short notice, off hand, at the drop of a hat

in spite of	~에도 불구하고

동의어 despite, in the face of, in the teeth of

in terms of	~면에서, ~에 관해서 = with regard to
(up) in the air	결정되지 않은
in the light of	~에 비추어 볼 때
in two minds	결정을 못 내리는, 망설이는
iron out	(문제를) 해결하다
It beats me.	전혀 모르겠다. = It's (all) Greek to me.
It's a lemon.	불량품이다.
It's a piece of cake.	식은 죽 먹기다. = It's a breeze.

J

Jack of all trades	팔방미인, 만물박사
jump on the bandwagon	시류에 편승하다, 우세한 편에 붙다
jump the gun	지나치게 서두르다, 섣불리 행동하다

K

keep aloof from	~에서 떨어져있다, ~을 멀리하다 = keep [steer] clear of
keep an eye on	~을 감시하다

동의어 keep close tabs on, keep ~ under surveillance

keep ~ in mind	마음에 담아두다, 명심하다 = bear ~ in mind
keep one's chin up	낙담하지 않다, 기운 내다
keep one's head	침착하다 ↔ lose one's head 허둥대다
keep one's temper	화를 참다 ↔ lose one's temper 화내다
keep up with	~에 뒤떨어지지 않다 = keep abreast of
kick around	~에 대해 검토하다
kick off	시작하다
kick the bucket	죽다 = bite the dust

L

lame duck	(집권 말) 권력 누수 현상
lay down	(규칙·기준을) 정하다

lay off	(대량) 해고하다 = fire, dismiss	on behalf of	① ~를 대신해서 ② ~을 위해서
leak out	(비밀) 새나가다, 누설되다	on edge	불안한, 초조한
learn ~ by heart	~을 외우다, 암기하다 = memorize	on one's own	혼자서 = alone
let down	실망시키다 = disappoint	on the alert	정신 차리고 있는, 빈틈없는 = on the ball
let up	(비·눈이) 그치다, 누그러지다	on the house	공짜인
live from hand to mouth	겨우 살아가다	on the tip of one's tongue	(딱 생각이 안나고) 혀끝에서 맴도는

> 동의어 make ends meet, keep one's head above water,
> keep body and soul together

		on purpose	고의로 = deliberately
live up to	(기대에) 부응하다	out of date	구식의 = obsolete
long for	갈망하다 = yearn for	out of order	고장난 = broken
look after	돌보다, 보살피다 = take care of	out of question	확실한

> 비교 out of the question 불가능한

look back on	~을 되돌아보다, 회상하다		
look down on	~을 얕보다 ↔ look up to ~를 존경하다	out of sorts	몸 [기분]이 안 좋은
look for	~을 찾다	out of stock	품절된
look like	~처럼 보이다	out of the blue	갑자기

> 동의어 all at once, all of a sudden

look forward to -ing	~을 고대하다		
look into	~을 조사하다	out in the field	별난, 이상한 = strange
look on	~을 보고만 있다, 방관하다	own up to	자백하다, 실토하다 = confess

> 동의어 come clean about, make a clean breast of

look on A as B	A를 B로 간주하다

> 동의어 regard A as B, view A as B, count A as B,
> reckon A as B, think of A as B

look over	(빨리) 검토하다, 살펴보다

P

pass away	돌아가시다 = die
pass out	① 나누어주다 ② 기절하다 ↔ come to (의식을) 회복하다
pass over	무시하다 = ignore
pass the buck	책임을 전가하다

M

make a face	인상 쓰다, 얼굴을 찌푸리다	pay an arm and a leg	돈이 많이 들다, 엄청난 대가를 치르다
make allowances for	~을 고려하다 = take ~ into account	pay off	① (빚을) 다 갚다 ② 성과를 내다
make a point of -ing	반드시 ~하다, ~하는 것을 원칙으로 하다	pick on	~를 괴롭히다
make believe	~인 체하다 = pretend, feign	pick up the tab	계산을 치르다, 돈을 내다
make out	① 이해하다 ② 작성하다	play it by ear	그때그때 상황 봐서 처리하다 = improvise
make over	양도하다 = hand over	point out	~을 지적하다
make up	① 만들어내다 ② 구성하다	pull down	(건물을) 허물다 = demolish, tear down
make up for	~을 보상하다 = compensate	pull one's leg	~를 놀리다
make up one's mind	결심하다 = decide	pull off	~을 따내다, 성사시키다
		pull up	(차를) 세우다

N

neck and neck	막상막하로	put off	연기하다 = postpone
not mince words	솔직히 [거리낌 없이] 말하다	put down	① 진압하다 ② 비난하다 ③ 적다
No sweat.	별거 아냐. 문제 없어.	put on	(옷·모자 등을) 입다, 착용하다
		put on airs	잘난 체하다
		put on weight	살찌다 ↔ lose weight 살 빠지다

O

of one's own accord	자발적으로 = voluntarily	put out	(불을) 끄다 = extinguish
off the hook	곤경에서 벗어나	put up with	~을 참다 = endure, tolerate

Q

quite a few	꽤 많은

R

rain cats and dogs	비가 억수같이 쏟아지다
rank-and-file	(장교·간부가 아닌) 사병의, 일반의
red tape	(관공서의) 번거로운 절차
resort to	~에 기대다, 의지하다
result from	(결과가) ~에서 생기다
result in	(결과가) ~로 끝나다
round up	(범인들을) 체포하다 = apprehend
run down	① 감소[쇠퇴]하다 ② 비난하다
run into	① ~을 들이받다 ② (우연히) 만나다
run-of-the-mill	평범한, 보통의 = mediocre
run over	(차가 사람을) 치다
run up against	(어려움에) ~에 부딪히다 = encounter

S

scratch the surface	수박 겉핥기식으로 하다
screw up	망치다 = ruin, spoil
see eye to eye	의견이 일치하다 = agree
see to	~을 처리하다 = deal with
sell like hot cakes	불티나게 팔리다
set about	~을 시작하다
set aside	① 무시하다 ② 기각하다
set back	(일을) 지연시키다
set off	① (for) ~로 출발하다 ② (폭탄을) 터트리다; (일을) 유발하다
set store by	~을 중요하게 생각하다
set up	~을 세우다, 설립하다
settle down	진정되다, 진정시키다 = calm down
settle for	~을 받아들이다, ~에 만족하다
show off	자랑하다
	동의어 plume oneself on (~을 뽐내다) blow one's own horn [trumpet] (자화자찬하다) a feather in one's cap (자랑거리)
sit on the fence	중립적인 태도를 취하다
size up	평가하다, 판단하다 = weigh up
skeletons in the closet[cupboard]	감추고 싶은 비밀
slip one's mind	깜빡 잊다
snow job	감언이설, 사탕발림

spill the beans	비밀을 누설하다
	동의어 let the cat out of the bag 무심코 비밀을 누설하다
stand a chance of	~의 가능성이 있다
stand by	① (옆에서) 구경만하다 ② 대기하다 ③ (약속을) 지키다
stand for	~을 나타내다 = represent
stand up for	~를 지지하다, 옹호하다 = defend
stand up to	~에 맞서다, 저항하다 = resist
stand out	눈에 띄다, 두드러지다
stave off	(잠깐) 피하다, 모면하다
step down	사임하다 = resign, stand down
step on the gas	서두르다, 속력을 내다
stick it out	~을 끝까지 계속하다, 버티다
stick to	(약속·원칙을) 지키다, 고수하다
stick to one's guns	자기의 입장을 고수하다

T

take a nosedive	급락하다 = plummet
take a rain check	(거절 할 때..) 다음을 기약하다
take after	~을 닮다 = resemble
	관련 a chip off the old block (부모를 쏙 빼닮은) 자식, two peas in a pod (형제·자매끼리) 똑같이 닮은
take charge of	~의 책임을 맡다
	관련 in charge of ~의 책임이 있는, 맡고 있는
take down	~을 적다, 쓰다
	동의어 put down, write down, jot down (빨리 적다)
take ~ for granted	~을 당연하게 생각하다
take ~ in one's stride	(문제를) 차분히 처리하다
take off	① 뜨다, 이륙하다; 성공하다 ② (옷을) 벗다
take on	① (일·책임을) 맡다 ② (모습을) 띠다
take over	~을 인수하다
take place	(일이) 일어나다, 개최되다
take ~ with a grain of salt	(~의 말을) 다 믿지 않다
take the bull by the horns	문제에 정면으로 맞서다
take to	~을 좋아하다 = like
take up	① 시작하다 ② 차지하다 = occupy
tell A from B	A를 B와 구별하다
	동의어 know A from B, distinguish A from B, discern A from B
tell ~ off	~를 혼내다, 야단치다 = chide, scold
that's the way the cookie crumbles	세상사는 게 다 그런 거지
the tip of the iceberg	빙산의 일각

think of	~을 생각하다, 생각해내다	**Z**	
think over	~을 숙고하다	zero in on	~에 초점을 맞추다, 집중하다 = aim at
throw in the towel	패배를 인정하다		
throw up	토하다 = vomit		
thumb through	(책을) 휙휙 넘겨보다, 빨리 훑어보다 = skim through		
tighten up	(규정을) 강화하다, 더 엄격히 하다		
trade on	(부당하게) 이용하다		
turn a blind eye to	~을 못 본 체하다		
turn a deaf ear to	~을 귀담아 듣지 않다		
turn down	거절하다 = reject, refuse		
turn on	(전기를) 켜다 ↔ turn off (전기를) 끄다		
turn one's nose up at	~을 거절하다		
turn out	① (밖으로) 나오다 ② ~로 판명되다 = prove		
turn over	① 《to》 ~에게 넘겨주다 ② 매출을 올리다		
turn over a new leaf	새사람이 되다		
turn the corner	고비를 넘기다		
turn to	~에 의지하다		
turn up	(사람이) 도착하다, 나타나다		

U

under one's breath	낮은 목소리로
under the table	몰래, 은밀하게
under the weather	몸이 좀 안 좋은
up to one's eyes in	~에 몰두해 있는 = preoccupied
use up	~을 다 쓰다

W

watch out	조심하다
wear out	① 닳다, 해지다 ② 지치게 하다 = exhaust
weed out	(불필요한 것을) 제거하다
wet behind the ears	풋내기의, 경험이 없는 = immature
wide off the mark	(예상이) 빗나간, 벗어난 = off the mark
win over	~를 설득하다 = persuade
wind up	~을 끝내다 동의어 wrap up, round off (깔끔하게 끝마치다)
wipe out	(완전히) 파괴하다 = destroy
without reservation	솔직히, 기탄없이 = straight from the shoulder
work out	① 운동하다 ② 해결하다

1 Mary and I have been friends over 10 years but I sometimes have a strange feeling to her. She is <u>as deep as a well</u>. [국가직9급 10]

① easy to persuade   ② simple to satisfy
③ impatient to deal with   ④ difficult to understand

2 If Chirac's style and sense of French grandeur are reminiscent of his political idol, Charles de Gaulle, the substance of his foreign policy is often <u>at odds with</u> the Gaullist tradition. [국가직7급 00]

① disagreeing   ② taking over
③ persisting   ④ coping with

3 Officials at the National Institute of Health say that Severe Acute Respiratory Syndrome(SARS) is spreading and all children under five are <u>at stake</u>.

[지방직9급 09]

① safe   ② at risk
③ free   ④ immune

4 The company cannot expect me to move my home and family <u>at the drop of a hat</u>. [국가직9급 15]

① immediately   ② punctually
③ hesitantly   ④ periodically

5 Before she traveled to Mexico last winter, she needed to _____ her Spanish because she had not practiced it since college. [국가직9급 14]

① make up to   ② brush up on
③ shun away from   ④ come down with

6 Your point on the controversial issues <u>came across</u> at the meeting. [사회복지9급 11]

① made off   ② was absurd
③ raised a question   ④ was understood

7 Quite often, the simple life feels out of reach because of all the problems and challenges that <u>crop up</u>. [국가직9급 10]

① dominate   ② finish
③ happen   ④ increse

8 Try to answer your cellular phone on the first ring. Otherwise the caller may _____ and you might miss an important message. [세무직 01]

① call on   ② pick up
③ hang up   ④ put on

9
> A : Are you angry at me? You look like you are about to hit the _____.
> B : No, it's not you. It's James from the R&D department.

[선관위06]

① ceiling   ② target
③ brake   ④ ground

10 The term _____ refers to situations where the advancement of a qualified person within the hierarchy of an organization is halted at a particular level because of some form of discrimination, most commonly sexism. [지방직7급 08]

① late raising   ② glass ceiling
③ active virilism   ④ extreme opportunism

11 Back in the mid-1970s, an American computer scientist called John Holland _____ the idea of using the theory of evolution to solve notoriously difficult problems in science. [국가직9급 15]

① took on   ② got on
③ put upon   ④ hit upon

1. ④ 2. ① 3. ② 4. ① 5. ② 6. ④ 7. ③ 8. ③ 9. ① 10. ② 11. ④

12 We need to <u>iron out</u> a few problems first. [국가직9급 13]

① conceive   ② review
③ solve   ④ pose

13 Young activists were <u>kept close tabs</u> on by FBI agent. [경찰 06]

① taken good care of   ② watched closely
③ severely interrogated   ④ kidnapped

14 Stop nagging me, If I <u>kick the bucket</u> right now, I bet you'll miss me. [강원소방 06]

① leave home   ② die
③ drop by   ④ fail

15 I understand the factory is going to <u>lay off</u> a hundred men this month. [101단 02]

① give the leave   ② reinforce
③ dismiss   ④ employ

16 "장애인들은 자신들을 보살펴 줄 공무원들이 필요하다."를 영작하다면 어떤 단어를 넣어야 하는가?
Handicapped people need an official to _____ them. [강원소방 06]

① ask after   ② run after
③ look after   ④ take after

17 If you provide me with evidence, I will have it _____ urgently. [지방직9급 13]

① look up   ② look after
③ looked into   ④ looked up to

18 Americans in general do not <u>make a point of</u> their personal honor. [사회복지9급 11]

① put in mind   ② regard as important
③ express with unnecessary delicacy   ④ make a concession or exception of

19 In dealing with Tom's behavior, you must <u>make allowances for</u> his stained relationship with his parents. [행자부7급 03]

① forgive and forget   ② look the other way
③ see eye to eye   ④ take into account

20 다음 ( ) 안의 말과 밑줄 친 부분의 뜻이 일치하지 않는 것은? [경찰 08]

① She <u>made believe</u> not to hear what he said. (= insisted)
② They <u>put off</u> their meeting. (= postponed)
③ I have money <u>put aside</u> for emergencies. (= laid aside)
④ Please <u>keep in mind</u> that this booklet is only a summary of our services. (= remember)

21 My biology teacher's handwriting is impossible to read. I can never <u>make out</u> what he writes on the board. [선관위 06]

① succeed   ② pretend
③ compose   ④ understand

22 To avoid death duty, the man _____ the greater part of his property to his only son as soon as he retired. [국가직9급 11]

① made up   ② made over
③ made out   ④ made up for

23 Jim spent the whole evening asking me questions about his physics exam. However, he <u>made up for</u> it by washing my car for me. [경찰 05]

① appreciated   ② complemented
③ applauded   ④ compensated

24 He couldn't <u>make up his mind</u> which course to follow. [경찰 14]

① contemplate   ② decide
③ hesitate   ④ register

25 I can get you <u>off the hook</u> once you are done with this process. [지방직9급 08]

① clean   ② free
③ involved   ④ exposed

26 The youngsters agreed to participate in the war <u>of their own accord</u>. [국가직7급 00]

① enthusiastically   ② voluntarily
③ unwillingly   ④ unconsciously

27 _____ everyone here, I'd like to thank our special guest, Professor Matthew. [광주시9급 07]

① In the face of   ② In behalf of
③ On behalf of   ④ On the blink of

28 He was <u>on the alert</u> all night. [경찰 00]

① awake   ② asleep
③ watchful   ④ dismissive

29 The exhibitors at the trade fair _____ free samples to stimulate interest. [사회복지9급 14]

① pull through   ② pass out
③ put aside   ④ pay for

30 When you pay an arm and a leg for something, it is not _____ at all. [서울시9급 10]

① expensive   ② precious
③ refundable   ④ portable
⑤ cheap

31 The government is now trying to _____ the uprising with the help of some outside forces. [지방직9급 12]

① put down   ② drop by
③ fill up   ④ abide by

32 I hope they don't <u>resort to</u> a lawsuit to accomplish their goals. [경찰 13]

① admit of   ② hinge on
③ conform to   ④ marvel at

33 The success of a marriage has almost nothing to do with excellent each partner is and has everything to do with how well each partner <u>puts up with</u> the other's faults. [세무직 07]

① tolerates   ② castigates
③ analyzes   ④ overwhelms

34
> ○ He was sentenced _____ three years in prison.
> ○ When polite requests failed, he resorted _____ threats.

[경찰 14]

① in   ② on
③ to   ④ for

35 The two countries do not seem to <u>see eye to eye</u> on the speed of Korea's financial market opening. [행자부 01]

① convert   ② avert
③ hinder   ④ agree

36 While he was looking on at the baseball game, he _____ an old classmate from his high school days. [세무직9급 01]

① ran over   ② ran across
③ broke in   ④ broke down

37 He <u>set store by</u> the advice that his teacher had given him. [경찰 06]

① saved   ② recommended
③ considered important   ④ kept in mind

38 Do you think this team _____ winning the championship? [지방직9급 10]

① stands a chance of   ② stands by
③ stands for   ④ stands up for

39 Like all new boys he was subjected to a certain amount of bullying, but I admired the way he stand up _____ it. [서울시9급 09]

① by   ② with
③ in   ④ for
⑤ to

25. ② 26. ② 27. ③ 28. ③ 29. ② 30. ⑤ 31. ① 32. ② 33. ① 34. ③ 35. ④ 36. ② 37. ④ 38. ① 39. ⑤

40 The latest move to <u>stave off</u> a recession saw another reduction in the interest rates lst night '-' the second cut in only eight days. The Central Bank also indicated that further cuts could be enforced. [지방직9급 09]

① improve   ② prevent
③ treat   ④ recover from

41 Americans already lost millions of dollars when the stock market _____, and that was even before the general financial crisis started. [지방직9급 12]

① took a nosedive   ② hit the ceiling
③ came in handy   ④ stood on their own feet

42 In retrospect, I was <u>taken in</u> by the real estate agent who had a fancy manner of talking. [국가직9급 08]

① inspected   ② deceived
③ revered   ④ amused

43 Computers in the 60's used to be so huge that they _____ a lot of space. [지방직7급 13]

① took on   ② took up
③ took over   ④ took down

44
> ⊙ In Korea, the eldest son tends to _____ a lot of responsibility.
> ⊙ The same words _____ different meaning when said in different ways.

[국가직9급 13]

① take over   ② take down
③ take on   ④ take off

45
> ⊙ My son always _____ pity on stray cats and dogs.
> ⊙ Jane _____ over my duties these days.

[서울시9급 11]

① makes   ② gets
③ has   ④ takes
⑤ sends

46 I started <u>thumbing through</u> that first few pages of *Tom Sawyer*. [지방직7급 10]

① reading through   ② declaiming through
③ pursuing through   ④ skimming through

47 The police are <u>tightening up</u> rules on illegal parking in this area. [국회07]

① consolidating   ② suppressing
③ stirring up   ④ exerting
⑤ vanishing

48 This romanticization, as often is the case in American commercials, <u>trades on</u> our continuing infatuation with the civility, tradition, and savoir-faire of Europe. [서울시7급 13]

① bargains   ② exchanges
③ abuses   ④ beats
⑤ dismisses

49 Teachers are <u>turning a blind eye to</u> pupils smoking at school, a report reveals today.

① punishing hard   ② giving a serious warning to
③ pretending not to notice   ④ making a report about
⑤ trying to persuade

50 The offer was so impractical that the lawyer <u>turned down</u> the case. [행자부 03]

① acknowledged   ② generated
③ rejected   ④ resigned

51
> The viability of reclaimed water for indirect potable reuse should be assessed _____ quantity and reliability of raw water supplies, the quality of reclaimed water, and cost effectiveness.

[국가직9급 11]

① regardless of   ② with regard to
③ to the detriment of   ④ on behalf of

40. ② 41. ① 42. ② 43. ② 44. ③ 45. ④ 46. ④ 47. ① 48. ③ 49. ③ 50. ③ 51. ②

52 I used to be a huge fan of one certain movie/TV star/rapper. I thought he was extremely talented, and I enjoyed his work very much. As of late, however, every time I see him on TV or read about him in magazines he is very cocky and makes statements to the effect that he is the greatest performer alive. It has really disappointed me so much and made me avoid paying to see anything that he is involved with. The shame is, everyone knows he is talented: there is no need for him to toot his own horn. [경북 06]

① 소란을 피우다.　　② 자신감이 없어하다.
③ 자기 일을 즐기다.　　④ 자기자랑을 한다.

53 She was sorry to tell her husband that she couldn't keep the appointment. She was up to her eyes in work at that moment. [지방직9급 13]

① interested in　　② prepared for
③ released from　　④ preoccupied with

54
A: I am afraid I will fail in the exam tomorrow.
B: Cheer up. _____.

[지방직9급 10]

① I hope so.
② Things will work out for the best.
③ You should regret about the result.
④ You should be in a flap about the result.

55 The President's speech focused mostly on Latin America, and in particular, it aimed at the drug problem in Columbia. [지방직7급 14]

① weaseled out of　　② looked back on
③ steered clear of　　④ zeroed in on

56
The newly appointed minister said, "No development can ___㉠___ at the cost of people's rights because it is basic and fundamental. So any development will have to first ___㉡___ the people's rights."

[지방직9급 12]

	㉠	㉡
①	take place	take after
②	take place	take care of
③	take down	take care of
④	take down	take after

57
The enjoyment of life, pleasure, is the natural object of all human efforts. Nature, however, also wants us to help one another to enjoy life. She's equally anxious for the welfare of every member of the species. So she tells us to make quite sure that we don't pursue our own interests _____ other people's.

[국가직9급 12]

① at the discretion of　　② at the mercy of
③ at loose ends of　　④ at the expense of

58
A: Why do you have to be so stubborn?
B: I don't know. That's just the was I am.
　 I guess I'm just a chip off the old block.

[국가직9급 09]

① I'm just like my father
② I'm just in a bad mood
③ I just have confidence in my intuition
④ I just like to have fun with old friends.

59
A: Which institution are you going to apply to?
B: Well, Yale University, among others. I know it's _____, and therefore I may fail.
A: I hope you will make it.
B: Thanks.

[서울시9급 10]

① a long shot
② on good terms
③ short of cash
④ beyond dispute
⑤ in stock

60
A: Are you finished with your coffee? Let's go do the window display.
B: I did it earlier. Let's go see it.
A: Are you trying to bring customers in and scare them away?
B: That bad? You know, _____ when it comes to matching colors.
A: Don't you know navy blue never goes with black?
B: Really? I didn't know that.

[지방직9급 13]

① I'm all thumbs　　② every minute counts
③ failure is not an option　　④ I jump on the bandwagon

52. ④ 53. ④ 54. ② 55. ④ 56. ② 57. ④ 58. ① 59. ① 60. ①

61

A : Are you ready to go to the party, Amy?

B : I don't know whether I can go. I'm feeling a little sick, and my dress is really not that nice. Maybe you should just go without me.

A : Come on, Amy, Stop _____. I know you too well. You're not sick. What is the real root of the problem?

[국가직9급 09]

① shaking a leg

② hitting the ceiling

③ holding your horses

④ beating around the bush

62

A : Did we finish packing all the orders?

B : No, we still have to do about ten more.

A : I'm tired of packing this stuff.

B : Maybe we could finish it later.

A : Sure, We could do it tomorrow morning.

B : O.K. _____.

[국가직9급 07]

① Those were the days.

② Let's call it a day

③ Why don't we call it off now?

④ You know we don't have all day.

63

A : David, you didn't attend the board meeting this morning.

B : I couln't make it. I called in sick, in fact.

A : Important agendas were decided.

B : _____.

[서울시9급 07]

① Could you fill me in?   ② Let's make it together.

③ Let me attend instead.   ④ I haven't decided yet.

⑤ Did you see the doctor?

64

A : I got my paycheck today, and I didn't get the raise I expected to get.

B : There is probably a good reason.

A : You should _____ right away and talk to the boss about it.

B : I don't know. He might still be mad about the finance report last week.

[지방직9급 09]

① take the bull by the horns

② let sleeping dogs lie

③ give him the cold shoulder

④ throw in the towel

65

A : You look depressed. What's wrong?

B : I studied really hard for a test, but failed.

A : Come on, _____.

B : I know, but I still feel disheartened at the result.

[지방직7급 08]

① it serves you right

② that's the way the cookie crumbles

③ don't get your head buried in the sand

④ don't let the cat out of the bag

66

A : Do you know what Herbert's phone number is?

B : Oh, Herbert's phone number? I don't have my address book on me. _____.

A : That's too bad! I've got to find him. It's urgent. If I can't find him today, I'll be in trouble!

B : Well, why don't you call Beatrice? She has his phone number.

A : I've tried, but no one answered.

B : Oh, you are so dead.

[지방직9급 13]

① I'll not let you down.

② I've got to brush up on it.

③ I can't think of it off hand.

④ Don't forget to drop me off.

67

A : Would you like to go hiking this weekend?

B : Why don't we go to the mall instead?

A : But I have some new hiking gear I want to try out.

B : Yes, but there's a sale at the department store.

A : You always _____ at anything I want to do.

B : It's not you. It's the outdoors. I hate it. I prefer air-conditioned stores instead.

[국가직7급 13]

① turn your nose up

② hold my hand

③ put your feet up

④ let your hair down

61. ④ 62. ② 63. ① 64. ① 65. ② 66. ③ 67. ①

부록

MD 공무원 VOCA 혼동어휘

A

▶ adapt | ~에 맞추다, 조정하다
adopt | ① 채택하다 ② 입양하다
adept | 능숙한

▶ affection | 애정
affectation | 가장, 꾸밈

▶ alias | (범죄자의) 가명
pseudonym | (작가의) 필명
moniker | 별명 = nickname

▶ alteration | 변경
altercation | 언쟁, 논쟁

▶ amiable | 상냥한, 친절한
amicable | (관계가) 우호적인

▶ amnesty | 사면
amnesia | 기억상실증
anemia | 빈혈

▶ approximation | 근사치
proximity | 근접

▶ arbitrate | 중재하다
arbitrary | 제멋대로인

▶ ardent | 열렬한
arduous | 힘든

▶ arise | (일이) 일어나다
arouse | (감정을) 일으키다

▶ attenuate | 약화시키다
extenuate | (죄를) 경감하다

▶ awful | 끔찍한
awesome | 아주 멋진, 훌륭한

B

▶ benefit | 혜택, 이익
profit | 수익

▶ biannual | 1년에 2번 하는, 반년제의
biennial | 2년에 1번 하는, 격년제의

C

▶ callous | 무감각한, 냉담한
callow | 미숙한, 풋내기의

▶ childish | 유치한
childlike | 아이 같은, 순진한

▶ coma | 혼수상태
comma | 쉼표, 콤마

▶ command | 명령하다
commend | ① 칭찬하다 ② 추천하다
commence | 시작하다

▶ complicity | (범죄의) 연루
complication | ① 복잡함 ② 합병증

▶ confirm | ① 확인하다 ② 확정하다
conform | 따르다, 순응하다

▶ coherent | 논리 정연한
cohesive | 화합하는, 결속력이 있는

▶ congenial | ① (서로) 마음이 맞는 ② 쾌적한, 적합한
congenital | (병이) 선천적인

▶ considerate | 사려 깊은
considerable | 상당한

▶ contract | 계약
contraction | 수축

D

▶ deduct | 빼다, 공제하다
deduce | 추론하다

▶ definite | 확실한, 분명한
definitive | 최종적인, 확정적인

▶ deficit | 부족(액), 적자
deficiency | 결핍, 부족

▶ deviant | (정상에서) 벗어난, 일탈한
devious | 정직하지 못한, 부정한

▶ dilate | 팽창하다
dilatory | 지연시키는
dilute | 희석하다

▶ discreet | 신중한
discrete | 별개의

▶ disciple | 제자
discipline | ① 훈육 ② 절제

| disinterested | 객관적인, 사심 없는 |
| uninterested | 《in》 관심 없는 |

| distinct | 뚜렷한, 분명한 |
| distinctive | 독특한 |

| divided | 분열된 |
| divisive | 분열을 초래하는 |

| duplication | 복사, 복제 |
| duplicity | 이중성, 사기 |

E

| economic | 경제의 |
| economical | 경제적인 |

efficient	효율적인
effective	효과적인
efficacious	(약이) 효과적인

| electric | 전기의 |
| electronic | 전자의 |

| ethnic | 민족[종족]의 |
| ethical | 윤리적인 |

| equable | 차분한, 한결같은 |
| equitable | 공정한 |

| exalt | 높이다, 격상시키다 |
| exult | 몹시 기뻐하다 |

| exhausting | 지치게 하는 |
| exhaustive | 철저한, 완전한 |

| exposure | 노출; 폭로 |
| exposition | 설명; 전시회 |

| extent | 정도, 규모 |
| extension | 확대, 연장 |

H

| headlong | 무모하게, 성급하게 |
| headstrong | 완고한, 고집불통의 |

| heinous | 악랄한, 극악한 |
| hideous | 흉측한 |

| historical | 역사의 |
| historic | 역사적인, 역사적으로 유명한 |

| hopeless | 희망 없는 |
| helpless | 무력한, 속수무책인 |

I

| imaginative | 상상력이 풍부한 |
| imaginary | 상상속의 |

| impassioned | 열정적인 |
| impassive | 무감정의 |

| indigent | 가난한 |
| indignant | 분개한 |

| ingenious | 영리한 |
| ingenuous | 순진한 |

| installation | ① 설치 ② 취임 |
| installment | 할부 |

intelligent	똑똑한
intellectual	지적인
intelligible	이해하기 쉬운

| intense | 격렬한, 극심한 |
| intensive | 집중적인 |

| intimate | ① 넌지시 비추다 ② 친한 |
| intimidate | 위협하다 |

J

| judicial | 재판의, 사법의 |
| judicious | 현명한 |

L

| legal | 합법적인 |
| regal | 왕의, 여왕의 |

| liking | 좋아함 |
| likeness | 유사함, 닮음 |

literal	글자 그대로의, 직역의
literate	(글을) 읽고 쓸 줄 아는
literary	문학의, 문학적인

| luxurious | 호화로운 |
| luxuriant | 무성한, 풍성한 |

M

| mediate | 중재하다 |
| meditate | ① 명상하다 ② 숙고하다 |

| minor | 미성년자 |
| minority | 소수 (집단) |

| moral | 도덕의, 도덕적인 |
| morale | 사기, 의욕 |

N

▶ negligent 태만한
negligible 얼마 안 되는, 사소한

O

▶ obligatory 의무적인
obliging (기꺼이) 도와주는, 친절한

▶ officer 장교, 관리
official ① 공식적인 ② (고위) 공무원
officious 거드름 피우는, 참견 잘하는

▶ ostensible 표면적인, 겉으로만의
ostentatious 과시하는, 허세부리는

P

▶ persecute 박해하다
prosecute 기소하다

▶ perspicacious 통찰력 있는
perspicuous (글이) 명료한

▶ polite 공손한
politic 현명한, 신중한
political 정치의, 정치적인

▶ potable 마실 수 있는
portable 휴대용의

▶ prediction 예언
predication 단정, 단언
predicament 곤경, 고난

▶ presumptive 가정의, 추정상의
presumptuous 건방진

▶ probity 성실, 정직
probation ① 집행 유예 ② 수습 (기간)

▶ prodigal 낭비하는
prodigious 엄청난

▶ property ① 재산, 부동산 ② 속성
propriety (행동의) 적절성, 예절

Q

▶ quiet 조용한
quiescent (진행이) 중단된, 잠잠한

R

▶ rapture 황홀 (감)
rupture 파열

▶ regime 제도
regimen 식이 요법

▶ reliant 의지 [의존]하는
reliable 믿을 수 있는

▶ remittance 송금 (액)
remission 감면; 감형; (증세의) 차도

▶ respectful 존경을 표하는, 공손한
respectable 존경받을 만한
respective 각각의, 각자의

S

▶ sag 축처지다, 약화되다
sap 약화시키다
sip 조금씩 마시다

▶ salutary 유익한
salubrious 건강에 좋은, 쾌적한

▶ savage 사나운, 야만적인
salvage 구조 [인양]하다

▶ sensible 현명한
sentient 감각 [지각]이 있는
sensuous 감각적인
sensual 관능적인
sensitive 민감한
sensational 선풍적인

▶ sever 절단하다
severe 극심한, 심각한

▶ snob 속물
snub 무시하다, 거부하다

▶ spur ① 박차 ② 자극하다
spurn 퇴짜놓다

▶ stationary 움직이지 않는, 정지된
stationery 문구류

▶ status ① 상황 ② 지위
statue 조각상, 동상
statute 법규, 법령
stature 키, 신장

▶ subside 가라앉다, 잠잠해지다
subsidize 보조금을 주다

▶ substantial 상당한
substantive 실질적인

T

▶ temporal ① 시간의 ② 현세 [속세]의
temporary 일시적인
temperate 온화한, 차분한

▶ touching   감동적인
     touchy   민감한, 화를 잘 내는

U

▶ union   노동조합
     unity   통일, 통합

▶ urban   도시의
     urbane   세련된

V

▶ vague   모호한
     vogue   유행

▶ veracious   정직한
     voracious   게걸스러운

W

▶ waive   포기하다
     waver   망설이다

▶ warrant   ① 영장 ② 근거, 이유
     warranty   (제품의) 품질보증서

한눈에 보는 접두어&어근 일람표

01 최중요 접두어

AB-	분리 · 이탈	OB-	반대, 거슬러서
AD-	방향 · 접근 / ~쪽으로	PER-	① 통과 · 관통 ② 끝까지 · 완전히
COM-	① 함께 ② 강조	PRE-	전(에)
DE-	① 아래 ② 분리 · 이탈	PRO-	앞(으로)
DIS-	분리 · 이탈	RE-	① 뒤(로) ② 반복
EN-	① 동사형성 ② 안(에)	SUB-	~의 아래
EX-	① 밖(으로) ② 강조	RANS-	지나서 · 건너서(이동)
IN-	① 안(에) ② 부정	UN-	① 부정 ② 원상태로

02 같은 의미

an-, non-, in-, un-	⇨	부정
omni-, pan-	⇨	모든
be-, en-	⇨	동사형성
anti-, contra-	⇨	반대
for-, se-, ab-, de-, dis-	⇨	분리, 이탈

03 반대 의미

over- ~위의, 넘어가는	under- ~의 아래
up- 위로	down- 아래로
fore- 이전의	post- 이후의
bene- 좋은	male- 나쁜
hyper- 위의	hypo- 아래의
homo- 같은	hetero- 다른

04 숫자 접두어

1	mono-, uni-	3	tri-
2	bi-, di-, du(o)-, ambi-, amphi-	많은	multi-

05 기타 접두어

A-	상태·진행	INTER-	사이에
ANTE-	이전에	NEO-	새로운
ANTI-	반대	OUT-	① 밖(에) ② 능가 · 초월
CIRCUM-	주변	PARA-	옆(에), 넘어서
EPI-	~ 위에, 더하여	SYN-	같은
EU-	좋은		

어근	영어의미	한글의미	어근	영어의미	한글의미
ac(u), acr	sharp	날카로운	custom	be used to	~에 익숙하다
act, ag	do	(행위를) 하다	dem(o)	people	사람들
ig	drive	몰다	dic, dict	say	말하다
ali, alter	other	다른	doc	teach	가르치다
am, em	love	사랑하다	dol	sorrow	슬픔
ang, anx	tight	꽉 조이는	dom, domin	house / rule	집 / 지배하다
anim	mind	마음	don, dos, der	give	주다
ann, enn	year	해, 년	dox, dog	opinion	의견
apt	fit	적당한	duc(t)	lead	이끌다
arch	rule	통치 [지배] 하다	empt, em	take	잡다, 취하다
arm	weapon	무기	esse, ese	to be	있다, 존재하다
art	skill	기술, 기교	equ, equit	same	같은
astra, aster	star	별	err	wander	떠돌다, 헤매다
bell	war	전쟁	fa, fam, fess	speak	말하다
bio	life	생명, 삶	fac, fic	face	표면, 겉면
brev, brie	short	짧은	fact, fect, feit	make, do	만들다, 하다
cad, cid, cas	fall	떨어지다	fan, phan	show	보이다
cand, cend	shine	빛나다	fid, feder, feal	trust	믿음
cap, cip, cup	take	잡다, 취하다	fend	strike	치다, 때리다
capit, chiev	head	머리	fer	bear	옮기다, 나르다
carn	flesh	살, 육체	fin	end	끝
ced, ceed, cess	go	가다	firm	strong	확실한, 강한
centr	center	중앙	flam, flagr	burn	불타다
cis	cut	자르다	flect, flex	bend	휘다, 구부리다
cide	kill	죽이다	flic, flig	strike	치다, 때리다
cit, cil, sel, sul	call	부르다	flu	flow	흐르다
cred	believe	믿다	forc, fort	strong	강한
crit, cris, crim	separate	나누다, 가리다	form	form	형태, 형성하다
chron	time	시간	frag, fract	break	부서지다, 깨지다
claim	cry	외치다	front	front / face	앞 / 얼굴
clud, clus, clos	shut	닫다	fug	flee	도망치다
clin, cliv	bend	휘다	fund, found	bottom	바닥
cord, cour	heart	심장	fus, fut, fund	pour	붓다, 따르다
corp(or)	body	육체	gen, gener	birty	탄생
cracy, crat	govern	통치하다	gest	carry	나르다
culp, crim	guilty	죄가 있는	gno, no	know	알다
cumb	lie down	눕다	grap, grip	seize	꽉 잡다
cur(s), cour	run	달리다	grat, grac	thankful	감사하는
grad, gress	step, go	걸음, 가다	mod(e)	manner / measure	방식 / 척도, 기준
grav, griev	heavy	무거운	mor(t)	death	죽음

어근	영어의미	한글의미	어근	영어의미	한글의미
greg	flock	무리	mut	change exchange	변하다 바꾸다
hab	live have	살다 가지다	nat, nai	born	태어난
hib	hold	잡고 있다	neg, ny	deny	부정 [부인] 하다
her, hes	stick	달라붙다	nerv, neu	nerve	신경
her, hei	heir	물려받음	nox, noc, nic	harm	해
hum, hom	earth low	흙, 땅 낮은	onym, nomin	name	이름
it, itiner	go	흙, 땅	not	know mark	알다 표시
ject, jac, jet	throw	던지다	nounce, nunc	report	발표 [보고] 하다
jur, just, jud	right judge	올바른 판단하다	nov	new	새로운
lat	carry	옮기다, 나르다	ora	mouth, speak	입, 말하다
lect, leg	choose	선택하다	ord(in)	order	명령, 질서
leg	law	법	par, pair	equal	똑같은
lev, li(e)v	light raise	가벼운 올리다	part, port	part	부분
lig, ly	bind	묶다	pass	pass	지나가다
liter	letter	글자	pat, pass	suffer feel	고통을 겪다 느끼다
linqu	leave	떠나다	ped, pat	foot	발
loc	place	장소	pel, pul, peal	push	밀다
log, loqu, locut	speak	말하다	pun, pen	punishment	처벌
luc, lus, lumin	light	빛	pend, pens	hang weigh	매달다 무게를 달다
lud, lus	play	놀다, 장난치다	pet	seek, go	추구하다 , 가다
magn	great	큰	plac	calm please	차분한 기쁘게 하다
man, manu	hand	손	plic, ply, ploy	fold weave	접다 엮다, 짜다
mand	order entrust	명령하다 맡기다	ple(n), pli, ply	fill	채우다
med	middle	중간	plor	cry	울다, 외치다
mens, meas	measure	측정하다	pos, pon, pound	put	놓다
men(t), mon	mind	마음, 정신	publ, popul	people	사람들
merg, mers	sink	가라앉다	port	carry	나르다, 옮기다
mit, mis	send	보내다	poss, pot	able, powerful	할 수 있는, 강한
min, moun	project	튀어나오다	prici, prais	value	가치
mon, min	warn	알리다, 경고하다	prehend, pris	take	잡다
mov, mot	move	움직이다	pri, prim, prin	first	처음, 먼저, 첫째
press	press	누르다	sti, ster, star	strong, stiff	강한, 뻣뻣한
prov, prob	prove, test	증명하다, 시험하다	str	fight	싸우다

어근	영어의미	한글의미	어근	영어의미	한글의미
proper, propr	one's own	자신의 것	sum	peak	꼭대기
pugn	fight	싸우다	sum	take	잡다, 취하다
punc	prick	찌르다	surg, sur, sour	rise	일어나다
pur(g)	clean	깨끗한	tac, tag, tang	touch	손대다, 접촉하다
put	think	생각하다	tail	cut	자르다
quest, quir, quer	ask	묻다, 구하다	ten, tin, tain	hold	잡고 있다
qui, quiet	quiet	조용한	temper	mix	(적절히) 섞다
radic	root	뿌리	tempor	time	시간
rap, rav, rep	rob	(잡아채서) 빼앗다	tend, tens, tent	stretch	뻗다
rect, right	right	올바른	term(in)	end	끝
reg, reig, rul	rule	규칙, 통치하다	test	witness	증언하다
rid	laugh	웃다	tle, text	weave	(실을) 짜다
rog	ask	묻다, 요구하다	ton, tun	sound thunder	소리 천둥소리
rud	rough	거친	tort, tor	twist	비틀다
rupt	break, burst	부서지다, 터지다	tra, trac(t)	draw	끌다
sacr, secr	holy	신성한	tribute	give	주다
sati(s), satur	enough	충분한	trud, trus	thrust	밀치다
scend	climb	오르다	turb, turm	confuse	혼란스럽게 하다
sci	know	알다	und	flow wave	흐르다 물결치다
scrib, script	write	쓰다	use, uti	use	쓰다, 이용하다
sect, seg	cut	자르다	vac(u), van, vas	empty	비어있는
sequ, secut	follow	따르다	vad, vas	go	가다
sed, sid, sess	sit	앉다	vag	wander	떠돌다
simil, simul, sem	same	같은	val, vail	strong value	강한 가치
sens, sent	fell	느끼다	ven, vent	come	오다
serv	keep, watch	지키다, 지켜보다	ver	true	진실한, 사실인
sign	mark	표시	verg	bend	휘다, 굽다
soci	friend unite	친구 결합하다	vert, vers, verg	turn	돌다, 바뀌다
sol(id)	firm	단단한, 견고한	vi(a), vey, voy	way	길
solv, solu	loosen	느슨하게 풀다	vict, vinc	conquer	이기다, 정복하다
spec	look	보다	vid, vis, view	see	보다
spir	breathe	숨 쉬다	vid, vis	separate	나누다
sta(t), stead	stand ①	서다	vi(t), viv	live	살다
sist, stit	stand ②	서다	voc, vok, vow	call	부르다, 말하다
sting, stinc, stim	sting	찌르다	vol	will	의지
stri, stra	draw tight	팽팽하게 당기다	vol(v), volt	roll	구르다
struct, stroy	build, pile	짓다·세우다, 쌓다	ward, war	watch protect	지켜보다 보호하다
sal, sul, sil	leap	뛰어오르다			

한눈에 보는 순접 vs. 역접 표현들

01 순접을 나타내는 표현들

접속사	because = since = as = in that = now that (~이기 때문에)
접속부사 or 부사	therefore = thus (그러므로), furthermore = moreover (게다가, 더욱이), besides (게다가, 뿐만 아니라), in addition (게다가), as a result of = consequently (결과적으로), so that (그래서, 그 결과), thereby (그것 때문에), accordingly (따라서), likewise = alike (마찬가지로), in fact (사실은), for example = for instance (예를 들어)
전치사	because of = due to = owing to = on account of (~ 때문에), thanks to (~ 덕택에), according to (~에 따르면), on the ground of (~의 이유로), by (~에 의해), with (~와 함께), like (~처럼), given = considering (~을 고려해볼 때)
상관어구	A and B (A 그리고 B), not only A but (also) B (A 뿐만 아니라 B도), B as well as A (A 뿐만 아니라 B도), so ~ that ~ (너무 ~해서 ~한), Just as A, so B (A하는 것처럼 B하다), in order to V = so as to V (~하기 위해)
기타 표현	A lead to B (A가 B로 이어지다), A refer to B (A는 B를 나타내다), A result in B (A의 결과가 B로 끝나다), A contribute to B (A가 B에 기여하다), A have an effect on B (A가 B에 영향을 미치다), A have something to do with B (A는 B와 관련이 있다), A is a cause [reason, result] of B (A는 B의 원인 [이유, 결과]다)

02 역접을 나타내는 표현들

접속사	but (그러나), although = though = even though = even if (비록 ~이긴 하지만), while = whereas (~인 반면에), yet (그렇지만), even when (~일 때조차도)
접속부사 or 부사	however (하지만), nevertheless (그럼에도 불구하고), nonetheless (그렇기는 하지만), on the other hand (반면에), in [by] contrast (그에 반해서), still (그럼에도 불구하고), ironically (반어적으로), paradoxically (역설적으로)
전치사	despite = in spite of = notwithstanding (~에도 불구하고), instead of (~ 대신에), unlike (~와 달리), except (~을 제외하고), far from (결코 ~아닌), contrary to (~에 반해서)
상관어구	A rather than B (A라기 보다는 B), not so much A as B (A라기 보다는 B), not A but B (A가 아니가 B), would rather A than B (B하기 보다는 차라리 A하겠다), No matter how A, B (아무리 A해도 B하지 않다), from A to B (A에서부터 B까지), Some A ~, others B ~ (어떤 사람들은 A이며, 다른 사람들은 B다)
기타 표현	prefer A to B (B보다 A를 더 좋아하다), distinguish [discern, know, tell] A from B (A를 B와 구별하다)

INDEX

A

marital	308	merger	260	mollify	270	mysterious	317
martyr	286	merit	187	moment	123	mythology	298
marvel	272	mess	278	momentous	42		
marvelous	33	messy	310	monarch	171	**N**	
masculine	308	metabolism	89	monarchy	26, 254		
mass	308	metaphor	298	monetary	260	nag	294
massacre	39	meteor	302	moniker	334	naive	126
massive	310	meteorological	300	monitor	122	naked	264
master	90	meticulous	274	monologue	292	name	188
masterpiece	113, 290	microscope	193	monopoly	260	narrate	292
master's degree	290	migraine	262	monotonous	221	nascent	126
material	42	migrate	302	monument	118	nasty	310
materialism	260	mild	215	monumental	160	natal	126
mathematics	290	milestone	312	moody	276	nation	254
matricide	39	military	181	moral	282	national anthem	254
matrimonial	308	mimic	314	morale	282	native	126
matter	268	mindful	282	morality	169	nature	126
maxim	292	mineral	300	moratorium	260	naughty	280
maximum	65	mingle	308	mordant	296	nauseate	249
meadow	300	miniature	32	moribund	125	nauseating	278
meager	310	minimum	65	morose	276	navigate	21, 302
mean	55	minister	254	mortal	125	nearby	210
measles	262	minor	335	mortality	270	nearsighted	278
measure	116	minority	335	mortgage	125	neat	310
measures	270	minuscule	310	mortify	125	nebulous	65
mechanic	312	minute	310	motion	123, 256	necessary	181
mechanical engineering	290	mischief	35	motivate	123, 274	necessity	312
mechanism	312	mischievous	280	motto	292	nectar	304
meddle	280	misconduct	258	mount	122	need	212
media	72	misdemeanor	258	mourn	94	needless	92
mediate	116, 270	miserable	100	move	284	needy	200
medical	262	miserly	278	movement	149	nefarious	280
medication	262	misfortune	238	moving	274	negate	314
medicine	262	mishap	238	mug	222	negative	127
medieval	116, 266	mislead	222	muggy	300	neglect	103, 278
mediocre	116	missing	268	mull	284	negligent	336
meditate	284	mission	286	multifarious	306	negligible	310
Mediterranean	116	missionary	286	multilateral	288	negotiate	116
meek	56	misty	300	multiply	224	negotiation	288
meet	272	mitigate	270	multi-purpose	238	neighboring	100
meet ~ halfway	116	mix	153	multitude	308	nemesis	268
melancholy	276	mob	123	mundane	286	neologism	292
melt	190	mobile	68	municipal	254	neophyte	131
meltdown	260	mobility	123	munificent	274	nerve	128
memoir	298	mock	280	murder	258	nerves	216
memorable	282	moderate	124, 270	muscle	264	nervous	276
menace	122	modern	216	muse	284	neural	264
mental	282	modest	124	mushroom	310	neuron	264
mention	118	modify	124, 306	musician	209	neutral	254
mercenary	278	modulate	124	muster	247	neutralize	314
merchandise	260	moisture	300	mutiny	28	niche	122
merciless	156	mold	124	mutual	126, 308	nickname	22
mercurial	34	molecule	135	myopic	278	niggardly	278
merge	118, 260	molest	258	myriad	310	nimble	264

speedy	20	statutory	256	struggle	202	suffocating	300
spice	304	staunch	285	strut	202	suffrage	254
spicy	304	steadfast	284	stubborn	278	suggest	89, 284
spirit	194	steady	198	stuff	314	suicide	39
spiritual	282	steal	162	stumble	264	suit	180, 304
splendid	316	steel	312	stun	221	suitable	106
split	237	steep	300	stunt	280	suite	181
spoil	268	steer clear of	235	stupendous	310	sullen	276
sponsor	122	stem	314	sturdy	310	sultry	300
spontaneous	274	stenography	298	stymie	280	sum	207
sporadic	266	step down	54	subconscious	176	summarize	298
spot	312	stereotyped	316	subdue	62, 306	summary	207
spouse	308	sterile	201, 304	subject	101	summit	207
spread	86	sterilize	304	subjective	274	summon	122, 256
spur	312	stern	200	subjugate	306	sumptuous	316
spurious	69	stick	227	sublime	166	superb	80
spurn	336	stiff	200	submarine	178	supercilious	278
squalid	310	stifle	314	submissive	56	superficial	68, 278
squander	260	stifling	300	submit	120	superfluous	80
stable	195	stigma	268	subordinate	133	superior	158
stage	195	stimulate	202, 274	subpoena	140	superiority	310
staggering	310	sting	203	subscribe	178	supersede	182
stagnant	196	stinging	20	subsequent	179	superstition	200, 286
stagnation	260	stingy	278	subservient	188, 278	supervise	244
stain	310	stink	264	subside	182	supplant	182
stale	196	stir	264	subsidiary	133	supple	316
stalemate	268	stir up	282	subsidize	336	supplement	149
stall	198	stolid	264	subsidy	182	supply	148
stance	198, 272	stop	36	subsist	199	support	155
stand	194	strain	203	substance	197	suppose	153, 284
stand by	194	strait	204, 300	substantial	310	supposition	208
stand down	188	strand	268	substantiate	294	suppress	160
stand for	55	strange	38	substantive	336	supreme	80
stand up for	296	strategy	306	substitute	200	Supreme Court	256
stand up to	194	stratify	308	subtle	220	surface	68
standard	198	stray	241	subtract	224	surfeit	72
standoff	254	streamline	270	suburb	312	surge	208
standpoint	198	strengthen	82	subversive	280	surgeon	262
staple	304	strenuous	288	subvert	240	surgery	262
stark	316	stress	204	succeed	38	surmise	100
start	99	stretcher	312	success	38	surmount	270
startle	221	strict	204, 256	successful	38	surpass	136
starvation	169	stricture	296	succession	38	surplus	195
starve	201	stride	202	successive	38	surprise	272
state	195	strident	316	successor	38	surrender	58
stately	113	strife	268	succinct	38	surreptitious	169
static	198	strike	268	succor	53	surround	244
stationary	336	strike out	108	succulent	304	surveillance	244
stationery	336	striking	121	succumb	51	survey	244
statistics	198, 290	stringent	203	sudden	174	survival	156
statue	198	strive	201	suffer	76, 262	survive	246, 300
stature	198	stroke	262	suffering	24	susceptible	34, 310
status	195	stroll	202	sufficient	71	suspect	193, 258
statute	198	structure	205	suffocate	314	suspend	142

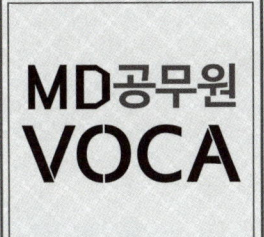